Naturkunde im Wochentakt

Zeitschriftenwissen der Aufklärung

Publikationen zur
Zeitschrift für Germanistik
Neue Folge

Band 28

PETER LANG
Bern · Berlin · Bruxelles · Frankfurt am Main · New York · Oxford · Wien

Naturkunde im Wochentakt

Zeitschriftenwissen der Aufklärung

Herausgegeben von

Tanja van Hoorn
Alexander Košenina

PETER LANG

Bern · Berlin · Bruxelles · Frankfurt am Main · New York · Oxford · Wien

Bibliografische Information Der Deutschen Nationalbibliothek
Die Deutsche Nationalbibliothek verzeichnet diese Publikation in der Deutschen
Nationalbibliografie; detaillierte bibliografische Daten sind im Internet über
‹http://dnb.d-nb.de› abrufbar.

Herausgegeben von der
Philosophischen Fakultät II /Institut für deutsche Literatur
der Humboldt-Universität zu Berlin, D–10099 Berlin

Redaktion:
Prof. Dr. Alexander Košenina
(Geschäftsführender Herausgeber)
Dr. Brigitte Peters
http://www2.hu-berlin.de/zfgerm
Tel.: 0049 30 2093 9609 – Fax: 0049 30 2093 9630

Redaktionsschluss: 1.6.2014

Abbildung auf der ersten Umschlagseite:
Titelvignette aus der Zeitschrift „Der Naturforscher" (1774–1804). Zweites Stück.
1774 (Exemplar der Wissenschaftlichen Stadtbibliothek Mainz, Moyat 224).

Bezugsmöglichkeiten und Inseratenverwaltung:
Peter Lang AG
Internationaler Verlag der Wissenschaften
Moosstrasse 1
CH – 2542 Pieterlen
Tel.: 0041 32 3761717 – Fax: 0041 32 3761727

ISBN 978-3-0343-1513-5 pb.   ISBN 978-3-0351-0753-1 eBook

© Peter Lang AG, Internationaler Verlag der Wissenschaften, Bern 2014
Hochfeldstrasse 32, CH–3012 Bern
info@peterlang.com; www. peterlang.com

Printed in Switzerland

INHALTSVERZEICHNIS

Der
Naturforscher.

❋〜〜〜〜〜〜❋

Zweites Stück.

❋✦┼┼┼┼┼┼┼┼┼┼┼┼┼┼✦❋

HALLE,

bey J. J. Gebauers Witwe und Joh. Jac. Gebauer.

1774.

Naturkunde im Wochentakt
Zeitschriftenwissen der Aufklärung
Editorial

Neue physikalische Belustigungen, Der Naturforscher, *Göttingisches Magazin der Wissenschaften und der Literatur* – schon die Titel vieler populärwissenschaftlicher und gelehrter deutschsprachiger Zeitschriften des 18. Jahrhunderts zeugen vom eminenten Interesse an wissenschaftlichen und insbesondere naturkundlichen Fragestellungen. Insekten-Betrachtungen per Mikroskop, Weltallforschung mit dem Fernrohr und all das im Dienste Gottes und fast jede Woche neu: Naturforschung ist seit der Frühaufklärung *en vogue* und spielt in den meinungsführenden Periodika des 18. Jahrhunderts eine wichtige Rolle. Abhandlungen zur Pflanzen- und Tierkunde, Beiträge zur Geologie, Geographie, Physik und Chemie werden flankiert durch – sei es sensationslüsterne, sei es um Seriosität bemühte – Blicke auf spektakuläre und rätselhafte Phänomene. Während Nordlicht, Elektrizität und Magnetismus gerade deshalb so interessant sind, weil sie einen Raum des Nichtwissens eröffnen, in dem die Lust am Wunderglauben und das Streben nach anti-abergläubischer Aufklärung aufeinander treffen, können Neuigkeiten von Tieren ferner Länder oder den 'Wilden' aufgrund ihrer Fremdheit auf ein breiteres Interesse hoffen. Doch bereits den Inhaltsverzeichnissen der Zeitschriften ist zu entnehmen: Auch für Berichte über das ganz Normale vor der eigenen Haustür, über lokale Gesteinsformationen, Obstbaumzucht oder Allerweltstiere gibt es offensichtlich einen Markt.

Der vorliegende Band untersucht dieses unterschätzte Textkorpus und seine Wirkung (auf die Disziplinengeschichte, die 'schöne' Literatur sowie das aufzuklärende Publikum). Die Beiträger – Buchgeschichtler, Wissenschaftshistoriker und Literaturwissenschaftler – begeben sich auf das Feld naturkundlich spezialisierter Periodika einerseits und Zeitschriften mit breiter Mischkonzeption andererseits (Periodika mit ausdrücklich nichtnaturkundlicher, ästhetischer Ausrichtung hingegen werden nicht berücksichtigt, vgl. den einleitenden heuristischen Ordnungsversuch TANJA VAN HOORNs). Die Untersuchungen, die eine historische Zeitspanne von 1750 bis zum Beginn des 19. Jahrhunderts umfassen, sind als Fallstudien angelegt, d. h. sie stellen zumeist eine einzelne Zeitschrift ins Zentrum, die systematisch beschrieben und exemplarisch analysiert wird. Die Beiträge sichten das Feld aus vier Perspektiven:

1. *Literatur und Wissen.* Poesie und Naturkunde werden in Zeitschriften der Jahrhundertmitte teilweise ausdrücklich und programmatisch verknüpft (SIMONA NOREIK). Aber auch Periodika, die weniger offensiv auf ein Miteinander von Lyrik und Wissenschaft setzen, kombinieren fachliche Expertise und literarisierende Präsentation – etwa durch die Entscheidung für bestimmte Genres (ALEXANDER KOŠENINA), oder mit rhetorischen Strategien, die den Leser nahezu unmerklich ins Reich der Fiktion entführen (MISIA DOMS, PETER KLINGEL).

2. *Fachwissenschaften.* Gefragt wird nach der Rolle der Zeitschriften im Prozess der Ausdifferenzierung der Fachwissenschaften. Auf dem Feld der universitär verankerten Rezensionsorgane lässt sich eine Entwicklung von den gelehrten Anzeigen mit Überblicksanspruch hin zu einem Magazin für Fachwissenschaftler feststellen (MARTIN GIERL). Spezialisierte Zeitschriften mit fachspezifischen ikonographischen Anteilen scheinen in einem Rückkopplungsprozess die Disziplinbildung wiederum zu befruchten (ANDREAS CHRISTOPH).

3. *Liebhaberkultur.* Gezeigt wird ferner, dass auch die Kommunikation innerhalb der außeruniversitären und akademiefernen Dilettantenkreise über Zeitschriften funktioniert (MARIE-THERES FEDERHOFER). Es bildet sich eine spezifische ‚Mittellage' bezüglich Themenspektrum, Ton und Konzeption (UTE SCHNEIDER), die sich zwischen rein unterhaltender Liebhaberei und universitärer Handbuch- und Fachwissenschafts-Verbindlichkeit situieren lässt (MICHAEL BIES). Dabei scheinen die Grenzen aber (noch) recht durchlässig: Durchaus denkbar ist – jedenfalls in den großen Rezensionsorganen – die unmittelbare Nachbarschaft von populärer Wissensvermittlung und akademisch-gelehrtem Diskurs (STEFANIE STOCKHORST).

4. *(Volks-)Erziehung und Kulturtransfer.* Chancen und Grenzen der Periodika zwischen allzu kurzlebiger Alltäglichkeit und pragmatischer Wissensvermittlung scheinen im Medium des Kalenders auf, in dem naturkundliches Wissen nicht lehrbuchartig, sondern zyklisch und seriell arrangiert wird (GUNHILD BERG). Für den Bereich der Kinder- und Jugendzeitschriften lassen sich zwar gelegentliche Ausflüge in die Naturkunde feststellen, eigens naturkundlich-pädagogische Periodika entstehen jedoch nicht: Die fachliche Spezialisierung hat ihren Ort im Bereich der Pädagogik offenbar eher in Lehrwerken (SUSANNE DÜWELL). Als grenzüberschreitendes Kommunika-

tionsmedium zwischen Wissenschaftlern hingegen bewähren sich Zeitschriften durchaus (GIULIA CANTARUTTI).

Die vorliegenden Studien möchten weitere anregen: etwa Längsschnitt-Analysen, die die alte These einer Entwicklung von der breiten, physiko-theologischen Früh- zur fachwissenschaftlich spezialisierten Spätaufklärung noch einmal neu prüfen und dies mit einer Analyse der Darstellungsformen kombinieren; systematische, verschiedene Zeitschriften in den Blick nehmende Untersuchungen einzelner naturkundlicher Themen und ihrer Publikationsorte und -formen; Erhebungen dazu, welche naturkundlichen Diskurse unter welchen Bedingungen aus einem regionalen Kontext in einen nationalen oder internationalen gelangen; Fragen danach, wo sich als Gegenpol zum Berichten, Dokumentieren, Analysieren und Klassifizieren Impulse der Innovation zeigen – von praktischen Erfindungen bis zur Science-Fiction – und wie sie sich artikulieren.

Der Band versammelt maßgeblich die Beiträge einer am 1. und 2. Oktober 2013 an der Leibniz Universität Hannover veranstalteten Tagung mit dem Titel *Aufklärerische Naturforschung im Wochentakt. Zwischen Physikotheologie, Lehrdichtung und Spezialisierung.* Die Herausgeber danken den Beiträgern für die produktive Zusammenarbeit und der Fritz Thyssen Stiftung für die großzügige Förderung der Tagung.[1]

TvH & AK
Hannover, im Mai 2014

---

1   Für die Unterstützung bei der Herstellung des Bandes danken wir ganz herzlich unserer Praktikantin Dominique Renner.

TANJA VAN HOORN

Gattungen, Nachbarschaften, Profile: Textsorten und Platzierungen periodischer Naturaufklärung

Dass Zeitschriften den Wissenschaften einen neuen kommunikativen Raum eröffnen, betonen schon die Verfasser des 1790 erschienenen *Allgemeinen Sachregisters über die wichtigsten deutschen Zeit- und Wochenschriften*. Johann Heinrich Christoph Beutler und Johann Christoph Friedrich Guts-Muths unterscheiden zwei Tendenzen: *Erstens* seien durch die Periodika „die Gelehrten selbst [...] in nähere Verbindung" gekommen (was, da sie schneller von den Ergebnissen anderer Fachgelehrter erfuhren, einen Boom der Wissenschaften bewirkt habe).[1] *Zweitens* hätten die Zeitschriften einem breiteren Publikum Zugang zu den Wissenschaften eröffnet:

> Durch die Zeitschriften wurden die Kenntnisse, welche sonst nur das Eigenthum der Gelehrten waren, und in Büchern aufbewahrt wurden, die der größre Theil der Nation nicht verstand, nicht lesen konnte, und nicht lesen mochte, diese Kenntnisse der Gelehrten wurden durch die Zeitschriften allgemein in Umlauf gebracht.[2]

Die aufklärerischen Periodika gelten also bereits Beutler und Guts-Muths als ein Motor der Spezialisierung und der Popularisierung – ein Gedanke, an den spätere Forschungen angeknüpft haben.[3]

---

1   Johann Heinrich Christoph Beutler, Johann Christoph Friedrich Guts-Muths: Allgemeines Sachregister über die wichtigsten deutschen Zeit- und Wochenschriften, Hildesheim, New York 1976 [Nachdruck der Ausgabe Leipzig 1790], S. IV.

2   Ebenda, S. II.

3   Die Bedeutung der Zeitschriften für die Ausdifferenzierung der Wissenschaften hat herausgearbeitet Rudolf Stichweh: Zur Entstehung des modernen Systems wissenschaftlicher Disziplinen. Physik in Deutschland 1740–1890, Frankfurt a. M. 1994 (vgl. bes. Kap. VI: Das Kommunikationssystem moderner Wissenschaft: Publikation und die wissenschaftliche Zeitschrift, S. 394–441); zur Öffnung der kommunikativen Räume vgl. Ernst Fischer, Wilhelm Haefs, York-Gotthart Mix: Einleitung: Aufklärung, Öffentlichkeit und Medienkultur in Deutschland im 18. Jahrhundert. In: Dies. (Hrsg.): Von Almanach

Zugleich sind die Zeitschriften der Aufklärung aber auch literarische Orte, die mit neuen Darstellungsformen arbeiten und poetische Texte präsentieren. Seit den Moralischen Wochenschriften liebt das 18. Jahrhundert die literarischen Journale – eine Liebe, die, wie Wolfgang Martens gezeigt hat, aufgrund des offensiven Unterhaltungs- und Moralisierungsanspruchs der Wochenschriften immer auch eine Hassliebe war.[4] Während die Herausgeberfiktionen ein Charakteristikum der Moralischen Wochenschriften sind, wird das Spiel mit realen oder fingierten Leserbriefen und die Inszenierung empfindsam-gelehrter Geselligkeit auch von Zeitschriften anderen Typs übernommen. Hier druckt man zudem Fabeln, Oden, Lehrgedichte und moralische Erzählungen, bringt Romane und Versepen in Fortsetzung.

Die Zeitschriften sind in der Aufklärung also das Medium schlechthin für Wissen und Literatur.[5] Es gehört zu den Binsenweisheiten der Aufklärungsforschung, dass die Trennung der so genannten strengen Wissenschaften von der so genannten schönen Literatur ein Ergebnis der Ausdifferenzierung sei, die im 18. Jahrhundert erst einsetzte und folglich für weite Teile jedenfalls der früh- und hochaufklärerischer Textproduktion, wenn überhaupt, eine untergeordnete Rolle spiele. Für Barthold Heinrich Brockes etwa wurde betont, er habe seine Lehrdichtung als Beiträge zu Wissenschaft und Literatur gleichermaßen verstanden, ja zwischen beiden gar nicht unterschieden.[6] Georges Buffon wiederum sei, so die immer wieder gern zitierte Bemerkung von Wolf Lepenies, von den Zeitgenossen für seinen schönen Stil und seine geschmeidigen Erzählungen gelobt worden – das positivisti-

---

bis Zeitung. Ein Handbuch der Medien in Deutschland 1700–1800, München 1999, S. 9–23.

4 Wolfgang Martens: Die Botschaft der Tugend. Die Aufklärung im Spiegel der deutschen Moralischen Wochenschriften, Stuttgart 1968.

5 Gleichwohl wurden Zeitschriften innerhalb der seit Jahren intensiv betriebenen Forschungen zum Feld ‚Literatur und Wissen' bislang kaum beachtet. So fehlt ein entsprechender Bezug etwa im kürzlich erschienen Handbuch: Roland Borgards, Harald Neumeyer, Nicolas Pethes, Yvonne Wübben (Hrsg.): Literatur und Wissen. Ein interdisziplinäres Handbuch, Stuttgart, Weimar 2013. Einen Überblick zu den verschiedenen Richtungen innerhalb dieses Forschungsfeldes gibt Olaf Krämer: Intention, Korrelation, Zirkulation. Zu den verschiedenen Konzeptionen der Beziehung zwischen Literatur, Wissenschaft und Wissen. In: T. Köppe (Hrsg.): Literatur und Wissen. Theoretisch-methodische Zugänge, Berlin, New York 2011, S. 77–115.

6 Roland Borgards: Wissen *und* Literatur. Eine Replik auf Tilmann Köppe. In: ZfGerm NF XVII (2007), H. 2, S. 425–428, hier S. 427.

sche 19. Jahrhundert wertete seine *Histoire naturelle* dann genau aus diesen Gründen als Romane ab.[7]

Es liegt die Vermutung nahe, dass sich in den per se etwas lockerer und offener organisierten periodischen Publikationsformen der Aufklärung ein ungezwungenes Miteinander von Wissen und Literatur in besonders produktiver Weise realisiert. Im Folgenden sollen dazu ein paar exemplarische Probebohrungen unternommen werden. Gefragt wird nach dem Verhältnis von literarischen Formen und wissenschaftlichen Abhandlungen. Dabei soll nicht so sehr wissenspoetologisch auf die Darstellung, das rhetorische Geformtsein eines jeden Textes geschaut werden.[8] Vielmehr geht es um literarische Texte im engeren Sinne, d. h. fiktionale Erzählungen, Gedichte, literarisierte Reisebeschreibungen oder fingierte Briefe. Wie verhält sich also das in aufklärerischen Periodika präsentierte naturkundliche Wissen zur Literatur? *Ist* es Literatur? *Gesellt es sich zu* Literatur? Oder *meidet* es Literatur?

I.

Beginnen wir gewissermaßen von hinten, mit dem 1808–1815 von Johann Peter Hebel herausgegebenen Kalender *Der Rheinländische Hausfreund*.[9] Dieser badische Landkalender folgt einem festen, jahrelang konsequent durchgehaltenen Ordnungsmuster.[10] Nach dem immer gleichen Deckblatt steht zu Beginn jeweils eine symbolische Verbeugung vor dem Landesherrn, die *Genealogie des Großherzoglich Badischen Hauses*. Gefolgt wird diese von einem ersten zu den so genannten „Practica" gehörenden Abschnitt. Hier werden die Monate einzeln tabellarisch hinsichtlich der Ereignisse des Kirchjahrs, der Astronomie, Astrologie und Meteorologie kommentiert.[11] Ein umfangrei-

---

7 Wolf Lepenies: Das Ende der Naturgeschichte. Wandel kultureller Selbstverständlichkeiten in den Wissenschaften des 18. und 19. Jahrhunderts, München, Wien 1976, hier S. 150.

8 Vgl. etwa Joseph Vogl: Robuste und idiosynkratische Theorie. In: KulturPoetik, Bd. 7,2 (2007), S. 249–258.

9 Johann Peter Hebel: Der Rheinländische Hausfreund. Faksimiledruck der Jahrgänge 1808–1815 und 1819, hrsg. v. Ludwig Rohner, Wiesbaden 1981.

10 Zum Kalender allgemein und in besonderer Rücksicht auf Hebel vgl. Ludwig Rohner: Kalendergeschichte und Kalender, Wiesbaden 1978.

11 Zu den „Practica" vgl. etwa Jan Knopf: Nachdenken über den Kalender. In: Alltages-Ordnung. Ein Querschnitt durch den alten Volkskalender. Aus württembergischen und badischen Kalendern des 17. und 18. Jahrhunderts zusammengestellt und erläutert v. Jan Knopf, Tübingen 1982, S. 194–246, bes. S. 201–204.

cher Textteil schließt sich an. Er ist überschrieben mit *Allerley Neues, Lehrreiches und Spaßhaftes, auf das Jahr XY*. Bereits die Überschrift markiert das Konzept: Es handelt sich offensichtlich um eine Mischkalkulation mit didaktischem Impetus. Gefolgt wird ausdrücklich dem guten alten *prodesse et delectare*: „Lehrreiches und Spaßhaftes". Das „Allerley" betont zudem das Lockere, Unsystematische, auch Häppchenhafte. Hier sind keine langen Romane, aber auch keine drögen, nicht enden wollenden Paragraphen-Abhandlungen zu erwarten. Abgeschlossen und gerahmt wird jeder Jahrgang durch einen zweiten „Practica"-Teil, der Postpreise, Termine der Messen und Viehmärkte auflistet. Diese Listen sind, wie die ganz am Ende stehenden Abbildungen einer Einmaleins-Pyramide und eines Aderlassmännleins traditionelle Kalenderelemente.[12]

Blicken wir nun auf den hier besonders interessierenden Textteil und fragen nach den Textsorten. Es fällt auf, dass Hebel den *Rheinländischen Hausfreund* Jahr für Jahr mit einer astronomischen Abhandlung eröffnet. Es handelt sich um eine Fortsetzungsfolge mit Reihentitel: *Allgemeine Betrachtung über das Weltgebäude*. Diese Abhandlungen integriert Hebel auch in die Sammlung seiner Kalendertexte, also in das berühmte *Schatzkästlein des rheinischen Hausfreunds*.[13] Mit der *Allgemeinen Betrachtung über das Weltgebäude* nimmt er eine alte Kalendertradition auf, an die vor ihm etwa auch Georg Christoph Lichtenberg anknüpfte.[14] Die einzelnen Abhandlungen beschreiben unter

12 Vgl. Klaus Matthäus: Zur Geschichte des Nürnberger Kalenderwesens. Die Entwicklung der in Nürnberg gedruckten Jahreskalender in Buchform. In: Archiv für Geschichte des Buchwesens 9 (1969), Sp. 966–1395.

13 Johann Peter Hebel: Schatzkästlein des rheinischen Hausfreundes. Kritische Gesamtausgabe mit den Kalender-Holzschnitten, hrsg. v. Winfried Theiss, Stuttgart 1999. Im Einzelnen handelt es sich um folgende Kalendertexte: Allgemeine Betrachtung über das Weltgebäude. Die Erde und die Sonne, S. 14–20; Fortsetzung über die Erde und Sonne, S. 25–32; Betrachtung über das Weltgebäude. Der Mond, S. 82–87; Die Planeten, S. 96–101; Die Planeten. Fortsetzung, S. 147–152; Die Kometen, S. 200–205; Fortgesetzte Betrachtung des Weltgebäudes. Die Fixsterne, S. 248–252; Die Fixsterne. Fortsetzung, S. 262–265. Im Unterschied zu den komplett wegfallenden „Practica" nimmt Hebel seine Kalenderbeiträge in das *Schatzkästlein* weitgehend und in der ursprünglichen Reihenfolge auf; gestrichen werden hier lediglich einige (aber längst nicht alle) kalendertypische Textsorten wie Rätsel, praktische Tipps (etwa zum Baumschnitt) oder aktuelle Meldungen, denen Hebel wohl keine längerfristige Bedeutung beimaß (vgl. z. B. „Große Schneeballen" im Kalender 1808).

14 Vgl. etwa [Georg Christoph Lichtenberg:] Ueber das Weltgebäude. In: Goettinger Taschen Calender 1779, Anhang: Taschenbuch zum Nutzen und Vergnügen fürs Jahr 1779, S. 1–31. Vgl. dazu den Beitrag von Gunhild Berg in diesem Band.

teilweise wörtlichem, freilich ungekennzeichnetem Rückgriff auf zeitgenössische astronomische Lehrwerke Erde, Sonne, Mond, Planeten, Kometen und Fixsterne.[15] Hebel lockert diese Belehrungen (im Unterschied zu Lichtenberg, dessen Darstellung ungeachtet seiner das Gegenteil beteuernden Eingangsformel doch eher „trocken[ ]" bleibt) durch eine inszenierte Geselligkeit, nämlich wiederkehrende Dialogpartien zwischen dem berühmtem „Hausfreund" und einem fiktiven Leser auf.[16]

Die prominente Positionierung der kosmologischen Belehrungen gibt ihnen ein besonderes Gewicht. Weitere naturkundliche Texte streut Hebel zwischen Kalendergeschichten und historischen Abrissen ein. Mit Vorliebe wendet er sich den zu Unrecht verachteten, tatsächlich aber äußerst ‚bewundrungswürdigen' Geschöpfen wie Schlangen, Maulwürfen, Spinnen oder Eidechsen zu.[17] Dabei stehen praktische Gesichtspunkte im Vordergrund: Sind Spinnen giftig? Eidechsen und Schlangen gefährlich? Fressen Maulwürfe die Wurzeln der Gartenpflanzen?

Der Duktus der naturkundlichen Beiträge ist der einer allgemeinen aufklärerischen Aberglaubenskritik, wobei physikotheologisches Denken im Sinne von Brockes überall durchleuchtet.[18] Eine umfassende Beschreibung einzelner Gattungen oder gar Reiche gibt es nicht, exotische Tiere etwa feh-

---

15 Hebel greift insbesondere zurück auf den popularisierten Auszug aus einem bekannten astronomischen Lehrbuch: Allgemeine Betrachtung über das Weltgebäude. Aus Herrn [Johann Elert] Bode[:] Anleitung zur Kenntniß des gestirnten Himmels, Augsburg 1791; vgl. etwa die Angaben zur Größe und der Anzahl der Bewohner der Erde sowie der Entfernung der Sonne von der Erde in Hebel: Schatzkästlein (wie Anm. 13), S. 17 f. und Bode, S. 4, 7, 29.

16 Vgl. dazu Carl Pietzcker: „Der Rheinländische Hausfreund spricht mit seinen Landsleuten und Lesern". Gesellige Vernunft – eine literarische Inszenierung. In: Ders., G. Schnitzler (Hrsg.): Johann Peter Hebel. Unvergängliches aus dem Wiesental, Freiburg i. Br. 1996, S. 103–139.

17 Vgl. Hebel: Schatzkästlein (wie Anm. 13): Von den Schlangen (S. 40–45); Der Maulwurf (S. 74–77); Die Spinnen (S. 93–96); Die Eidechsen (S. 106–109).

18 Zu Hebels Rezeption physikotheologischen Gedankenguts vgl. Johann Anselm Steiger: Bibel-Sprache, Welt und jüngster Tag bei Johann Peter Hebel. Erziehung zum Glauben zwischen Überlieferung und Aufklärung, Göttingen 1994; zu den naturkundlichen Beiträgen vgl. Guido Bee: Aufklärung und narrative Form. Studien zu den Kalendertexten Johann Peter Hebels, Münster u. a. 1997 (Kap. 8: Popularisierung der Naturwissenschaft, S. 288–358); vgl. auch Klaus Oettinger: Familiarisierung des Universums. Zur Kalenderastronomie. In: Ders.: Ulm ist überall. Essays und Vorträge zu Johann Peter Hebel, Konstanz 1990, S. 37–44; sowie Ders.: Gott sorgt auch für diese Tiere. Zur Kalenderzoologie. In: Ebenda, S. 53–59.

len ganz, aber auch Pferd, Hund und Katze, Tiere also, die alle kennen, werden ignoriert. Hannelore Schlaffer hat in dieser offensiven Verweigerung jeglicher Systematik das Poetische auch der naturkundlichen Beiträge gesehen.[19] Darüber wäre zu diskutieren. Festhalten muss man jedenfalls, dass insofern keine Grenzüberschreitung aus der Naturkunde in die Literatur stattfindet, als dass sich fiktional im Präteritum erzählende Kalendergeschichten klar von darstellenden, im Präsens formulierten Kalendertexten unterscheiden lassen. Letztere weisen mit den Ansprachen des Hausfreunds an den „geneigten Leser" allerdings durchaus Merkmale einer Literarisierung auf. Hebel gibt den naturkundlichen Belehrungen die Form einer lockeren Sachprosa und mischt sie den Kalendergeschichten unter – nach den *Planeten* etwa darf sich der Leser bei der unterhaltsamen Geschichte *Das wohlbezahlte Gespenst* gewissermaßen ausruhen.[20] Hebel führt so vor, wie in Zeiten fortschreitender Spezialisierung eine Integration naturkundlichen Wissens in ein literarisches Gesamtkonzept vielleicht weniger in einem Miteinander, aber doch in einem ungezwungenen Nebeneinander betrieben werden kann.

Nun ist ein Kalender keine Zeitschrift und die strikt eingehaltene immer gleiche Grundstruktur etwa des badischen Landkalenders wird man in den meist unter wesentlich größerem Zeitdruck erstellten, in viel kürzeren als jährlichen Abständen erscheinenden Wochen- und Monatsschriften so nicht finden. Dennoch liegen auch die strukturellen Ähnlichkeiten auf der Hand.

Innerhalb der riesigen Gruppe der Aufklärungszeitschriften möchte ich unter dem Aspekt der Naturkunde zu heuristischen Zwecken drei Typen unterscheiden:

1. Naturkundlich spezialisierte Zeitschriften, die sich teilweise schon im Titel, spätestens jedoch in der Vorrede für die Naturkunde zuständig erklären.[21]

---

19 Hannelore Schlaffer: Ein Werk in seiner Zeit. In: Johann Peter Hebel: Schatzkästlein des Rheinischen Hausfreundes. Ein Werk in seiner Zeit. Mit Bilddokumenten, Quellen, historischem Kommentar und Interpretation hrsg. v. Hannelore Schlaffer, Tübingen 1980, S. 243–367, hier S. 343.

20 Hebel: Das wohlbezahlte Gespenst. In: Ders.: Schatzkästlein (wie Anm. 13), S. 102–104.

21 Vgl. Ulrich Troitzsch: Naturwissenschaft und Technik in Journalen. In: Von Almanach bis Zeitung, S. 248–265. Grundlegend ferner: Joachim Kirchner: Das deutsche Zeitschriftenwesen, seine Geschichte und seine Probleme, 2 Teile, Wiesbaden 1958/63; David A. Kronick: A History of Scientific & Technical Periodicals. The Origins and Development of the Scientific and Technical Press 1665–1790, Metuchen, N. J. ²1976. Ein Verzeichnis der deutschsprachigen naturwissenschaftlichen Zeitschriften der Aufklärung (ohne die von Kirchner separierten ökonomischen und forstwissenschaftlichen Zeitschriften, unter de-

2. Zeitschriften mit ausdrücklicher Mischkonzeption.
3. So genannte literarische oder Kulturzeitschriften, d. h. Journale, die ausdrücklich einen ästhetisch-literarischen Schwerpunkt setzen, laut Programmatik aber auch Naturkundliches integrieren wollen.[22]

Schauen wir uns prominente Beispiele aus diesen drei Gruppen an und fragen wir nach den Textsorten und Platzierungen periodischer Naturaufklärung. Wie steht es um das vermeintlich ungezwungene Miteinander von Naturkunde und Literatur in den Zeitschriften des 18. Jahrhunderts? Welche wissenschaftlichen Diskurse werden wie und wo aufgegriffen? Wie verhält sich das naturkundliche Wissen zur Literatur?

II.

Naturkundlich ausgerichtete Aufklärungszeitschriften gibt es viele, und sie werden zum Ende des Jahrhunderts spezialisierter und zahlreicher.[23] Einer der frühesten, langlebigsten und erfolgreichsten Vertreter dieses Typus ist die von 1747–1763 erschienene Zeitschrift *Hamburgisches Magazin oder gesammlete Schriften, zu Unterricht und Vergnügen, aus der Naturforschung und den angenehmen Wissenschaften überhaupt* (fortgesetzt unter dem Titel *Neues Hamburgisches Magazin,* 1767–1781). Maßgeblicher Herausgeber ist der Mathematiker Abraham Gotthelf Kästner. In der Vorrede verpflichtet er sich ausdrücklich auf das im Titel bereits angedeutete *prodesse et delectare,* lobt, ganz im Sinne der Physikotheologie, die Ordnung der Natur als vorbildhaft und benennt als wichtigstes Ziel die Information über aktuelle wissenschaftliche Debatten. Zwar solle auch mit Auszügen und Übersetzungen aus internationalen Akademieschriften gearbeitet werden, diese würden jedoch so gekürzt, dass

---

nen einige naturkundlich einschlägige Periodika sind) findet sich in Joachim Kirchner: Die Zeitschriften des deutschen Sprachgebiets bis 1900, Bd. I: Die Zeitschriften des deutschen Sprachgebiets bis 1830, Stuttgart 1969, S. 178–198; eine internationale Aufstellung bringt: David A. Kronick: Scientific and Technical Periodicals of the Seventeenth and Eighteenth Centuries: A Guide, Metuchen, N. J., London 1991.

22 Vgl. Jürgen Wilke: Literarische Zeitschriften des 18. Jahrhunderts (1688–1789), Teil I: Grundlegung, Teil II: Repertorium, Stuttgart 1978.

23 Vgl. etwa zum Aufstieg der Chemie zu einer „Lieblingswissenschaft" und dem erfolgreichen Chemischen Journal von Lorenz Crell Karl Hufbauer: The Formation of the German Chemical Community (1720–1795), Berkeley u. a. 1982.

sie, wie es heißt, „ohne Tiefsinnigkeit" verstanden werden könnten.[24] Das *Hamburgische Magazin* will mit anderen Worten als „allgemeinwissenschaftliche Zeitschrift" gelehrte Diskurse sehr wohl aufnehmen und weiterführen, aber doch keine reine Gelehrtenzeitschrift sein.[25]

Den thematischen Schwerpunkt bildet, wie der Untertitel verrät, die Naturlehre, zu der hier auch die Medizin gerechnet wird.[26] „Haushaltungskunst", „Geschichte" und die „angenehmen Wissenschaften" sollen, „wenn wir regelmäßige und nützliche Stücke darinnen antreffen", ebenfalls berücksichtigt werden.[27] Ausdrücklich ausgeschlossen hingegen wird die anakreontische Dichtung:

> Nur diejenigen werden sich betriegen, die ein herzbrechendes Liedchen auf ihre Doris gemacht haben, und das Andenken derselben in unseren Blättern aufbehalten wollen. Diese mögen ein anderes Behältnis für ihre Kleinigkeiten und für ihr Nichts suchen.

Soweit das Programm.

Tatsächlich präsentieren die Bände beinahe ausschließlich naturkundliche, experimentalphysikalische und praktisch-medizinische Abhandlungen. Es geht um Eierstockschwangerschaften, Seidenwürmer, Mikroskope, Elektrizität und vieles mehr. Viele Texte nennen sich im Titel Versuch, Nachricht, Mutmaßung, Gedanken, Anmerkung und Betrachtung und geben sich damit ein bewusst essayistisch-vorläufiges, antisystematisches Gewand. Durchweg handelt es sich um wissenschaftliche Gebrauchsprosa. Fiktionale, im engeren Sinne literarische Prosatexte hingegen fehlen. Auch Doris-Liebesgedichte gibt es dem Programm entsprechend nicht. Durchaus findet

---

24 Abraham Gotthelf Kästner: Vorrede. In: Hamburgisches Magazin 1 (1747), 1. St. Die Zeitschrift ist online abrufbar unter <http://www.ub.uni-bielefeld.de/diglib/aufkl/hamag/hamag.htm>, zuletzt: 3.3.2014.

25 Stichweh (wie Anm. 3), S. 406 f. unterscheidet Akademiepublikationen, die an eine gelehrte Institution gebunden sind, von allgemeinwissenschaftlichen Zeitschriften, die häufig nur regionale Bedeutung hatten und gelegentlich an Universitäten (nicht aber an Akademien und wissenschaftliche Gesellschaften) angegliedert waren.

26 Tatsächlich erhält die Medizin im *Hamburgischen Magazin* insgesamt sogar einen größeren Raum als die Naturkunde im engeren Sinne (d. h. Botanik, Zoologie und Mineralogie), vgl. Martina Lorenz: Physik im „Hamburgischen Magazin" (1747–1767). Publizistische Utopie und Wirklichkeit. In: Zeitschrift des Vereins für Hamburgische Geschichte 80 (1994), S. 13–46, hier S. 28.

27 Sie spielen in der Umsetzung tatsächlich eine untergeordnete Rolle, vgl. Lorenz (wie Anm. 25), S. 30.

sich aber ein einsames Gedicht von Brockes aus dem Nachlass,[28] eine nur mit einem Kürzel versehene Ode über *Das seltsame Betragen der Menschen bey einem Gewitter*[29] und vereinzelt eher epigrammatische Dichtung, die zumindest teilweise aus der Feder Kästners selbst stammt.[30] Diese Gedichte gibt es jedoch nur in den ersten Jahrgängen, und sie werden durchweg eher versteckt am Ende der Bände abgedruckt.

Auch inhaltlich knüpfen die wenigen versifizierten Textteile nicht unmittelbar an die zuvor dargestellten naturkundlichen Inhalte an. Eine direkte Rückbindung der Gedichte an den wissenschaftlichen Diskurs geschieht nur sporadisch. In *Der Gärtner und der Schmetterling* etwa bittet ein Schmetterling in der ersten Strophe den Gärtner, der ihn gefangen hat, um Gnade. Dies aber lehnt der Gärtner in der zweiten Strophe mit der Begründung ab, dass er durch die, wie es heißt, „hundertfachen" Nachkommen des Schmetterlings – also die seine Gartenpflanzen fressenden Raupen – enorme Schädigung zu erwarten habe. Das Gedicht ist mit einer Fußnote versehen, die den literarischen Text an den aktuellen Wissensdiskurs bindet und unter Berufung auf die „Insectotheologie" eines Zeitgenossen darauf verweist, dass es sich bei der hundertfachen Vermehrung keineswegs um eine poetische Übertreibung, sondern im Gegenteil noch um eine zu vorsichtige Schätzung handle.[31] Ein derartiges Miteinander von Wissen und Literatur stellt aber im *Hamburgischen Magazin* die absolute Ausnahme dar.

Dass dies keineswegs so sein muss, zeigt ein vergleichender Blick auf Christlob Mylius' 1747 bis 1748 erschienene „Physikalische Wochenschrift" *Der Naturforscher*: Hier wird das naturkundliche Material in anakreontischen Gedichten (insbesondere von Mylius' Vetter Gotthold Ephraim Lessing) inhaltlich aufgegriffen und gewissermaßen ‚entschwert'.[32] Während Mylius selbst dieses Integrationsmodell bereits in den *Physikalischen Belustigungen* wie-

---

28 Ehrerbietige Gedanken von der Gottheit, aus den Handschriften des sel. Hrn. B. H. Brockes. In: Hamburgisches Magazin 1 (1747), 5. St., S. 110–112.

29 Chr.: Das seltsame Betragen der Menschen bey einem Gewitter. In: Hamburgisches Magazin 1 (1747), 2. St., S. 194–195.

30 [Abraham Gotthelf] Kästner: Der Wörtergelehrte. Einfall bey einem Wetterglas. In: Hamburgisches Magazin 4 (1749), 1. St., S. 89.

31 L. K.: Der Gärtner und der Schmetterling. In: Hamburgisches Magazin 1 (1747), 2. St., S. 196.

32 Mylius' *Naturforscher* ist online abrufbar: <http://digital.slub-dresden.de/werkansicht/dlf/77360/1/cache.off>, zuletzt: 3.3.2014. Zu dieser Wochenschrift vgl. den Beitrag von Simona Noreik in diesem Band.

der aufgibt,[33] greift es Friedrich Heinrich Wilhelm Martini in seinen *Mannigfaltigkeiten* (1769–1773) und den Folgeprojekten auf. In diesem nur in den ersten Stücken dem Programm der Moralischen Wochenschriften verpflichteten Publikationsorgan finden sich moralische Erzählungen und empfindsame Gedichte neben naturkundlichen Abhandlungen – die enge inhaltliche Verzahnung, wie sie Mylius' *Naturforscher* auszeichnet, findet sich aber auch in diesem populären, vor allem an Liebhaber gerichteten Magazin nicht wieder.[34]

Tatsächlich scheinen literarische Beiträge in naturkundlichen Zeitschriften immer weniger denkbar. Georg Christoph Lichtenberg und Georg Forster etwa kündigen zwar im zweiten Vorbericht ihres *Göttingischen Magazins der Wissenschaften und Literatur* an, nun auch Gedichte aufnehmen zu wollen, setzen dies aber faktisch nicht um.[35] Auch Johann Ernst Immanuel Walchs ab 1774 erschienenes Magazin *Der Naturforscher* verfolgt ein klar fachwissenschaftliches Konzept.[36] Hier stehen ausschließlich naturbeschreibende Abhandlungen zu Mineralogie, Paläontologie und Zoologie; rein literarische Stücke hingegen sind Tabu.[37]

III.

Wenden wir uns den Zeitschriften mit ausdrücklicher Mischkonzeption zu. Darunter fällt das von Albrecht Christoph von Wüllen herausgegebene *Hannoverische Magazin*. Diese Zeitschrift wurde 1750 gegründet als *Hannoverische Gelehrte Anzeigen*, ab 1756 unter dem Titel *Nützliche Sammlungen* fortgeführt, erschien zwischen 1759 und 1762 unter dem wiederum veränderten Titel *Hannoverische Beyträge zum Nutzen und Vergnügen* und hieß dann knapp 30 Jahre

33 Zu Mylius' *Physikalischen Belustigungen* vgl. den Beitrag von Alexander Košenina in diesem Band.

34 Vgl. dazu Michael Bies: Natur-Geschichten vom „deutschen Büffon". Friedrich Heinrich Wilhelm Martinis *Mannigfaltigkeiten* (1769–1773). In: M. S. Doms, B. Walcher (Hrsg.): Periodische Erziehung des Menschengeschlechts. Moralische Wochenschriften im deutschsprachigen Raum, Bern u. a. 2012, S. 429–446.

35 Vgl. Georg Christoph Lichtenberg, Georg Forster: Vorbericht. In: Göttingisches Magazin der Wissenschaften und Literatur 2 (1781), 1. St.; online unter <http://www.ub.uni-bielefeld.de/diglib/aufkl/goettmag/index.htm>, zuletzt: 3.3.2014.

36 Vgl. hierzu die Beiträge von Ute Schneider und Michael Bies in diesem Band.

37 Vgl. Armin Geus: Der Naturforscher 1774–1804, Stuttgart 1971 (Indices naturwissenschaftlich-medizinischer Periodica bis 1850, hrsg. v. Armin Geus, Bd. 1).

Hannoverisches Magazin.[38] In der Konzeption ändert sich wenig, was auch die Vorreden betonen. In der Vorrede zur 1752 erschienenen Sammlung der ersten Stücke wird betont, man habe einem breiten Publikumsgeschmack Genüge leisten wollen. Daher habe man es auf eine, wie es heißt, „beständige Abwechslung" abgesehen; so sei für jeden etwas dabei, was einen nicht interessiere, möge man schlicht ignorieren.[39] Insbesondere schreibt sich das *Hannoverische Magazin* die „Verbesserung des Haushaltungskunst" auf die Fahnen und stellt damit einen pragmatischen Aspekt ins Zentrum. Alles wird also nicht aus fachgelehrter Perspektive, sondern unter dem Nutzengesichtspunkt für den (Hannoverschen) Normalbürger dargestellt. Auf Auszüge aus Akademieschriften wird bewusst verzichtet, das thematische Spektrum ist breit, viel breiter als etwa im *Hamburgischen Magazin*, umfasst neben lokaler Naturkunde und Medizin auch Baugeschichtliches, Gesellschaftliches, Ökonomisches. Diese Konzeption unterstreicht wiederum in typischer Weise bereits der Untertitel: *Hannoverisches Magazin, worin kleine Abhandlungen, einzelne Gedanken, Nachrichten, Vorschläge und Erfahrungen, so die Verbesserung des Nahrungs-Standes, die Land- und Stadtwirtschaft, Handlung, Manufacturen und Künste, die Physik, die Sittenlehre und angenehmen Wissenschaften betreffen, gesammlet und aufbewahrt sind.*

Eine Vielfalt der Darstellungsformen und Themen wird versprochen und eingehalten: kleine Abhandlungen, einzelne Gedanken, Nachrichten, Vorschläge und Erfahrungen verweisen auf einzelne, bei Gelegenheit entstandene und ohne großen systematischen Anspruch zusammengestellte Gebrauchstexte. Dementsprechend stehen Gesundheitsregeln neben Abhandlungen über Düngetechniken, Tipps für erste Hilfe bei Tierkrankheiten neben einer Anregung, wie eine öffentliche Bibliothek geordnet werden könne, Vorschläge zur Verbesserung des Schulwesens neben, so der Titel eines Aufsatzes, *Gedanken von Hühneraugen.*

Im engeren Sinne literarische Texte aber finden sich auch in diesem Typus kaum, ja, sogar noch weniger als im *Hamburgischen Magazin*. Das Inhalts-

---

38 Online unter <http://www.ub.uni-bielefeld.de/diglib/aufkl/hannovgelanz/index.htm>; <http://www.ub.uni-bielefeld.de/diglib/aufkl/nuetzsamlgn/index.htm>; <http://www.ub.uni-bielefeld.de/diglib/aufkl/hannovbeytr/index.htm>, zuletzt: 3.3.2014.

39 [Albrecht Christoph von Wüllen: Vorrede]. In: Sammlung kleiner Ausführungen aus verschiedenen Wissenschaften, welche in dem hiezu gewidmeten Theile der von Johannis 1750 bis zum Ende des 1751ten Jahres wöchentlich ausgegebenen Hannoverischen Anzeigen stückweise bekannt gemacht sind, 1. Bd., Hannover 1752; <http://www.ub.uni-bielefeld.de/diglib/aufkl/hannovgelanz/index.htm>, zuletzt: 3.3.2014.

verzeichnis der *Hannoverischen Gelehrten Anzeigen* für den Jahrgangsband 1755 etwa führt 151 Titel auf – darunter ist lediglich eine einzige aus dem Englischen übersetzte moralische Erzählung. In anderen Jahrgängen verhält es sich ähnlich. Auch hier finden sich beinahe ausschließlich Gebrauchstexte im Gedanken-Nachrichten-Format vor allem zu naturkundlich-landwirtschaftlich-gartenbaupraktischen bzw. medizinisch-diätetischen Themen, gelegentlich auch Abhandlungen zu Fragen aus anderen Lebensbereichen, jedoch „nichts Literarisches im engeren Sinne des Wortes, keine Lyrik oder Belletristisches". Adolph Knigge schätzte diese Konzeption des *Hannoverischen Magazins* übrigens gar nicht und titulierte die Zeitschrift als „leer".[40]

Vergleichbare Journale wie etwa die in Oldenburg erscheinenden *Blätter vermischten Inhalts* (1787–1794) bringen ebenfalls eine bunte Mischung aus Lokalgeschichtlichem und Pragmatischem. Stereotyp bekennt man sich auch hier zum *prodesse et delectare* und denkt wie im *Hannoverischen Magazin* ausdrücklich an eine breite Leserschaft, weswegen, so der Vorbericht, der Inhalt „mannigfaltig" sein werde: 1. praktische Moral, Aberglaubenskritik, Kindererziehung, 2. Nützliches zu Natur und Kunst, 3. Diätetik, 4. Tipps für Landbau und Hauswirtschaft und 5. Verschiedenes:

> Nachrichten von schweren Zeiten, Wasserfluthen, Theurungen, ansteckenden Krankheiten, und deren Folgen; denkwürdige Veränderungen des Landes und Bodens; Wachsthum und Abnahme des Wohlstandes einzelner Gegenden, und Ursache davon; Nachricht von vaterländischen Gesetzen und Herkommen, deren Veranlassung und Veränderung; actenmäßige Erzählungen von merkwürdigen Rechtshändeln, auch Criminalfällen, deren Bekanntmachung von Nutzen seyn kann; Nachrichten von verdienten Mitbürgern allerley Standes; Volkslieder u.s.w.[41]

Allgemeine, wissenschaftliche naturkundliche Belehrungen ohne unmittelbaren praktischen Bezug auf das alltägliche Leben im Oldenburgischen fehlen in den *Blättern vermischten Inhalts* ebenso wie im *Hannoverischen Magazin*. Die *Blätter* aber arbeiten durchaus mit unterhaltsamen Einsprengseln aus dem Bereich der schönen Literatur: Dies wird allerdings nicht nur in der programmatischen Auflistung lediglich durch den allerletzten Punkt, „Volkslie-

---

40 Vgl. Henning Rischbieter: Hannoversches Lesebuch oder: Was in Hannover und über Hannover geschrieben, gedruckt und gelesen wurde, Bd. 1: 1650–1850, Hannover ³1986, S. 124 f.

41 Vgl. Gerhard Anton Gramberg: Vorbericht. In: Blätter vermischten Inhalts 1 (1787), 1. Heft, S. 3–8, hier S. 4; online unter <http://www.ub.uni-bielefeld.de/diglib/aufkl/blaeinh/ index.htm>, zuletzt: 3.3.2014.

der", eher versteckt als angedeutet, sondern auch tatsächlich äußerst sparsam umgesetzt.[42]

Kurz: Von einem konzeptionellen Neben-, geschweige denn Miteinander von Wissen und Literatur kann weder im *Hannoverischen Magazin* noch in den *Blättern vermischten Inhalts* die Rede sein.

IV.

Blicken wir schließlich auf so genannte literarische oder, wie Andrea Heinz vorgeschlagen hat, „Kulturzeitschriften".[43] Nehmen wir uns das vielleicht prominenteste Periodikum der deutschen Spätaufklärung überhaupt vor, den *Teutschen Merkur* von Christoph Martin Wieland (1773–1789, fortgeführt 1790–1810 als *Der Neue Teutsche Merkur*). Wieland bekennt sich programmatisch zu Breite: Er will neben Literatur – „[a]userlesene poetische Originalstücke", „Erzählungen und Anekdoten" sowie „Alles, was der Endes benannte Herausgeber des *Merkurs* künftig in Prosa oder Versen publiciren wird" – auch Rezensionen, kritische Reflexionen auf die Zustände in der eigenen wie in anderen Nationen sowie Beiträge zu verschiedenen Wissenschaften bieten.[44] In der Vorrede zum ersten Band listet Wieland die zu berücksichtigenden Themengebiete auf und nennt neben Geschichte, Philosophie, Literatur explizit auch die „Naturkunde"[45].

Faktisch allerdings spielen sowohl die historischen als auch die hier interessierenden naturkundlichen Themen im *Teutschen Merkur* keineswegs im gesamten Erscheinungszeitraum eine gleichbleibende Rolle. Gerade Naturkundliches findet sich in vielen Bänden kaum. Wenn doch, dann tragen die-

---

42 Vgl. etwa die an das Ende des 3. Hefts des 1. Jahrgangs gesetzten anonym abgedruckten Gedichte *Lied für die Jugend* und *Reiselied für Jünglinge* (1983).

43 Vgl. Andrea Heinz (Hrsg.): „Der Teutsche Merkur" – die erste deutsche Kulturzeitschrift?, Heidelberg 2003.

44 Vgl. Christoph Martin Wieland: Vorrede des Herausgebers. In: Der Teutsche Merkur 1773, 1. Vierteljahr, S. III–XXII. Die Zitate: Christoph Martin Wieland: Nachricht. Der Teutsche Merkur 1774, 1. Vierteljahr, S. III–IV. *Der Teutsche Merkur* ist online abrufbar unter <http://www.ub.uni-bielefeld.de/diglib/aufkl/teutmerk/teutmerk.htm>, zuletzt: 3.3.2014. Eine vergleichende Analyse von Programmatik und Umsetzung liefert Jutta Heinz: „Eine Art – wie der Merkur hätte werden sollen. Programmatik, Themen und kulturpolitische Positionen des *Teutschen Merkur* und des *Deutschen Museum* im Vergleich. In: „Der Teutsche Merkur" – die erste deutsche Kulturzeitschrift? (wie Anm. 43), S. 108–130.

45 Wieland: Vorrede (wie Anm. 44), S. IX.

se Beiträge häufig das Gewand beliebter zeitgenössischer literarisierter Formen. Typisch sind etwa Johann Heinrich Mercks 1781 erschienene Überlegungen zur Gesteinskunde, die im Duktus empfindsamer Briefe daherkommen und den Leser scheinbar ganz privat und dialogisch am Prozess der Erkenntnisgewinnung teilhaben lassen.[46] Diese Niedrigschwelligkeit wird bereits durch den Obertitel der Brieffolge, *Mineralogische Spaziergänge*, vorbereitet.[47] In vergleichbarer Weise und mit ähnlicher Absicht sind auch die im *Teutschen Merkur* erschienenen berühmten geowissenschaftlichen Abhandlungen des Bergrats Voigts zumindest teilweise in Briefform verfasst.[48]

Rein naturkundliche Gebrauchstexte hingegen sind im *Teutschen Merkur* selten: Ein Organ fachwissenschaftlicher Debatten ist er nicht. Zwar ist umgekehrt auch zu Recht betont worden, dass *Der Teutsche Merkur* keineswegs ein „Musenalmanach" war und „der Anteil dichterischer[ ] Werke" „meistens [lediglich] zwischen 20 und 30 %" betrug.[49] Gleichwohl steht die Literatur im gesamten Zeitraum des Erscheinens klar im Zentrum, und so ist es nur konsequent, dass jedenfalls die ersten Bände immer mit Gedichten oder Verserzählungen eröffnet werden. Der Vergleich mit einem Vorläufer dieses Zeitschriftentypus wie den *Belustigungen des Verstandes und des Witzes* (1741–1745) zeigt allerdings auch, dass Wieland mit seinem Anspruch auf breitere

---

46 Johann Heinrich Merck: Mineralogische Spaziergänge. In: Der Teutsche Merkur 1781, 3. Vierteljahr, S. 72–80; Merck ist ein fleißiger Beiträger des *Teutschen Merkur*: Das Register des Bielefelder Digitalisierungsprojekts führt 151 Beiträge auf. Er liefert vor allem Rezensionen, gelegentlich aber finden sich auch Reise- oder andere Briefe. Einen Sonderstatus nimmt die literarische Erzählung *Geschichte des Herrn Oheim* ein, die in 5 Fortsetzungen im Jahr 1778 erscheint. Zu den „ganz unterschiedliche[n] Textsorten", derer sich Merck im *Teutschen Merkur* bedient, vgl. Marie-Theres Federhofer: Der standpunktlose Intellektuelle. Johann Heinrich Merck als Beiträger des *Teutschen Merkur*. In: „Der Teutsche Merkur" – die erste deutsche Kulturzeitschrift? (wie Anm. 43), S. 153–169, hier S. 162; Mercks Breite würdigt auch Robert Seidel: Literarische Kommunikation im Territorialstaat. Funktionszusammenhänge des Literaturbetriebs in Hessen-Darmstadt zur Zeit der Spätaufklärung, Tübingen 2003, S. 231–283.

47 Der Spaziergang ist schon bei Abbé Pluche einschlägig für eine locker-belehrende Plauderei. Für den Bereich der Zeitschriften vgl. etwa die von Georg Anton Weizenbeck herausgegebenen *Botanischen Unterhaltungen mit jungen Freunden der Kräuterkunde auf Spatziergängen* (1784–1786).

48 Vgl. dazu Susanne Horn: Bergrat Johann Carl Wilhelm Voigt (1752–1821): Beiträge zur Geognosie und Mineralogie. In: „Der Teutsche Merkur" – die erste deutsche Kulturzeitschrift? (wie Anm. 43), S. 199–214, hier bes. S. 209–213.

49 Andrea Heinz: Auf dem Weg zur Kulturzeitschrift. Die ersten Jahrgänge von Wielands *Teutschem Merkur*. In: Ebenda, S. 11–36.

Integration auch naturwissenschaftlicher Themen (und dessen zumindest partiell durchaus gelungener Umsetzung) einen neuen, eigenen Akzent setzt.

V.

Ziehen wir ein Resümee. Erstens zu den drei Zeitschriften-Typen:

1. Wo Naturkunde angekündigt wird, findet sich möglicherweise, wie etwa im untersuchten Fall des *Hamburgischen Magazins,* in kleinen Häppchen auch Epigrammatisches oder Lehrdichtung. Intensivere Ausflüge ins im engeren Sinne literarische Feld hingegen gibt es in Magazinen, die vor allem am fachwissenschaftlichen gelehrten Diskurs partizipieren wollen, selten. Mylius macht es in der Jahrhundertmitte einmal vor, Martini knüpft daran an. Abgesehen von diesen Ausnahmen kann man für das Feld naturkundlich spezialisierter Periodika aber dennoch etwas zugespitzt festhalten: Viel Wissen, kaum Literatur.

2. Auch das auf Breite verpflichtete, der praktischen Haushaltsführung verpflichtete Profil hat, so darf man die Probebohrung beim *Hannoverschen Magazin* und bei den *Blättern vermischten Inhalts* vielleicht vorsichtig verallgemeinern, vor lauter Ratschlägen und Tipps für literarische Unterhaltung wenig Raum. Diese Periodika leisten sich nur äußerst sporadisch eine Lebensweisheiten vermittelnde moralische Erzählung oder hier und da ein Gedicht. Aber auch rein fachwissenschaftlich ausgerichtetes allgemeines Wissen zur Naturkunde findet sich hier nicht – die Textauswahl ist konsequent pragmatisch und regional begründet und insgesamt eher literaturfern.

3. Literatur hingegen bildet, wie nicht anders zu erwarten, den Kern der literarisch-ästhetischen Journale. Ungeachtet des formulierten Anspruchs hat der *Teutsche Merkur* jedoch offensichtlich Probleme, das naturkundliche Feld tatsächlich regelmäßig zu bedienen. Nur in einzelnen Wellen, etwa der Gesteinsbegeisterung der 1780er Jahre, werden naturkundliche Themen in nennenswertem Umfang aufgenommen. Dann jedoch werden sie, dem Stil der literarischen Zeitschrift entsprechend, anders und nicht im Nachrichten-Gedanken-Format präsentiert. Hier gilt also, noch einmal zugespitzt formuliert: viel Literatur, wenig (naturkundliches) Wissen.

Blickt man nach diesem Streifzug zurück auf Hebel so wird deutlich, dass das von ihm präsentierte Nebeneinander von fiktionalen Kalendergeschichten und faktualen Kalendertexten nicht etwa der Normalfall, sondern eher die Ausnahme darstellt. Er setzt um, was andere mehr ankündigen als halten: die Präsentation von Wissen und Literatur in einem Heft, dem Heft mit dem berühmten roten Faden zum Aufhängen in der Küche neben der Bibel.

Die einleitend formulierte Vermutung jedenfalls, dass es in den Periodika der Aufklärung ein lockeres Miteinander von Wissen und Literatur, von Naturkunde und Poesie geben müsse oder könne, erweist sich in dieser Pauschalität als erstaunlich wenig berechtigt.

Dichtes Wissen
Zu Christian Ludwig Lichtenbergs und Johann Heinrich Voigts „Magazin für das Neueste aus der Physik und Naturgeschichte"

I.

1781 erschien im Gothaer Ettinger Verlag der erste Band des *Magazins für das Neueste aus der Physik und Naturgeschichte*. Das neugegründete Periodikum sollte immerhin 17 Jahre lang, von 1781–1798, bestehen und brachte in dieser Zeit insgesamt 44 Hefte heraus. Ein gelungenes Unternehmen also, dessen maßgebliche Wirkung auch zeitgenössische Rezensenten anerkannten: Gewissenhaft verzeichnete die *Allgemeine deutsche Bibliothek* bzw., wie sie seit 1797 hieß, die *Neue allgemeine deutsche Bibliothek* zwischen 1783–1800 jedes neuerschienene Heft des *Magazins* und sparte nicht an Lob „dieses vortrefflichen Magazins"[1], das „noch immer für den Kenner und Liebhaber der Physik und Naturgeschichte ein überaus nutzbares Werk"[2] sei. Daher freue sich auch der „Recens. […] allemal, wenn ihm ein neues Stück zugeschickt wird."[3]

Dieses „nutzbare" und „vortreffliche" *Magazin für das Neueste aus der Physik und Naturgeschichte*, das bereits im Titel eine nicht zu überbietende Aktualität der mitgeteilten Nachrichten verspricht, eben „das Neueste", fügt sich in eine insgesamt zu beobachtende Tendenz im 18. Jahrhundert: die Beschleunigung der Zirkulation naturwissenschaftlicher Erkenntnisse durch Zeitschriftengründungen. Gerade naturwissenschaftliche Zeitschriften erlebten nach

---

1 Allgemeine deutsche Bibliothek 1786, 65. Bd., 2. St., S. 430–432, hier S. 430 (fortan zitiert: ADB).
2 ADB 1788, 83. Bd., 2. St., S. 459–463, hier S. 463.
3 ADB 1786, 65. Bd., 2. St., S. 430–432, hier S. 430.

1740 auf dem deutschen Buchmarkt einen bemerkenswerten Zuwachs.[4] Die Zunahme empirischen Wissens im Bereich der Naturforschung führte zu der Erwartung, diese neuen Erkenntnisse auch rasch verfügbar zu machen. Anders gesagt, resultierte der Empirieschub in den Naturwissenschaften in einem erhöhten Aktualitätsdruck, der wiederum bestimmte Informations- und Kommunikationskanäle generierte.[5]

Diese Beschleunigung naturkundlichen Wissens im Medium der Zeitschrift will ich im Folgenden am Beispiel des *Gothaischen Magazins* näher untersuchen. Dabei gehe ich von der Überlegung aus, dass sich das in der Zeitschrift vermittelte Wissen als ein „dichtes Wissen" verstehen lässt. Die Formulierung lehnt sich an Clifford Geertz' metaphorischen Ausdruck der dichten Beschreibung an, ohne allerdings dessen Implikationen zu übernehmen. Kompatibel ist sie insofern mit dem Konzept des amerikanischen Ethnologen, als es sich auch hier im weitesten Sinn um die Kontextabhängigkeit und Präsentationsweise wissenschaftlicher Erkenntnisse handelt. Zeitliche und stilistische Verdichtung – Aktualität und Kürze – sind zwei Aspekte, durch die sich ein „dichtes Wissen" näher beschreiben lässt. Als ein weiterer Gesichtspunkt ist die lokale Verankerung in einem kulturell aktiven Milieu zu nennen – im konkreten Fall die thüringische Residenzstadt Gotha –, in dem sich eine spezifische soziale Infrastruktur und Dynamik konzentrierten, die entscheidend zum Gelingen des Zeitschriftenprojekts und damit zur Produktion eines „dichten Wissens" beigetragen haben.

Anknüpfend an diese Vorüberlegungen soll es im Folgenden um die Frage gehen, inwieweit die Dynamisierung des Wissens von einer wachsenden Spezialisierung der Wissensdisziplinen begleitet wird und wie sich diese Spezialisierungstendenzen hinsichtlich der Wahl der Themen und Beiträger, der anvisierten Lesergruppe und der schriftlichen Präsentation, also hinsichtlich des bevorzugten Schreibstils, manifestieren, kurz: Worüber wird berichtet, wer berichtet, für wen wird berichtet, und wie wird berichtet? Weiterhin werden dann streiflichtartig Überlegungen angestellt zum Ver-

---

4   Vgl. Joachim Kirchner: Das deutsche Zeitschriftenwesen. Seine Geschichte und seine Probleme, Teil 1: Von den Anfängen bis zum Zeitalter der Romantik, 2., neu bearb. u. erw. Aufl., Wiesbaden 1958, S. 156–160; Margot Lindemann: Deutsche Presse bis 1815. Geschichte der deutschen Presse, Teil 1, Berlin 1969, S. 183, 202, 208–210.

5   Vgl. Rudolf Stichweh: Zur Entstehung des modernen Systems wissenschaftlicher Disziplinen. Physik in Deutschland 1740–1890, Frankfurt a. M. 1984, S. 394–441; Ute Schneider: Friedrich Nicolais Allgemeine Deutsche Bibliothek als Integrationsmedium der Gelehrtenrepublik, Wiesbaden 1995, S. 319–336.

hältnis zwischen periodischen und nicht-periodischen Wissensspeichern, etwa Enzyklopädien, zwischen – um eine Formulierung Ludwik Flecks etwas zu variieren – Zeitschriftenwissen und Handbuchwissen. Doch zuvor sei der bislang ungenannte Initiator des Gothaer Zeitschriftenprojekts präsentiert, Christian Ludwig Lichtenberg, der ältere Bruder des bekannten Göttinger Professors.

II.

„Es ist sonderbar was ich für Brüder habe", gestand Georg Christoph Lichtenberg in einem Brief an seinen Neffen Friedrich August und fuhr fort:

> Beyde im Herzen gut, allein der eine ein leichtsinniger Verschwender, und der andere grade das Gegentheil. Über den ersten betrübe ich mich in der Seele, und über den andern ärgere ich mich zuweilen und dann lache ich auch zuweilen über ihn, daß mir die Thränen die Backen herunterlaufen, er ist der seltsamste Knauser, den ich gekannt habe.[6]

Dieser „seltsamste Knauser" ist der vier Jahre ältere Bruder, Christian Ludwig Lichtenberg. Wir wissen heute wenig über diesen Sprössling aus einer südhessischen Beamten- und Theologenfamilie.[7] Geboren 1738 in Ober-Ramstadt, begann Christian Ludwig nach dem Besuch des Darmstädter Pädagogiums in Halle Theologie zu studieren. Durch den Siebenjährigen Krieg wurde seine Ausbildung für mehrere Jahre unterbrochen, und Ende 1763 setzte der 26-Jährige sein Studium in Göttingen fort. Dort blieb er nur kurz. Er war Hörer des Staatsrechtlers Johann Stephan Pütter und besuchte Vor-

---

6 Brief v. Georg Christoph Lichtenberg an Friedrich August Lichtenberg v. 31.10.1783. In: Georg Christoph Lichtenberg. Briefwechsel, 5 Bde., im Auftrag der Akademie der Wissenschaften zu Göttingen hrsg. v. Ulrich Joost, Albrecht Schöne, München 1985, Bd. 2: 1780–1784, Nr. 1176, S. 740–741, hier S. 740.

7 Für ausführlichere biographische Informationen zu Christian Ludwig Lichtenberg vgl. Otto Weber: Das Los des älteren Bruders. Anmerkungen zum 250. Geburtstag von Christian Ludwig Lichtenberg. In: Lichtenberg-Jahrbuch (1988), S. 105–129; ders.: Christian Ludwig Lichtenberg. „Der seltsamste Knauser". In: Ders. (Hrsg.): Lichtenberg. Spuren einer Familie. Begleitbuch zur Ausstellung vom 27. Juni bis 16. August 1992 in der Stadthalle Ober-Ramstadt, Ober-Ramstadt 1992, S. 164–168; vgl. auch Christine Große: Der ältere Bruder. Christian Ludwig Lichtenberg, Beamter und Wissenschaftler in Gotha. In: Palmbaum 8 (2000), S. 16–20; Astrid Lichtenberg, Peter Brosche: Christian Ludwig Lichtenberg zum Tode von Ernst II. von Sachsen-Gotha-Altenburg. In: Gothaisches Museums-Jahrbuch 9 (2006), S. 129–139.

lesungen in den sog. historischen Hilfswissenschaften, also in jener geschichtswissenschaftlichen Disziplin, die sich mit der kritischen Erschließung historischer Quellen befasst und die Lichtenbergs Lehrer, Johann Christoph Gatterer, an der Universität Göttingen eingeführt und standardisiert hat. Lichtenberg blieb nur kurz in Göttingen. Bereits 1765 war das Studentenleben beendet, und er begann eine Beamtenlaufbahn im Gothaischen Staatsdienst. Der „Geheime Archivarius", so der Titel des Berufsanfängers, stieg dort schnell auf, wurde Geheimer Sekretär, Legationsrat und erhielt schließlich eine führende Position als Geheimer Assistenzrat. Seinen berühmten jüngeren Bruder überlebte er um mehr als 10 Jahre und gab gemeinsam mit Friedrich Christian Kries, Gymnasialprofessor für Mathematik und Physik in Gotha, die erste Werkausgabe Georg Christoph Lichtenbergs heraus, die zwischen 1800 und 1806 in Göttingen bei dem Verlagsbuchhändler Johann Christian Dieterich erschien.[8] Christian Ludwig Lichtenberg starb 1812 in Gotha.

Wer nun angesichts der recht bürokratisch anmutenden Berufsbezeichnungen Lichtenbergs meint, dass seine Arbeit ausschließlich im – wie sein Briefpartner Johann Heinrich Merck es einmal launig formulierte – „Protocoll [...] führen" und „Akten-Extrakt [...] machen" bestanden habe, die wenig Zeit für „grosse Allotria"[9] lasse, der täuscht sich. Der gesetzte und korrekte Gothaer Staatsbeamte konnte durchaus – freilich im angemessenen Rahmen – „Allotria" treiben und sich seinen Vorlieben widmen. Eine seiner Interessen, die er rege verfolgte, galt der Naturforschung. Es lässt sich heute nicht mehr im Einzelnen rekonstruieren, auf welche Weise Lichtenberg sein naturkundliches Wissen erwarb,[10] doch kann man davon ausgehen, dass er es sich weitgehend autodidaktisch und durch den Austausch mit anderen Gelehrten aneignete. Er ist so gesehen, wie sein Bruder Georg Christoph ihn einmal beschrieb, „ein dilettante"[11] bzw., wie ein anderer Zeitgenosse

---

8 Vgl. Ulrich Joost (Hrsg.): Der Briefwechsel zwischen Johann Christian Dieterich und Christian Ludwig Lichtenberg, Göttingen 1984.

9 Johann Heinrich Merck: Akademischer Briefwechsel [1782]. In: J. H. Merck: Werke, hrsg. v. Arthur Henkel, Frankfurt a. M. 1968, S. 286–319.

10 Für einen Überblick über Lichtenbergs naturwissenschaftliche Interessen vgl. Weber 1988 (wie Anm. 7), S. 117–124. Auch bei Weber findet sich kein genauer Hinweis, wann und wie diese Interessen begannen.

11 Brief v. Georg Christoph Lichtenberg an Franz Ferdinand Wolff v. 11.7.1782. In: Lichtenberg (wie Anm. 6), Bd. 2: 1780–1784, Nr. 935, S. 382–383, hier S. 382. Dass sich auch der Experimentalphysiker Georg Christoph Lichtenberg als ein Dilettant verstehen lässt, zeigt Michael Schmidt: Zwischen Dilettantismus und Trivialisierung: Experiment, Experi-

feststellte, ein „einsichtsvoller Liebhaber der Naturwissenschaften".[12] Doch gerade als ein Dilettant, der nicht zuletzt sehr wohlhabend war, trug er zur Spezialisierung der Naturforschung bei. Denn diese Leistung eines Dilettanten hatte durchaus handfeste Folgen und materialisierte sich – darauf ist weiter unten noch zurückzukommen – etwa in einer Instrumentensammlung oder in einer Zeitschriftengründung. So gesehen steuerte dilettantisches Engagement ganz entscheidend dazu bei, eine Infrastruktur für die sich spezialisierenden Naturwissenschaften zu schaffen.

Lichtenbergs Kompetenz und sein Wissen auf dem Gebiet der Naturforschung führten dazu, dass er neben seiner Tätigkeit am Geheimen Staatsarchiv eine Reihe weiterer Aufgaben in der Residenzstadt Gotha wahrnahm. Diese Aufgaben lassen sich unter den Stichworten „Wissensvermittlung" und „Aufbau von Infrastrukturen" rubrizieren. Auf Initiative seines den Künsten und Wissenschaften ungemein aufgeschlossenen Landesherrn und Arbeitgebers, Ernst II. von Sachsen-Gotha-Altenburg, hatte Lichtenberg interessierte Gothaer Adlige und Bürger, Liebhaber und Dilettanten also, zu denen der „Herzoge und mehrere[ ] Personen aus allen Ständen"[13] zählten, über neueste Entwicklungen und Erfindungen in den Naturwissenschaften zu informieren und hielt – wie sein berühmter Göttinger Bruder – öffentliche Vorlesungen zur Experimentalphysik.[14] Ernst II. galt seinen Zeitgenossen als ein aufgeklärter Fürst – einen „weißen König[ ]"[15] nannte ihn Georg Christoph Lichtenberg –, und auch die heutige Geschichtsschreibung folgt dieser Einschätzung.[16] Er hat in Göttingen bei Georg Christoph Lichten-

---

mentmetapher und Experimentalwissenschaft im 18. und frühen 19. Jahrhundert. In: M.-Th. Federhofer (Hrsg.): Experiment und Experimentieren im 18. Jahrhundert, Heidelberg 2006, S. 63–87.

12 Friedrich Christian Kries: Kurze Nachricht von der Entstehung und Beschaffenheit des physikalischen Apparats des Gymnasiums zu Gotha. Nebst einigen Bemerkungen über Zweck und Gebrauch solche Apparate überhaupt, Gotha 1814, S. 18, zitiert nach Weber 1988 (wie Anm. 7), S. 123.

13 Herzog Ernst II., zu Sachsen–Gotha und Altenburg. In: Allgemeine Geographische Ephemeriden 19/1 (1806), S. 114–123 [Nekrolog]), hier S. 118.

14 Weber 1988 (wie Anm. 7), S. 117.

15 Brief v. Georg Christoph an Johann Christian Dieterich v. 29.12.1771. In: Lichtenberg (wie Anm. 6), Bd. 1: 1765–1779, Nr. 39, S. 59–62, hier S. 60. Stimmhaftes und stimmloses s hielt Lichtenberg bekanntlich nicht immer auseinander.

16 Vgl. Werner Greiling: Ernst der „Mild-Gerechte". Zur Inszenierung eines aufgeklärten Herrschers. In: Ders., A. Klinger, Ch. Köhler (Hrsg.): Ernst II. von Sachsen-Gotha-Altenburg. Ein Herrscher im Zeitalter der Aufklärung, Köln u. a. 2005, S. 3–22; Steffen Ku-

berg Mathematik und Physik studiert, ließ sich von dessen Bruder in Gotha Privatunterricht erteilen und verfolgte in seinem vergleichsweise kleinen Staat eine engagierte Wissenschaftspolitik, durch die er insbesondere die Naturwissenschaften förderte. Dieses Interesse manifestierte sich etwa im Bau der Sternwarte auf dem Kleinen Seeberg.[17] Sie war eine der ersten Sternwarten Europas, die modellbildend für andere Observatorien, etwa die Göttinger Sternwarte, werden sollte, und avancierte unter Franz Xaver v. Zach für eine Zeitlang zu einem europaweit bekannten Forschungszentrum für Astronomie.

Als ein weiteres Beispiel für die naturwissenschaftlichen Neigungen des Herzogs können seine physikalischen Versuche insbesondere zur Elektrizität genannt werden, die schließlich darin resultierten, dass er auf dem Dach des Schlosses Friedenstein Gothas ersten Blitzableiter anbringen ließ.[18] Man mag die wissenschaftlichen Bemühungen Ernst II. im Zusammenhang einer während des 18. und beginnenden 19. Jahrhunderts insgesamt in Thüringen zu beobachtenden Tendenz verstehen, sich durch kulturpolitisches Engagement im europäischen Kontext zu profilieren. Wie der Medienhistoriker Werner Greiling im Hinblick auf das Pressewesen Thüringens konstatiert hat, verstand sich die Region bereits „frühzeitig […] als Bestandteil einer europäischen Kulturlandschaft"[19], so dass sich diese wissenschaftlich-kulturellen Profilierungsbestrebungen als Kompensation der faktischen machtpolitischen Bedeutungslosigkeit des Herzogtums im Alten Reich begreifen lassen.[20]

Noch ein weiterer Aspekt sei hier genannt. Gerade das Beispiel der thüringischen Residenzstadt zeigt, wie sich die Vermittlung und Akzeptanz naturkundlichen Wissens in der Zeit der Aufklärung über soziale Grenzen hinweg vollziehen konnten und wie dadurch unterschiedliche gesellschaftliche Kreise – Adel und Bürgertum – aufeinander bezogen und ins Gespräch gebracht wurden. Als Repräsentanten einer bürgerlichen und adeligen Dilet-

---

blick, Gerhard Müller: Zwischen Wissenschaft und Arkanum. Zum geistigen Profil eines aufgeklärten Fürsten. In: Ebenda, S. 311–322.

17 Dass diese naturwissenschaftlichen Neigungen Ernst II. auch im Kontext seines Interesses an freimaurerischem Gedankengut zu verstehen ist, haben Kublick und Müller herausgearbeitet (ebenda, S. 311–322).

18 Große (wie Anm. 7), S. 18.

19 Werner Greiling: Die historische Presselandschaft Thüringen. In: A. Blome (Hrsg.): Zeitung, Zeitschrift, Intelligenzblatt und Kalender. Beiträge zur historischen Presseforschung, Bremen 2000, S. 67–84, hier S. 83.

20 Ebenda.

tantenkultur[21] trugen Lichtenberg und Ernst II. zu jenem lebhaften intellektuellen Milieu Gothas bei, das zeitgenössischen Besuchern oft als bemerkenswert aufgefallen ist. Was die beiden Kunsthistoriker Martin Warnke und Alexander Rosenbaum für die Entwicklung eines modernen bürgerlichen Künstlerverständnisses gezeigt haben – die entscheidende Rolle, die gerade der Hof und dilettierende Adlige in diesem Prozess spielten –, was Werner Greiling im Hinblick auf Gothas Buch- und Verlagswesen herausgearbeitet hat – dass sich die bürgerliche Öffentlichkeit, die sich durch die gebildete Elite Gothas in Zeitschriften und Anzeigern herausbildet, nicht zuletzt der Förderung Ernst II. verdankt –, bestätigt sich im Falle der Gothaer Dilettantenkultur auch im Bereich der Naturforschung.[22]

Doch zurück zur Präsentation Lichtenbergs. Verbunden mit seinem genannten Vermittlungs- und Popularisierungsauftrag war eine weitere Funktion, die wiederum Konsequenzen für die kulturelle Infrastruktur des Herzogtums hatte: Lichtenberg war für das physikalische Kabinett des Herzogs in Schloss Friedenstein zuständig, das zu „den reichhaltigsten und vollständigsten Sammlungen Teutschlands"[23] zählte. Hervorgegangen war dieses Kabinett tatsächlich aus den Privatbeständen Lichtenbergs, der eine vorzügliche Instrumentensammlung aufgebaut hatte. Diese überließ bzw. verkaufte er – wohl auch aus Platzgründen – der fürstlichen Sammlung und sorgte dafür, dass sie auf dem neuesten Stand war. Lichtenbergs Sammlung, die jene des Göttinger Bruders an Wert und Umfang übertraf, war in ganz Deutschland bekannt. Als der heute wohl vergessene Georg Heinrich Hollenberg, Bauverwalter des Fürstentums Osnabrück, 1782 einen in Briefform abgefassten Bericht über seine Reise in verschiedene deutsche Gegenden veröffentlichte, wusste er über Gotha nur Rühmliches zu schreiben:

---

21   Zu „Dilettantenkultur" vgl. Marie-Theres Federhofer: Dilettantismens potensial. In: Dies., Hanna Hodacs (Hrsg.): Mellom pasjon og profesjonalisme. Dilettantkulturer i skandinavisk kunst og vitenskap, Trondheim 2011, S. 11–29; dies.: Fra hoffmannen til den informerte dilettanten. In: E. K. Gjervan, S. Gladsø, R. M. Selvik (Hrsg.): Lidenskap eller levebrød – dans, teater og musikk i tidlig norsk offentlighet, Trondheim 2014 (im Erscheinen).

22   Martin Warnke: Hofkünstler. Zur Vorgeschichte des modernen Künstlers, Köln 1985; Alexander Rosenbaum: Der Amateur als Künstler. Studien zur Geschichte und Funktion des Dilettantismus im 18. Jahrhundert, Berlin 2010; Greiling (wie Anm. 16), S. 3–22, vgl. auch Kerstin Merkel: Fürstliche Dilettantinnen. In: M. Ventzke (Hrsg.): Hofkultur und aufklärerische Reformen in Thüringen. Die Bedeutung des Hofes im späten 18. Jahrhundert, Köln, Weimar 2002, S. 34–51.

23   Herzog Ernst II. (wie Anm. 13), S. 118.

Hierher müssen Sie kommen, Freund! wenn Sie Liebhaber der Experimentalphysik kennen lernen wollen. Von der herzoglichen Familie bis auf – o! ich weiß nicht wie weit – erstrecket sich die Begierde, die Natur durch Versuche kennen zu lernen; und Herr Geh. Secretair L. ist Docent in diesem Fache. – Im Hause des Herrn L. sahe ich eine Menge der vortreflichsten Instrumente, die aber nur einen kleinen Theil von seinem ganzen Apparat ausmachen; der größte Theil ist auf dem Schlosse und in einem anderen Hause in der Stadt, wo die Vorlesungen gehalten werden.[24]

Materialisierten sich die Gothaischen Bemühungen um den Wissenstransfer im Bereich der Naturforschung in einem Modell, das Wissen räumlich organisiert und repräsentiert – eben das physikalische Kabinett auf Schloss Friedenstein oder die Sternwarte auf dem Kleinen Seeberg –, so hatten diese Vermittlungsbestrebungen auch Konsequenzen für eine zeitliche Erfassung und Darstellung von Wissen: Ich meine das *Magazin für das Neueste aus der Physik und Naturgeschichte,* das Christian Ludwig Lichtenberg 1781 initiierte und das seit 1786 (4. Bd., 1. St.) dann von dem Jenaer Mathematik- und Physik-Professor Johann Heinrich Voigt (1751–1823) herausgegeben wurde. Die Zeitschrift erschien in der Verlagsbuchhandlung Carl Wilhelm Ettingers, einem ungemein erfolgreichen Unternehmen in der deutschen Verlagslandschaft im ausgehenden 18. Jahrhundert, das aus heutiger Sicht zu den wichtigsten Buchhandlungen Deutschlands in jener Zeit zählte.[25] Ettinger (1741–1804) trat in Gotha in den Verlag Johann Christian Dieterichs ein, führte dessen Verlag zunächst weiter (als Dieterich – der Verleger des Bruders – 1760 nach Göttingen zog) und kaufte ihn 1776 schließlich auf. Besonders im Zeitraum zwischen 1788 und 1802 konnte der Ettinger Verlag expandieren. Es waren nicht zuletzt periodische Veröffentlichungen wie der *Hof- und Adresskalender* oder die *Gothaischen Gelehrten Anzeigen,* die zum guten Ruf und Wohlstand des Unternehmens beitrugen.[26] Dabei ist für den hier interessierenden Zusammenhang festzuhalten, dass das Unternehmen auch wegen der

---

24 Georg Heinrich Hollenberg: Bemerkungen über verschiedene Gegenstände auf einer Reise durch einige deutsche Provinzen, in Briefen, Stendal 1782, S. 239.

25 Christoph Köhler: „Dass keiner was unternehme, daß bloß ihm alle Vortheile, den andern aber Schaden bringt". Carl Wilhelm Ettingers Verlagsunternehmen in Gotha. In: W. Greiling, S. Seifert (Hrsg.): „Der entfesselte Markt". Verleger und Verlagsbuchhandel im thüringisch-sächsischen Kulturraum um 1800, Leipzig 2004, S. 107–128, hier S. 110. Für eine Übersicht über die im Ettinger Verlag erschienenen Schriften vgl. Otto Küttler, Irmgard Preuß (Bearb.): Drucke Gothaer Verleger, 1750–1850. Bestandsverzeichnis, Landesbibliothek Gotha 1965.

26 Köhler (wie Anm. 25), S. 110 f.

steigenden Anzahl von Zeitschriften, die neu ins Verlagsprogramm aufgenommen wurden, seine Produktion in jenen Jahren steigern konnte.[27]
Ettinger veranlasste unterschiedliche Buchhandels-Neugründungen in der Region, u. a. die Gründung der Akademischen Buchhandlung in Jena, in der dann übrigens das Nachfolgeprojekt von Lichtenbergs und Voigts *Magazin* erscheinen sollte, das ebenfalls von Voigt herausgegebene *Magazin für den neuesten Zustand der Naturkunde mit Rücksicht auf die dazugehörigen Hülfswissenschaften* (1797–1806). Ettinger starb 1804, seine Verlagsbuchhandlung wurde 1816 verkauft. Im Rückblick besehen, trug Ettingers Unternehmen durch seine vielfältigen Geschäftsverbindungen und verlegerischen Projekte wesentlich zu jener intellektuell offenen und kommunikativen Atmosphäre Gothas bei, durch die sich die Residenzstadt – wie bereits skizziert – über die Landesgrenzen hinaus als ein Ort gelungener wissenschaftlicher und kultureller Konstellationen profilierte.[28]

III.

Doch nun also zu dem weiter oben genannten Punkt, dem Verhältnis zwischen der Dynamisierung und Spezialisierung des Wissens am Beispiel von Lichtenbergs und Voigts *Magazin*. Der Titel der Zeitschrift indiziert, dass es sich bei dem Periodikum um eine Fachzeitschrift handelt.[29] Die Bezeichnung *Physik und Naturgeschichte* bezieht sich in diesem Fall auf die experimentellen, technikintensiven Wissenschaften („Physik") und auf die deskriptiven Wissenschaften („Naturgeschichte"). Tatsächlich beschreibt ein Großteil der Beiträge entweder Versuche mit Elektrizität und Magnetismus – dies bekanntlich zwei zentrale Themen in der Naturforschung des 18. Jahrhunderts, die sich vergeblich um eine befriedigende Erklärung dieser Phänomene bemüht hat – oder aber steuert zu den traditionellen naturhistorischen Disziplinen Mineralogie, Botanik und Zoologie bei: Regelmäßig konnte sich das deutsche Lesepublikum über ihm unbekannte Steine, Pflanzen- und Tierarten informieren. Berichtet wird auch über astronomische Entdeckungen,

---

27 Ebenda, S. 115.

28 Ebenda, S. 128, vgl. Greiling (wie Anm. 16), S. 6–9.

29 Vgl. auch die kurzen und zutreffenden Ausführungen zum *Magazin* als einer Fachzeitschrift bei Schneider (wie Anm. 5), S. 330–332.

etwa des Uranus durch Friedrich Wilhelm Herschel 1781.[30] Einen festen Ort haben außerdem – zumindest in den ersten Heften – meteorologische Messungen, die Lichtenberg in Gotha durchführte.[31] Allerdings, und damit ist ein Spezifikum dieser Zeitschrift angesprochen, handelt es sich bei diesen Beiträgen in den wenigsten Fällen um Originalbeiträge, sondern um oftmals anonym verfasste Zusammenfassungen und Auszüge, Besprechungen oder Übersetzungen anderer Publikationen, nicht zuletzt von Beiträgen ausländischer Akademieschriften. Das entsprach Lichtenbergs Intention. Als er seine Zeitschrift lancierte, hatte er eine klare Vorstellung über deren Ziele:

> Die gewiss nicht ungegründeten Klagen so manchen Freundes der Natur über den beträchtlichen Aufwand, der erfodert wird, alle die kostbaren Werke, in denen die neuen Beobachtungen in der Physik und Naturgeschichte [...] eigenthümlich zu besitzen [...], haben [...] in mir den Gedanken erregt, die Herausgabe gegenwärtiger Sammlung der in dem Gebiete jener Wissenschaften sich von Zeit zu Zeit ereignenden Vorfälle, unter dem Titel: Magazin für das Neueste aus der Physik und Naturgeschichte zu veranstalten.[32]

Gleich als ersten Punkt in seinem Plan, den er mit dem Periodikum hat, führt er daher an:

> Nachrichten von neuen Beobachtungen aus einheimischen vorzüglich aber ausländischen, theils weitläuftigen und kostbaren, theils seltenen oder doch solchen Schriften, die gemeiniglich sehr spät zur Kenntnis der Naturliebhaber gelangen.[33]

Ziel ist also eine schnelle und preisgünstige Nachrichtenübermittlung. Als Goethe 1790 seinen *Versuch die Metamorphose der Pflanzen zu erklären* veröffentlichte, erschien bereits im gleichen Jahr im *Magazin* eine ausführliche und sachlich zustimmende Rezension der Arbeit.[34] Dass Goethes pflanzenmorphologische Schrift ebenfalls bei Ettinger erschienen war, dürfte die Geschwindigkeit, mit der die Neuigkeit angekündigt werden konnte, erklären.

Doch Lichtenberg weist seiner Zeitschrift auch noch weitere Funktionen zu: Berichtet werden soll ebenfalls über „[n]eu erfundene auch verbesserte

---

30 Magazin für das Neueste aus der Physik und Naturgeschichte. 1781–1799, 11 Bde., hrsg. v. Christian Ludwig Lichtenberg, Johann Heinrich Voigt, Gotha, 1783, 1. Bd., 4. St., S. 80–89.
31 Magazin 1781–1783, 1. Bd., 1.–4. St., 1783–1784, 2. Bd., 1.–3. St.
32 Magazin 1781, 1. Bd., 1. St. (Vorbericht des Herausgebers, o. P.).
33 Magazin 1781, 1. Bd., 1. St. (Vorbericht des Herausgebers, o. P.).
34 Magazin 1790, 7. Bd., 1. St., S. 177–190.

und bequemer eingerichtete physikalische Werkzeuge"[35]. Luftpumpen, Rechenmaschinen, Elektrophore, Bettleselampen, die kein Feuer entfachen oder eine spezielle Grubenlampe – der Beitrag dazu stammt übrigens von dem jungen Bergbaubeamten Alexander v. Humboldt[36] – sind einige der Instrumente, bei denen technische Neuerungen präsentiert werden. Die Zeitschrift enthält außerdem „Nachrichten von physikalischen Cabinetten und Naturaliensammlungen, auch andern zum Behuf dieser Wissenschaften getroffenen Anstalten".[37] Dokumentiert werden also nicht nur – in Form von Rezensionen und Auszügen – aktuelle Forschungsergebnisse, präsentiert wird auch das, was heutzutage wissenschaftliche Infrastruktur genannt wird: Museen und Sammlungen, Instrumente und technische Erfindungen, Zeitschriften und Akademieabhandlungen. Lichtenbergs Magazin baut einen Wissensspeicher auf und ist eine Art ‚konzeptionelle Hülle', die empirisch gewonnenes und anwendungsbezogenes Wissens sammelt. In einem weiteren Sinn handelt es sich bei diesem Informationstransfer um die Erschließung, Verwaltung und letztlich auch Archivierung von Wissen.

„Beobachtungen der Natur führen sicherer zu den größten Entdeckungen, als alle Hypothesen."[38] Diese Aussage, die sich in einem der frühesten Aufsätze des Magazins findet, dürfte repräsentativ sein für die Gesamtheit des in der Zeitschrift vermittelten Wissens: Kommuniziert wird ein Wissen, das auf induktive Weise gewonnen worden ist, verbreitet wird weiterhin ein technologisches, praxisrelevantes Wissen. Dieser Sachverhalt spiegelt in gewisser Weise auch die Erkenntnishaltung des Zeitschriftengründers Lichtenberg wider, der selbst ein sehr pragmatisches und praxisorientiertes Verhältnis zur Naturforschung hatte. Ähnlich wie sein Göttinger Bruder beschäftigte er sich mit Blitzableitern und publizierte 1775 eine Schrift über „Verhaltungs-Regeln" bei Gewittern,[39] in der er zur Installation von Blitzableitern an Privathäusern riet.

Obwohl die Zeitschrift insofern eine Fachzeitschrift war, als sie sich auf ein bestimmtes Wissensgebiet konzentrierte, definierte sie sich gleichzeitig auch als ein allgemeinverständliches Periodikum, das sich nicht ausschließ-

---

35 Magazin 1781, 1. Bd., 1. St. (Vorbericht des Herausgebers, o. P.).
36 Magazin 1798, 11. Bd., 4. St., S. 51–55.
37 Magazin 1781, 1. Bd., 1. St. (Vorbericht des Herausgebers, o. P.).
38 Magazin 1783, 2. Bd., 1. St., S. 152.
39 Christian Ludwig Lichtenberg: Verhaltungs-Regeln bei nahen Donnerwettern, nebst den Mitteln sich gegen die schädlichen Wirkungen des Blizes in Sicherheit zu setzen: zum Unterricht für Unkundige, zweite u. verm. Aufl., Gotha 1775.

lich an Fachgelehrte und Wissenschaftler richtete. Ausdrücklich heißt es in
Lichtenbergs Vorbericht, dass er mit seinem *Magazin* „zur Kenntnis der Naturliebhaber"[40] beitragen möchte. Hier wandte sich ein Liebhaber an andere
Liebhaber. Eine ähnliche Ambivalenz zeigt sich, schaut man sich die Gruppe derjenigen an, deren Forschungsergebnisse in Lichtenbergs Zeitschrift
publiziert werden. Wie erwähnt, handelt es sich bei den Beiträgen nicht in allen Fällen um Originalbeiträge, sondern vielfach um die Zusammenfassung
und Besprechung von an anderer Stelle veröffentlichten Schriften. Zu Wort
kamen sowohl vergleichsweise professionelle Gelehrte als auch Dilettanten:
die Professoren Blumenbach, Sömmerring, Kästner, Volta, Galvani oder
Saussure ließen sich wohl zur ersten Kategorie zählen, während Goethe, der
Fürst Golizyn oder der Pfarrer Johann Friedrich Wilhelm Herbst der anderen Kategorie zuzurechnen sind. Die Grenzen waren durchlässig, und es
konnten Fachgelehrte wie Liebhaber am naturkundlichen Diskurs der Aufklärung partizipieren. Gewiss keine neue Einsicht, allerdings lässt sich eben
am Beispiel von Lichtenbergs Zeitschrift nachzeichnen, wie sich die Unabgeschlossenheit wissenschaftlicher Differenzierungsprozesse tatsächlich manifestierte.

Die Präsentation naturwissenschaftlichen Wissens in einer Zeitschrift
fordert eine bestimmte Darstellungsweise. Anders gesagt bildet sich mit dem
periodischen Medium ein spezifisches Stilideal aus: Er wolle, so schreibt
Lichtenberg in seinem Vorbericht zum ersten Jahrgang „das Neueste, was
auf Physik und Naturgeschichte irgend eine Beziehung hat, mit sorgfältiger
Vermeidung aller Weitschweifigkeit […] bekannt zu machen suche[n]."[41]
Ganz ähnlich formuliert es Johann Heinrich Voigt in der Vorrede zum ersten Band des Nachfolgeprojekts, des *Magazins für den neuesten Zustand der Naturkunde:* „Das Neue und Wissenswürdige im Fache Naturkunde häuft sich
dergestalt an, daß es nicht wohl möglich ist, einen vollständigen Abriß davon in 3–4 Stücken jährlich zu geben […]." Seine „Nachrichten von neuen
Gegenständen der Naturkunde" werde er daher „zwar kurz fassen, aber nie
auf Kosten der Gemeinverständlichkeit und Vollständigkeit".[42] Prägnanz,
verstanden als Kürze, Nüchternheit und Verzicht auf rhetorisch-poetische
Techniken, erscheint als angemessenes Stilmittel, um naturwissenschaftli-

---

40 Magazin 1781, 1. Bd., 1. St. (Vorbericht des Herausgebers, o. P.).

41 Ebenda.

42 Magazin für den neuesten Zustand der Naturkunde mit Rücksicht auf die dazugehörigen
    Hülfswissenschaften. 1797–1806, 12 Bde., hrsg. v. Johann Heinrich Voigt, Jena, Weimar
    1797, 1. Bd., S. 1 f. („Kurze Uebersicht der neuen Einrichtung dieses Magazins").

ches Wissen zu präsentieren. Lange vor dem Positivismus wird hier einer Standardisierung der Wissenschaftssprache vorgearbeitet.

Gerade in einer Zeit, die, wie das 18. Jahrhundert, durch eine „Beschleunigung im Bereich von Gewinnung, Austausch und Diskussion von Erkenntnis"[43] und „anwachsende[ ] Informationsflut"[44] gekennzeichnet ist, erweist sich Kürze als ein adäquater Darstellungsmodus für wissenschaftliche und journalistische Arbeiten.[45] Es bildet sich mit den Fachzeitschriften ein genuin wissenschaftlicher Schreibstil aus. Erwähnenswert in diesem Zusammenhang ist, dass sich Christian Ludwig Lichtenberg bereits Jahre vor seiner Zeitschriftengründung mit der Darstellungsweise wissenschaftlichen Wissens befasst und gewissermaßen zur Normierung wissenschaftlichen Schreibens beigetragen hat. Wie die Buchhistorikerin Ute Schneider in ihren kundigen Ausführungen zur Entstehung wissenschaftlicher Schreib- und Präsentationsnormen im Kontext der *Allgemeinen deutschen Bibliothek* erwähnt, hat Lichtenberg als Rezensent in Nicolais Zeitschrift für eine systematische Aufbereitung wissenschaftliche Themen plädiert und in einer seiner Besprechungen den systematischen Aufbau einer physikalischen Arbeit gelobt.[46] Wissenschaftssoziologisch gesprochen: „Systematisierung sollte die Komplexität reduzieren."[47]

Um diesen Befund kurz zu kontextualisieren: Lichtenbergs Zeitgenosse Christoph Martin Wieland erachtete Textsortendiversität im Bereich wissenschaftlichen Schreibens als legitim. Wieland markiert eine Übergangsposition zwischen Gelehrsamkeit und Wissenschaft, die sich kommunikationspragmatisch an der Vielfalt der Textsorten ablesen lässt, derer er sich bediente. Gelehrtes Wissen über die Gegenstände der Natur konnte Wieland sowohl in seinen fiktionalen Werken wie in seinen Sachprosatexten, etwa in Aufsätzen und Rezensionen für den *Teutschen Merkur,* oder in Übersetzerkommentaren vermitteln.[48]

---

43 Jens Häseler: Einführung (in die Sektion Periodische Formen des wissenschaftlichen Denkens, Schreibens und Publizierens). In: U. Schneider (Hrsg.): Kulturen des Wissens im 18. Jahrhundert, Berlin, New York 2008, S. 229–232, hier S. 229.

44 Ebenda, S. 232.

45 Ebenda. Zum rhetorischen Ideal der Kürze im 18. Jahrhundert vgl. auch Christian Hippe: Gelehrte Kürze. Zum Feindbild der Zeitschriften in Klopstocks *Deutscher Gelehrtenrepublik*. In: Ebenda, S. 233–242.

46 Schneider (wie Anm. 5), S. 225.

47 Ebenda, S 224.

48 Vgl. Marie-Theres Federhofer: Wieland und die Wissenschaften. In: J. Heinz (Hrsg.): Wieland Handbuch. Leben – Werk – Wirkung, Stuttgart 2008, S. 105–108.

Anzumerken bleibt abschließend, dass sich die bisherigen Befunde zur Darstellungsform in Fachzeitschriften fluchtlinienartig erweitern und auf nicht-periodische Formen der Wissensverarbeitung hin perspektivieren lassen. Die neuen empirischen Erkenntnisse auf dem Gebiet der Naturforschung waren im 18. Jahrhundert notwendigerweise fragmentarisch und ließen sich daher nur eingeschränkt als Handbuchwissen systematisch darstellen. Eben diesen Unterschied zwischen einer „Handbuchwissenschaft" und einer in sich unabgeschlossenen und widersprüchlichen „Zeitschriftenwissenschaft"[49] nimmt der Mediziner und Wissenschaftshistoriker Ludwik Fleck in seiner 1935 in deutscher Sprache veröffentlichten Studie über das Entstehen einer wissenschaftlichen Tatsache generell in den Blick. Prägnant bezeichnet er die Darstellungsform erst entstehender Wissenschaften als „mühsam ausgearbeitete, lose Avisos eines Denkwiderstands"[50]. Während die „Handbuchwissenschaft" auf ein „geschlossenes System"[51] zielt, in dem Wissen fixiert wird und zu einer Tatsache gerinnt, ist die „Zeitschriftwissenschaft" vorläufig, unsicher und fragmentarisch. Benannt ist damit eine formal wie inhaltlich notwendige Kürze und Unabgeschlossenheit, wie sie den Beiträgen im *Magazin* eignet.

IV.

Lichtenbergs und Voigts *Magazin über das Neueste aus der Physik und Naturgeschichte* lässt sich als eine aufklärerische Kommunikations- und Publikationsplattform begreifen, durch die empirisch gewonnene Daten vermittelt und genutzt werden sollten. Dank dieses Periodikums konnte eine wissenschaftliche Infrastruktur aufgebaut, Informationen rasch zugänglich gemacht und der wissenschaftliche Austausch über regionale und nationale Grenzen hinweg intensiviert werden. Ebenso entscheidend war aber, dass dieses Unternehmen selbst Teil eines intellektuell regen Umfeldes war – verwiesen sei auf die Gothaer „Dilettantenkultur" –, das von einer funktionierenden Infrastruktur und von Netzwerkkonstellationen abhängig war. Das ist wohl einer der Gründe, weswegen die Zeitschrift so lange bestehen konnte. Gotha hatte im Unterschied zu Göttingen weder eine Universität noch eine Aka-

---

49 Ludwik Fleck: Entstehung und Entwicklung einer wissenschaftlichen Tatsache. Einführung in die Lehre vom Denkstil und Denkkollektiv. Mit einer Einführung hrsg. v. Lothar Schäfer, Thomas Schnelle, Frankfurt a. M. 1980, S. 156, 158.
50 Ebenda, S. 157.
51 Ebenda, S. 158.

demie und damit nicht unmittelbar ‚Zugriff' auf das neueste akademische „Know-how". Die Residenzstadt Gotha konnte das kompensieren durch:

erstens: die naturwissenschaftlichen Interessen und die gute kommunikative Vernetzung zweier zentraler Akteure, Ernst II. und Christian Ludwig Lichtenbergs;

zweitens: die Tatsache, dass Gotha eine vorzügliche Bibliothek besaß, zu deren Beständen der Geheime Assistenzrat leicht Zugang hatte bzw. die er erweitern konnte;

drittens: den Umstand, dass Gotha außerdem über einen hervorragenden Instrumentenmacher verfügte – Johann Friedrich Schröder, den Aufseher des physikalischen Kabinetts –, einen jener von der Wissenschafts- und Technikgeschichte lange übersehenen unsichtbaren Helfer,[52] die für die Entwicklung der Wissenschaften so wichtig sind.

Wie eingangs erwähnt, ist gerade für die Thüringer Presselandschaft bemerkenswert, dass sich im 18. Jahrhundert das Zeitschriftenwesen erstaunlich ausweitete. Es kam dort „zwischen 1770 und 1815 […] zu einem regelrechten Gründungsboom".[53] Der Würzburger Professor und Publizist Friedrich Albert Klebe stellte in seiner Beschreibung Gothas 1796 fest: „Die Einwohner von Gotha gehören mit zu den aufgeklärtesten Bewohnern unseres deutschen Vaterlandes."[54] Lichtenbergs und Voigts *Magazin* legt davon Zeugnis ab.

52 Vgl. zu diesem Aspekt u. a. Steven Shapin: The Invisible Technician. In: American Scientist 77 (1989), S. 554–563; Klaus Hentschel: Unsichtbare Hände. Zur Rolle von Laborassistenten, Mechanikern, Zeichnern u. a. Amanuenses in der physikalischen Forschungs- und Entwicklungsarbeit, Diepholz 2008.

53 Werner Greiling: Die historische Presselandschaft Thüringen. In: Blome (wie Anm. 19), S. 67–84, hier S. 73.

54 Friedrich Albert Klebe: Gotha und die umliegende Umgebung, 1796, S. 150, zitiert nach Weber 1988 (wie Anm. 7), S. 115.

Jährlich, neulich, künftig:
Zur Synchronisierung von kanonisiertem, aktuellem und zukünftigem Wissen aus der Naturkunde in Kalendarik und Prognostik des „Göttinger Taschen-Calenders"

Ein physikalischer Almanach oder Taschenbuch für Physiker könnte noch ein nützliches Buch werden. Der Calender enthielte bloß den Gregorianischen und allenfalls noch den Julianischen, aber Alles kurz. Keine Nahmen der Heiligen – denn was sollen die Heiligen in der Physik? – sondern bloß die Zeichen ☉ ☽ ♂ mit den Hauptfesten und den Nahmen der Sonntage, ganz kurz und mit verständlichen Abbreviaturen. Hinter den Monathstagen könnten leicht 7 Columnen verzeichnet werden für 3 Barometer- und 3 Thermometer-Beobachtungen täglich, und die siebente für den Wind, der am längsten gedauert hat. Auf dem Blatte gegenüber könnte man die Witterung und andere physikalische Vorfälle einzeichnen, auch herrschende Krankheiten. Vielleicht fände sich auch da noch eine Columne für die Zeitgleichung. Nähme man zu jedem Monathe 4 Seiten [...], so könnten noch eine Menge von Dingen angebracht werden: Mondwechsel, Tagesanbruch und dergleichen. Anstatt der großen Herren [...] würde nach alphabetischer Ordnung der Länder Geburt, Verdienst, Sterbejahr u.s.w. von großen verstorbenen Physikern in sehr bündiger Kürze angegeben, die Astronomen mit eingerechnet. Am Ende gäbe man das genaueste Verzeichniß der Fuße, Thermometer-Scalen u.s.w. Die ausgearbeiteten Artikel wären nun die Hauptsache. Erst alle die vorzüglichsten Erfindungen in der Physik. Hierbey könnten Kupferstiche kommen. Preise der nöthigsten Instrumente in Deutschland, England und Frankreich. Beschreibung eines physikalischen Apparats. – Leben von großen Physikern, zumahl den neuern.[1]

Georg Christoph Lichtenberg entwirft hier eine Kalenderkonzeption, die die übliche Aufteilung der Almanache und Kalender der Aufklärung naturwissenschaftlich umformatiert: Deren zentralen Bestandteil bildete die Kalendarik, die die Monatstage nach alter (julianischer) und neuer (gregorianischer) Zeitrechnung darstellte, die Namen der oder des Tagesheiligen nannte, Mondpha-

---

1   Georg Christoph Lichtenberg's physikalische und mathematische Schriften, hrsg. v. Ludwig Christian Lichtenberg, Friedrich Kries, Bd. 4, Göttingen 1806, S. 346–348 (ND: Schriften und Briefe, hrsg. v. Wolfgang Promies, Bd. 2, München 1971, S. 210 f. (H 202).) Die Symbole stehen für Sonne, Mond und Mars.

sen und Planetenkonstellationen berechnete, und daneben aber auch – wenigstens bis ins 18. Jahrhundert hinein – die sog. Practica der Gesundheitsfürsorge enthielt *(vgl. IV)*. Während Lichtenberg die Vorstellung der Heiligen zugunsten der Berichte über berühmte Forscherpersönlichkeiten aufgeben will, übernimmt er eine mittlerweile überholte Funktion der frühneuzeitlichen sog. Schreibkalender, in denen aus drucktechnischen Gründen die den mit den Monatstagen bedruckten Versoseiten gegenüberliegenden Rektoseiten leer blieben.[2] Durch diesen Freiraum „[a]uf dem Blatte gegenüber" der Monatstage, der bald graphisch gerahmt und zum Beschreiben diarisch vorstrukturiert wurde, dienten die frühen Quartkalender „nicht nur als ‚Nachschlagewerk', sondern auch als Aufzeichnungsfläche" für eigene Notizen der Kalenderbesitzer.[3] Diese beliebteste frühneuzeitliche Kalenderform nutzten die Schreiber weidlich für ihre verschiedentlichen Aufzeichnungen.[4] Doch während das im 17. Jahrhundert erfolgreiche Modell des Schreibkalenders in der zweiten Hälfte des 18. Jahrhunderts allmählich durch vermehrt unterhaltend-nützliche Beiträge in den Kalendern zurückgedrängt wurde, will es Lichtenberg im naturwissenschaftlichen Interesse als ein adäquates Aufzeichnungsmedium für Beobachtungs- und Messreihen refunktionalisieren. Die graphisch vordefinierten Kalenderkolumnen auf der ‚Schreibseite' strukturieren die Untersuchungsobjekte und Messzeitpunkte vor und mahnen mit ggf. nicht ausgefüllten Zellen zur unablässigen Beobachtung, die Voraussetzung für Schlussfolgerungen über meteorologische Regel- oder Gesetzmäßigkeiten ist. Denn anstelle tagebuchartiger Notizen über die das eigene Leben betreffenden Ereignisse fordert Lichtenbergs Modell nun dazu auf, mit normierter Frequenz und Kontinuität die natürliche wie soziale Umwelt zu vermessen und zu notieren.

Ergänzt wird die Anweisung zur eigenen naturwissenschaftlichen Beobachtung nicht nur um den dafür nötigen Protokollraum, sondern auch um das dazu dienliche Repertorium der abweichenden Skalen, Maßeinheiten und Mess-Größen sowie der Beschreibung und „Preise der nöthigsten In-

---

2 Vgl. Klaus Matthäus: Zur Geschichte des Nürnberger Kalenderwesens. Die Entwicklung der in Nürnberg gedruckten Jahreskalender in Buchform. In: Archiv für Geschichte des Buchwesens 9 (1969), Sp. 965–1396.

3 Vgl. Helga Meise: Die ‚Schreibfunktion' der frühneuzeitlichen Kalender. Ein vernachlässigter Aspekt der Kalenderliteratur. In: Y.-G. Mix (Hrsg.): Der Kalender als Fibel des Alltagswissens. Interkulturalität und populäre Aufklärung im 18. und 19. Jahrhundert, Berlin, Boston 2005, S. 1–15, hier S. 6.

4 Hierzu gehörten neben persönlichen oder politischen Notizen seit der Mitte des 16. Jahrhunderts schon Wetterbeobachtungen; vgl. Matthäus (wie Anm. 2), Sp. 998, 1191, 1229.

strumente" und physikalischen Apparate, strukturell ähnlich den Verzeichnissen der Münzfuße, Mess- und Jahrmarktstermine in den gängigen gedruckten Kalendern.

„Die ausgearbeiteten Artikel" im Zentrum von Lichtenbergs physikalischem Kalender entsprechen funktional den „Chronicken oder Historien", mit denen die Buchkalender zusehends angereichert wurden.[5] Statt schwankhafter Unterhaltung, moralischer Erbauung, Anekdoten oder Tierfabeln[6] wünscht Lichtenberg indes illustrierte Abhandlungen über „alle die vorzüglichsten Erfindungen in der Physik" und Lebensbeschreibungen von „großen Physikern, zumahl den neuern". „Anstatt der großen Herren, die so wenig hierher gehören, als die Heiligen",[7] sollen verstorbene Physiker und Astronomen tabellarisch nach Ländern und Alphabet aufgelistet werden. Das Modell eines derartig geopolitisch sortierten Personen-Registers war maßgeblich vom genealogischen Gothaer Hofkalender, dem *Almanac de Gotha*, geprägt worden.[8] Doch strebt Lichtenberg hier kein ‚Calendarium Historicum' an, das im Jahresverlauf an bemerkenswerte Daten aus der Geschichte (Hochzeiten, Geburten, Todesfälle, Schlachten und Belagerungen) der jeweiligen Herrscherhäuser erinnert.[9] Vielmehr sind es ausschließlich Naturwissenschaftler, denen sowohl die auserzählten Hauptabhandlungen mit Neuigkeiten von und über berühmte Physiker als auch die tabellarischen Memoranden, ein Archiv der Leistungen verstorbener Naturforscher, gewidmet sein sollen.

Das Lichtenberg'sche Modell eines physikalischen Kalenders vereint die Funktionen eines aktuellen, periodischen Forschungsorgans, eines Informationshandbuchs und Nachschlagewerks sowie eines Protokollmediums für die alltäglichen wissenschaftlichen Untersuchungen und Messungen miteinander. Doch als ‚Kalendermacher' muss Lichtenberg sein Kalenderideal den

---

5   Vgl. ebenda, Sp. 1192.

6   Zu Beispielen vgl. Hartmut Sührig: Niedersächsische Volkskalender im 18. und 19. Jahrhundert. Entwicklung der Hildesheimer Kalender, Bischofskalender und Ratskalender. In: Y.-G. Mix (Hrsg.): Kalender? Ey, wie viel Kalender! Literarische Almanache zwischen Rokoko und Klassizismus. Ausstellung im Zeughaus der HAB (15.6.–5.11.1986), Wolfenbüttel 1986, S. 219–240, hier S. 227 f.

7   Vgl. Lichtenberg (wie Anm. 1), S. 347.

8   Den *Almanac* hatte Johann Christian Dieterich von 1764–1776 vor seinem Wechsel nach Göttingen als Nachfolgewerk des *Neuverbesserten Gothaischen Genealogischen und Schreibkalenders* von Johann Andreas Reyher verlegt; vgl. Günter Peperkorn: Dieses ephemerische Werckchen. Georg Christoph Lichtenberg und der *Göttinger Taschen Calender*, Göttingen 1992, S. 11 f.

9   Zu diesem Muster vgl. Matthäus (wie Anm. 2), Sp. 1192.

Gegebenheiten des erstmals für 1776 von Johann Christian Polykarp Erxleben herausgegebenen *Göttinger Taschen-Calenders* anpassen.[10]

I. Der „Göttinger Taschen-Calender" als Kalender und Taschenbuch

Der *Göttinger Taschen-Calender* schließt an das eingangs skizzierte Muster der
Kalender der zweiten Hälfte des 18. Jahrhunderts an. Er setzt sich aus zwei
Teilen zusammen, dem eigentlichen Kalenderteil mit relativ konstanten Inhalten zur Kalendarik, Prognostik und Genealogie sowie einem redaktionell
bearbeiteten Unterhaltungsteil, dem *Taschenbuch zum Nutzen und Vergnügen.*
   Den Kalenderteil mit Informationen und Verzeichnissen eröffnet nach
liturgischem Muster eine beliebig lange, vom historischen Interesse des Herausgebers abhängige Liste, die angibt, wie viele Jahre seit einem für wichtig
erachteten geschichtlichen Ereignis bis zur Gegenwart verflossen sind. Der
Göttinger Taschen-Calender beginnt diese Liste schon durch Erxleben mit der
Datierung des gegenwärtigen Jahres seit der Erschaffung der Welt gemäß
den verschiedenen (biblischen, römischen, jüdischen, arabischen, griechisch-
orthodoxen) Zeitrechnungen,[11] verkürzt die Weltgeschichte aber auf eine
auf Göttingen fokussierte Chronologie, die dessen Zugehörigkeit zur kur-
hannoverischen und großbritannischen Krone datiert, und die mit dem
Gründungsjahr der Universität Göttingen endet. Darauf folgen die sog. Fest-
rechnung (u. a. mit dem Sonntagsbuchstaben für den Gebrauch immerwäh-
render Kalender), die Terminierung der beweglichen Feste (Ostern usw.),
die Berechnung der Quatember und des astronomischen Beginns der vier
Jahreszeiten sowie eine Übersicht über die Tierkreiszeichen. Breiteren Raum
nehmen dann die Berechnungen von Sonnen- und Mondfinsternissen sowie
Planetenauf- und -untergängen ein. Der sich anschließende tabellarische Kalenderteil enthält das monatsweise Diarium nach gregorianischem und julia-

---

10 Nachdem Erxleben schon im zweiten Jahrgang einige Beiträge aus dem ersten wiederholt
    hatte, übertrug der Verleger Dieterich die Herausgabe des *Göttinger Taschen-Calenders (GTC)*
    für 1778 und die folgenden Jahre an Lichtenberg; vgl. Brief an Daniel Chodowiecki v.
    23.12.1776. In: G. C. Lichtenberg: Briefwechsel, hrsg. v. Ulrich Joost, Albrecht Schöne,
    Bd. 1, München 1983, S. 664–667, hier S. 664 (Nr. 362); vgl. dazu Peperkorn (wie
    Anm. 8), S. 13.
11 Das *Taschenbuch,* also der inkonstante Teil des *GTC* für 1797 und 1798 enthält als einen
    „nöthige[n] Mode-Artikel" dann auch eine *Tafel* des französischen Revolutions-Kalenders
    (*GTC* für 1797, S. 200–206; *GTC* für 1798, S. 204–210), der ab dem *GTC* für 1799 als ei-
    genständiger *Deutsch- und Französischer Kalender* dem Kalender-Teil angebunden ist.

nischem Kalender samt Nennung der/des Tagesheiligen sowie Angaben zu christlichen und jüdischen Festen, Mondphasen, Planetenbewegungen und -konstellationen, Auf- und Untergang von Sonne und Mond, Tageslängen u. Ä. Den einzelnen Monatstabellen steht jeweils ein Monatskupferstich voran, während die jährlichen Modekupfer unverbunden mit den übrigen Inhalten dem Kalenderteil vorangestellt sind.

Der zweite, *Taschenbuch* übertitelte Teil des *Göttinger Taschen-Calenders* beginnt stets mit einer Liste der *Geburtstage des Kön[iglich] Großbritannisch[en] Chur-Braunschweig-Lüneburgischen Hauses* und dem umfangreichen *Genealogischen Verzeichniß der jetzt lebenden hohen Personen in Europa* und endet mit den Umrechnungstabellen diverser Münzen und Maße sowie der Angabe der geographischen Breiten und Entfernungen einiger Städte. Diese Übersichten nehmen fast die Hälfte des *Taschenbuch*-Teils ein. Den verbleibenden Raum füllen jährlich wechselnde informative wie unterhaltende Essays aus der Experimentalphysik, Chemie, Astronomie, Geographie, Meteorologie, Biologie, Anthropologie und Moralistik. Da Kalendarik und Prognostik auf astrologischer, iatromathematischer und astronomischer Berechnung beruhten, gehörten naturkundliche Erläuterungen schon seit dem 17. Jahrhundert zu den Kalendern, doch überwiegen sie im *Göttinger Taschen-Calender:* „Denn nächst Chronologie und der Astronomie, von der sie abhängt, wüste ich nichts was eher Calendermäßig behandelt werden könte als Physic […]."[12]

Statt auf die inhaltliche Relevanz von naturwissenschaftlichem Wissen für den über 20 Jahre hinweg erscheinenden *Göttinger Taschen-Calender* konzentriere ich mich im Folgenden auf seine formal manifesten Einflüsse in diesem Kalender: auf die naturwissenschaftlich arrondierten Zeitkonzepte zwischen genealogischer Traditionsbildung, aktuellem Gegenwartsbezug und Vorhersagen über die Zukunft, zwischen bewiesenem Lehrbuchwissen von gestern, noch teils ungesichertem Wissen von heute und hypothetischem, nur möglichem Zukunftswissen, zwischen seriellen und zyklischen Formen der Wissensdarstellung.

---

12 Brief v. Georg Christoph Lichtenberg an Abraham Gotthelf Kästner v. 22.12.1784. In: Briefwechsel (wie Anm. 10), Bd. 2, S. 963–965, hier S. 963 (Nr. 1324).

II. Der „Göttinger Taschen-Calender" als Periodikum

Der *Göttinger Taschen-Calender* gibt die „kommunikative Wirklichkeit der Wissenschaft" wieder, indem er die geordnete, statische, nicht kritische Masse des kanonisierten Wissens mit dem forschungsnahen Zeitschriftenwissen verbindet.[13] Er schreibt Tendenzen der Volksaufklärung in Kalendern des 18. Jahrhunderts fort, verfolgt indes nicht nur die Aufklärungsarbeit der Bauernkalender, vielmehr die Aufklärung des „populären Irrthum[s]" „in der guten Gesellschaft", „unter sonst vernünftigen Leuten" und „Gelehrte[n], die nicht gerade von dem Fach sind".[14] Deren Nutzen und Vergnügen dienen längere populärwissenschaftliche, essayistische Abhandlungen wie die ‚Leitartikel' zu Beginn des jeweiligen *Taschenbuch*-Teils ebenso wie kürzere Beiträge im Stile von Zeitungsnachrichten, unter die „eine Menge kleiner und kleinster Plaudereien" und Kuriosa gemischt sind.[15] Viele der Beiträge schreibt Lichtenberg selbst,[16] oder er greift wie in seiner Vorlesung auf seine umfangreichen Exzerpte, Notizen und Lesefrüchte zurück.[17] Dass der *Göttinger Taschen-Calender* Lexikonartikel aus der *Deutschen Encyclopädie oder Allgemeinem Real-Wörterbuch aller Künste und Wissenschaften* und aus Johann Georg Krünitz' *Ökonomisch-technologischer Encyclopädie* wiederabdruckt und im Gegenzug Krünitz laut einer Beschwerde Lichtenbergs „gantze Artickel aus dem Taschencalender u[nd] dem Magazin" für seine Enzyklopädie kopiert, bestärkt den kanonisierten Status des Wissens, das der Kalender verbreitet.[18]

Während andere Kalender durch die Vermittlung naturwissenschaftlichen Wissens den Aberglauben zwar zu bekämpfen suchen, berücksichtigen

13 Zu diesen Wissenstypen vgl. Rudolf Stichweh: Zur Entstehung des modernen Systems wissenschaftlicher Disziplinen. Physik in Deutschland 1740–1890, Frankfurt a. M. 1984, S. 11.

14 G. C. Lichtenberg: Einige gemeine Irrthümer. In: GTC für 1779, S. 72–81, hier S. 72 f.

15 Peperkorn (wie Anm. 8), S. 33.

16 Eine Übersicht über Lichtenbergs Artikel und die Beiträge anderer namhafter Naturforscher wie S. Th. Sömmering, J. G. Forster oder J. F. Blumenbach für den *GTC* gibt Peperkorn (wie Anm. 8), S. 34–35, 37–38, 45–49.

17 Solche Bezüge zwischen *GTC* und Vorlesung weist der Kommentar nach in: Jakob Friedrich Dyckerhoff: Collegium über Naturlehre und Astronomie bei Georg Christoph Lichtenberg, Göttingen 1796/1797. Ein Skizzenbuch der Experimentalphysik, hrsg. v. Gunhild Berg, Göttingen 2011.

18 „Ich mache es aber dem Krünitz nicht besser, und plündere ihn für den Calender zuweilen, was das Zeug halten will." (G. C. Lichtenberg an Johann Friedrich Blumenbach, vmtl. Juli 1788. In: Briefwechsel [wie Anm. 10], 3. Bd., S. 547 [Nr. 1617]); vgl. Peperkorn (wie Anm. 8), S. 44.

sie jedoch nicht neueste literarische oder wissenschaftliche Entwicklungen.[19] Dagegen schließt Lichtenberg mit der Rubrik der *Neuen Erfindungen*, die später auch *Neue Erfindungen, Moden, physikalische und andere Merkwürdigkeiten* heißt, aktuelle Forschungsergebnisse und noch unbeantwortete Forschungsfragen in seinen *Calender* ein. Zur Thematik eines Kalenders passen dabei die astronomischen Entdeckungen vor allem Friedrich Wilhelm (William) Herschels.[20] Stets das ‚Neueste' offerieren zu wollen, verbindet den *Göttinger Taschen-Calender* daher mit der wöchentlichen oder monatlichen Aktualität der naturkundlichen Zeitschriften der Aufklärung.[21]

Die Herausgeber bedienen sich demzufolge einer Doppelstrategie, indem sie nicht nur gefestigtes, unbezweifeltes enzyklopädisches Wissen verbreiten, sondern zugleich auch vom Vorteil eines periodischen Mediums profitieren. Wie naturwissenschaftliche Zeitschriftenpublikationen kommuniziert der *Göttinger Taschen-Calender* das neueste, noch ungesicherte naturkundliche Wissen, insbesondere neueste Entdeckungen, Experimente und Hypothesen.[22] Dem Zeitschriftenwissen wird dabei nicht nur das „Gepräge des Vorläufigen und Persönlichen"[23] verliehen, der Kalender bietet überdies die Option, Wissen künftig zu berichtigen oder zu aktualisieren, wenn es sich als überholt, ungenau oder falsch erwiesen haben sollte.[24]

19 Vgl. Sührig (wie Anm. 6), S. 233.

20 Vgl. z. B. Von dem neuen Planeten. In: GTC für 1783, S. 3–11; Etwas von Hrn. D. Herschels neuesten Bemühungen. In: GTC für 1790, S. 104–113; Einige Neuigkeiten vom Himmel. In: GTC für 1792, S. 81–116; Das Neueste von der Sonne; größtentheils nach Herschel. In: GTC für 1797, S. 83–110 u. ö.

21 So wird die neueste Nachricht über Heinles angebliches Perpetuum mobile aus dem aktuellen *Reichsanzeiger* noch kurz vor dem Druck des *GTC* eingefügt; vgl. Nachschrift. In: GTC für 1797, S. 180.

22 Zu diesem Wissenstyp vgl. Ludwik Fleck: Entstehung und Entwicklung einer wissenschaftlichen Tatsache. Einführung in die Lehre vom Denkstil und Denkkollektiv, hrsg. v. Lothar Schäfer, Thomas Schnelle, Frankfurt a. M. 1980, S. 148.

23 Ebenda, S. 156.

24 „Freylich wird vielleicht dieser Articel künftig in seinem eignen Eingeweide wühlen, […] und was er jetzt als Irrthum aufstellt, künftig als Wahrheit zurücknehmen." (Lichtenberg [wie Anm. 14], S. 72)

III. Serielles und zyklisches Wissensarrangement

Eine Spezifik des *Göttinger Taschen-Calenders* besteht darin, naturwissenschaftliches Wissen nicht nur mitzuteilen, sondern es seriell und zyklisch zu arrangieren: Im Unterschied zu Lehrbüchern, Enzyklopädien und vielen Zeitschriften präsentiert der *Taschenbuch*-Teil Wissen nicht ausschließlich singulär, in geschlossenen Abhandlungen, sondern seriell, in Fortsetzungsreihen. Dahingegen ist der erste *Calender*-Teil mit dem monatlichen Kalendarium, dem Prognostikon und mit den jeweils 12teiligen Monatskupfern, die durch das Jahr führen, zyklisch organisiert. Während diese jährlichen Zyklen von Kalendarium und Monatsbildern jeweils in sich abgeschlossen sind, verbinden die Serien den gegenwärtigen Kalender über den Jahreszeitraum hinweg mit seinen nächstfolgenden Ausgaben.

Statt Erxlebens Abhandlung *Über das Weltgebäude* aus dem ersten Jahrgang von 1776 zu wiederholen, beginnt Lichtenberg eine gleichnamige Serie, die nicht nur Basiskenntnisse enthält, wie sie sich ähnlich auch in Erxlebens *Anfangsgründen der Naturlehre* (1772) nachlesen lassen.[25] Er kündigt unter dem alten Titel vielmehr neuere Erkenntnisse und Reflexionen an:

> Betrachtungen über diesen und jenen Theil des unermeßlichen Ganzen, neuere Bemerkungen, Muthmaßungen, Vergleichungen und Sinnlichmachung der mannichfaltigen Erscheinungen, die es darbietet, werden der Gegenstand dieses Artickels seyn, den wir künftig fortzusetzen gedenken.[26]

Zwar bevorzugt die narrative Darbietung dieser seriellen Stücke in sich abgeschlossene ‚Episoden‘, doch verknüpft sie Lichtenberg proleptisch miteinander. So endet die erste dieser Folgen mit einer Ankündigung:

> Da wir diesen merkwürdigen Körpern [den Kometen; G. B.] künftig einen eignen Abschnitt widmen wollen, so zeigen wir hier nur blos an, daß man einen Cometen im nächstfolgenden Jahr 1780, und mit noch größerer Wahrscheinlichkeit einen andern im Jahr 1789 oder 1790 erwartet.[27]

Mit den Kometenerscheinungen, über die bis hin zu Weltuntergangsspekulationen heiß diskutiert wurde, versteht es Lichtenberg am Ende seiner ersten

---

25 Vgl. Johann Christian Polykarp Erxleben: Anfangsgründe der Naturlehre, Göttingen, Gotha 1772, S. 460 ff. Lediglich die Größenangaben schwanken infolge neuerer Messungen und Berechnungen.

26 G. C. Lichtenberg: Über das Weltgebäude. In: GTC für 1779, S. 1–31, hier S. 1.

27 Ebenda, S. 25.

Folge ein derart hochaktuelles wie brisantes Thema aufzugreifen, dass der Abbruch der gegenwärtigen Folge gerade an dieser Stelle besonderes Spannungspotential bergen muss. Diese Prognose in Form einer zukunftsgewissen Prolepse schürt die Begierde des idealen Lesers nach der Fortsetzung dieser naturkundlichen Abhandlung und dient somit der Publikumsbindung.

Mit der Ankündigung der Kometen verweist Lichtenberg in doppelter Weise auf die Zukunft: hinsichtlich künftiger Kometenerscheinungen und hinsichtlich der Zukunft des Kalenders als Publikationsplattform. Astronomische Forschung und ihre mathematische Berechnung erscheinen als ein in der Zukunft fortzusetzender Prozess mit stetig neuen und zu überprüfenden Resultaten sowie als zukunftsträchtiger Gesprächsstoff in und außerhalb des Kalenders, an dessen Aktualität zum gegebenen Zeitpunkt zu erinnern der Herausgeber verspricht. Die Interessen von Forschung und Publikation werden hier nicht nur miteinander verknüpft, sondern überdies miteinander medial verbunden in die Zukunft verlängert.

Der Kalender als Periodikum mit jährlichem Rhythmus weist also mit spezifisch seriellen Strategien, die eher für Periodika mit kürzerer Publikationsfrequenz typisch sind, auf sein zukünftiges Erscheinen voraus. Explizite Ankündigungen versprechen die Fortsetzung bestimmter Rubriken in künftigen Jahren, die thematisch die Interessen verschiedener Leserschichten bedienen.[28] So erscheinen etwa die astronomische Abhandlung *Über das Weltgebäude,* die Kupferstiche mit den neuesten mondänen Hutmoden sowie Lichtenbergs Shakespeare- und Hogarth-Kommentare in Serie.

Neben der seriellen Struktur zeigt der *Göttinger Taschen-Calender* zyklische Monatskupfer. Diese erfüllen indes nicht nur eine das Jahr durchlaufende, die Jahresabschnitte in zeitlich gleichmäßig segmentierende und sie zugleich miteinander gleichförmig verbindende Funktion, sondern bewirken mit ihren Fortsetzungen über die Jahrgänge hinweg auch eine die Kalenderausgaben miteinander verknüpfende Zirkularität.[29] Viele der Monatskupfer durchlaufen in wissenschaftlich-anthropologischer Manier die Stufen der Menschheitsentwicklung (*Göttinger Taschen-Calender* für 1776) oder verschiedene gesellschaftliche Schichten, so etwa die *Affectierten und natürlichen Handlungen* von Chodowiecki (*Göttinger Taschen-Calender* für 1779 und 1780). Im Unterschied dazu zeigen die Illustrationen der zeitgleich gängigen Kalender typi-

---

28 Die Absicht zur Serialität äußert Dieterich bereits im ersten Jahrgang; vgl. [Dieterich]: Vorrede des Verlegers. In: GTC für 1776, unpag.

29 Eine analoge zyklische Chronologie zeigen etwa auch die Monatskupfer zum Tagesablauf im *GTC* für 1797, die Jahres- mit Tageslauf synchronisieren.

scherweise den Reigen der Jahreszeiten, den sie mit diesen Bildern ebenso abschreiten wie ihre relativ statischen genealogischen Verzeichnisse die europäischen Fürstenhäuser in quasi konzentrischen geopolitischen Kreisen ablaufen. Sie konsolidieren sakrale wie weltliche Macht, indem sie die Kalendernutzer nicht nur anhand ihrer Berechnung der religiösen Feste des kommenden Jahres, sondern auch anhand der Geburtstage der Mitglieder des (jeweilig regionalen) Herrscherhauses und der wichtigsten Daten aus dessen Geschichte durch das Jahr führen. Wie die Berechnung der beweglichen Feste scheint auch die Datierung historischer wie zukünftiger weltlicher Feiertage an den Sternen ablesbar zu sein. Zur Statik der genealogischen Tabellen, die die Statik der Herrschaftslegitimität und -konformität unterstützt, bilden nun die Monatskupfer ein (sozial-)anthropologisches Gegenstück, das zwar zyklisch organisiert ist, aber durch das Rund der Gesellschaft flaniert, dadurch Standesgrenzen öffnet und den Blick von den „vornehmsten" auf die niedersten Gesellschaftsklassen weitet.

Lichtenbergs „Orbis pictus" soll erkenntnisträchtig sein. Es dient der „anschauende[n] Kenntnis des Menschen in allen Ständen, anderen durch Worte, [und] den Grabstichel [...] verständlich gemacht".[30] Auch das Tierreich und damit das gesamte Erdenrund empfiehlt er der „Aufmerksamkeit eines Naturforschers"[31]. Seine jährlichen Bilder-Kommentare regen nicht nur zur anthropologisch-psychologisch-naturwissenschaftlichen „anschauenden Kenntnis" anstelle religiöser Erbauung an, sondern weisen auch auf die Interpretationsbedürftigkeit der Bilder hin. Der Naturforscher Lichtenberg agiert daher als Hermeneut der sozioanthropologischen Bilder wie der zu erforschenden Natur.[32] Dabei gerät die Kommentierung zu einer Beobachtungslehre.[33] Der Text leitet und unterrichtet den Blick des Betrachters – mit der Stetigkeit des monatlichen Rhythmus. Die Blickregie folgt hierbei naturwissenschaftlicher Methodik: Die exakte Beobachtung typischer Posen, ihrer kleinsten Details und aller sie situativ umgebenden Indizien

---

30 Vgl. Promies (wie Anm. 1), Bd. 1, S. 466 (F 37).

31 G. C. Lichtenberg: Erklärung der Kupferstiche. In: GTC für 1781, S. 116–125, hier S. 116.

32 Zum Verhältnis von Buch- und Naturhermeneutik programmatisch Lichtenbergs Aufsatz *Ein Traum* im *GTC* für 1794, S. 134–144; vgl. Jutta Müller-Tamm: „Dieses prüfe, mein Sohn, aber chemisch…". Analyse und Erkenntnis in einer Traumerzählung Lichtenbergs. In: S. Schimma, J. Vogl (Hrsg.): Versuchsanordnungen 1800, Zürich, Berlin 2009, S. 39–50.

33 Vgl. dazu genauer Gunhild Berg: Probieren und Experimentieren, Auflösen und Zusammensetzen im Sudelbuch. Georg Christoph Lichtenberg als *experimental philosopher*. In: Lichtenberg-Jahrbuch (2010), S. 7–26, hier S. 10 f.

führt zu Rückschlüssen auf die Ursachen für die oft komischen Szenen, die in einer Kombination aus sozialen Milieubedingungen, habitualisierten Verhaltensweisen und situativen Missgeschicken zu suchen sind. Um die Untersuchung der Ursache-Wirkungs-Ketten zu verlängern, wünscht Lichtenberg, dass Chodowiecki die Paare seiner zwei Zyklen mit *Heiratsanträgen* (*Göttinger Taschen-Calender* für 1781 und 1782) nicht nur zum Zeitpunkt der Werbung, sondern erneut,

> nur etwa 4 Wochen nach der Hochzeit vorgestellt hätte, doch dieses thut er wohl künftig einmal [...]. Käme alsdann noch eine interessante Scene aus den folgenden Jahren hinzu, so hätten wir ein kleines Sybillinisches Heyraths Büchlein beysammen [...].[34]

Die *Heiratsanträge* wurden tatsächlich sieben Jahre später mit einem Zyklus fortgesetzt, der ‚protokolliert‘, wie die geschlossenen Ehen zwischenzeitlich verlaufen seien. Die derart fingierte sozialpsychologische Langzeitstudie erlaubt nun ‚sybillinische‘ Vorhersagen über die zu erwartende Zukunft von Ehen in Abhängigkeit vom für den Antrag leitenden Motiv, indem hier die Kausalität zwischen „Bewegungsgrund" und „natürliche[r] Folge" von Chodowiecki gezeigt und von Lichtenberg kommentiert wird.[35] Erfahrungsgründe erlauben Vorhersagen über die Zukunft.

IV. Prognostik, oder: Zukunftswissen

Frühneuzeitlichen Kalendern eignet der Blick in die Zukunft, wenigstens aufs nächste Jahr, den sie mit den astronomisch exakten Berechnungen der Kalendarik sowie mit der Prognostik, den astrologisch begründeten sog. Practica, zu erfüllen suchten. Bei den Praktiken handelte es sich um Ratschläge zur Gesundheitsvorsorge, die vor allem aus Aderlassregeln und -tafeln bestanden, aber auch weitere Empfehlungen für die aus astrologischen Konstellationen heraus günstigsten Zeitpunkte zum Purgieren und Schröpfen, für Haar- oder Nagelschnitte, Tierschur, Aussaat, Ernte, Heirat usw. gaben.[36] Die Prognostik lieferte zudem neben allgemeinen Wetter- und Bau-

---

34   G. C. Lichtenberg: Einige Bemerkungen über die Kupferstiche. In: GTC für 1782, S. 104–109, hier S. 105.

35   G. C. Lichtenberg: Kurze, jedoch hinlängliche Erklärung der Monatskupfer. In: GTC für 1789, S. 219–224, hier S. 219.

36   Vgl. Matthäus (wie Anm. 2), Sp. 1199 ff.

ernregeln teils taggenaue Wettervorhersagen.[37] Im Zentrum des astrologisch
aufgestellten Prognostikons standen außerdem Vorhersagen über Fruchtbarkeit und Missernten, Gesundheit, Krankheit und Seuchen sowie über
Krieg und Frieden. Während es wahrscheinlich war, dass eine Warnung vor
häufig auftretenden Miseren, die entweder erwartungsgemäß eintrafen oder
infolge der Warnung mit Gebeten vermeintlich hatten verhindert werden
können, risikolos regelmäßig wiederholt werden konnte, war das Nichtein-
treffen politischer Vorhersagen folgenreicher. Die Siege einer Kriegspartei
vorherzusagen war von der anderen nicht erwünscht: „Es ist gar gefährlich
jetzigen stand deß Teutschen Lands etwas zu Prognosticiren vnnd verbren-
net einem am heissen Brey gern das Maul [...]."[38] So gingen die politischen
Prophezeiungen im Laufe des Dreißigjährigen Krieges zurück, bis sie im
letzten Drittel des 18. Jahrhunderts ganz verschwanden.[39]

Zukunftswissen in Form von Prognosen beruht nun auf Regeln, die aus
empirischen Beobachtungen abgeleitet sind, und stochastisch Wahrscheinli-
chem. Wo beide nicht zureichen, lässt Lichtenberg auch Träume zu, denn
die seien verzeihlich da, „wo es der Vernunft unmöglich ist zu entscheiden".
Als „ein Hauptvorzug unsers Geistes" dienen sie dazu, „daß wir nicht blos
dem gegenwärtigen Augenblick leben, [...] sondern uns des Gegenwärtigen
bedienen, sowohl im Vergangenen als im Künftigen zu leben, zu erklären
und zu weissagen".[40] Erklärungen des Vergangenen und Vorhersagen über die
Zukunft aus der Gegenwart finden im Kalender ihren angemessenen Platz.
Dass im Zuge der Aufklärung naturwissenschaftlich basierte Prognostik aber-
gläubische Prophetie ersetzt, zeigt so schon der erste, von Erxleben herausgegebene Jahrgang, der nicht mehr das Wetter vorhersagt, sondern nur noch
Mond- und Sonnenfinsternisse vorherberechnet. Auch Lichtenberg hält
nichts vom „eitele[n], elende[n] Stückwerk [...] unsere[r] Wetterweisheit":

> Und nun gar unsere Prophetische Kunst! Trotz den Bänden meteorologischer Beobach-
> tungen ganzer Academien, ist es noch immer so schwer vorher zu sagen, ob übermorgen

37 Vgl. ebenda, Sp. 1212.
38 Johann Georg Schwalbach: Prognosticon Astrologicum oder Practica für 1623, D 1; zit. n.
    Matthäus (wie Anm. 2), Sp. 1218.
39 Vgl. Matthäus (wie Anm. 2), Sp. 1223; Sührig (wie Anm. 6).
40 G. C. Lichtenberg: Fortsetzung der Betrachtungen über das Weltgebäude. Von Cometen.
    In: GTC für 1787, S. 81–134, hier S. 82 f.

die Sonne scheinen wird, als es vor einigen Jahrhunderten gewesen seyn muß, den Glanz des Hohenzollerischen Hauses voraus zu sehen.[41]

Doch waren Wettervorhersagen bei Kalenderkäufern weiterhin beliebt,[42] und so widmet Lichtenberg der Wetterprognostik für 1779 einen eigenen Beitrag:

[U]nd ob wir uns gleich nicht in das Detail unsrer Hrn. Collegen einzulassen wagen, die in ihren resp. Haushaltungs- Comtoir- und Schreib-Calendern für jeden der 365 Tage ein eignes Wetter festzusetzen belieben: so getrauen wir uns doch, ihnen in Rücksicht der Untrüglichkeit ganz kecklich die Palmen aus den Händen zu winden: um so mehr da wir kein einziges Wetterzeichen angeben, dessen Zuverläßigkeit uns nicht von irgend einem erfahrnen Weidmann, Schäfer, Hirten, Vogelsteller, oder guten Mütterchen versichert, und großentheils durch unsre eigne Untersuchung erprobt und bewährt gefunden wäre.[43]

Lichtenberg teilt hierin nun eben nicht die Wetterkunde seiner astrologischen „Hrn. Collegen" mit, sondern die des „unvernünftigen Vieh[s]".[44] Er benennt die typischen Verhaltensweisen gewisser Tiere, die Wetterumschläge erwarten lassen. Was den tierischen gegenüber den menschlichen „Wetter-Propheten" an langfristiger Weitsicht im Voraus fehlt, machen sie durch die „Untrüglichkeit" der von ihnen angegebenen Zeichen wett. Eine naturkundliche, empirisch basierte Verhaltenslehre wetterfühliger Tiere ersetzt die aus Bauernregeln abgeleiteten Spekulationen.[45] Was die Zukunft bringen werde, bestimmt nicht mehr die Astrologie vorher, sondern die Erfahrungswissenschaften.

Der *Göttinger Taschen-Calender* verbreitet zudem Vorhersagen einer neuen wissenschaftlichen Disziplin: Die frühe Statistik, die aus der Beschreibung der Staaten, und zwar insbesondere deren Bevölkerung, ihrer Sitten, militärischen und ökonomischen Kräfte bestand, hält Einzug.[46] Johann Peter Süß-

---

41 G. C. Lichtenberg: Ueber Physiognomik. In: GTC für 1778, S. 1–31, hier S. 5.

42 Zum Beispiel im *Moralisch / Historisch- / und/ Genealogischen / Calender* (1755–1813); vgl. dazu Sührig (wie Anm. 6), S. 227 f.

43 G. C. Lichtenberg: Von Thieren als Wetter-Propheten. In: GTC für 1779, S. 97–101, hier S. 98.

44 Ebenda.

45 Ähnliche Beobachtungen tauchen im *Messagers boiteux* erst nach 1800 auf; vgl. Patricia Sorel: Die Verbreitung und Popularisierung naturwissenschaftlichen und technologischen Wissens durch die *Messagers boiteux* in der Zeit von 1789 bis 1848. In: Mix (wie Anm. 3), S. 202–227, hier S. 203 f.

46 Vgl. z. B. Neueste sichere Volksmenge von den brittischen Colonien in Nordamerika. In: GTC für 1778, S. 71; Neueste Handelsbilanz zwischen Grosbrittannien und Nordamerika.

milchs *Göttliche Ordnung* (1741) entwickelte Konzepte zur Mortalität, Natalität und Nuptialität mit dem Ziel, ein allgemeingültiges System der Bevölkerungsbewegung und ihrer (agrarökonomischen) Ursachen aufzustellen.[47] Nach Süßmilchs Pionierarbeit nahmen demographische Untersuchungen zur Populations- und Mortalitätsstatistik zu, so dass sich auf der Basis der erfassten Daten statistisch-wahrscheinliche Aussagen über die durchschnittliche Lebenserwartung treffen ließen. Erxleben gibt daher im *Göttinger Taschen-Calender* für 1776 nach einer Beschreibung der Erde und Erdoberfläche nicht nur eine tabellarische Übersicht über die *Bevölkerung der Erde,* die *Zahl der Einwohner in einigen Städten von Europa,*[48] sondern auch Auszüge aus der *Politischen Rechenkunst,* die „die unterschiedenen Verhältnisse in der Zahl der Einwohner eines Landes nach ihrem Alter, Geschlecht, Verbindung untereinander, der Geburthen, der Leichen u. d. gl." betrachtet.[49] Er lässt darauf Heirats-, Wiederverheiratungs- und Geburtenraten folgen, außerdem Sterblichkeitsraten in Korrelation zu Alter, Geschlecht, Lebensraum, Jahreszeit usw.[50] Die Demographie erlaubt nun also empirisch fundierte, mathematische Prognosen über die zu erwartende Lebensdauer des Einzelnen, die Erxleben im Folgenden abdruckt: „Man hat eine Tafel berechnet, welche zu erkennen giebt, wie lange man in jedem Alter nach Wahrscheinlichkeit noch hoffen darf zu leben."[51] Diese statistisch abgesicherte Tabelle ersetzt die astrologischen Prognostiken über die durch Hunger, Seuchen oder Krieg erhöhte Sterblichkeit und lässt den Leser sein zu erwartendes Alter – wissenschaftlich so exakt wie möglich – kalkulieren. Lichtenberg setzt diese Art der Information u. a. mit einer tabellarischen Statistik fort, die die Wahrscheinlichkeit auf (Wieder-)Verheiratung mit dem Alter von Frauen korreliert.[52]

Der *Göttinger Taschen-Calender* weist mit Lichtenbergs Abhandlung *Ueber Physiognomik* aber auch auf die Grenzen wissenschaftlicher Prognostik, „aus der Form und Beschaffenheit der äusseren Theile des menschlichen Körpers, hauptsächlich des Gesichts [...] die Beschaffenheit des Geistes und

---

In: Ebenda, S. 72; Ein Paar neue Schlüsse aus alten Londonschen Mortalitätstabellen. In: GTC für 1792, S. 177–178.

47 Johann Peter Süßmilch: Die göttliche Ordnung in den Veränderungen des menschlichen Geschlechts, aus der Geburt, Tod und Fortpflanzung desselben erwiesen, Berlin 1741.

48 So die Kapitelüberschriften im *GTC* für 1776, S. 42–46.

49 J. C. P. Erxleben: Politische Rechenkunst. In: GTC für 1776, S. 46–53, hier S. 46 f.

50 Ebenda, S. 47–50.

51 Ebenda, S. 51 f. Erxleben nennt seine Quelle indes nicht.

52 Vgl. G. C. Lichtenberg: Tabelle die Hofnung der Jungfern zu berechnen. In: GTC für 1783, S. 46–48.

Herzens zu finden", hin.[53] Zwar könnten wir „oft" durchaus richtig „aus dem Sichtbaren auf das Unsichtbare, aus dem Gegenwärtigen auf das Vergangene und Künftige" schließen, doch „eben dieses Lesen auf der Oberfläche [ist] die Quelle aller unserer Irrthümer, und in manchen Dingen unserer gänzlichen Unwissenheit".[54] Physiognomische Urteile werden als unwissenschaftlich entlarvt, da weder die Individualentwicklung eines Charakters noch gar die zukünftigen, tugend- oder lasterhaften Handlungen einer Person vorhergesehen werden könnten.[55] Ihnen stellt Lichtenberg die Pathognomik gegenüber, bei der aus der allen Menschen verständlichen „unwillkührliche[n] Gebehrden Sprache" und den „untrüglichen Spuren ehmaliger Handlungen" in Habitus und Verhalten vorsichtig und revisionsbereit über den Charakter eines Menschen geschlossen werden dürfe.[56] Dagegen sei die Physiognomik moderner Aberglaube:

> Wir urtheilen stündlich aus dem Gesicht, und irren stündlich. So weissagt der Mensch von Zeitläuften, Erbprinzen, und Witterung; der Bauer hat seine Tage, die die Witterung des ganzen Jahrs bestimmen [...]. Jeder Mensch ist des Tages einmal ein Prophet.[57]

Würden solche vorausgreifenden Urteile indes überprüft, so würde es „der Physiognomik ärger ergehen, als der Astrologie".[58] Der Kalender bietet dem Nexus zwischen Vergangenheit, Gegenwart und Zukunft, dessen sich die Traumgesichte der Gelehrten bedienen,[59] ein mediales Bindeglied wie auch eine Rapport- und damit eine mögliche Überprüfungsinstanz.

V. Repertorium und Protokollarium

Wie die jährlich ‚wandernden' Mondphasen und Planetenkonstellationen sind naturwissenschaftliche Erkenntnisse, insofern Hypothesen und (Mess-) Ergebnisse stetig überprüft und verbessert werden, dem Umlauf unterwor-

---

53 Vgl. Lichtenberg (wie Anm. 41), S. 3.
54 Ebenda, S. 3 f.
55 Zur detaillierten Argumentation Lichtenbergs gegen Lavaters Physiognomik vgl. Gunhild Berg: Erzählte Menschenkenntnis. Moralische Erzählungen und Verhaltensschriften der deutschsprachigen Spätaufklärung, Tübingen 2006, S. 140–145.
56 Vgl. Lichtenberg (wie Anm. 41), S. 12, 19.
57 Ebenda, S. 17.
58 Ebenda.
59 Vgl. das Leibniz-Zitat ebenda, S. 5.

fen – ebenso wie die saisonal wechselnden Kleider- und Hutmoden. Und so verwundert es wenig, wenn Lichtenberg, obgleich nicht ohne Scherz, den *Göttinger Taschen-Calender* als quasi wissenschaftliches Nachschlagewerk auch der Mode, als „kleine[s] Handrepertorium der neuesten Modekleidungen und Kopfputzes" bezeichnet.[60] Nun behaupten die Kalendermacher nicht, die Moden des kommenden Jahres vorherzusehen. Dieterich verspricht aber schon in der ersten Ausgabe, alljährlich von den „neuern Arten von Kopfputz und sonst einige[n] Frauenzimmertrachten" zu berichten, um die weibliche Leserschaft zu gewinnen.[61] Man bescheidet sich zwar mit einer empirisch basierten, bildlichen Dokumentation der jeweils aktuellsten mondänen Damen- und Herrenmode aus London, Paris, Berlin, Hannover oder Göttingen. Dafür rapportiert Lichtenberg für den *Göttinger Taschen-Calender* etwa während seiner Englandreise vom neuesten Pfauenfedernschmuck der Londonerinnen.[62] Doch da sich die Nachahmung der neuesten Raffinements an Kleidern, Hüten und Accessoires gewöhnlich in regionalen Wellen ausbreitet, gerät dieses Protokoll auch unwillentlich zum Vorgriff auf die Mode des nächsten Jahres. Eine solche Moden-Vorschau bewahrheitet sich gerade infolge ihrer Propagierung in überregional wie international distribuierten Periodika wie dem *Göttinger Taschen-Calender,* der allein schon durch die Wiedergabe eines bestimmten Chics diesen zukünftig sich zu verbreiten hilft – im Sinne einer Selffulfilling Prophecy.

Der *Göttinger Taschen-Calender* ist ein Nachschlagewerk der Mode, informiert aber in den ersten Jahrgängen wie schon die frühneuzeitlichen Kalender auch über weitere für Alltag wie Geschäft relevante Daten, etwa über die Termine von Jahrmärkten, Messen und Postboten. Als Vademekum für Maßeinheiten und Größen erweist es sich überdies als ein besonders „nützliches Buch" für Physiker. Neben den in mehreren zeitgenössischen Kalendern gängigen Vergleichen der regional verschiedenen Meilen und Münzfuße gibt der *Göttinger Taschen-Calender* diverse abweichende Maße von Längen- und Flächeneinheiten, flüssigen und festen Volumina und überdies die geographischen Längen- und Breitengrade und Entfernungen mehrerer europäischer Städte an. Die fachspezifische Konvertierung der verschiedenen „Thermometer-Scalen", die Lichtenbergs „Taschenbuch für Physiker" au-

60 G. C. Lichtenberg: Vom Hang zum Putz und von einigen sonderbaren Toiletten-Stücken. In: GTC für 1787, S. 134–141, hier S. 135.
61 Dieterich (wie Anm. 28), unpag.
62 Vgl. Brief v. G. C. Lichtenberg an Dieterich v. 31.3.1775. In: Briefwechsel (wie Anm. 10), Bd. 1, S. 521 f. (Nr. 276) Vgl. auch ders.: Anecdoten. In: GTC für 1778, S. 73 f., hier S. 73.

ßerdem vorschlägt,[63] findet sich indes nicht. Doch die avisierte Angabe von „Preisen der nöthigsten Instrumente" sowie die „Beschreibung eines physikalischen Apparats"[64] streut Lichtenberg darin ein: Zum einen nennt er die neuesten, verbesserten Instrumente häufig in der Rubrik der *Neuen Erfindungen, Merkwürdigkeiten [...]*, etwa Cavallos Magnetnadel oder Kirwins Goldblatt-Elektrometer,[65] gelegentlich auch mit Preisangaben.[66] Zum anderen führt er naturgeschichtliche Sammlungsobjekte des Göttinger Universitätsmuseums auf[67] und beziffert die Preise von Londoner Händlern für exotische „Kunstsachen und Naturalien" aus der Südsee.[68] Seine „auf Verlangen gegeben[e]" *Kurze Erklärung einiger physikalischen und mathematischen Instrumente, die sich in -meter endigen* und ihre Fortsetzung erläutern die Funktionsweise diverser Messinstrumente – alphabetisch sortiert von „Anemometer" (Windstärkemesser) bis „Tribometer" (Reibungsmesser).[69] Ex negativo gehört hierzu auch die „Satyre auf einen [...] unwissenden Naturalien- Artefacten- und Raritäten-Sammler, der mit ungeheuerem Aufwand eine Menge des unnützesten Plunders in seinem Cabinet aufgehäuft habe".[70] Mit den Apparaten stellt der Kalender also Geräte vor, die „man nothwendig kennen muß, um nicht in jeder guten Gesellschafft für einen Ignoranten gehalten [zu] werden".[71]

Neben der Unterhaltung dient die Anwendung der erläuterten Geräte der aktiven Wissensproduktion. In seinem Kalenderideal wünscht sich Lichtenberg die durch den Kalender gesteuerte Protokollierung von Wetterer-

63 Vgl. Lichtenberg (wie Anm. 1), S. 348.

64 Vgl. ebenda.

65 Vgl. ders.: Einige neue Erfindungen, physikalische und andere Merkwürdigkeiten. In: GTC für 1788, S. 188–196, hier S. 190 f., 194.

66 Zum Beispiel für den bei Klindworth erhältlichen Meilenzähler; vgl. G. C. Lichtenberg: Der vollkommenste Wegmesser (Hodometer). In: GTC für 1778, S. 76–80, hier S. 80.

67 Vgl. Etwas vom Akademischen Museum in Göttingen. In: GTC für 1779, S. 45–57.

68 Vgl. Preisverzeichniß von südländischen Kunstsachen und Naturalien. In: GTC für 1782, S. 73–87.

69 G. C. Lichtenberg: Kurze Erklärung einiger physikalischen und mathematischen Instrumente, die sich in -meter endigen; auf Verlangen gegeben. In: GTC für 1784, S. 73–89; ders.: Nachtrag zu den kurzen Erklärungen einiger phys. und mathem. Instrumente, die sich in meter endigen. In: GTC für 1792, S. 150–159.

70 Verzeichniß einer Sammlung von Geräthschaften, welche in dem Hause des Sir H. S. künftige Woche öffentlich verauctionirt werden soll (Nach dem Englischen). In: GTC für 1798, S. 154–169.

71 G. C. Lichtenberg: Vorlesungen zur Naturlehre. Notizen und Materialien zur Experimentalphysik I, hrsg. v. d. Akademie der Wissenschaften zu Göttingen, Göttingen 2007, S. 47.

scheinungen, die wegen ihrer Veränderlichkeit beständig beobachtet werden müssen, um Regelmäßigkeiten daraus ableiten zu können.[72] Im *Göttinger Taschen-Calender* fordert Lichtenberg explizit zur astronomischen Beobachtung auf: Er verbreitet die Berechnung von Achille-Pierre Dionis du Séjour, der zufolge im Januar 1779 „die kleine Axe des Rings [des Saturns; G. B.], aus der Sonne gesehen, dem Durchmesser des Planeten gleich erscheinen" werde, sowie dessen Wunsch,

> man möchte den Ring genau beobachten in den 6 letzten Monaten von 1778 und den 6 ersten von 1779, weil es wichtig für die Bestimmung des Neigungswinkels des Rings gegen die Ecliptik ist, in diesen Umständen die beyden Axen desselben zu messen.[73]

Der Kalender kann nicht nur eine größere Zahl potentieller Beobachter akquirieren als eine fachbezogene Zeitschrift, sondern die Beobachtung auch breitenwirksam terminieren.

VI. *Wegwerfprodukt oder Archiv*

Lichtenberg wünscht sich Leser, die die Naturforschung unterstützen. Dazu bietet der *Göttinger Taschen-Calender* grundständige und aktuelle Informationen, Antworten auf Zweifelsfälle sowie konkrete Anleitungen. Er stellt sich als ein abwechslungsreicher Kursus durchs Jahr wie durch die Natur- und Menschenkunde dar. Doch die zeitliche Gültigkeit seines Kalendariums ist auf Jahresfrist beschränkt. Wegen der vergänglichen Aktualität des „ephemerischen Werckchens"[74] teile der *Göttinger Taschen-Calender,* so fürchtet Lichtenberg, das Schicksal aller Kalender: „wie Blätter im Herbste, oder Fliegen im September".[75] Als beliebte Weihnachtsgabe verschenke man gern „unsern literarischen Pfefferkuchen" oder „unsere hausbackene heil. Christwaa-

---

72 Vgl. Lichtenberg (wie Anm. 1), S. 347. Ein meteorologisches Beobachtungsprotokoll ähnlich dem, wie es Lichtenberg hier vorschwebte, wurde von seinem Bruder Ludwig Christian in die Tat umgesetzt und überregional verbreitet; vgl. [Ludwig Christian Lichtenberg:] Vorschrift wie die Beobachtungen mit den meteorologischen Werkzeugen anzustellen und aufzuzeichnen sind, Gotha 1781.

73 Lichtenberg (wie Anm. 26), S. 30 f.

74 Brief v. G. C. Lichtenberg an Paul Christian Wattenbach v. 6.6.1796. In: Briefwechsel (wie Anm. 10), Bd. 4, S. 595–596, hier S. 596 (Nr. 2639).

75 Brief v. G. C. Lichtenberg an Friedrich August Lichtenberg v. 30.9.1788. In: Briefwechsel (wie Anm. 10), Bd. 3, S. 572–573, hier S. 573 (Nr. 1631).

re".[76] Chodowieckis Monatskupfer für den Dezember des Jahres 1783 zeigt einen solchen *Calender Narr[en]*, wie der Titel ihn nennt. Je nach Nutzungsweise reicht die Halbwertszeit des *Göttinger Taschen-Calenders* folglich vom raschen, einmaligen Konsum noch vor Beginn des neuen Jahres über die kontinuierliche Konsultation über Jahresfrist als Ratgeber, Informant, Tagebuch und Protokoll bis hin zur dauerhaften Anlage eines künftigen Archivs.[77]

---

76 Zitiert nach Peperkorn (wie Anm. 8), S. 68.
77 Zu weiteren, nicht spezifisch naturkundlichen Funktionen von Kalendern im 18. Jahrhundert vgl. zusammenfassend York-Gothart Mix: „Kalender? Ey, wie viel Kalender!". In: Mix (wie Anm. 6), S. 37.

MARTIN GIERL

Naturkunde in Rezensionszeitschriften
Der mediale Fächer und das Wissen vom Fach

Jeder Diskurs besitzt eine Innenarchitektur, auch der um die Naturkunde. Radikal gesagt: Man muss nicht wissen, was Natur ist, wenn man weiß, was mit ‚Kunde' gemeint ist, welche „Zimmer", d. h. Einteilung und Anordnung sie besitzt, und wenn man Zugang zu ihnen hat. Diskurs-Innenarchitektur umfasst so Kategorisierung auf institutionell sicherem Grund – und damit gerade das, was die Wissenschaftsentwicklung in der Frühen Neuzeit bis zum Ende des 18. Jahrhunderts von der Theologie und Jurisprudenz bis zur Botanik, Zoologie und Chemie, von Linné bis Buffon und Lavoisier und organisatorisch von den Onomastika, Enzyklopädien bis hin zu den Anatomischen Theatern und Botanischen Gärten prägte.

Die Kategorisierung auf einem institutionell gesicherten Grund setzte allgemein und auch, was die Kunde der Natur angeht, Kenntnis, systematische Ordnung und Zugriff auf all das voraus, was es schon an Wissen gab und aktuell produziert worden ist. Für die Ordnung und für diesen Zugriff sorgte ein breites Spektrum von Rezeptionsmedien, das von den Briefen über die gedruckten Buchkataloge bis hin nicht zuletzt zu den Rezensionszeitschiften reichte, Gelehrte Anzeigeblätter, die den Anspruch erhoben, alles, was in der gelehrten Welt vorging, insbesondere alle Neuerscheinungen, ihren Lesern zur Kenntnis zu bringen. In der zweiten Hälfte des 18. Jahrhunderts sind aus ihrem Format – aus ihrer Art über Literatur zu berichten, d. h. aus ihrer Art den Wissensdiskurs abzubilden – Fachzeitschriften hervorgegangen. Häufig nannten sie sich schon von ihrem Anspruch her „Bibliothek". Es gibt kaum einen besseren Ort, dies zu verfolgen, als Göttingen, weil hier das zeitgenössisch führende deutschsprachige Gelehrte Anzeigeblatt erschien – die *Göttingischen gelehrten Anzeigen*, die als eines der weltweit am längsten erscheinenden Journale noch heute existieren, weil sich hier früh eine umfassende Fachzeitschriftenkultur entwickelte und diese idealtypische Medienentwicklung institutionell auf einer zeitgenössisch idealtypischen Ausgestaltung der Universität beruhte.[1]

Die neueste Literatur möglichst rasch und komplett zur Verfügung zu haben, sie zu kommentieren, in der Lehre zu nutzen sowie den Wissensdiskurs selbst maßgeblich weiterzuführen und damit die Autorität und Reputation der Wissensanstalt zu festigen und zu erweitern, war die Leitidee der Göttinger Universität. Sie hat sich in einer zeitgenössisch führenden Forschungsbibliothek, in einer der Universität beigeordneten Wissenschaftsakademie wie in gelehrten Journalen niedergeschlagen. Vier von ihnen nehme ich in den Blick: wesentlich die Naturkunde in den *Göttingischen gelehrten Anzeigen* und, was die Spezialisierung auf Naturkunde respektive angrenzende Gebiete angeht, ergänzend die *Physikalisch-ökonomische Bibliothek, worinn von den neuesten Büchern, welche die Naturgeschichte, Naturlehre und die Land- und Stadtwirthschaft betreffen, zuverlässig vollständige Nachricht ertheilet werden* (1770–1806), die *Physikalische Bibliothek oder Nachricht von den neuesten Büchern, die in die Naturkunde einschlagen* (1775–1779) und die *Medicinische Bibliothek* (1783–1795).[2]

Es zeigt sich,

1. dass sich die naturkundlichen Fachblätter, wie es schon die Untertitel der *Physikalischen* und der *Physikalischen-ökonomischen Bibliothek* ausweisen, in Fortsetzung des Auftrags der allgemeinen Gelehrten Anzeigeblätter entwickelten, und deren Beschreibungsmodi übernahmen;

2. dass der allgemeine Systematisierungs- und Überblicksauftrag der Blätter in den Gelehrten Anzeigen und dann in den Fachjournalen in der Tendenz in eine Diskursprofessionalisierung und von hier aus in eine Fachprofessionalisierung umschlug. Die Besprechung naturkundlicher Literatur agierte latent und häufig offen als Diskurskontrolle – als Sittenrichter oder eben Splitterrichter, wie es zeitgenössisch hieß – darüber, was zur Natur gehörte, wie sie zu beobachten war, wie die Beobachtungen sachgerecht darzustellen waren, was dem Publikum zu bieten war und was das Publikum zu verste-

---

1   Zur Göttinger Universität und ihrer Rolle im Rahmen der Universitätsentwicklung in der Frühen Neuzeit vgl. William Clark: Academic Charisma and the Origins of the Research University, Chicago 2006.

2   Johann Friedrich Blumenbach (Hrsg.): Medicinische Bibliothek 1–3 (1783–1795); Johann Christian Polykarp Erxleben (Hrsg.): Physikalische Bibliothek oder Nachricht von den neuesten Büchern, die in die Naturkunde einschlagen 1–4 (1775–1779); Johann Beckmann (Hrsg.): Physikalisch-ökonomische Bibliothek, worinn von den neuesten Büchern, welche die Naturgeschichte, Naturlehre und die Land- und Stadtwirthschaft betreffen, zuverlässig vollständige Nachricht ertheilet werden 1–23 (1770–1806).

hen hatte. Naturberichterstatter und ihr allgemeines Publikum splitteten sich in Dilettanten, fachkundige Laien und sachkundige Experten auf.

3. Die Differenzierung fand in der fachlichen Aufsplittung zwischen einer praktischen und einer theoretischen Naturkunde ihre Entsprechung. Hatte sich seit dem 17. Jahrhundert eine Annäherung und in der zweiten Hälfte des 18. Jahrhunderts eine Verschmelzung von Naturgeschichte und Naturphilosophie (von Empirie und Erklärung) vollzogen, so teilten sich die entstehenden Naturwissenschaften nun quer zur alten Einteilung in einen Empirie und Erklärung verbindenden theoretischen Teil (in der Medizin, Physik und Chemie) und einen ebenfalls Empirie und Erklärung verbindenden praktischen Teil (als „Technologie" und Agrikultur in den praktischen Anwendungen der Botanik).[3]

4. Verbunden damit, zeigten die entstehenden Fachjournale eine Diskurswende an. Besaß das Diskursfeld Natur im 17. Jahrhundert einen theologisch-spekulativen Akzent und reichte von der mystisch-theologischen Welterklärung des Schusters Jakob Böhme bis zur theoretisch-empirisch-theologischen Universalkombinatorik des jesuitischen Polyhistors Athanasius Kircher, erhielt es im 18. Jahrhundert eine analytisch-empirisch-experimentelle Färbung, kreiste um Beobachtung und Anwendbarkeit und fand im mathematisierenden Newton und im gebildeten Naturfreund Goethe am Pol der Experten und der Laien ihre weithin bekannt gebliebenen Antagonisten. Das Diskursfeld Natur war Teil frühmoderner gelehrter Wissenskommunikation, die sich in der Selbstbeschreibung *Res publica litteraria* nannte und für das 18. Jahrhundert von heute aus Aufklärung genannt wird: d. h. es ging zumindest dem Anspruch nach nicht nur um das Wissen selbst, sondern auch sozial um Teilhabe. Entsprechend waren die ersten Journale der Naturbeschreibung nicht wissenschaftliche Fachjournale, denen dann wissenschaftspopularisierende Zeitschriften folgten, sondern umgekehrt. Zunächst erschienen populäre Journale, die gängige populäre Zeitschriftenmuster, so die Moralische Wochenschrift, mit Themen rund um die Natur füllten. Christlob Mylius' und Johann August Unzers Zeitschriften – so Mylius' *Der Naturforscher* (1747/48) sowie die *Physikalischen Belustigungen* (1751–

---

3 Vgl. Katharine Park, Lorraine Daston (Hrsg.): The Cambridge History of Science, Bd. 3: Early Modern Science, Cambridge 2008; Wolf Lepenies: Das Ende der Naturgeschichte. Wandel kultureller Selbstverständlichkeiten in den Wissenschaften des 18. und 19. Jahrhunderts, München 1976; Nicholas Jardine (Hrsg.): Cultures of Natural History, Cambridge 1996.

1757) und Unzers *Der Arzt* (1759–1764) – sind Beispiele dafür.[4] Erst danach entstanden Fachzeitschriften, die systematisch Forschungsergebnisse kritisch kommentierten. Der Weg der Naturkunde vom allgemeinen „gelehrten" Diskurs über die Natur zum Fachdiskurs ist in einem ersten Schritt über eine populäre Naturerörterung, die aus dem Publikum die „Naturliebhaber" selektierte, und in einem zweiten von interessierten zu sachkompetenten Rezipienten der Naturerforschung gegangen. Vor der Verselbstständigung wissenschaftlicher Disziplinen ging in der Journalproduktion Popularisierung dem Fachdiskurs voraus.

I. „Historia literaria", Gelehrte Anzeigeblätter, die „Göttingischen gelehrten Anzeigen", Fachjournale und die Universität

Um die Kenntnis, systematische Ordnung und den Zugriff auf all das, was es an Wissen gab, zu vermitteln, schuf die Frühe Neuzeit eine eigene Geschichtsdisziplin. Die *Historia literaria* war seit dem 17. Jahrhundert im Trend. Francis Bacon hatte sie als vierte Geschichte neben der Kirchen-, Zivil- und Naturgeschichte gefordert. Die biobibliographische Welle, die folgte, war riesig: Umfassende Kompendien, wie Georg Morhoffs Polyhistor vom Ende des 17. Jahrhunderts, entstanden, kompilierten und ergänzten sich. Lexika, Fachbibliographik und Einführungen in die *Historia literaria* als Standardpropädeutika, die in Göttingen von den Fachgrößen gehalten wurden, verbreiteten sich. Eine Bibliographie der *Historia literaria,* der Jugler, weist Mitte des 18. Jahrhunderts mehrere 1000 Titel auf.[5] Es handelte sich um eine systematisierende Bestandsaufnahme der literarischen Produktion und damit des Wissens.

Die *Historia literaria* wollte in praktischer Absicht den Wissensstand und seine Entwicklung reproduzieren, indem sie sagte, was wann von wem in welchem Feld geschrieben worden war. Schon am Ende des 17. Jahrhunderts hatte es geheißen, es seien Millionen Bücher in der Welt, die Produktion sei unüberschaubar geworden. Die Bedeutung der *Historia literaria* ist: Sie schuf die virtuelle Gesamtbibliothek des gelehrten Materials. Sie zeigte, was es schon gegeben hatte und was es augenblicklich gab, und sie verlieh mit

---

4 Vgl. Matthias Reiber: Anatomie eines Bestsellers. Johann August Unzers Wochenschrift „Der Arzt" (1759–1764), Göttingen 1999; Dieter Hildebrandt: Christlob Mylius. Ein Genie des Ärgernisses, Berlin 1981.

5 Johann Friedrich Jugler, Bibliotheca Historiae Litterariae Selecta, 4 Bde., Jena 1754–1785.

ihrem wann wo was von wem den Wissenschaftskontexten interne Signaturen. Wissenschaft, die sich in einem modernen Sinn als a) Kumulation eines b) geprüften Wissens versteht, wird erst durch die *Historia literaria* möglich.[6] Nach Vorläufern, die in anderem Rhythmus, auf Latein und regional bezogen erschienen, wurde das Modell der allgemeinen Gelehrten Zeitungen zunächst von den *Nouvelles Litteraires, Contenant Ce qui se passe de plus considérable dans la Republique des Lettres A La Haye* (1715–1720), dicht gefolgt von den *Leipziger Neuen Zeitungen von gelehrten Sachen* (1715–1784) verwirklicht. Weit über 100 derartige Journale haben im 18. Jahrhundert im Alten Reich den gelehrten Nachrichtenfluss in bemerkenswertem Umfang und in bemerkenswerter Aktualität garantiert und damit der Wissenschaftsentwicklung sowie dem Aufklärungsdiskurs die Grundlage gegeben.[7]

Die *Göttingischen gelehrten Anzeigen* wurden 1739 gegründet. Zunächst hießen sie *Göttingische Zeitungen von gelehrten Sachen*, von 1753–1801 dann *Göttingische Anzeigen von gelehrten Sachen*.[8] 1747 übernahm Albrecht von Haller, der be-

6   Zur *Historia literaria* vgl. Frank Grunert, Friedrich Vollhardt (Hrsg.): Historia literaria. Neuordnungen des Wissens im 17. und 18. Jahrhundert, Berlin 2007; Martin Gierl: Bestandsaufnahme im gelehrten Bereich: Zur Entwicklung der „Historia literaria" im 18. Jahrhundert. In: Denkhorizonte und Handlungsspielräume. Historische Studien für Rudolf Vierhaus zum 70. Geburtstag, Göttingen 1992, S. 53–80.

7   Zu den Gelehrten Anzeigeblättern vgl. Otto Dann: Vom Journal des Sçavans zur wissenschaftlichen Zeitschrift. In: B. Fabian, P. Raabe (Hrsg.): Gelehrte Bücher vom Humanismus bis zur Gegenwart, Wiesbaden 1983, S. 63–80; Bernhard Fabian: Im Mittelpunkt der Bücherwelt. Über Gelehrsamkeit und gelehrtes Schrifttum um 1750. In R. Vierhaus (Hrsg.): Wissenschaft im Zeitalter der Aufklärung, Göttingen 1985, S. 249–274; Augustinus Hubertus Laeven: The „Acta Eruditorum" under the Editorship of Otto Mencke. The History of an International Learned Journal Between 1682 and 1707, Amsterdam 1990; Martin Gierl: Compilation and the Production of Knowledge in the Early German Enlightenment. In: H. E. Bödeker, P. H. Reill, J. Schlumbohm (Hrsg.): Wissenschaft als kulturelle Praxis, 1750–1900, Göttingen 1999, S. 69–104, bes. S. 80–91; Flemming Schock: Wissen im neuen Takt. Die Zeitung und ihre Bedeutung für die Entstehung erster populärwissenschaftlicher Zeitschriften. In: H. Böning, V. Bauer (Hrsg.): Die Entstehung des Zeitungswesens im 17. Jahrhundert. Ein neues Medium und seine Folgen für das Kommunikationssystem der Frühen Neuzeit, Bremen 2011, S. 281–302.

8   Vgl. zur Journalgründung Heinrich Albert Oppermann: Die Göttinger gelehrten Anzeigen während ihrer hundertjährigen Wirksamkeit für Philosophie, schöne Literatur, Politik und Geschichte, Hannover 1844; Gustav Roethe: Göttingische Zeitungen von gelehrten Sachen. In: Festschrift zur Feier des hundertfünfzigjährigen Bestehens der Königlichen Gesellschaft der Wissenschaften zu Göttingen, Berlin 1901, S. 567–688. Zur Rezeption der europäischen Gelehrsamkeit in den *Göttingischen gelehrten Anzeigen* vgl. Peter-Eckhard Knabe: Die Rezeption der französischen Aufklärung in den „Göttingischen Gelehrten Anzei-

rühmte Anatom, Physiologe, Botaniker und spätere Präsident der Göttinger Akademie der Wissenschaften die Direktion des Blattes. 1753 gingen die *Göttingischen Anzeigen* in die Obhut der Akademie über. Das Blatt sollte zum führenden Anzeige- und Rezensionsblatt der deutschen Aufklärung als quasi offizielle Stimme Göttingens werden.

Noch 1800 urteilte der Universitätsadministrator Ernst Brandes: „Die Anzeigen sind eines der wichtigsten Hülfsmittel für den Ruhm der Universität, das einzige Mittel, wodurch die Universität gewissermaßen als Corpus [...] wöchentlich auftreten, sich in Erinnerung bringen kann".[9] Christian Gottlob Heyne, seit 1770 Sekretär der Göttinger Akademie, Leiter der Bibliothek und auch der *Göttingischen Anzeigen,* explizierte dies. Die Zeitschrift habe das ihrige geleistet, „die Studien mehr auf das Nützliche und Brauchbare in allen Wissenschaften zu richten und die Erfahrungen, Entdeckungen und Bemerkungen der Ausländer zu nutzen".[10] Die *Göttingischen Anzeigen* und dann auch die Fachjournale waren ein Protokoll dessen, was in Göttingen von der Universitätslehrerschaft gelesen wurde, was sie für wichtig hielten und wie sie es bewerteten.

Man wird den Anspruch der Universität, Wissenschaft als Ganzes zu repräsentieren und den Zusammenhang zwischen diesem Anspruch und der Entwicklung der Göttinger Journalproduktion kaum besser dokumentiert finden als in Pütters Referenzbänden zur Göttinger Universität, mit seinen Listen der Göttinger Dozenten, deren Lehre und Publikationen und der Beschreibung der Universitätsinstitutionen.[11] Im ersten Teil von 1765 heißt es zur Verbindung der Universität mit Journalen: „Seit dem Anfange der Universität" seien „willkührlich vereinigte Gesellschaften zusammengetreten"

---

gen" (1739–1779), Frankfurt a. M.1978; Anne Saada: Les relations entre Albrecht von Haller et la France observées à travers le journal savant de Göttingen. In: M. Crogiez (Hrsg.): Les intellectuels de Suisse alémanique et la culture francophone du XVIIIe siècle: tropismes et identité, Genève 2008, S. 175–191 sowie mit weiteren Literaturverweisen Wilfried Enderle: Britische und europäische Wissenschaft in Göttingen. Die Göttingischen gelehrten Anzeigen als Wissensportal im 18. Jahrhundert. In: E. Mittler (Hrsg.), „Eine Welt ist nicht genug". Großbritannien, Hannover und Göttingen 1714–1837, Göttingen 2005, S. 161–178.

9 Ernst Brandes: Über den gegenwärtigen Zustand der Universität Göttingen, Göttingen 1802, S. 340.

10 Heyne zitiert nach Knabe (wie Anm. 7), S. 11 f.

11 Johann Stephan Pütter: Versuch einer academischen Gelehrten-Geschichte von der Georg-Augusts-Universität zu Göttingen, Bd. 1, Göttingen 1765.

um Zeitschriften zu publizieren.[12] Neben zwei kleineren Rezensionszeitschriften sind es vor allem die *Göttingischen gelehrten Anzeigen,* die Pütter anführen konnte. Er listet deren Mitarbeiter auf.[13] Die Fächer werden innerhalb der einen allgemeinen Gelehrten Zeitung von den Professoren repräsentiert. Deutlich ist das Bemühen, den gesamten Wissenskörper von den lokalen Fachgrößen wie Gesner, Michaelis und Kästner repräsentiert zu zeigen. Im zweiten Teil von Pütters Universitätsbeschreibung, der 1788 erschien, hat die Rubrik „periodische Schriften" in mehrfacher Hinsicht Zuwachs erfahren: Göttinger Intelligenzblätter, Moralische Wochenschriften, Almanache, schließlich werden „nur gewissen Fächern gewidmete periodische Schriften" aufgeführt. Die Liste der Fachzeitschriften, mit der die Universität nun ihre Wissenschaftskompetenz dokumentiert, ist vier Seiten lang.[14]

Die traditionelle Universitätsarchitektur gibt dieser Aufzählung Struktur. Die drei oberen Fakultäten eröffnen in der klassischen Folge von Theologie, Jurisprudenz und Medizin die Liste. Dann jedoch folgen sieben weitere Kategorien, die das umfassen, was einmal die Philosophie gewesen ist, die als solche an Position vier erscheint, gefolgt von „Physik, Naturgeschichte, Oeconomie", „Geschichte, Statistik" an Position sechs, „Philologie, Critik und alte Litteratur" an Position sieben sowie der neueren Literatur, Pädagogik und Tonkunst an Position acht bis zehn. Die Philosophie ist quasi explodiert. Sie umfasst nun mit dem praktischen und theoretischen Interesse an der Natur, mit dem geschichtlichen und staatswissenschaftlichen Interesse an der Kultur und dem Interesse an der Kunst von der Antike über die Literatur bis hin zum neuen Fachgebiet der Tonkunst das Zivilisationsinteresse der Aufklärung in seiner ganzen Breite. Die Universität behält mit den Fachjournalen ihrer Professoren die Oberhand über die Lehre und über die Fachentwicklung selbst. Seit Beginn der 1770er Jahre hatten sich die Fachzeitschriften derart vermehrt. Deutlich ist das Bemühen der Göttinger Universität, gerade auch mit ihnen, wie ansonsten in der Wissensvermittlung, den Gesamtbereich des Wissens in seiner Systematik abzudecken. Die Naturgeschichte ist ein integraler Teil davon.

Naturgeschichte taucht nun zusammen mit der Physik und Ökonomie – quasi zwischen der Physik und Ökonomie – als fünfte Kategorie auf. Beckmanns Journal deckt den praktischen, Erxlebens den theoretischen Teil ab. Blumenbachs *Medicinische Bibliothek,* die am Rande Naturkunde diskutiert,

---

12 Ebenda, S. 265.
13 Ebenda, S. 266.
14 Vgl. dasselbe, Zweyter Theil von 1765 bis 1788, S. 304–330.

ist bei der Medizin angesiedelt. Auch die Verbindung respektive Abgrenzung von Medizin und Naturkunde ist also gegeben. Offenkundig reicht es nicht mehr aus, Naturkunde im Pflanzgarten populärer Journale zu kultivieren. Sie findet sich im Lehraufkommen an ihrem Ort als integraler Bestandteil der Universität und somit Bestandteil des Bildungskatalogs der jungen nachkommenden Eliten. So ist sie sozial und in der Lehre hartes, weiter zu institutionalisierendes und zu optimierendes Wissen geworden.

Offenkundig hat sich nun auch, was ein Göttinger Professor ist ein stückweit geändert. Professoren vertraten ihr Fach nicht mehr nur als Fachrezensenten in den *Göttingischen gelehrten Anzeigen* – deren Rezensentenschar in dieser Zeit wuchs und nicht mehr nur auf Akademiemitglieder und Göttinger Professoren begrenzt geblieben ist –, sondern als Herausgeber von Fachjournalen und Schirmherren und damit ihres eigenen kleinen Reichs.[15] Ja, man kann sagen: Ein Göttinger Professor, der auf der obersten Stufe seiner Fachvertretung stand, betreute nun sein eigenes Fachjournal. Am Horizont steht das Ideal der Lehre und Forschung des Fachordinarius. Der Blick hin zu diesem Entwicklungshorizont ist bereits offen.

II. Die Naturkunde in den „Göttingischen gelehrten Anzeigen" 1760 und 1780

Ich habe die Jahrgänge 1760 und 1780 analysiert, um diesen Befund zu detaillieren und zu bebildern: Welchen Stellenwert hatte die Naturkunde im Gesamtensemble der *Göttingischen gelehrten Anzeigen* 1760, welchen 1780? Wie wurde sie hier, wie wurde sie in den Fachzeitschriften erfasst und dargestellt? Macht sich die Existenz bzw. Nichtexistenz von Fachjournalen bemerkbar?[16]

Einiges Allgemeines vorweg: Die *Göttingischen Anzeigen* veröffentlichten 31.000 Rezensionen zwischen 1739 und 1784, 14.000 in den ersten 20 Jahren, 17.000 in den 25 Jahren danach. Die Zahl der jährlich veröffentlichten Artikel blieb relativ stabil. Aber der Umfang wuchs. Er verdreifachte sich von 600 auf über 2000 Seiten für den Jahresband. Der 1760er Band weist

---

15 Vgl. Anne Saada: Albrecht von Haller's Contribution to the Göttingische gelehrten Anzeigen: The Accounting Records. In: A. Holenstein, H. Steinke, M. Stuber (Hrsg.): Scholars in Action. The Practice of Knowledge and the Figure of the Savant in the 18th Century, Bd. 1, Leiden 2013, S. 319–338.

16 Die im Text angegebenen Zahlen beruhen auf den Daten des Göttinger Akademieprojekts *Gelehrte Journale und Zeitungen der Aufklärung.* Die Projektdatenbank befindet sich im Aufbau.

585 Artikel im Gesamtumfang von 1360 Seiten auf, der 1780er Band 743 Artikel im Gesamtumfang von 2150 Seiten. Die ursprüngliche Praxis, mehrere Bücher in einem Städteartikel zu besprechen, nahm ab. Längere Artikel zu einem Buch wurden die Norm. War es anfänglich halbwegs befriedigend, überhaupt Kenntnis von Neuveröffentlichungen, ihrem Aufbau und ihren Themen zu erhalten, wollte man ziemlich bald wissen, was eigentlich Neues in den Neuveröffentlichungen stand. Der Detailanspruch hat das Entstehen von Fachjournalen befördert.

Vergleicht man zunächst die Artikel in den *Göttingischen gelehrten Anzeigen* 1760 und 1780 nach Fakultäts- und Fachzuordnung für die Fächer der Philosophischen Fakultät, ergibt sich folgendes Bild:

Rezensionen in den *GGA* nach Fakultäts- resp. Fachzuordnung			
		1760	1780
Theologie		86	100
Jurisprudenz		73	32
Medizin		153	97
Philosophie		330	592
	Philosophie	12	23
	Geschichte	69	122
	Politik	13	18
	Philologie	17	65
	Geographie	33	44
	Technik	39	51
	Naturkunde	50	87
	Mathematik	9	38
	Pädagogik	8	24
	Literärgeschichte	65	70
	Kunst, Literatur	28	50

Auffällig ist der starke Rückgang juristischer und medizinischer Artikel. Dies hat mit personellen Entwicklungen in der Mitarbeiterschaft zu tun, insbesondere mit dem Tod Hallers 1777, aber nicht nur. Es deutet sich ein Autonom-Werden der beiden alten weltlich sachlichen Fakultäten an, wie er sich oben in der für sie reichlich bestückten Fachzeitschriftenliste ablesen lässt. Der Rückgang an medizinischen und juristischen Artikeln wird durch einen starken Zuwachs im Bereich der Philosophie ersetzt. Besonders ins Auge fallen die Verdopplung der Geschichtsrezensionen, die Verdreifachung der Philologie sowie der starke Zuwachs bei der Beschäftigung mit Kunst und Literatur, auch mit Mathematik und der Philosophie im engeren Sinn. Der Aufklärungsdiskurs wendet sich mit Geographie und Geschichte der historischen Anthropologie wie der nationalen Selbstverständigung zu. Der Stellenwert der Altertumskunde, Literatur und Kunst spiegelt die Ästhetisierung der Aufklärung seit der Jahrhundertmitte. In der Vervierfachung mathematischer Rezensionen, ausgehend von quantitativ niedrigem Niveau, mag sich ein Verwissenschaftlichungstrend zeigen. Die Veröffentlichungen zur Naturkunde hingegen bleiben relativ zu ihrem prozentualen Jahresanteil quantitativ recht konstant.

Die naturkundlichen Rezensionen 1760 wurden von Albrecht von Haller beherrscht. 39 der 50 Artikel des Themenfeldes stammen in diesem Jahr von ihm, der insgesamt um die 9000 Rezensionen in den *Göttingischen gelehrten Anzeigen* veröffentlichte und dabei nicht nur die Naturgeschichte und Medizin, sondern auch die Rezensionen französischer und englischer Literatur insgesamt dominierte.[17] 248 Rezensionen waren es 1760. Insbesondere auf Uppsala und Schweden und hier auf Linné und Johann Gottschalk Wallerius, der Mitglied der schwedischen Akademie der Wissenschaften war und 1750 den in Uppsala neu eingerichteten Lehrstuhl für Chemie und Pharmazie erhalten hatte, wandte Haller 1760 seinen naturkundlichen Blick. Er besprach eine Ausgabe von Linnés *Systema naturae* und vier von Linné geleitete botanische Dissertationen, darüber hinaus Wallerius *Chemia physica* und Dissertationen zur Gebirgsentstehung und über den Zusammenhang von Wärme und Sonne.[18] Aus London informierte Haller über Arbeiten des zeitge-

---

17 Vgl. Saada (wie Anm. 17) sowie im Detail Claudia Profos Frick: Gelehrte Kritik. Albrecht von Hallers literarisch-wissenschaftliche Rezensionen in den „Göttingischen Gelehrten Anzeigen", Basel 2009.

18 Hallers Linné-Rezensionen: Göttingische Anzeigen von gelehrten Sachen (1760), 2. Bd., S. 898 f., 899, 900, 900 f., 1326 f.; Hallers Wallerius Rezensionen: Göttingische Anzeigen von gelehrten Sachen (1760), Bd. 1, S. 391 f., 479 f., Bd. 2, S. 839 f., 1181 f. Die Zuwei-

nössisch bedeutenden Botanikers, Journalisten – und seinem heutigen Biographen zufolge als ehrgeiziger „Schreiberling" notorischen – John Hill.[19] Aus Paris kamen Hallers Lektüren der *Observations périodiques sur la physique, l'histoire naturelle et les arts* sowie einer Naturgeschichte der Konchylien Dézallier d'Argenvilles hinzu, der eine Vielzahl naturhistorischer Artikel zur *Encyclopédie* beigetragen hat und eine umfangreiche Muschelsammlung besaß.[20] Darüber hinaus besprach Haller das *Dictionnaire raisonné universel des animaux* François-Alexandre de La Chenaye-Auberts.[21] Lexika und Handbücher, Linné, Wallerius, Uppsala, London, Paris: Haller besprach medial, lokal und personell Autoritäten, aber dann doch auch Naturkunde systematisch im eigenen botanischen Feld. Arbeiten zur spanischen, schwedischen und finnischen Botanik wurden angezeigt.[22] Mineralogie und Physik rezensierte Haller eher nebenher – eine Arbeit über Salze, eine über Torf, eine Abhandlung zur Mineralogie von Axel Frederic Cronstedt, dem führenden schwedischen Mineralogen, sowie eine Rezension über Wärmemessung schlagen 1760 zu Buche.[23] Rudolf Augustin Vogel, Professor für Chemie in Göttingen, beschäftigte sich mit einer Arbeit über Umwandlung von Essig in Äther und besprach die eigene Dissertation über Versuche mit Natriumnitrat.[24] Wie Haller beschäftigte sich Abraham Gotthelf Kästner, der Göttinger Mathematiker und Astronom, mit dem Diskurs über Konchylien, darüber hinaus mit Versteinerungen, und er besprach Wetterbeobachtungen des Göttinger

sung der Rezensionen zu ihren Autoren findet sich bei Wolfgang Schimpf: Die Rezensenten der Göttingischen Gelehrten Anzeigen 1760–1768, Göttingen 1982; Oscar Fambach: Die Mitarbeiter der Göttingischen Gelehrten Anzeigen 1769–1836, Tübingen 1976. Um den Fußnotenapparat nicht ausufern zu lassen, verzichte ich, soweit nicht aus den Rezensionen zitiert wird, auf die explizite Angabe der rezensierten Titel. Vgl. die *Göttingischen Anzeigen von gelehrten Sachen* unter <http://resolver.sub.uni-goettingen.de/purl?PPN 3197 3076X>, zuletzt: 20.5.2014.

19 Hallers naturkundliche Hill-Rezensionen: Göttingische Anzeigen von gelehrten Sachen (1760), Bd. 1, S. 524–526, 526 f., 569 f.; Bd. 2, S. 1133 f., 1161–1168, 1335 f. Neben den naturkundlichen Arbeiten Hills beschäftigte sich Haller auch mit denen zur Pflanzenzucht und Pharmazie: Göttingische Anzeigen von gelehrten Sachen (1760), Bd. 1, 527 f., 570 f., Bd. 2, 1184, 1350. Vgl. zu Hill George Rousseau: The Notorious Sir John Hill. The Man Destroyed by Ambition in the Era of Celebrity, Pennsylvania 2012.

20 Göttingische Anzeigen von gelehrten Sachen (1760), Bd. 1, S. 374–376, 583 f.

21 Ebenda, S. 962–964.

22 Ebenda, S. 237–239, Bd. 2, S. 840, 900 f.

23 Ebenda, Bd. 1, S. 47 f., Bd. 2, S. 891 f., 1150 f., 1171–1174.

24 Ebenda, Bd. 1, S. 1, S. 96, Bd. 2, S. 985–987.

Philosophieprofessors Samuel Hollmann.[25] Kästner und der Orientalist Johann David Michaelis, der Niebuhrs Orientexpedition organisiert hatte und sich für die Sach-, d. h. auch Naturgeschichte der Bibel interessierte, beschrieb die Tafeln der Mikroskopiebücher Johann Forbenius Ledermüllers.[26] Des Weiteren referierte Michaelis, was er in der Augustsitzung der Akademie der Wissenschaften über die Beschaffenheit des Schwarzen Meeres vorgetragen hatte, und er rezensierte Hermann Samuel Reimarus' Überlegungen zur Intelligenz von Tieren.[27] Tobias Mayer stellte seine *Theoria magnetica* und darüber hinaus seine Berechnungen der Fixsternbewegungen vor, über die er in der Januarsitzung der Akademie berichtet hatte. Er referierte damit wie Michaelis, Vogel und auch Haller eigene Arbeiten.[28] Dies war eine gängige Praxis Göttinger Professoren, die selbstverständlich auch ihre Arbeiten zur Naturkunde betraf.[29]

1760 besprach Haller zunächst seine *Memoires sur les parties insenibles* (1759). Hallers Arbeiten über die Nerven sind berühmt; hier verteidigt er die Arbeit. Über 500 Versuche, nicht zuletzt an lebenden Tieren, bestätigten seine Position.[30] Als Nächstes rezensiert er den Band seiner Physiologie über das Blut. Ausgiebig legt er seine Meinung über Temperatur, Rote Blutkörperchen und Blutkreislauf dar. Wiederum erwähnt er seine Gegner und an welchen Stellen er sie widerlegt hat. In der Februarsitzung der Akademie der Wissenschaften las man einen Beitrag Hallers zur Orchideensystematik vor. Im Juni meldete Haller eine „aufs genauste der Urkunde nachgestrebt[e]" deutsche Übersetzung seiner Physiologie,[31] darüber hinaus eine von ihm herausgegebene Dissertationssammlung, im Juli eine französische Überset-

---

25 Ebenda, Bd. 1, S. 609–611, Bd. 2, S. 1043–1045, 1073–1077, 1245–1247.

26 Vgl. Kästners Ledermüller Rezension (Taf. 45–50) ebenda, Bd. 1, S. 183–184; Michaelis' Ledermüller Rezension (Taf. 51–59) ebenda, Bd. 2, S. 1091–93; vgl. zu Ledermüllers Werk Angela Fischel: Optik und Utopie: mikroskopische Bilder als Argument im 18. Jahrhundert. In: H. Bredekamp, P. Schneider (Hrsg.): Visuelle Argumentationen. Die Mysterien der Repräsentation und die Berechenbarkeit der Welt, München 2006, S. 253–266.

27 Vgl. Göttingische Anzeigen von gelehrten Sachen (1760), Bd. 1, S. 865–868; Michaelis Reimarus Rezension ebenda, S. 425–428.

28 Vgl. die Selbstrezensionen Michaelis' und Vogels ebenda, S. 633–636, 73–75.

29 Vgl. dazu Martin Gierl: The „Gelehrte Zeitung": the Presentation of Knowledge, the Representation of the Göttingen University, and the Praxis of Self-Reviews in the *Göttingische gelehrte Anzeigen*. In: J. Peiffer (Hrsg.): Les journaux savants dans l'Europe des XVII et XVIII siècles. Communication et construction des saviors (im Druck).

30 Göttingische Anzeigen von gelehrten Sachen (1760), Bd. 1, S. 34.

31 Ebenda, S. 664.

zung seiner Gedichte. Im August berichtet er von seinem Verzeichnis der schweizerischen Pflanzen und zählt Neufunde auf. Haller habe – die Autoren berichten über sich in der dritten Person – „alle Jahre [...] neue Reisen vorgenommen, und wenig durchsuchte Gegenden durchspürt. Hieraus ist eine beträchtliche Anzahl Vermehrungen und Verbesserungen entstanden".[32] Von der Druckausgabe seiner Orchideensystematik vermeldet Haller: „der Hr. Präs. hat alles gesucht ins kurze zu ziehen. Er zeigt im Anfange, warum er nicht bey Linnäi Geschlechtern habe bleiben können. Sie sind theils unrichtig bestimmt". Im November bespricht er einen weiteren Teil seines Schweizer Pflanzenverzeichnisses, die Alpenpflanzen: „Davon einige blos richtiger beschrieben, andere als neue Bürgerinnen von Helvetien bestimmt, noch andre fast neu oder wenig bekannt sind. Insbesondere [...]".[33] Er zählt sie auf.[34]

Man zeigte an, was es Neues in der Wissenschaft von Göttinger Seite gab: die Fortschrittlichkeit, Adäquatheit, Exzellenz der Lehre, aber auch die neuen Versuche, Theorien, Lehrmeinungen und Erkenntnisse, die gewonnen worden waren. Nervenreize, Botanik, Astronomie: Man demonstrierte, wie up-to-date man war. Und man zeigte, so Haller, der sich in seinen Besprechungen immer wieder von seinen Gegnern abgrenzte, dass es die Göttinger besser machten als andere. So nutzte Haller auch 1761 das Medium, um gegen seine Gegner, wie den Wiener Mediziner de Haen im Streit um die Sensibilität der Muskeln, vorzugehen: Haller „zeigt ferner", schrieb Haller, „daß Hr. de Haen eigentlich [...] nur [...] durch anderer Erzählungen dasjenige verdächtig zu machen trachte, was der Herr v. Haller doch wirklich gesehen hat".[35] An anderer Stelle schreibt er, dass aufgrund der Starrköpfigkeit de Haens Menschen gestorben seien.[36] Gewiss keine freundlichen Vorwürfe, zu denen Haller, Präsident der Akademie, die *Göttingischen Anzeigen* zu gebrauchen konnte.

Schauen wir uns anhand zweier Textbeispiele Hallers die naturkundlichen Rezensionen von 1760 an. Die Benachrichtigung über die 10. Auflage von Linnés *Systema naturae* beginnt mit dem Grundelement der Besprechungen, wie sie Gelehrte Zeitungen bieten: dem Inhaltsgerüst. Haller leitet bereits hier zur Kritik über:

---

32 Ebenda, S. 825.
33 Ebenda, S. 827.
34 Hallers Selbstrezensionen finden sich ebenda, S. 33, 81, 664, 665, 677, 741, 825, 827, 1129.
35 Göttingische Anzeigen von gelehrten Sachen (1761/1762), S. 1019.
36 Ebenda, S. 792.

Erstlich kommen die blossen Geschlechter und Gattungen der Gewächse nach des Hrn. Verfassers einmal gemachter Einrichtung: nach welcher die Anzahl der Staubfäden, hernach ihre ungleiche Grösse: dann ihre verschiedene Art zusammen zu wachsen: ferner ihr Festsitzen am Staubwege, und endlich ihre Vertheilung in ungleiche Aeste, Blumen, oder Stämme, die Classen bestimmern. Nach den Schwämmen folgt die natürliche Classe der Palmen ganz ausser aller Ordnung.[37]

Haller informiert die Leser: 1103 Gattungen enthalte Linnés Buch; zahlreiche neue kämen von Brown. Die Kritik wird deutlich persönlich – aber auch im Rekurs auf den Fachwissensstand und, verbunden damit, die Fachterminologie wissenschaftlich. Die Rezension wechselt das Publikum. Sie geht vom allgemeinen Publikum der *Res publica litteraria* aus, das über die Vorgänge in der Gelehrtenrepublik informiert werden will, wendet sich aber dann den Sachverständigen – denen, die es eigentlich angeht – zu. Linné habe

Hallers Amethystina zur Amethystea, Brownes Windmannia zur Weinmannia gemacht. Wir wollen jetzt nicht genau untersuchen, ob es z.e. möglich sey die Cactos und Ficoides unter den Icosandriis zu suchen, die guten Theils Polyandriae und auch wohl Polyadelphiae sind, oder ob Hr. L. sogar allen andern Kräuterkennern, ausser ihm selber, allen Glauben habe versagen, und alle die Gattungen ausschliessen sollen, die ihm selbst nicht durch die Hände gegangen sind.[38]

Im zweiten Beispiel, Hallers Rezension von Jan Egelings Dissertation über die Elektrizität, ist die Ansprache eines allgemeinen Publikums direkt mit der des Fachpublikums verbunden: Die Dissertation sei so reichhaltig, er könne nicht alles referieren, leitete Haller sie ein, um dann direkt auf das loszugehen, was er für relevant und interessant hielt. Dies – den exakten Ablauf und Aufbau einiger Versuche – schildert er dann im Detail:

Hierauf betrachtet Hr. E. die Bewegung in einem Kreiß, die von der electrischen Materie herkömmt. Man füllt einen metallischen Ring mit der electrischen Materie stark an, und stellt ihn auf eine metallische Platte: stellt dann in den innern Raum dieses Ringes eine Glaskugel, die näher bey dem Ringe ist, als dieser und die unter demselben stehenden Bleche. Diese Kugel drehet sich, so lang die electrische Kraft in dem Ringe stark ist, nicht nur um den Ring herum, sondern welzt sich zugleich um ihre Achse. Hr. E. sucht diese ziem-

37 Albrecht von Haller, Rez. von Carl von Linné, Systema naturae, T. 2, Stockholm [10]1759. In: Göttingische Anzeigen von gelehrten Sachen (1760), Bd. 2, S. 1326–27, hier S. 1326.
38 Ebenda, S. 1327.

lich besondre Erscheinung aus den bekannten electrischen Gesetzen zu erklären. Er untersucht hiernächst, ob in der That zweyerley Electricitäten seyn [...].[39]

Hallers Rezensionen steuern auf eine Fachdebatte zu. Im 1780er Jahrgang der *Göttingischen gelehrten Anzeigen* zeigt sich die Naturkunde nicht revolutionär verändert. Mehrere Artikel zu Linné sowie einer zu Cronstedts Mineralogie finden sich in einer deutschen Übersetzung;[40] auch Arbeiten anderer Autoritäten, so Buffons und Delucs, werden besprochen[41] und Veröffentlichungen über Konchylien und die Fauna Grönlands thematisiert.[42] Dennoch hat sich das Gesicht der Berichterstattung merklich geändert, nicht nur was die Rezensentenschaft anbelangt, sondern auch hinsichtlich der Themen, der Medien und der Provenienz naturkundlicher Literatur, über die man berichtet. Statt Haller und mit Kästner und Michaelis die Führungsspitze der Akademie haben nun ein Expertenteam Göttinger Hochschullehrer, in deren Kompetenzbereich die Naturkunde fällt, dieses Wissensgebiet übernommen: der Botaniker und Mediziner Johann Andreas Murray, der Privatdozent und Mediziner Friedrich Wilhelm Weiß, die Anatomen, Anthropologen und Naturhistoriker Johann Friedrich Blumenbach und Samuel Thomas von Sömmerring, Georg Christoph Lichtenberg, der „Technologe" Johann Beckmann sowie Johann Friedrich Gmelin, der in Göttingen neben Botanik insbesondere die Mineralogie und Chemie vertrat.[43] Wenn die Theologen Christian Wilhelm Franz Walch und Gottfried Less Arbeiten über den Zusammenhang von Bibel und Natur rezensierten, ergänzt dies diesen Befund.[44]

Thematisch tritt 1780 im Vergleich zu 1760 die Botanik gegenüber der Zoologie und der Mineralogie zurück: Die Zoologie Dänemarks, zoologische Handbücher, Tafelwerke, Arbeiten zum Orang-Utan, über Insekten und immer wieder über Vögel wurden besprochen, in der Mineralogie die Mineralien in Siebenbürgen, wiederum einige Handbücher, Arbeiten über

---

39 Albrecht von Haller [Rez. zu]: Jan Egeling: Disquisitio physica de electricitate, Utrecht 1759. In: Ebenda, S. 1329–1331, hier S. 1329 f.

40 Göttingische Anzeigen von gelehrten Sachen (1780), Bd. 1, S. 428–431, Zug., S. 10 f., 753–756 sowie ebenda, Zug., S. 651–655.

41 Ebenda, Bd. 1, S. 538–542, Bd. 2, S. 1099–1102, Zug., S. 33–42 sowie ebenda, Bd. 2, S. 939–941, Zug. 769–776.

42 Ebenda, Bd. 1, S. 578–812, 1132–1136 sowie ebenda, Bd. 2, S. 1175–1178.

43 Vgl. zu Weiß Saada (wie Anm. 17) S. 332.

44 Göttingische Anzeigen von gelehrten Sachen (1780), Bd. 1, S. 631 f., Bd. 2, S. 1089 f.

Mineralwasser, Bergbau, Gneis, Opale.[45] Auch Chemie spielt eine größere Rolle. Man informierte über Journale und Handbücher.[46] Die Naturkunde beginnt sich verstärkt für das Lebendige im weiten Sinn des Prozesshaften in der Natur von der Chemie bis hin zu den Tieren zu interessieren. Bemerkenswert ist der mediale Wandel und derjenige in der Provenienz des Materials, das man 1780 rezensiert: 1760 waren 23 von 50 rezensierten naturkundlichen Texten lateinisch und nur zehn deutsch. Dissertationen zählten zum Kernmaterial. 1780 sind noch 16 von 87 rezensierten Texten auf Latein, 38 auf Deutsch. Ein Reihe von Übersetzungen ins Deutsche sind dabei: neben Cronstedts Mineralogie mehrere französische Handbücher sowie Fontenelles *Dialog über die Mehrheit der Welten.*[47] Die Herkunft der Werke wird nicht mehr von Paris, London und Uppsala dominiert. Die Liste der Publikationsorte ist auf 30 Städte von Amsterdam bis Zürich angewachsen. Berlin und Hamburg tauchen viermal, Leipzig taucht zehnmal auf. 1780 werden Inhaltsberichte von nicht weniger als sieben naturkundlichen, wesentlich deutschsprachigen Periodika geliefert: dem *Mineralogischen Briefwechsel,* dem *Chemischen Journal,* dem *Neuen Magazin für die Liebhaber der Entomologie,* den *Miscellanea Austriaca ad botanicam, chemiam et historiam naturalem spectantia,* den *Observationes botanicae,* den *Entomologischen Beyträgen* und dem *Almanach oder Taschenbuch für Scheidekünstler.*[48] Alles deutet auf die Entwicklung einer breiten, medial und lokal differenzierten nationalen „Scientific Community" hin, die aus sachlich Interessierten und fachlich Involvierten besteht. Nicht zuletzt zogen hier die Rezensionen Grenzen. Lichtenbergs Rezension der *Experiments and Observations made with a view to point out the errors of the present received theory of Electricity* des anglikanischen Geistlichen, Reverend John Lyon ist ein gutes Beispiel.[49] Lichtenberg setzt den Leser von Anfang an ins Vernehmen über den folgenden Verriss:

---

45 Zur Zoologie ebenda, Bd. 1, S. 56, 361–364, 391 f., 484–487, 538–542, 622–624, Bd. 2, S. 979–981, 1099–1102, Zug. 449–455, 543, 813 f.; zur Mineralogie ebenda, Bd. 1, S. 77 f., 139–142. 231 f., 402–406, Bd. 2, S. 743 f., 939–941, 955–962, 1011–1018, 1162, 1282, Zug., S. 190–200, 476 f., 497–506, 651–655.

46 Zur Chemie ebenda, Bd. 1, S. 250–255, 420–423, Bd. 2, S. 890–894, 954, 1042, 1075–1078, 1281 f.

47 Ebenda, Bd. 2, S. 846 f., 1281 f., Zug., S. 477 f., 651–655 (Cronstedt), 823 f. (Fontenelle).

48 Ebenda, Bd. 1, S. 250–255, 402–406, 622–624, Bd. 2, S. 890–894, 1233 f., Zug., S. 232–237, 622.

49 Georg Christoph Lichtenberg, Rez. von John Lyon: Experiments and Observations made with a view to point out the errors of the present received theory of Electricity, London 1780. In: Ebenda, Zug. S. 705–714.

Der Verf. scheint ein Mann zu seyn, der Naturlehre liebt, keine Kosten scheut, selbst zu untersuchen, der auch sinnreich genug ist, Instrumente anzugeben, seine Sätze scheinbar zu beweisen, allein an Gabe sich deutlich auszudrücken, und an Scharfsinn alle Umstände bey einem Versuch zweckmässig zu unterscheiden, fehlt es ihm völlig. Er beschreibt seine Versuche weitläufig, aber meistens ohne Deutlichkeit, und wenn man sich durch seine Erzählung, und die damit verbundenen Zeichnungen, die reichlich mit grossen und kleinen Buchstaben besezt sind, mühsam durchgearbeitet hat, so findet man mit Verdruß am Ende oft das Ganze entweder längst bekannt, oder falsch.[50]

Interesse und Engagement oder Liebhaberei reichen nicht mehr aus, um am Forschungsdiskurs zu partizipieren. Kenntnis des Sachstands, wissenschaftliche Sprach- und Urteilsfähigkeit werden zur Bedingung gemacht. Das Bild lässt sich mit einem Blick in die Rezensionen Gmelins abrunden, von dem, seiner Lehrvertretung entsprechend, 1780 50 Artikel zur Naturkunde stammen. Die Selbstvorstellung eigener Werke ist weiterhin gängig. Auch Gmelin berichtet noch über Gmelin: über seine Einleitung in die Mineralogie und seine Einleitung in die Chemie – beides eher dezente, klappendeckelartige Inhaltsangaben – sowie über seine Analysen der Tonerden, die er in den Akademieschriften veröffentlicht hatte.[51] Hier wechselt der Stil von der Buchankündigung in die Wissenschaftspräsentation. Er stellt seine Experimente und ihre Ergebnisse vor, wie das auch Haller betrieben hatte. Gmelin ist nicht mehr bissig dabei. Er bietet Wissenschaftsberichte, nicht wie Haller einen die Kollegenleistungen und -fehler einbeziehenden Wissenschaftsdisput. Die naturkundliche Berichterstattung der *Göttingischen gelehrten Anzeigen* wirkt 1780 abgeklärter, arrivierter, professioneller, dadurch aber auch einen Schritt näher beim bloßen Bericht und etwas weiter von der eigentlichen Fachdebatte entfernt. Kritisch, d. h. negativ wertend, ist Gmelin nur in zwei Fällen: in der Besprechung eines Index österreichischer Bäder und in der Besprechung einer Abhandlung über Versteinerungen.[52] Der Vorwurf in beiden Fällen ist Unvollständigkeit, mangelnde Kenntnis, vorschnelles Schließen – wie Lichtenberg Lyons Elektrizitätslehre kritisierte. In der Zeit aufblühender Fachjournale scheint es in den *Göttingischen gelehrten Anzeigen* nicht mehr darum zu gehen, was die Kollegen anders und falsch machten, sondern darum, als eigentliche Wissenschaftler Wissenschaft vor Dilettanten

---

50 Ebenda, S. 705 f.; zur Elektrizitätsdiskussion vgl. Oliver Hochadel: Öffentliche Wissenschaft. Elektrizität in der deutschen Aufklärung, Wallstein 2003.

51 Göttingische Anzeigen von gelehrten Sachen, Bd. 1, S. 231 f., Bd. 2, S. 761–763, 1075–1078.

52 Ebenda, Bd. 1, S. 294–296, Zug., S. 199 f.

und Dilettantismus zu schützen. Der Kampf gegen Unvollständigkeit, mangelnde Kenntnis und vorschnelles Schließen ist eine wichtige Maxime geworden. Sowohl formal in der Abgrenzung von Liebhabern und Sachverständigen, wie inhaltlich mit den Prämissen sachkundiger Naturbeschreibung forderten und förderten die *Göttingischen gelehrten Anzeigen* das Aufkommen von Fachdisziplinen.

III. Fachjournale zum Schluss

Johann Beckmanns *Physikalisch-ökonomische Bibliothek, worinn von den neuesten Büchern, welche die Naturgeschichte, Naturlehre und die Land- und Stadtwirthschaft betreffen, zuverlässig vollständige Nachricht ertheilet werden* (1770–1806), Johann Christian Polykarp Erxlebens *Physikalische Bibliothek oder Nachricht von den neuesten Büchern, die in die Naturkunde einschlagen* (1775–1779) und Johann Friedrich Blumenbachs *Medicinische Bibliothek* (1783–1795) waren nicht die einzigen Göttinger Periodika, die sich um diese Zeit um Naturkunde kümmerten. Man umgrenzte, beackerte, strukturierte Naturkunde, sei es direkt wie Erxleben, sei es sie instrumentalisierend wie Beckmann, sei es sich von ihr abgrenzend wie Blumenbach. Man popularisierte sie auch: Von 1780–1785 veröffentlichten Georg Christoph Lichtenberg und der Weltreisende Georg Forster das *Göttingische Magazin der Wissenschaften und Litteratur,* zu dem auch Erxleben und Blumenbach beitrugen.[53] Von 1776–1800 ist der *Göttinger Taschen Calender* mit einer Fülle naturkundlicher Erörterungen erschienen, zunächst von Erxleben, dann von Lichtenberg, schließlich von Christoph Girtanner herausgegeben.[54] Anders als das *Göttingische Magazin,* das eigenständige Aufsätze nicht nur, aber insbesondere zu naturkundlichen Themen publizierte, traten die drei Bibliotheken als Fachrezensionsjournale auf, und setzten so die Tradition der Gelehrten Anzeigen fachbezogen fort.

---

53 Schon im ersten Heft: Johann Christian Polykarp Erxleben: Dr. Erxleben an Prof. Lichtenberg. Die seltsame Würkung eines Wetterstrahls auf ihn betreffend. In: Göttingisches Magazin der Wissenschaften und Litteratur 1,1 (1780), S. 105–108, Johann Friedrich Blumenbach: Von den Zähnen der alten Aegyptier und von den Mumien. In: Ebenda, S. 109–139.

54 Göttinger Taschen Calender, Göttingen 1776–1800. Er wurde im *Göttinger Taschen-Kalender* bis 1810 fortgesetzt; vgl. Günter Peperkorn: Dieses ephemerische Werckchen. Georg Christoph Lichtenberg und der Göttinger Taschen Calender, Göttingen 1992.

„Unsere vornehmste Bemühung dabey wird seyn", schrieb Beckmann im Vorbericht zur *Physikalisch-ökonomischen Bibliothek,* „so aufrichtige und vollständige Nachrichten und Auszüge zu liefern, daß unsere Leser daraus selbst von dem Inhalte, der Ordnung und Güthe, jedes Buches urtheilen" könnten.[55] Das war auch das Ideal der Gelehrten Zeitungen. Von diesen setzte er sich ab. Um über die Literatur zu informieren, reichten die Gelehrten Zeitungen nicht mehr aus: Die Naturkunde werde bei deren Anspruch, über alles zu berichten, nicht ausreichend berücksichtigt. Die Artikel seien zu kurz und könnten die Fachdebatte nicht mehr befriedigend wiedergeben. Hinzu komme, dass Fachrezensionszeitschriften für die Theologie, Medizin, Jurisprudenz und Philosophie schon erfolgreich auf dem Markt seien.[56] Tatsächlich waren auch in den „Zugaben" der *Göttingischen gelehrten Anzeigen* des Öfteren nicht mehr nur zwei- bis vierseitige, sondern ausgiebigere Besprechungen enthalten, wie diejenige Lichtenbergs über Lyon. In der *Physikalisch-ökonomischen Bibliothek* sind nun längere Artikel, die 10, 20, 30 Seiten Umfang erreichen können, die Norm. Es gehe ihm, schrieb Beckmann, um die Verknüpfung der Naturkunde mit der Ökonomie, unter der er sowohl Land- wie Stadtwirtschaft verstehe. Er habe damit, so wie es mit „Mechanik, Hydrostatik, Optik" „angewandte Mathematik" gebe, „angewandte Naturlehre" im Blick.[57] Das war von Beckmann, auf den der Begriff „Technologie" zurückgeht, tatsächlich wegweisend und bemerkenswert ist, dass er mit der „angewandten Naturlehre" von Anfang an weniger ein allgemeines Interessensgebiet, sondern Fachexpertise und Spezialisierung wie bei der angewandten Mathematik intendierte.[58] Medienentwicklung, Wissenschaftsentwicklung und Disziplinbildung gingen Hand in Hand.

Fünf Jahre nach Beckmanns praktisch und damit allgemein aufgestellter „angewandten Naturlehre" kam Erxleben mit seiner *Physikalischen Bibliothek* auf den Markt. Er beginnt wie Beckmann und leitet die Notwendigkeit seines Journals von den medialen Anforderungen der gewachsenen Naturkunde und ihrer Gemeinde ab.

55 Physikalisch-ökonomische Bibliothek, St. 1 (1700), Vorbericht [o. S.].
56 Ebenda.
57 Ebenda.
58 Zu Beckmann: Karl Heinrich Kaufhold: Johann Beckmann und Göttingen. In: Johann Beckmann Journal 3,2 (1989), S. 52–62; Günter Bayerl (Hrsg.): Johann Beckmann (1739–1811). Beiträge zu Leben, Werk und Wirkung des Begründers der allgemeinen Technologie, Münster 1999.

> Bey der großen Menge von gelehrten Anzeigen und Bibliotheken, welche gegenwärtig herauskommen, haben wir doch noch keine Schrift dieser Art, welche der Naturkunde eigentlich gewidmet wäre. Und dennoch ist die Anzahl derer, welche an den Merkwürdigkeiten der Natur und den neuen Entdeckungen darüber Vergnügen finden, in unsern Tagen so groß, [...] daß sich vermuthen läßt, ein der Naturkunde ganz allein gewidmetes Journal, werde eine hinlängliche Anzahl von Lesern finden.[59]

Das heiße nicht, fährt er fort, dass „ein Jeder, der nur will, etwas beytragen könnte", und ungebeten Rezensionen schicken könne.[60] Eine Fachgemeinde beginnt sich den Liebhabern gegenüber zu organisieren. Die Praxis der Göttinger Professoren, als Kommunikationsmaschinen zu agieren, die gezielt rezipieren, das Rezipierte sofort exzerpieren und auf Basis ihrer Expertise reorganisiert sofort wieder publizieren, spielt eine wichtige Rolle:

> Da ich es für eine meiner angenehmsten Pflichten halte, alle neue erhebliche Schriften in denen Wissenschaften, womit ich mich beschäftige, zu lesen; da ich weiter finde, daß man hierzu immer Zeit haben kann, wenn man sie nur haben will, und da ich endlich schon längst gewohnt bin, kein Buch zu lesen, ohne mir zugleich Auszüge zu meinem Gebrauche daraus zu machen, so denke ich gar wohl mein Vorhaben auch in der Folge ausführen zu können,

informierte er in der *Vorrede* zum ersten Jahresband.[61] Er will die „Hauptwerke" der Physik vorstellen.[62] Interessant ist, was er unter dem Einen und unter dem Anderen versteht. Die *Physikalische Bibliothek* soll sich „auf die allgemeine Naturlehre und auf das, was man dazu zu rechnen pflegt; wie auch auf die allgemeine und besondere Naturgeschichte, und auf die Chemie, insofern sie eine Theil der Naturlehre ist, erstrecken".[63] Im Entstehungsgang der Physik wird Naturkunde bei Erxleben zunächst zur Naturlehre gemacht.[64] Erxleben stützt sich wiederum medial, institutionell und personell, wie die *Gelehrten Anzeigen,* auf Autorität. Besprochen werden die Periodika der Royal Society, der Pariser und Berliner Akademie, Handbücher, Arbei-

---

59 Physikalische Bibliothek 1,1 (1774), S. 3 f. Zu Erxleben vgl. Gerta Beaucamp: Johann Christian Polycarp Erxleben. Versuch einer Biographie und Bibliographie, Göttingen 1994.

60 Ebenda, S. 4.

61 Ebenda 1 (1775), Vorrede [o. S.].

62 Ebenda.

63 Ebenda 1,1 (1774), S. 5.

64 Vgl. allgemein Lepenies (wie Anm. 3); Rudolf Stichweh: Zur Entstehung des modernen Systems wissenschaftlicher Disziplinen. Physik in Deutschland 1740–1890, Frankfurt a. M. 1984, S. 173–251.

ten Linnés, Buffons und Delucs, daneben aber auch Spezialuntersuchungen wie Sulzers *Versuch einer Naturgeschichte des Hamsters*.[65] Das Fachjournal verschafft Erxleben Spielraum. Einige Rezensionen sind knapp wie in den *Gelehrten Anzeigen*, einige umfassen aber auch 10–20 Seiten. Besonders erlaubt das Fachjournal Erxleben, Schwerpunkte auf aktuelle Debatten zu legen, die ihm bemerkenswert erschienen: z. B. die Erforschung der chemischen Beschaffenheit der Luft mit drei Berichten im zweiten Heft des ersten Jahrgangs, zwei davon zu Joseph Priestleys Versuchen mit Luft 1772, der auf dem Weg war, Oxygen zu entdecken.[66]

Luft spielte auch in Blumenbachs *Medicinischer Bibliothek* eine erhebliche Rolle, aber weniger im chemischen Sinn, sondern hinsichtlich ihres medizinischen Nutzens und der Erforschung des Atmungsvorgangs. Das Blumenbach'sche Magazin wendet sich der „theoretischen Medizin", d. h. der Anatomie und Physiologie zu, nicht ohne das „Göttingen-Argument" zur Rechtfertigung des Projekts zu nutzen, wie es schon bei Beckmann und Erxleben aufgetaucht war. In Göttingen gebe es die neueste Literatur und die Fachexpertise; Universitätskollegen und berühmte Ärzte arbeiteten am Rezensionsjournal mit. Auch bei Blumenbach gehen so Theoriebildung und Wissenschaftsinstitutionalisierung Hand in Hand:[67]

> Hingegen bleibt das unermeßliche und in unsern Tagen von so unzähligen rüstigen Händen bearbeitete Feld der Naturgeschichte, bis auf kleine Ausnahmen, von dem was z.B. von einem nähern Nutzen für die Medicin seyn möchte u.s.w. davon ausgeschlossen.[68]

Thematisiert werden eine Neuausgabe von Linnés Pflanzensystem, nicht zuletzt anatomische und physiologische Vergleiche zwischen Mensch und

---

65 Vgl. Physikalische Bibliothek 1,1 (1774), S. 127 f., 1,2 (1774), S. 255 f.
66 Johann Christian Polycarp Erxleben [Rez. von]: Joseph Priestley: Directions for impregnating water with fixed air, in order to communicate to it the peculiar spirit and virtues of Pyrmont water and other mineral waters of a similar nature, London 1772. In: Ebenda 1,2 (1774), S. 202–208; ders. [Rez. von]: Joseph Priestley: Observations on different Kinds of Air, London 1772. In: Ebenda, S. 209–214; ders. [Rez. von]: John Pringle: A Discourse on the different Kinds of Air delivered at the anniversary meeting oft the Royal Society, Nov. 30, 1773, London 1774. In: Ebenda, S. 215; zum Hintergrund vgl. Steven Johnson: The Invention of Air. A Story of Science, Faith, Revolution, and the Birth of America, New York 2008.
67 Medicinische Bibliothek 1 (1783), Vorrede [o. S.].
68 Ebenda.

Tier.[69] Natur, so lässt sich der Blick auf die Naturkunde in den Rezensions-journalen schließen, wird im Sieb der medialen Diversifizierung verteilt. Es gibt nun die Natur der Ökonomen, der Mediziner, der Physik.[70] Noch laufen die Linien von den Gegenständen her, wie den Autoren, die über sie schreiben, und den Präsentationsarten zwischen Fachdiskurs und populärer Erörterung quer durch das gesamte Feld.

Doch das Feld ist bereits klar strukturiert: Anwendungs- und Praxisfragen werden in der Übersetzung von Natur entweder auf die Ökonomie oder auf den Menschen bezogen in der Medizin präsentiert. Erklärungsfragen und Theorie finden in der Physik, Chemie und im Bezug auf den Menschen in der sich entwickelnden Biologie ihren Rahmen. Will man Mündigkeit in einem direkten Sinn auf die beziehen, die sprechen können, hat sich die universelle Naturmündigkeit der Aufklärung in die Sachmündigkeit der Fächer verzweigt.

69 Vgl. Johann Christian Polycarp Erxleben, Rez. von Carl von Linné: Systema vegetabilium secundum classes, ordines, genera, species cum characteribus et differentiis, Göttingen [14]1784. In: Ebenda, S. 637–638; ders., Rez. von Friedrich Lebegott Pitschel: Anatomische und chirurgische Anmerkungen, Dresden 1784. In: Ebenda, S. 645–647; ders., Rez. von Oplossing der vraage, door het Bataafsch Genvotschap te Rotterdam, tegens den 1. Maart 1783, vorgesteld, Amsterdam 1783. In: Ebenda, S. 647–660.

70 Zur Differenzierung der physikalischen resp. Naturwissenschaftlich technischen Fachzeit-schriften vgl. Stichweh (wie Anm. 66), S. 394–398; Ulrich Troitzsch: Naturwissenschaft und Technik in Journalen. In: E. Fischer, W. Haefs, Y. Mix (Hrsg.): Von Almanach bis Zeitung. Ein Handbuch der Medien in Deutschland 1700–1800, München 1999, S. 248–265.

SIMONA NOREIK

Naturwissen und Poesie in Christlob Mylius' physikalischer Wochenschrift „Der Naturforscher"

I.

Neben Abraham Gotthelf Kästner und Johann Christoph Gottsched zählt Christlob Mylius zu den bedeutendsten Wissenschaftsjournalisten der Aufklärung.[1] Nichtsdestotrotz ist er heute nahezu in Vergessenheit geraten. In der Regel wird man als Leser nur mit ihm konfrontiert, beschäftigt man sich mit Lessings Biographie[2] oder mit der Geschichte des aufklärerischen Zeitschriftenwesens: Mylius gehörte zum Kreis derjenigen Studenten in Leipzig, die sich um Gottsched versammelten und an dessen Journalen mitwirkten.[3] Infolgedessen sollte er auch für das eigene Schaffen die periodische Publikationsform bevorzugen. Sein Werk setzt sich mit den Hauptproblemen zeitgenössischer Naturwissenschaft wie der Kometentheorie, dem Raumbegriff, der Materialität der Seele oder der Bevölkerung fremder Planeten auseinander. Kennzeichnend für seine Beschäftigung mit naturwissenschaftlichen Thematiken ist die Ablehnung der auf reine Theorie bedachten Schulgelehrsamkeit sowie, damit einhergehend, sein Fokus auf leichte Verständlichkeit und Unterhaltung, welche zur Popularisierung und Verbreitung naturkundlicher Kenntnisse beitragen sollten. Mylius greift dabei in seinen Diskursen

---

1 Barbara Bauer: Art.: Mylius, Christlob. In: W. Killy (Hrsg.): Literaturlexikon. Autoren und Werke deutscher Sprache, Bd. 8, Gütersloh 1990, S. 320; Hans-Wolf Jäger: Art.: Mylius, Christlob. In: Neue Deutsche Biographie, Bd. 18: Moller – Nausea, Berlin 1997, S. 666–667, hier S. 667. Vgl. für eine biographische Darstellung jüngeren Datums noch immer Dieter Hildebrandt: Christlob Mylius. Ein Genie des Ärgernisses, Berlin 1981.

2 Vgl. z. B. bei Ursula Goldenbaum: Im Schatten der Tafelrunde. Die Beziehungen der jungen Berliner Zeitungsschreiber Mylius und Lessing zu französischen Aufklärern. In: Dies., A. Košenina (Hrsg.): Berliner Aufklärung 1 (1999), Hannover 1999, S. 69–100, hier S. 72.

3 Vgl. Gabriele Ball: Moralische Küsse. Johann Christoph Gottsched als Zeitschriftenherausgeber und literarischer Vermittler, Göttingen 2000, S. 112; Martin Mulsow: Freigeister im Gottsched-Kreis. Wolffianismus, studentische Aktivitäten und Religionskritik in Leipzig 1740–1745, Göttingen 2007, S. 15–19.

zurück auf populäre, physikotheologische Argumentationsmodelle, wie sie sich z. B. in der Lyrik Barthold Heinrich Brockes', aber auch in zeitgenössischen Periodika, vornehmlich den Moralischen Wochenschriften, fanden.

Bei den Moralischen Wochenschriften handelt es sich um eine spezifische Form periodischer Publikationen der ersten Hälfte des 18. Jahrhunderts, die grundlegend zur Entwicklung einer neuen, selbstbewussten bürgerlichen Öffentlichkeit beitrugen.[4] Bereits die Gattungsbezeichnung verdeutlicht, dass es vor allem die moralische Erziehung der Leser ist sowie die damit in direktem Zusammenhang stehende Vermittlung aufklärerischen Gedankenguts, die sich die Journale zum Ziel gesetzt haben. Auf den ersten Blick auch diesem Genre zuzuordnen ist die Wochenschrift *Der Naturforscher,* die Mylius von 1747–1748 herausgab.[5] Deren Konzeption und natürlich der Titelzusatz „physikalisch" scheinen jedoch dafür zu sprechen, dass hier vielmehr von einer Weiterentwicklung bzw. einem aus den bisherigen Konventionen der Gattung ausbrechenden Vertreter ausgegangen werden muss: Mit der Idee, seinem Publikum naturkundliches Wissen näherzubringen und es zugleich mit oftmals diese Themen aufgreifenden Gedichten zu unterhalten, wird Mylius zum Vorreiter eines neuen Zeitschriftentyps.

Dieser zeichnet sich vor allem aus durch seine fachlich belehrende, informative Ausrichtung und seine kritische Haltung gegenüber der bloßen Moralisierung der Leserschaft. Formal ist er allerdings noch der Gattung der Moralischen Wochenschriften verpflichtet.[6] Von besonderem Interesse ist die Verbindung von Naturwissen und Poesie, die er im Rahmen seiner Zeitschrift vornimmt: Die Funktion der Dichtung im Rahmen seiner Wochen-

---

4 Vgl. Wolfgang Martens: Die Botschaft der Tugend. Die Aufklärung im Spiegel der deutschen Moralischen Wochenschriften, Stuttgart 1971. Zuletzt zu der Thematik erschienen: Misia Sophia Doms, Bernhard Walcher (Hrsg.): Periodische Erziehung des Menschengeschlechts. Moralische Wochenschriften im deutschsprachigen Raum, Bern u. a. 2012.

5 Der Naturforscher. Eine physikalische Wochenschrift auf die Jahre 1747–1748, Leipzig: Crull 1748–1749 (fortan zitiert nach der Buchausgabe).

6 Bereits ab der Mitte des 18. Jahrhunderts beginnt sich die Gattung der Moralischen Wochenschriften langsam aufzulösen; um 1770 ist der Prozess nicht mehr aufzuhalten. Der etablierten und öffentlichkeitswirksamen äußeren Form bedienen sich in dieser Übergangszeit auch viele Periodika, die inhaltlich schon der unterhaltenden, populärwissenschaftlichen oder literarischen Presse zuzuordnen sind. Vgl. dazu Martens (wie Anm. 4), S. 86–87, 91–92. Der Verfasser des *Naturforschers* sieht sich selbst im 1. Stück explizit in der Nachfolge von Joseph Addison und Richard Steele, den „Stammvätern" der Gattung. Sämtliche Neuerungen, die er seiner Wochenschrift angedeihen lässt, erklärt und rechtfertigt er gegenüber dem Leser, um sein Unterfangen in dieses traditionsreiche und populäre Genre eingliedern zu können. Vgl. Der Naturforscher, 1. St., S. 3.

schrift charakterisiert Mylius als unterhaltendes, aber dennoch der Naturlehre dienendes Mittel zur gleichzeitigen Erheiterung wie Belehrung der Leserschaft:

> Zu dem Ende soll auch die Dichtkunst nicht dabey ausgeschlossen seyn; doch wird sie den Witz dem Gehorsame der Naturlehre unterwerfen müssen.[7]

Wird dem Publikum der Wochenschrift hier noch eine dem rationalen Bereich der Naturwissenschaften verpflichtete Lyrik angekündigt, ohne näher auf deren weitere Beschaffenheit einzugehen, so stellt sich doch bald heraus: Die Mehrzahl der im *Naturforscher* abgedruckten Gedichte zählt zu den anakreontischen Liedern[8] und ist daher eher dem „Scherz" als dem „Witz" verbunden[9] – ein Umstand, der auf die große Beliebtheit dieser Lyrikform unter den jungen Dichtern zurückzuführen ist. Die Popularität naturwissenschaftlicher Themen seit den Lehrgedichten der Frühaufklärung überträgt sich um die Jahrhundertmitte bald auch auf anakreontische Produktionen.[10] Im 8. Stück des *Naturforschers* meldet sich per Brief ein gewisser „L"[11] zu Wort,

---

7 Der Naturforscher, 1. St., S. 7. Im Vorbericht zur Buchausgabe resümiert Mylius dann allerdings, dass die Beiträge – lyrischer und diskursiver Art – diesem Anspruch nicht immer genügen konnten: „Ich habe nichts mehr zu erinnern, als dieses, daß man mir die zuweilen gebrauchte Freyheit, nicht physikalische Sachen einzurücken, verzeihe. Sie haben meines Erachtens zuweilen die Stelle eines Intermezzo vertreten: und wer ist denn so gar murrisch, daß er gar kein Liebhaber von Zwischenspielen seyn sollte?" (Vorbericht, S. 2)

8 *Der Naturforscher* beinhaltet 49 Gedichte, von denen mindestens 38 der anakreontischen Spielart zuzurechnen sind. Des Weiteren finden sich wenige Lehrgedichte und naturbeschreibende Lyrik. Im engeren Sinne ist die Bezeichnung der „Anakreontik" für Gedichte aus der deutschen Aufklärung nur dann passend, wenn diese die Strukturmerkmale der griechischen Vorbilder aufweisen, also z. B. die Reimlosigkeit. Das Adjektiv „anakreontisch" dagegen dient der allgemeinen Beschreibung der Stilrichtung, innerhalb derer auch Abweichungen vom antiken Grundmuster zulässig sind. Von essentieller Bedeutung und nicht ersetzbar sind dagegen die in der Anakreontik behandelten Themenkomplexe. Vgl. Monika Fick: Lessing Handbuch. Leben — Werk – Wirkung, 2., durchges. u. erg. Aufl., Stuttgart 2004, S. 76.

9 Vgl. Dorothee Kimmich: Epikureische Aufklärungen. Philosophische und poetische Konzepte der Selbstsorge, Darmstadt 1993, S. 165: Während der „Witz", so Kimmich, rationalen Ursprungs sei und von intellektueller Kombinationsgabe zeuge, folglich also eher dem lehrenden Anspruch der Dichtung genüge, so sei der „Scherz" von unterhaltender Natur, der neben Fröhlichkeit, Elan und Sinnengenuss auch den erotischen Reiz mit einfasst.

10 Vgl. Karl Richter: Literatur und Naturwissenschaft. Eine Studie zur Lyrik der Aufklärung, München 1972, S. 112–115.

11 Hier handelt es sich um den „anakreontischen Freund" des Verfassers, Gotthold Ephraim Lessing. Weitere Beiträger waren u. a. Abraham Gotthelf Kästner, Christian Nicolaus

um den Verfasser auf seine zu trockene Schreibart hinzuweisen und bietet an, Gedichte im Stile Anakreons beizusteuern: Auch wenn es sich bei diesem um keinen Naturforscher gehandelt habe, würde die Wochenschrift von der anakreontischen Auseinandersetzung mit Fragen der Naturlehre ausschließlich profitieren. Der Briefeschreiber „C." im 10. Stück greift diese Überlegungen auf und geht sogar so weit, Anakreon doch als Naturforscher zu schildern:

> Anakreon, der grundgelehrte Anakreon, den Fontenelle den größten Philosophen mit Recht an die Seite stellt, soll ein bloßer Witzling, und kein Naturforscher gewesen seyn? Um der Musen willen! Das ist zu viel. Das ist eine Lästerung wider das ganze Althertum, die nicht ungeahndet bleiben kann. Denn, nur eins zu gedenken: wer hat wohl jemals unter allen Menschen die Natur des Weines, und die geheimsten Wirkungen der Zärtlichkeit so genau erforscht, als dieser alte Jüngling?[12]

Der Eingang der anakreontischen ‚Mode' in den *Naturforscher* wird zudem vor dem Hintergrund der *Querelle des Anciens et des Modernes* legitimiert.[13] Aber nicht jedem Diskurs sind auf ihn rekurrierende Gedichte beigegeben: Es kommt vor, dass ein Stück komplett ohne lyrischen Beitrag auskommt, in anderen Fällen wird das entsprechende Gedicht in einem der folgenden Stücke nachgereicht. Im späteren Verlauf der Wochenschrift tauchen außerdem häufig Gedichte auf, die in keinem thematischen Zusammenhang mit vorangegangenen oder nachfolgenden Abhandlungen stehen.

Im Zentrum der folgenden das Zusammenspiel von Naturwissen und Poesie beleuchtenden Untersuchung sollen stellvertretend für die im *Naturforscher* anzutreffenden Lyrikformen eine anakreontische Ode sowie eine Hymne stehen.

Naumann und Heinrich August Ossenfelder. Vgl. Hugh Barr Nisbet: Lessing. Eine Biographie, München 2008, S. 213.

12 Der Naturforscher, 10. St., S. 79.

13 Vgl. hierzu Monika Fick: Rangstreit zwischen Naturwissenschaft und Dichtung? Lessings ‚Querelle'-Gedicht aus Mylius' physikalischer Wochenschrift „Der Naturforscher". In: ZfGerm NF XIX (2009), H. 1, S. 77–89.

II.

Die Erscheinungsdauer von Christlob Mylius' letztem Leipziger Zeitschriftenunterfangen, *Der Naturforscher,*[14] war, wie bei dieser Art Periodika üblich,[15] nicht von vornherein festgelegt. Vielmehr sollte die „Dauer dieser Schrift" von den „Umstände[n] des Verfassers und [dem] Beyfall der Leser"[16] bestimmt werden. Jene erwähnten „Umstände des Verfassers" sind es schließlich auch, die zur Einstellung der Wochenschrift führten:

> Die Veränderung meiner Umstände ist Ursache, daß ich meine wöchentlichen physikalischen Blätter schließe. Der Ort meines itzigen Aufenthalts ist von dem Orte des Druckes zu entlegen, als daß es sich wohl sollte thun zu lassen, wöchentlich mit meiner Arbeit fortzufahren.[17]

Wie genau begründet sich nun die Sonderstellung des *Naturforschers* in der aufklärerischen Zeitschriftenlandschaft? Mylius selbst nimmt im 1. Stück eine Abgrenzung vor, indem er – den Titelzusatz „physikalisch" und die Zielgruppe erläuternd – seine Zeitschrift aus der Reihe zeitgenössischer Moralischer Wochenschriften herausnimmt:

> Meine Leser sehen nunmehr, was sie auch schon aus dem Titel geschlossen haben, daß dieses Blatt der Anfang einer physikalischen Wochenschrift ist. Alle Wochenschriften sind bisher moralisch gewesen, ausgenommen eine, oder zwo. Doch auch diese sind von ganz anderer Beschaffenheit gewesen, als meine vorhabende seyn wird. Sie sind für Naturforscher geschrieben: diese aber ist physikalischen Layen gewidmet. [...] Nichts ist einem vernünftigen Wesen anständiger und nützlicher, als richtige Begriffe von denen Dingen, welche sie beständig umgeben.[18]

Es ist also die naturwissenschaftliche Thematik, die hauptsächlich zum innovativen Charakter von Mylius' Wochenschrift beiträgt: Bereits in älteren Moralischen Wochenschriften wird am Rande der Versuch einer naturwis-

---

14   Mylius unternahm in drei Zeitschriften den Versuch, die Ergebnisse der Naturforschung einem breiten Publikum zugänglich zu machen. Es handelt sich um die *Philosophischen Untersuchungen und Nachrichten von einigen Liebhabern der Weisheit* (1744–1746), den hier im Zentrum stehenden *Naturforscher* (1747–1748) sowie die *Physikalischen Belustigungen* (1751–1757).

15   Vgl. Martens (wie Anm. 4), S. 16.

16   Der Naturforscher, 1. St., S. 8.

17   Ebenda, Vorbericht, S. 2. Mit dem „Ort [seines] itzigen Aufenthalts" meint Mylius Berlin, wo er nach der Einladung Leonhard Eulers zur Besichtigung einer Sonnenfinsternis sehr schnell das Angebot erhielt, an dortigen Zeitungen mitzuwirken.

18   Ebenda, S. 6.

senschaftlichen Belehrung des Publikums unternommen, da diese vor allem im Rahmen der physikotheologischen Tendenzen der Zeit an besonderer Bedeutung hinsichtlich der Beförderung von Gottesverehrung und Tugendhaftigkeit gewinnt.[19] Doch erst nach der Jahrhundertmitte und somit auch nach dem Erscheinen des *Naturforschers* finden sich im Bereich der allgemein belehrenden Magazine, die allmählich die Moralischen Wochenschriften ablösen, Journale, deren Hauptgegenstand die Vermittlung sittlicher und vor allem naturkundlicher Inhalte ist.[20]

Die Zielgruppe der „physikalischen Layen", die Mylius erreichen will, zeugt von der in erster Linie belehrenden Intention, die er mit seinen Ausführungen verfolgt. Wie in den Moralischen Wochenschriften des 18. Jahrhunderts üblich, erfolgt im 1. Stück ein Aufruf an eben dieses Publikum, das Blatt mit „guten Nachrichten und Gedanken [zu] beehren"[21]. Da es sich bei der Naturlehre um die Wissenschaft handele, die „stets [sein] liebster Gegenstand gewesen" sei und deren zunehmende Popularität er bemerkt habe, setzt Mylius es sich zum Ziel, seine Leser zu Naturforschern zu erziehen, wie er bzw. der Verfasser seiner Wochenschrift selbst einer ist:

> Ich habe die Kühnheit, mich Naturforscher zu nennen, weil ich die Natur fleissig betrachte. In dieser Wochenschrift will ich diejenigen, welche sich auf diese Beschäftigung noch nicht besonnen haben, zu Naturforschern zu machen, mich bemühen; ich will sie daran erinnern, daß sie in der Welt sind. Wer dieses weis, wer auf das, was in der Natur ist, Acht hat, und die Wirkungen davon zu erkennen, sich bemühet, der ist ein Naturforscher.[22]

Bezeichnend ist, dass Mylius hier Abstand u. a. von akademischen Qualifikationen nimmt. Den Rang des Naturforschers könne quasi jeder bestreiten.

---

19 Ihre Ursprünge hat die Physikotheologie Ende des 17. Jahrhunderts in Großbritannien, von wo aus sie vor allem durch die Schriften William Derhams auch in Deutschland Verbreitung findet. Durch die physikotheologisch motivierte Popularisierung des zeitgenössischen Naturwissens wurde in der ersten Hälfte des 18. Jahrhunderts die vor religiösem Hintergrund durchgeführte Beschäftigung mit der Natur äußerst beliebt und zum Bestandteil bürgerlichen Zeitvertreibs. Vgl. Wolfgang Martens: Literatur und Frömmigkeit in der Zeit der frühen Aufklärung, Tübingen 1989, S. 262–263; ferner Matthias Wehry: Das Buch der Natur als Bibliothek der Naturwissenschaft. Methodik und Typologie der speziellen Physikotheologie des 18. Jahrhunderts. In: S. Förschler (Hrsg.): Methoden der Aufklärung. Ordnungen der Wissensvermittlung und Erkenntnisgenerierung im langen 18. Jahrhundert, München u. a. 2013, S. 179–192.
20 Vgl. Martens (wie Anm. 4), S. 92 f.; Richter (wie Anm. 10), S. 120.
21 Der Naturforscher, 1. St., S. 7 f.
22 Ebenda, S. 6 f.

Zu diesem Zweck hält er es auch für notwendig, seinen Stil den Gegebenheiten anzupassen: Da seine Wochenschrift die Laien für „seine" Wissenschaft interessieren und einem Fachpublikum als leichte Freizeitlektüre dienen
soll, dürfe „die Schreibart [...] nicht allzusehr in das dogmatische fallen"[23].
Dem Anspruch entsprechend breit ist das Spektrum an Inhalten, zu denen
meteorologische und seismische Phänomene, die Metamorphose von Insekten, Walfischfang, Astronomie, Mineralogie und Botanik sowie die menschliche Physiologie und Fossilienfunde zählen. Deren Abfolge „soll[e] nicht
systematisch seyn" und die dazugehörigen grundlegenden naturwissenschaftlichen Theorien möchte Mylius nicht vorab gesondert behandeln, sondern
im Laufe der Abhandlungen einfließen lassen.[24] Die Auseinandersetzung mit
der Natur biete, vermittelt er seiner Leserschaft, die effektivste Hinführung
des Verstandes zu einer vernünftigen Gottesverehrung und -erkenntnis:

> Können wir unsern und der ganzen Welt Schöpfer und Herrn verehren, wenn wir ihn
> nicht kennen? Können wir ihn aber, da er unsichtbar ist, wo anders kennen lernen, als in
> seinen Werken? Den größten und herrlichsten Theil dieser Werke aber zeigt uns die Na-
> tur. Diese müssen wir betrachten, diese müssen wir kennen, diese müssen wir bewundern,
> wenn wir Gott lieben und ehren wollen. Wir müssen verständig seyn, wenn wir tugendhaft
> seyn wollen.[25]

III.

Schaut man sich die Inhalte einmal genauer an, fällt auf, dass die Astronomie
den mit Abstand größten Komplex im *Naturforscher* ausmacht. Nach Ausführungen über die Bewegung der Gestirne z. B. im 14. Stück oder die Bewegung der Erde um die Sonne als auch deren Drehung um sich selbst im
31. Stück geht das 33. Stück, dessen Bestandteil das Gedicht *Der betrunkene
Sternseher*[26] ist, im Anschluss an die Erklärung der Bewegung der „Wandel-
sterne" in der vorigen Abhandlung auf die „Fixsterne" ein:

> Ich habe meine Leser in dem Weltgebäude, zu welchem unsre Erde gehöret, herumgefüh-
> ret. Wir haben die Sonne, und die sich um dieselbe schwingenden 6 Hauptplaneten, nebst
> ihrer 10 Nebenplaneten, oder Monden besucht und gemessen. [...] Wir wollen uns nun-

---

23 Ebenda, S. 7.
24 Ebenda.
25 Ebenda, S. 6.
26 Der Naturforscher, 33. St., S. 259.

mehr über dieses unser Weltgebäude hinaus erheben und den unermeßlichen Raum, in welchem sich die Fixsterne befinden, so weit wir können, durchreisen.[27]

Mylius nimmt seine Leser in den Abhandlungen zur Astronomie sprichwörtlich mit auf eine Reise: Der Besichtigung und Vermessung der Planeten unseres Sonnensystems sowie der zwischen ihnen liegenden Distanzen folgt der Aufstieg in den „unermeßlichen Raum" des Weltalls, hin zu fremden Sternsystemen, und das erste Ziel, das Mylius hierbei „ansteuert", ist der sog. Hundsstern, der Sirius, der ihm zufolge mit einer Entfernung von „523402 Millionen und 880000 deutsche[n] Meilen" der Erde am nächsten ist und deshalb den Menschen „am allerhellsten erscheinet". Doch Mylius geht noch weiter, wenn er von „Sterne[n] der ersten, zweyten, dritten, vierten, fünften und sechsten Größe" schreibt, die, verglichen mit dem Hundsstern, jeweils um ein Vielfaches mehr – daher die Bezeichnung ihrer Größe – von der Erde entfernt seien.[28] Die Milchstraße nimmt er zum Anlass, den Nutzen des Teleskops zu beschreiben sowie die Frage aufzuwerfen, inwiefern man überhaupt von einer genau bestimmbaren Anzahl an Sternen ausgehen könne:

> Die bekannte Milchstraße, welche ein breiter lichter Streif am Himmel ist, besteht aus einer unzählbaren Menge Sterne, welche man durch gute Ferngläser entdecket. Ja durch dieselben sieht man am Himmel an Orten viel Sterne, wo sich den bloßen Augen nicht die geringste Spur davon zeiget. [...] Wer giebt uns aber die Versicherung, daß nicht eine noch viel größere Menge Sterne, aller unsrer besten Ferngläser ungeachtet, vor unsern Augen gänzlich verborgen ist, als wir ihrer mit bloßen und bewaffneten Augen wahrnehmen?[29]

Himmelskörper, die mit dem bloßen Auge nicht auszumachen seien, habe man über gute Ferngläser entdecken können. Jedoch sei auch dem Fernglas in bestimmter Weise zu misstrauen, da man nicht sicher sein könne, ob nicht außerhalb dessen Reichweite noch sehr viel mehr Sterne in der Galaxie verborgen seien.[30] Die Entdeckung wenigstens eines Bruchteils dieser Sterne erhofft sich Mylius von den zukünftigen Astronomen.[31]

---

27 Ebenda, S. 255.
28 Ebenda, S. 255 f.
29 Ebenda, S. 256.
30 Mylius stellt sogar einen Rechenweg auf, über den er die Anzahl der sichtbaren Sterne bestimmt wissen will. Vgl. ebenda, S. 257.
31 Ebenda, S. 259. Anschließend geht Mylius auf Kometen ein, doch es ist nicht nur zur naturkundlichen Belehrung der Leser über physikalische Einzelheiten, weshalb er diese the-

Mylius' im ersten Stück formulierter Anspruch an sich selbst, einen „allzusehr in das dogmatische" fallenden Stil bei der Abfassung seiner Abhandlung zu vermeiden und sowohl Laien als auch Fachleute anzusprechen, erfüllt sich im 33. Stück zuallererst in der Schaffung eines Gemeinschaftsgefühls durch sprachliche Mittel: Der Verfasser etabliert sich durch die konsequente Verwendung des Personalpronomens „ich" der Leserschaft gegenüber als konkretes Individuum in der Sprechsituation. Diese Sprechsituation kennzeichnet kein hierarchisches Verhältnis, sondern ein den Laien und Fachmann gleichermaßen adressierender Blickwinkel. Der Verfasser steht zwar insofern etwas außerhalb dieser Gruppe, indem er die „Reise" durch das „Weltgebäude" anleiten muss, bewegt sich aber auf Augenhöhe, was durch die sprachliche Eingliederung seiner Person in den eben beschriebenen Kreis durch das Personalpronomen „wir" verdeutlicht wird.

Ausgehend von denjenigen Himmelserscheinungen, die der Laie kennt und auch ohne die Zuhilfenahme technischer Gerätschaften direkt nachvollziehen kann,[32] erweitert Mylius den Horizont seiner Darstellung (und Leserschaft) durch Überlegungen zu Größe, Zahl und Distanz der Sterne zueinander – hier gelingt es ihm, den wissenschaftlichen Charakter seiner Erläuterungen durch die Nennung konkreter Zahlen und Fakten zu wahren.[33] Zugleich verdeutlicht er aber auch, dass das von ihm präsentierte Wissen – also das Wissen der Naturforscher – trotz technischer Hilfsmittel kein endgültiges, statisches Wissen ist und hinterfragbar bleibt:

> Wer giebt uns aber die Versicherung, daß nicht eine viel größere Menge Sterne, aller unsrer besten Ferngläser ungeachtet, vor unsern Augen gänzlich verborgen ist, als wir ihrer mit bloßen und bewaffneten Augen wahrnehmen? Wo sollen wir also dem sämtlichen Weltbaue seine Grenzen setzen? Doch hat er auch Grenzen? [...] Wer weis, wieviel

matisiert: Wie auch die anderen Wochenschriften der Zeit, versucht Mylius Einfluss zu nehmen auf die Denk- und Vorstellungsweise der Leser. Hierbei ist für ihn die Abwehr des Aberglaubens, ohnehin ein von den Moralischen Wochenschriften verpönter Themenbereich, von besonderem Interesse: Es folgt der Versuch, den Blick des Lesers hinsichtlich vernünftiger Ursachen und logischer Zusammenhänge zu schulen, indem er z. B. Geschichten über Hexen, Poltergeister, Gespenster (11. St.) und Vampire (47. St.) wiedergibt, einen Befürworter der Chiromantie und Physiognomie (28. St.) zu Wort kommen lässt oder astrologische Wetterprophezeiungen (3. St.) und Horoskope (28. St.) des Betrugs am menschlichen Verstand überführt.

32 Ebenda, S. 257.
33 Ebenda, S. 256.

100000 Sterne binnen hier und tausend Jahren entdecket werden? Wer weis, wie viel Millionen derselben stets unentdecket bleiben werden? Ja wer weis, ob ihre Anzahl endlich ist?[34]

Das Moment des Staunens schließlich, welches Mylius durch die Schilderung eines des Alltags enthobenen Themenbereiches und die Nennung schier unvorstellbarer Zahlen evoziert wissen will,[35] führt ihn zur physikotheologischen Begründung seiner Ausführungen.[36] Die Struktur der Abhandlung erinnert somit an den Aufbau von Lehrgedichten, wie man sie, um nur ein Beispiel zu nennen, von Barthold Heinrich Brockes kennt. Der Darstellung astronomischer Beobachtungen folgt eine Charakterisierung der Inhalte hinsichtlich ihres tieferen Sinns und Nutzens: der Gottesverehrung und -erkenntnis in der Natur.[37]

Das sich an Mylius' Ermahnung anschließende Gedicht *Der betrunkene Sternseher* bricht wiederum mit dem belehrenden Ton des letzten Teils der Abhandlung und überführt die astronomische Thematik in den anakreontischen Themenkreis:

> Hevel, deine lange Röhre
> Macht dem Himmel; wenig Ehre.
> Du siehst schwache kleine Funken
> In der sternerfüllten Höh,
> Die ich, wenn ich mich betrunken,
> Schön und groß und doppelt seh.[38]

Wie bei anakreontischen Liedern üblich, handelt es sich hier um ein sehr kurzes Gedicht in Form einer einzelnen Strophe, bestehend aus sechs Versen. Verwendung fand das sog. anakreontische Metrum: der trochäische Dimeter.[39]

---

34 Ebenda, S. 256 f.

35 Vgl. ebenda, S. 257.

36 Ebenda, S. 258.

37 Ebenda: „Nur diese Betrachtungen bringen uns würdige Begriffe von der göttlichen Allmacht bey; und da ein jeder Mensch verbunden ist, sich von der Größe der göttlichen Vollkommenheiten möglichst zu überzeugen: so ist es auch eines jeden Pflicht, den deutlichsten Beweis derselben sich bekannt zu machen, das ist, den Himmel zu betrachten, und seinem Baue nachzudenken."

38 Ebenda, S. 259. Ein Autorenkürzel fehlt; als Verfasser kann Mylius angenommen werden.

39 Das Reimschema lautet aabcbc, wobei a- und b-Reime weibliche und der c-Reim männliche Kadenzen aufweisen. Die Verse a und b verfügen über jeweils 8 Silben, die Verse c über 7. Vgl. zum anakreontischen Metrum auch Francesca Fantorini: Deutsche Dithyramben. Geschichte einer Gattung im 18. und 19. Jahrhundert, Würzburg 2009, S. 87.

Die Person namens „Hevel", die das lyrische Ich im ersten Vers anruft, ist natürlich der deutsche Astronom Johannes Hevelius (1611–1687), der in zuvor noch nicht dagewesener Detailliertheit die Mondoberfläche beschrieb und in Kupferstichen abbildete. Mit der „langen Röhre" spielt Mylius auf das Riesenfernrohr an, welches Hevelius um 1641 baute und welches eine Brennweite von ca. 45 m besessen haben soll.[40] Hevelius sei es jedoch selbst mit diesem Fernrohr nicht möglich, etwas anderes am Himmel zu erspähen als „schwache kleine Funken", während das lyrische Ich in der Lage ist, mit bloßem Auge dieselben Sterne „schön und groß und doppelt" zu sehen. Voraussetzung hierfür sei allerdings, wie im fünften Vers angefügt wird, ein alkoholisierter Zustand. Mylius nimmt somit Bezug auf die in seiner Abhandlung beschriebene Tatsache, dass es zwar möglich sei, Sterne mit dem Fernrohr zu erblicken, welche ohne dieses Gerät dem menschlichen Auge verborgen bleiben würden. Er kehrt aber auch den geschulten Blick des Naturforschers für derartige Erscheinungen um in den Blick des anakreontischen Dichters, der es trotz mangelnder Kenntnisse und Gerätschaften doch schafft, unter bestimmten Bedingungen dasselbe und dieses sogar noch besser zu sehen als der Wissenschaftler.

Das anakreontische Motiv des Weintrinkens dient hierbei als Grundlage für die scherzhaft unternommene Gleichstellung von Dichter und Wissenschaftler und wird zum „Instrument" des Dichters ebenso, wie das Fernrohr das Instrument des Astronomen darstellt. Die unterschiedlichen Methoden zweier unterschiedlicher Kulturen können unter diesem Blickwinkel zum selben Ergebnis führen. Dieses erscheint vor allem vor dem Hintergrund interessant, als es sich bei dem Autor des Gedichts zugleich um einen Dichter und einen Naturforscher handelt, dem beide Perspektiven bekannt sind. Hinzu kommt der Gedanke, dass es zur Zeit seiner Erfindung und Etablierung auch Stimmen gab, die dem Fernrohr nachsagten, dass es nicht die Wahrheit abbilde und die dem Blick durch das geschliffene Glas misstrauten. Genau wie nun der durch den Alkohol veränderte Blick ein fragwürdiges Bild hervorruft, stand auch das Bild, welches dem Betrachter durch das wissenschaftliche Gerät gezeigt wurde, zuerst in der Kritik – das Gedicht greift an dieser Stelle die in der Abhandlung formulierte Einschränkung des Absolutheitsanspruchs naturwissenschaftlicher Aussagen auf. Ebenso wie die Erfindung des Teleskops den Wissenschaftlern einen neuen Blick auf

---

40 Vgl. z. B. Hans Wußing: Die große Erneuerung. Zur Geschichte der Wissenschaftlichen Revolution, Basel, Boston 2002, S. 83 f.; Christian Bruhns: Art.: Hevelius, Johannes. In: ADB, Bd. 12: Hensel – Holste, Leipzig 1880, S. 341–343.

den Himmel über ihnen erlaubte und die Ablösung des geozentrischen durch das heliozentrische Weltbild vorantrieb, ermöglicht der Genuss des Weins den Dichtern neben den anderen anakreontischen Desiderata in einer Zeit des Umbruchs einen neuen Blick auf die sie umgebende Welt, in der sinnlichen Erfahrungen verstärkt Bedeutung zugemessen wird und in der sich die Wissenschaften in ihrer wahrheitsbildenden Funktion in einem fortlaufenden Weiterentwicklungsprozess befinden.

IV.

Neben seinen theoretischen Ausführungen zu den Planeten, ihren Bewegungen und dem Sternenhimmel ist es insbesondere die Sonnenfinsternis am 25. Juli 1748, die Mylius im Rahmen seiner astronomisch orientierten Abhandlungen im *Naturforscher* beschäftigt. Bereits im 54. Stück, das am 8. Juli 1748 erschien, verleiht er seiner Vorfreude Ausdruck:

> Der Tag rücket nun mit Gewalt heran, an welchem wir die große Himmelsbegebenheit, ich meyne, die große und fast totale Sonnenfinsterniß, zu gewarten haben, und zu welcher die Astronomen bereits so große Vorbereitungen machen, als vor den Festtagen großer Herren vorherzugehen pflegen.[41]

Entgegen der Praxis der Moralischen Wochenschriften, Inhalte von ,zeitloser' Qualität zu bringen,[42] greift Mylius hier ein Thema größtmöglicher Aktualität auf und stellt es im Folgenden in das Zentrum von insgesamt 6 Stücken, deren Aufeinanderfolge lediglich durch einen Auszug aus *Bernhard Nieuwetyts rechte[m] Gebrauch der Weltbetrachtung* im 57. Stück unterbrochen wird.[43] In den Stücken 54 und 55 legt er den Schwerpunkt auf die detaillierte Erläuterung von Eklipsen – wie bereits im 33. Stück bemüht er sich dabei um Kürze und größtmögliche Verständlichkeit. Dazu vermeidet Mylius Fremdwörter und zieht vereinfachende Vergleiche. Benutzt er astronomisches Fachvokabular, lässt er stets eine Definition folgen.[44] Und wiederum ist es der Gemeinschaftsgedanke, der Mylius in seinen Ausführungen leitet: Dass die Sonnenfinsternis ein nicht nur die Naturforscher tangierendes Ereignis ist, macht er

---

41 Der Naturforscher, 54. St., S. 423.
42 Vgl. Martens (wie Anm. 4), S. 16.
43 Wie Mylius später klarstellt, übernahm diese Ausgabe ein Freund aufgrund seines Aufenthalts in Berlin. Vgl. Der Naturforscher, 58. St., S. 455.
44 Vgl. z. B. Der Naturforscher, 54. St., S. 425.

deutlich, indem er von „ganz Europa" spricht, welches den Blick gen Himmel richten werde – sowohl über die Sonnenfinsternis Unterrichtete als auch Nichtwissende.[45]

Um auch den Laien die astronomischen Grundlagen zum Verständnis der Vorgänge am Himmel zu liefern, will Mylius diesen „einen kurzen Begriff von der Beschaffenheit dieser Himmelsbegebenheiten geben:"[46] Nach der Darstellung des kopernikanischen Weltbildes erklärt er die für Eklipsen relevanten Bewegungsabläufe und die Positionierung des Mondes:

> Wenn zur Zeit des Neumonds, der Mittelpunct des Monds gerade in die Mittelpunctslinie zu stehen kömmt, so bedeckt der Mond, in Ansehung eines Theils der Erdkugel, die Sonne ganz, oder so, daß rings um seinen Rand herum ein schmaler heller Ring von der Sonne zu sehen ist; und diese Begebenheit nennet man eine Sonnenfinsternis.[47]

Der erste Teil des 55. Stücks setzt die Betrachtungen im selben Stil fort, bevor Mylius Überlegungen zur Sommerzeit sowie ein in keinem Zusammenhang zur Materie stehendes, anakreontisches Gedicht folgen lässt.[48] Mylius' sprachliches Verfahren in seinen fachlichen Diskursen gewinnt an Kontur, bezieht man die letzten beiden Stücke in der sich der Sonnenfinsternis widmenden Abfolge ein: Das 58. Stück ist ein Reisebericht, der minutiös Mylius' Aufenthalt im „Garten des Herrn Baron von Dobroslau[ ] in der Friedrichstadt" nachzeichnet: Auch hier sind die möglichst einfach gehaltenen, adjektivreichen Erläuterungen von z. B. astronomischen Gerätschaften oder den Sicherheitsvorkehrungen, die die Anwesenden zum Schutze ihrer Augen treffen, kennzeichnend. Die zusätzliche Betonung von Emotionen unterstreicht das persönliche Moment des Berichts und erweitert die Identifikationsmöglichkeit für den Leser.[49] Zum Aufhänger des 59. Stücks wird ein fremder Bericht, welcher am 30. Juli 1748 in den *Berlinischen Nachrichten von Staats- und gelehrten Sachen* publiziert wurde: Mylius druckt diesen komplett ab und versieht beinahe jedes Wort mit einer Anmerkung:[50] An dem fremden

---

45 Wenn Mylius weiter schreibt, dass „[w]ir alle selbst" in der Lage seien, zu „sehen, was am Himmel vorgehen wird" (ebenda, S. 423), wird auch hier sein integratives Verfahren, das potentiell alle Menschen zu Naturforschern macht, deutlich.

46 Ebenda.

47 Ebenda, S. 424 f.

48 Bei dem Gedicht handelt es sich um *Die vergnügte Wiederkunft*. In: Der Naturforscher, 55. St., S. 438.

49 Der Naturforscher, 58. St., S. 458, z. B.: „Und so erwarteten wir mit Schmerzen den Anfang dieses großen, himmlischen Schauspiels."

50 Der Naturforscher, 59. St., S. 464–468.

Text sind es z. B. die unangebrachte Verwendung von Fremdwörtern bzw. die fehlende Erläuterung derselben, die Ungenauigkeit in der Darstellung der Abläufe und die mangelnde sprachliche Präzision, die Mylius anprangert. Seine Kritik ist eindeutig zur Unterhaltung der Leser zugespitzt formuliert, vermag es aber dennoch – besonders im Kontrast zum vorangegangenen Reisebericht –, Mylius' eigene Technik explizit hervortreten zu lassen.

Zum Ende des 56. Stücks – positioniert zwischen den vorangegangenen, theoretischen Erklärungen und dem nachfolgenden Reisebericht – findet sich dann das Gedicht *Astronomisches Gebet an den Aeolus,*[51] welches ebenso wie z. B. Lessings Lehrgedicht *Die lehrende Astronomie*[52] nicht der ansonsten im *Naturforscher* überwiegend vertretenen anakreontischen Stilrichtung zuzurechnen ist.[53] Der bereits zu Beginn des 54. Stücks sprachlich evozierte feierliche Kontext manifestiert sich nun auf der lyrischen Ebene in Form einer Hymne. Zur Unterstreichung des feierlichen Tons sind die insgesamt sieben Strophen jeweils als Stanze unter Verwendung vierhebiger Jamben angelegt.[54] Das Abweichen in diesem Fall von der anakreontischen Form liegt wohl darin begründet, wie Monika Fick es bereits für Lessings *Querelle*-Gedicht im *Naturforscher* konstatiert hat[55] und wie es auch für das Lehrgedicht *Die lehrende Astronomie* gelten muss, dass „anakreontische Lieder [in erster Linie …] zur Aufheiterung des *Naturforschers*"[56] konzipiert wurden; wollten Lessing oder Mylius ihren Aussagen Gewicht verleihen, präferierten sie andere Formen der Lyrik.

Bereits der Titel *Astronomisches Gebet an den Aeolus* spiegelt die Grundstimmung und Form des Gedichts wider: Angekündigt wird eine bittende Anrufung und Lobpreisung einer höheren Instanz hymnischen Charakters.

---

51 Ein Autorenkürzel fehlt, wie es bei den von Mylius selbst verfassten Gedichten üblich ist. Die thematische Orientierung an dem in den vorigen Stücken beschriebenen Ereignis sowie die spätere, direkte Bezugnahme auf dieses Gedicht im 58. Stück (S. 458: „Aeolus hatte auch einen Kopf für sich. Ich hatte ihn gebeten, er sollte den Ostwind wehen lassen: […].") legen die Vermutung nahe, dass es sich hier um ein Werk Mylius' handelt.

52 Der Naturforscher, 74. St., S. 588–590.

53 Der Naturforscher, 56. St., S. 444–446.

54 Die einzelnen Verse weichen aber, was ihre Silbenanzahl betrifft, von der Stanzenform ab: Nicht wie üblich 11 Silben sind es, sondern je 9 und 8 im Wechsel in den ersten vier Versen, im 5. und 6. Vers sind es 9 Silben, im 7. und 8. Vers sind es 8. Der Anzahl der Silben entsprechend alterniert auch das Reimschema: ababccdd. Die Kadenzen des a- und c-Reims sind weiblich, die des b- und d-Reims männlich.

55 Vgl. Fick (wie Anm. 13), S. 77.

56 Ebenda.

Das Gebet ist allerdings astronomischer Natur, d. h. sein Schwerpunkt wurde auf eine naturwissenschaftliche Ebene übertragen. Zudem ist die Instanz, die angerufen wird, nicht der christliche Gott; dies wohl auch aus dem Grund, dass Gott, folgt man wie Mylius den physikotheologischen und deistischen Ideen, nicht durch Flehen und Bitten dazu zu bewegen ist, in das festgesetzte und unabänderliche natürliche Geschehen auf Erden einzugreifen. Mylius umgeht dieses Paradoxon, indem er auf eine vergangene Kultur ausweicht, die Dank der dichterischen Diskussion um die ‚Alten' und die ‚Modernen' in der Zeit der europäischen Aufklärung äußerst präsent ist: die griechische Antike. Das astronomische Gebet in der seit der Antike tradierten Form der Hymne richtet sich an Äolus, den griechischen Gott der Winde:[57]

> Gebiether unsrer Athmosphäre,
> Du Furcht und Hoffnung auf der See!
> O starker Aeolus! erhöre
> Europens Flehn von deiner Höh!

Keine Einzelperson, sondern ganz Europa ist es, welches im Kollektiv den Gott um Erhörung bittet, wobei die erste Bitte dem Verschluss seiner Winde gilt, damit diese die Stimmen des Landes, die zu ihm rufen, nicht dämpfen. In der zweiten Strophe wird dem Äolus von Urania, der Muse der Sternenkunde, berichtet, die den Menschen zur Freude „ein groß und seltnes Schauspiel kund" tun will und dazu ihrem „Sohn", dem Astronomen Euler, erschien. Mylius stellt hier seinen Gastgeber in Berlin nicht nur als Günstling der Muse dar, sondern als ihren direkten Abkömmling, womit er ihn und seine Fähigkeiten den menschlichen Wissensgrenzen entrückt. Die Offenbarung Uranias in der dritten Strophe lautet:

> Der Blödigkeit zum leeren Schrecken,
> Der Weisheit zum erwünschten Glück,
> Wird bald der Mond die Sonne decken;
> Ihr Glanz flieht vor Europens Blick.
> Dort in des Löwens dunklem Zeichen
> Wird Lunens Lauf die Sonn erreichen,

---

57 Vgl. hierzu z. B. William F. Hansen: Classical Mythology. A Guide to the Mythical World of the Greeks and Romans, Oxford 2005, S. 96–97.

Und deinem Welttheil wird ihr Schein
Durch sie fast ganz entzogen seyn.[58]

Hieran anschließend wird Eulers besondere Position erneut hervorgehoben,
indem Urania fortfährt, dass nur ihrem „liebste[n] Sohn [...] zu Ehren" die
Sonnenfinsternis, die sie als ringförmige Sonnenfinsternis charakterisiert, in
Berlin zu beobachten sein werde.[59] Die Hymne dient somit nicht nur dem
Lobpreis des Windgottes, sondern wird ebenfalls zu einem Lobgesang auf
den verdienstvollen Astronom. Der Hauptgrund für die dezidierte Anrufung
des Äolus wird schließlich in der sechsten Strophe eindeutig formuliert:

Wie würden unsre Weisen klagen,
Sollt uns die Luft dieß Glück versagen,
Wenn sie, mit Dünsten angefüllt,
Europens Tag mit Flor umhüllt.[60]

Zur optimalen Betrachtung der Sonnenfinsternis sei ein klarer Himmel von-
nöten, frei von Nebel und Wolken. In der ersten Strophe bestand die Bitte
noch darin, die Winde zurückzuhalten, um das Gebet Europas in aller Deutlichkeit erklingen zu lassen. In der siebten und letzten Strophe ist es folglich
der an den Gott der Winde adressierte Wunsch, dass dieser kraft seines
Sohnes Eurus, dem Gott des Ostwinds, alle Wolken vertreiben möge:

Drum Gott des Wetters und der Winde!
Drum flehn wir, starker Aeolus:
Gebeut dem Eurus, deinem Kinde,
Daß er die Luft durchheitern muß![61]

Genau auf diese Strophen spielt Mylius im 58. Stück an, wenn er in seinem
Reisebericht der Leserschaft von den zuerst schlechten Wetterbedingungen
berichtet und auf seine Anrufung des Äolus verweist:[62] Er integriert seine lyrische Auseinandersetzung nochmals aktiv in den Diskurs.

---

58 Der Naturforscher, 56. St., S. 445.
59 Ebenda: „Dir aber, liebster Sohn! Zu Ehren / Sieht dein Berlin den Mond bekränzt. /
    Der wird die Dunkelheit vermehren, / Bis ihn der Sonne Licht umglänzt." Mylius' Aus-
    führungen zur ringförmigen Sonnenfinsternis finden sich somit in diesen Zeilen wieder.
60 Ebenda, S. 446.
61 Ebenda.
62 Der Naturforscher, 58. St., S. 458.

Zusammenfassend lässt sich sagen, dass Mylius in seinem *Astronomische[n] Gebet an den Aeolus* seine poetisch formulierte, aber naturwissenschaftlich fundierte Beschreibung einer Sonnenfinsternis verbindet mit einem Blick auf die Rezeption eines solch herausragenden Phänomens in Laien- wie auch in Wissenschaftlerkreisen. Außerdem manifestiert sich in der Hymne das Lob auf einen erfahrenen und renommierten Kollegen, konzipiert angesichts seines bevorstehenden Besuchs einerseits als öffentlicher Dank, andererseits aber wohl ebenfalls als Schmeichelei einer einflussreichen Person. Sein Anliegen transportiert Mylius in der hymnischen Form eines „Gebets" in einen religiös anmutenden, letztendlich aber noch viel mehr der Naturforschung und der griechischen Antike verpflichteten Kontext: Die Antike tritt folglich nicht nur vor dem Hintergrund erhabener Dichtung in Erscheinung, sondern zugleich als „Wiege der Wissenschaften", die noch in der Gegenwart präsent und relevant ist.

V.

Wie an den Beispielen zur Verbindung von Lyrik und astronomischem Wissen gezeigt werden konnte, ist es gerade der aktive Dialog von Fachwissen und Poesie, durch den es Mylius gelingt, seinem populärwissenschaftlich-aufklärerischen Anspruch gerecht zu werden und neue Blickwinkel zu eröffnen. Die äußere Form, derer sich die Mehrzahl der Gedichte im *Naturforscher* bedient, ist die anakreontische Ode, doch vereinzelt finden auch andere Arten von Lyrik Eingang, z. B. Lehrgedichte oder Hymnen. Dadurch, dass sich die anakreontischen Gedichte – hier stellvertretend für die große Gruppe repräsentiert von Mylius' *Der betrunkene Sternseher* – oftmals naturkundlichen Themen widmen und diese mit der ihr eigenen Argumentation und ihren Motiven zusammenführen, entsteht ein Gegenstück zur Lehrdichtung, das in der Lage ist, Naturwissen korrekt wiederzugeben, dabei aber in erster Linie kein streng belehrendes Ziel verfolgt, sondern vielmehr Wert auf Verständlichkeit, Unterhaltung und Betonung der anakreontischen Desiderata vor dem Hintergrund einer grundsätzlichen Vereinbarkeit von Sinnesfreuden und Naturerkenntnis legt.

Soll den eigenen oder fremden Gedanken mehr Gewicht verliehen werden, fällt, dem Anlass entsprechend, im *Naturforscher* die Wahl auf andere, ‚ernstzunehmendere' Lyrikformen – das besprochene *Astronomische Gebet an den Aeolus* bedient sich der Hymnenform, um sowohl die Relevanz der Sonnenfinsternis als auch der Person Euler zu unterstreichen; Lessings *Die leh-rende Astronomie*, in dem er sich neben der astronomischen Thematik vor al-lem zeitgenössischen philosophischen Ideen widmet, ist der Lehrdichtung zuzuordnen. In der Dominanz der anakreontischen Dichtung als in erster Linie die Sinne ansprechende Poesie im *Naturforscher* wird jedoch der Ver-such deutlich, die den Verstand ansprechenden, naturwissenschaftlichen In-halte auf die sinnliche Wahrnehmungsebene zu transportieren.[63]

Über die Einbindung zeitgenössischer und vor allem populärer physiko-theologischer Gedanken, die in der praktisch ausgeübten Naturkunde die ideale Form der Gottesverehrung sehen, gelingt es, die von der Lektüre religiöser Erbauungsliteratur herkommende Leserschaft an eine neue Art Lesestoff sowie an neue, zuvor nur am Rande berücksichtigte Thematiken heranzuführen. In einer Zeit, in der die Naturwissenschaften zur definitiv wahrheitsbildenden Instanz werden und im Begriff sind, die Dichtung in ih-rem Wahrheitsfindungs- und Schaffensprozess abzulösen, weist *Der Natur-forscher* anhand seiner Verknüpfung von Lyrik und Naturwissenschaft auf ei-ne mögliche fruchtbare Beziehung der Bereiche hin und spricht sowohl der Dichtung als auch der Naturkunde einen dem anderen Bereich gegenüber gleichberechtigten und bedeutenden Platz in der Epoche der Aufklärung zu.

Neben dieser Erkenntnis sind es auch die Selbstwahrnehmung der Na-turwissenschaftler und Dichter sowie deren gegenseitige Sicht aufeinander, die sich in den Stücken des *Naturforschers* spiegeln und in Kombination ein komplexes Bild von der aufklärerischen Wissenschaftskultur und der Erfah-rungswelt der Dichter entstehen lassen. Dadurch, dass sich der Naturfor-scher Mylius selbst als Dichter in seiner Wochenschrift betätigt, tritt er als Beispiel für die gelungene Verbindung von Naturwissen und Poesie ein. Durch die im *Naturforscher* stattfindende Diskussion, ob die anakreontischen Dichtung Platz in einem naturkundlichen Journal einnehmen dürfe, wird diese in ihrem Dasein und als individuelle Ergänzung der fachlichen Beiträge legitimiert. Die Dichter zeigen sich gegenüber den neuen Methoden und dem Aufschwung der Naturwissenschaften aufgeschlossen, da sie diese ei-nerseits in ihre Gedichte einbinden, andererseits aber ebenfalls die beschrie-bene Verknüpfung der auf den ersten Blick so unvereinbar anmutenden Be-reiche durchführen. Die Naturforscher werden stets, wenn auch im konstant

---

63 Die Struktur der fachlichen Diskurse lässt sich dagegen häufig mit der von Lehrgedichten physikotheologischer Prägung vergleichen, in denen nach der Darstellung eines Sachver-halts die Überlegungen zu dessen Sinn und Nutzen in einer Lobpreisung Gottes und sei-ner Schöpfung aufgehen.

scherzhaften Ton, als glaubhafte Autoritäten geschildert, die jedoch ebenso wenig unfehlbar sind wie die Dichter selbst. Lessings Gedicht *Die drey Reiche der Natur*, das Mylius' Abhandlung zu diesem Thema beigefügt ist und bei dem es sich auch um das erste im *Naturforscher* abgedruckte Gedicht überhaupt handelt, nimmt in seiner ersten Strophe Bezug auf genau diesen Umstand: Die Naturkunde und ihre Gelehrten liefern Fachwissen, welches akzeptiert und in seiner Bedeutung anerkannt wird, doch gerade was deren Beschreibung betrifft, gehen die Meinungen auseinander. An dieser Stelle meldet sich nun der anakreontische Dichter zu Wort mit der Bitte, seine Version der naturkundlichen Zusammenhänge vortragen zu dürfen – und somit eventuell die Naturkunde durch einen aus seiner Disziplin heraus erweiterten Blickwinkel zu einer neuen Erkenntnis führen zu können.

Drey Reiche sinds, die in der Welt
Uns die Natur vor Augen stellt.
Die Anzahl bleibt in allen Zeiten
Bey den Gelehrten ohne Streiten
Doch wie man sie beschreiben muß,
Da irrt fast jeder Physikus.
Hört, ihr Gelehrten, hört Mich an,
Ob Ich sie recht beschreiben kann?[64]

---

64 Der Naturforscher, 9. St., S. 71.

„Erkenntniß von der Größe des Schöpfers"
Populäre Naturkunde in den „Physikalischen Belustigungen" (1751–1757)

Als Lessings Vetter Christlob Mylius 1751 das naturkundliche Magazin *Physikalische Belustigungen* gründete, nannte er ausdrücklich zwei andere prominente Journale als Vorbilder: zum einen die *Belustigungen des Verstandes und des Witzes* (1741–1745) als erste belletristische Zeitschrift aus dem Gottsched-Kreis, zum anderen das *Hamburgische Magazin* (1747–1767) als wichtigstes Periodikum zur Naturkunde dieser Zeit. Er wolle – erklärt Mylius in der „Vorrede" – das Nützliche mit dem Angenehmen verbinden. Dabei setzt er voraus, dass „die ganze Naturlehre ein Zusammenhang mannigfaltiger Belustigungen ist" und zur „Haushaltungskunst", mithin zur Ökonomie im alten Sinne, sowie Wirtschaft („Handlung") ebenso beitrage wie grundsätzlich zur physikotheologischen „Erkenntniß von der Größe des Schöpfers und seiner selbst", also des Menschen.[1]

Für die unterhaltende Belehrung, womit Mylius an das fachkundige *Hamburgische Magazin* sowie an seine eigene frühere Zeitschrift *Der Naturforscher* (1747/1748) als Reservoire der Naturkunde im weitesten Sinne[2] wie an die geistreich vermittelten Kuriositäten der *Belustigungen des Verstandes und des Witzes* anknüpft, ist die Kategorie der „Neugier" (I, 8) einschlägig. Spätes-

---

1 Physikalische Belustigungen. Erstes Stück. Berlin: Christian Friedrich Voß 1751, S. 4–6. Im Folgenden wird die Zeitschrift mit der Bandangabe im Text zitiert (Bd. I, St. 1–10; Bd. II, St. 11–20; Bd. III, St. 21–30). Die drei Bände sind fortlaufend paginiert und online zugänglich: <http://www.ub.uni-bielefeld.de/diglib/aufklaerung/>, zuletzt: 15.1.2014.

2 Zu den sehr ähnlichen Konzeptionen vgl. den Beitrag von Simona Noreik im vorliegenden Band sowie Martina Lorenz: Physik im „Hamburgischen Magazin" (1747–1767). Publizistische Utopie und Wirklichkeit. In: Zeitschrift des Vereins für Hamburgische Geschichte 80 (1994), S. 13–46.

tens seit Eberhard Werner Happels *Relationes Curiosae*[3] hat sich ein Zeitschriftentypus großer thematischer Breite und vielfältiger, auch illustrierter Merkwürdigkeiten als Erfolgsmodell erwiesen. Wie das *Hamburgische Magazin* enthalten die *Physikalischen Belustigungen* Beiträge aus allen Gebieten der theoretischen und praktisch-technologischen Naturkunde: Medizin und Teratologie (z. B. *Neue Versuche mit dem menschlichen Blute; Von einer seltsamen Mißgeburt*), Botanik und Zoologie (z. B. *Über die Vermählung der Pflanzen; Zufällige Gedanken über die Schnecken und Muscheln*), Paläontologie und Geologie (z. B. *Nachricht von den Versteinerungen und andern Fossilien in der Uckermark; Abhandlung vom Muschelmarmor*), Geophysik und Vulkanismus (z. B. *Von dem Erdbeben in London; Ursache derer feuerspeyenden Berge*), Metallurgie und Bergbau (*Von einem neuen in Südamerika entdeckten Metall; Bergmännische Correspondenz*), Meteorologie und Agrartechnik (z. B. *Natur und Bildung des Hagels; Von den Ursachen der Fruchtbarkeit der beyden Jahre 1749 und 1750*), Astronomie und Optik (z. B. *Von der allmählichen Annäherung der Erde an die Sonne; Eine neue Theorie des Mondlichts*), Chemie und Pharmazie (z. B. *Von den uranfänglichen Theilen in der Chymie; Ein Mittel wieder die rothe Ruhr*), Elektrizitätslehre und Naturphilosophie (z. B. *Einige merkwürdige Wirkungen der Elektricität in Heilung verschiedener Krankheiten; Von dem Stufenmäßigen Steigen in der Vollkommenheit des Naturreichs*).

Verfasst sind die Beiträge von mehr als 50 Autoren, darunter auch so renommierte internationale Gelehrte wie der Enzyklopädist Antoine-Joseph Dezallier d'Argenville (1680–1765), der Elektrizitätsforscher Georg Matthias Bose (1710–1761), der Mathematiker Leonhard Euler (1707–1783), der Kameralist Johann Heinrich Gottlob von Justi (1717–1771), der Dichtermathematiker Abraham Gotthelf Kästner (1719–1800), der Botaniker und Zoologe Carl von Linné (1707–1778), der Astronom und Berliner Akademiepräsident Pierre-Louis Moreau de Maupertuis (1698–1759), der Naturhistoriker und Entomologe René-Antoine Ferchault de Réaumur (1683–1757) oder der Geologe und Herausgeber des Periodikums *Der Naturforscher* (1774–1778)[4] Johann Ernst Immanuel Walch (1725–1778). Daneben gibt es etliche Vertreter der Amateurwissenschaft und der außeruniversitären Forschung – etwa der Arzt und Botaniker Johann Gottlieb Gleditsch (1714–1786) oder der bereits verstorbene botanische Forschungsreisende Joseph Pitton de Tournefort (1656–1708).

---

3   Vgl. Uta Egenhoff: Berufsschriftstellertum und Journalismus in der Frühen Neuzeit. Eberhard Werner Happels *Relationes Curiosae* im Medienverbund des 17. Jahrhunderts, Bremen 2008.

4   Vgl. dazu die Beiträge von Michael Bies und Ute Schneider im vorliegenden Band.

Das schon mit dem Titel *Physikalische Belustigungen* prägnant formulierte Programm vom Nützlichen und Angenehmen – letztlich dem *prodesse* und *delectare* aus der *Poetik* des Horaz – kommt in einem der *Vorrede* vorangestellten Gedicht zum Ausdruck. Die Fabel *Der Seidenwurm und die Spinne* (I. 1 f.), die auf dem Titelkupfer illustriert wird *(vgl. Abb. 1)*, handelt von einem Streit zwischen den beiden Tieren:

Abb. 1

Der tätige Seidenwurm, „der Fürsten kleidet" (V. 1), klagt die Spinne für ihr mörderisches Wesen und nutzloses „künstlich Weben" (V. 11) an, das scheinbar keinerlei Zweck dient. Doch dann erwidert die Spinne ganz gelassen die Argumente der Physikotheologie: „Der Schöpfer lebt in seinen Werken. / In meiner Kunst ist er zu merken; / Die nützt nicht meiner Nothdurft bloß." (VV. 28–30) Ganz im Stile von Barthold Heinrich Brockes' *Irdischem Vergnügen in Gott* propagiert die Spinne ihr kunstvolles Netz als Spiegel des Schöpfers. Schönheit und metaphysisch-theologische Ordnung

liegen so in der dem Nutzen gegenüberstehenden Schale einer Wage,[5] die
der Seidenwurm nochmals mit dem wirtschaftlichen Argument bezahlbarer
Waren für sich zum Ausschlag zu bringen versucht: „Doch was an dir der
Weise schätzet, / Wird durch das Geld bei mir ersetzet" (VV. 40 f.). Auf
den ökonomischen Einwand antwortet die Spinne historisch: Die Zucht der
Seidenraupe ist in Europa erst eine jüngere kulturelle Errungenschaft, davor
war ihre Verwertbarkeit gar nicht bekannt. Es ist nicht prinzipiell auszu-
schließen, dass auch im Spinnengewebe irgendwann ein wertvoller Rohstoff
entdeckt wird. Genau mit dieser Dichotomie wird die Zeitschrift eröffnet,
sie soll das Staunen über die göttliche Herrlichkeit der Natur lehren, die Einsicht in ihre Geheimnisse fördern und nicht zuletzt den Sinn für ihre ökonomische und technologische Nutzung schulen. In diesem dreifachen Sinne
lautet die Schlussstrophe:

> Sucht und erforscht mit gleicher Stärke
> Des Schöpfers größt' und kleinste Werke,
> Ihr weisen Söhne der Natur!
> Ein Theil davon nützt euren Zeiten,
> Die Nachwelt wird den Rest erbeuten,
> Und jedes zeigt des Schöpfers Spur! (VV. 49–54)

In der gesamten Zeitschrift kommt nur noch einmal ein Gedicht zum Ab-
druck, 1754 verfasst vom neuen Herausgeber Abraham Gotthelf Kästner als
Nachruf auf seinen Vorgänger Mylius. Doch auch die Prosastücke sind nicht

---

5   Joachim Heinrich Campe wiederholt unter dem Titel *Die Spinne und der Seidenwurm* in sei-
    nem illustrierten Buchstabierbuch (1806) das Streitgespräch. Hier reklamiert die Spinne
    gegen den nützlichen Seidenwurm für ihr Werk allerdings nicht mehr Schönheit oder ei-
    nen Spiegel der Schöpfung, sondern beruft sich ohne Scham auf ihren Eigennutz: „Ich
    spinne mir ein Netz, und breit' es künstlich aus; / Da kommen dann die Fliegen und die
    Mücken / Und lassen sich darin bestricken, / Und ich hab einen königlichen Schmaus."
    Joachim Heinrich Campe: Bilder Abeze. Mit 23 Fabeln und illuminierten Kupfern, hrsg. u.
    mit einem Nachwort v. Dietrich Leube, Frankfurt a. M. 1975, S. 44. In den *Emblemas mora-
    les* (1589) von Juan de Horozco y Covarrubias wirft die Seidenraupe der Spinne Dumm-
    heit vor, worauf diese mit Blick auf das baldige Ende der Raupe erwidert: „Der Dumme
    lebt, und der Kluge stirbt." Vgl. Arthur Henkel, Albrecht Schöne (Hrsg.): Emblemata.
    Handbuch der Sinnbildkunst, Stuttgart 1967, Sp. 938. In Friedrich von Hovens Version
    Die Spinne und der Seidenwurm arbeiten die beiden Fadenspinner sogar zusammen bis die
    Magd das Gewebe mit einem Besen entfernt und der Seidenwurm ironisch kommentiert:
    „Wer sollt sich wohl ob solchem Unstern grämen? / Ich schrieb an einem Almanach!!!",
    vgl. Friedrich Schiller: Anthologie auf das Jahr 1782, hrsg. v. Matthias Luserke-Jaqui,
    Saarbrücken 2009, S. 176.

alle von spröder Sachlichkeit geprägt, sondern verraten auch explizite Reflexionen über die literarischen Verfahren der Darstellung. Das soll im Folgenden anhand von vier Beispielen demonstriert werden.

I. Reisebeschreibung

Der schwedische Naturforscher Pehr Kalm (1716–1779) unternahm 1748–1751 auf Veranlassung Carl von Linnés eine Reise durch Amerika, um dort nach wirtschaftlich interessanten Pflanzen zu suchen. Sein Bericht erschien 1753–1761 in drei Teilen unter dem Titel *En resa till Norra Amerika*. Bei der im vierten Stück der *Physikalischen Belustigungen* publizierten und mit einem Kupferstich versehenen *Beschreibung des großen Wasserfalls des Flusses Niagara in Canada* (I, 264–279) handelt es sich um eine Übersetzung von Mylius[6] aus dem *Gentleman's Magazine* vom Januar 1751. Kalm betont einleitend, dass die vor seinem eigenen Besuch am 13. August 1750 lediglich gehörten Berichte von den Niagarafällen bloße „*relata refero*" (I, 265) seien und wie alle von ihm selbst gelesenen gedruckten Beschreibungen niemals den Status von Wahrheit beanspruchen könnten; den verdiene nur, was er „mit eigenen Augen gesehen habe" (I, 266).

Kalms Bericht in Form eines tatsächlichen oder fiktiven Briefes an „seinen Freund in Philadelphia" (I, 264) ist um Objektivität bemüht. Er schildert den Fußmarsch vom Fort zu den Fällen, erwähnt die unterwegs gesehenen, Ballen von Tierhäuten schleppenden Indianer, vermittelt ein Bild von der Strömungsgeschwindigkeit und der Herkunft des auf die Fälle zueilenden Wassers. Die kleine Expedition bewegt sich entlang der ausgedehnten Insel im Flusslauf, die Kalm auf 7–8 Französische Ackerlängen schätzt (ca. 840–960 Fuß). Als sie den Wasserfall selbst erreichen, wechselt die Tonlage:

> Wenn alles dieses Wasser zu dem Fall selbst kömmt, so stürzt es sich senkrecht herunter. Wenn man dieses siehet, so stehen einem die Haare zu Berge! Ich kann es nicht mit Worten ausdrücken, was für ein entsetzlicher Anblick das ist! Man kann es, ohne ganz er-

---

6   Vgl. Mylius' *Vorbericht* zum zweiten Band: „Wegen der in dem ersten Bande enthaltenen Sachen habe ich, um niemanden seine Ehre zu nehmen, zu erinnern, daß ich bloß diejenigen Aufsätze verfertiget habe worunter gar kein Name, auch kein Buchstabe steht. Desgleichen bin ich auch nur von denen Uebersetzungen der Verfertiger, worunter gar nichts steht." (II, 2)

schrocken zu seyn, nicht ansehen, wie eine so große Menge Wasser von einer so erstaunlichen Höhe gerade herunter stürzt. (I, 269)

Der zuvor nüchterne Sachbericht gewinnt hier literarisch und rhetorisch an Fahrt: Es werden die Topoi der Unsagbarkeit („kann es nicht mit Worten ausdrücken") und des Erhabenen („entsetzlicher Anblick", „ganz erschrocken") bedient, der Betrachter gerät in einen Zustand euphorischer Angstlust („stehen einem die Haare zu Berge").[7] Als widerspreche dieser plötzliche Gefühlsausbruch den Anforderungen an Objektivität, beginnt Kalm sogleich und ohne Absatz im Text die Angabe eines anderen Reiseschriftstellers, die Höhe der Fälle betrage 600 Fuß (tatsächlich 58 Meter), in Frage zu stellen und seine eigene Zuverlässigkeit zu betonen: „Ich meines Theils, der ich eben nicht für das Wunderbare eingenommen bin, seh und erzähle gern die Sachen gerade so, wie sie sind." (I, 269)

Diese Mischung aus nüchterner Sachlichkeit und wirkungsästhetischer Spannung ist für die weitere Komposition des Textes entscheidend. Denn nun weicht Kalm vom Prinzip des Augenzeugenberichts ab und erzählt einen historischen Fall, der auf dem beigefügten Kupferstich veranschaulicht wird *(vgl. Abb. 2)*. Danach gerieten vor 12 Jahren zwei Indianer, die in ihrem Boot eingeschlafen waren, nahe an den Wasserfall und konnten sich gerade noch auf die in der Flussmitte liegende Insel retten. Um dem Hungertod zu entgehen, versuchten sie durch Bau einer Strickleiter – wie in der Bildmitte zu sehen – das untere Becken zu erreichen, vermochten von dort aber trotz aller Mühe nicht ans Ufer zu schwimmen. Erst die vom französischen Kommandanten geleitete Hilfsaktion, bei der – wie links bei dem Buchstaben b zu sehen – zwei mutige Indianer mit eisenbeschlagenen Spitzpfählen zur Insel waten, führte zum Erfolg.

Nach dieser narrativen Einlage kehrt Kalm in den überwiegend dokumentarischen Duktus seines Beitrages zurück. Auffällig ist, dass durch keinen Absatz markiert wird, dass es sich dabei um völlig unterschiedliche Textsorten handelt. Kalm fährt übergangslos mit der Beschreibung der Topographie, Uferbeschaffenheit und des Fischbestandes fort und schließt noch einige ästhetische Bemerkungen zu einer besonderen Naturerscheinung an:

---

7   Zu der zeitgenössischen Mode gemischter Empfindungen vgl. Carsten Zelle: „Angenehmes Grauen". Literarhistorische Beiträge zur Ästhetik des Schrecklichen im achtzehnten Jahrhundert, Hamburg 1987.

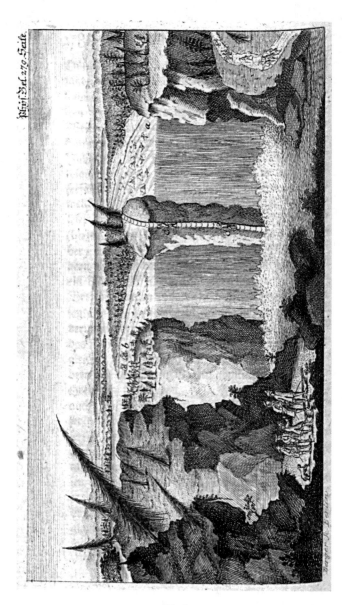

Abb. 2

Bei Sonne sei zwischen 10 und 14 Uhr jene Sonderform des einfachen oder auch doppelten Regenbogens in der feinen Gischt des Wasserfalls sichtbar, wie sie etwa Johann Jakob Scheuchzer in seiner *Physica Sacra* (1731) erläutert und abbildet.[8] Insgesamt mischt Kalm in seinem Briefbericht verschiedene literarische Darstellungsformen, der Text wechselt zwischen faktographischer Aufzeichnung, persönlicher Erlebnisschilderung, nacherzählter Sensationsgeschichte und ästhetischer Reflexion. Abschließend kommt der Verfasser auf die schon eingangs gestellte Wahrheitsfrage zurück. In gewisser Weise entschuldigt er sich, nichts Sensationelleres berichten zu können, rechtfertigt sich aber mit der kritischen Distanz gegenüber Wundergeschichten:

> Was ich ihnen schreibe, ist die Wahrheit. Sie müssen mich entschuldigen, wenn Sie in meiner Beschreibung nicht ausserordentliche Wunder finden. Ich kann die Natur nicht anders machen, als ich sie finde. Ich will lieber, daß man ins künftige von mir sage, ich hätte die Sachen so erzählet, wie sie sind, und man hätte alles so befunden, wie ich es beschrieben, als daß man mich für einen falschen Wundermacher halte. (I, 279)

II. Medizinische Fallgeschichte

Im *Hamburgischen Magazin,* auf das sich Mylius in seiner Vorrede ausdrücklich als Vorbild beruft, bilden medizinische Beiträge mit etwa 20 % eine besonders starke Rubrik. Dies entspricht dem weiten Verständnis von Naturkunde, die sich mit allen praktischen, historischen, technologischen und theoretischen Aspekten der belebten und unbelebten Natur befasst.[9] Ähnlich verhält es sich in den *Physikalischen Belustigungen,* auch wenn der Anteil an humanmedizinischen Artikeln nicht ganz so hoch ist.

Im 29. Stück von 1757 findet sich eine anonym publizierte Abhandlung *Von der Pflicht eines Arztes, den moralischen Character seiner Kranken zu schonen* (III, 1439–1447). Darin geht es um Fehldiagnosen, ärztliche Schweigepflicht und Behandlungsfehler, in deren Folge manche Ärzte bestimmte Krankheitsursachen gern aus einem unterstellten unsittlichen Lebenswandel der Patienten

---

8 Vgl. Alexander Košenina: Naturkundlich entzaubert, poetisch verzaubert. Der Regenbogen in Kunst und Literatur (von Brockes bis Goethe). In: ZfGerm NF XXIV (2014), H. 2, S. 13–46 (mit Farbabbildungen).

9 Vgl. Lorenz (wie Anm. 2) und Ulrich Troitzsch: Naturwissenschaft und Technik in Journalen. In: E. Fischer u. a. (Hrsg.): Von Almanach bis Zeitung. Ein Handbuch der Medien in Deutschland 1700–1800, München 1999, S. 248–265.

ableiten. Damit weicht diese ethisch-essayistische Erörterung deutlich von der sonst dominierenden Präsentation und Erklärung einzelner Naturphänomene und -gegenstände ab. Mit der Ankündigung, dass die folgende Überlegung „vornämlich die Krankheiten angehe, die von dem unrechtmäßigen Gebrauche der Venus herrühre" (III, 1440 f.), versichert sich der Verfasser des Publikumsinteresses und sorgt für Spannung.

Krankheiten unverheirateter Frauen vorschnell und ungeprüft auf sexuelle Liederlichkeit zurückzuführen, prangert der Anonymus kritisch an, bringt solche Fehlurteile aber sogleich mit den „schlimmen Sitten unsrer Zeiten" in Zusammenhang. Damit folgt er einer zirkulären Argumentation nach dem Modell ‚Schulmädchenreport', die unter dem Vorwand der Vorurteilskritik und Aufklärung selbst gängige moralische Meinungen bedient und nüchterne, wissenschaftliche Dokumentation lediglich als Deckmantel für Sensationsgeschichten nutzt.[10] Als Belege für die These ärztlicher Kunstfehler und vernachlässigter Diskretion folgen zwei – angeblich – „wahre Geschichten" (III, 1442).

Der erste Fall handelt von einem bildschönen 18-jährigen Mädchen, um das sich ein junger Mann erfolgreich beworben hat. Noch vor der Eheschließung wird der Bräutigam auf königlichen Befehl zu einer Gesandtschaft abberufen, erkrankt unterwegs und kehrt längere Zeit nicht zurück. Als bei der jungen Frau die Monatsblutungen aussetzen, wofür der Erzähler Angst und Kummer als mögliche Ursachen erwägt, behandelt ein konsultierter Arzt offenbar völlig andere Symptome „bald in der Brust, bald im Haupte". Seine angewandten „Recepte" führen schließlich zum Tode der Patientin (III, 1443). Da vier Tage zuvor die Regel sich schwach wieder einstellte, versucht der Doktor seinen augenscheinlichen Kunstfehler durch das gestreute Gerücht zu verdecken, die Frau habe wohl eine heimliche Niederkunft gehabt. Die üble Nachrede erfolgt nicht durch eine direkte Behauptung, sondern durch Andeutungen – „mit nachdenklicher Mine ins Ohr" seiner Freunde (III, 1444). Im Anschluss an diese aus Schlesien überlieferte Geschichte rechtfertigt der Erzähler die nüchterne Sachlichkeit seiner der üblen Nachrede entgegen gerichteten Darstellung: „Sie war vieler andern dabey vorkommenden Ursachen wegen ungemein tragisch. Es wäre mir ein leichtes gewesen, sie sehr rührend vorzustellen, wenn ich nicht hier blos

---

10 Solche Praktiken beschreibt Jean Marie Goulemot: Gefährliche Bücher. Erotische Literatur, Pornographie, Leser und Zensur im 18. Jahrhundert, Reinbek b. Hamburg 1993.

mein Absehen auf die physischen Umstände hätte haben müssen." (III, 1444)

Die zweite Fallgeschichte ist ähnlich strukturiert: Diesmal geht es um einen jungen Mann, der beim Wasserlassen ein Brennen verspürt und körnigen Niederschlag im Urin findet. Alles deutet also auf Blasen- oder Nierensteine. Der hinzugezogene Arzt unterstellt hingegen ausschweifende sexuelle Aktivitäten und stigmatisiert den Patienten damit sozial und religiös als exzessiven Beischläfer oder Onanisten statt die Symptome zu deuten und zu behandeln. Der Kummer über diese ungerechten Anschuldigungen – die sich durch Feststellung eines großen Blasensteins durch zwei andere Ärzte tatsächlich als haltlos erweisen – versetzt den Patienten in ein hitziges Fieber. Es verhindert die notwendige Operation und führt schließlich zum Tode. Der Berichterstatter kommentiert lakonisch, dass der Betroffene im Unterschied zu der jungen Frau wenigstens das Glück hatte, rechtzeitig rehabilitiert zu werden.

Die Wahrscheinlichkeit beider Fallgeschichten ist schwierig zu beurteilen. Dafür erfährt man zu wenig über die genauen Rezepte des ersten Therapieversuchs, die versäumte Entfernung eines großen Blasensteins mag hingegen durchaus zum Tode geführt haben. Interessanter als die medizinische Plausibilität ist bei unserer Fragestellung wiederum die narrative Strategie. Der Erzähler hebt abschließend hervor, dass sich aus Exempelgeschichten seine Forderung nach Schutz der moralischen Integrität von Patienten eindrücklicher herleiten lasse als aus „metaphysisch-psychologischen Gründen" (III, 1447). Er vertraut also eher der Prägnanz und der illustrativen Wirkung treffender Einzelfälle als weitläufigen philosophischen Begründungen. Ein Vierteljahrhundert später wird Karl Philipp Moritz mit seinem *Magazin zur Erfahrungsseelenkunde* (1783–1793) ganz ähnlich argumentieren, Fakta und kein moralisches Geschwätz lautet seine Devise.[11]

III. Experiment

Wie die Reisebeschreibung Kalms über die Niagarafälle übersetzt Mylius im 21. Stück (1753) – ebenfalls aus dem *Gentleman's Magazine* (August 1753) –

---

11 Dieses bekannte Diktum nutzt jetzt ein Sammelband über Fallgeschichten als Titel: „Fakta, und kein moralisches Geschwätz". Zu den Fallgeschichten im „Magazin zur Erfahrungsseelenkunde" (1783–1793), hrsg. v. Sheila Dickson u. a., Göttingen 2011.

ein aufschlussreiches Tierexperiment. Der kurze Beitrag ist überschrieben mit *Nachricht von einer Ameisenschlacht* (II, 839–843).[12] Die seit der Antike beliebte Analogie mit dem Menschenstaat, die Niels Werber jetzt in seiner großen Wissensgeschichte der *Ameisengesellschaften* buchstäblich unter die Lupe genommen hat,[13] deutet sich hier lediglich als Assoziationshorizont an. Im Vordergrund steht ein streng naturwissenschaftlicher Versuchsaufbau zur Beantwortung der von einem Gartenbesitzer aus Neugierde gestellten Frage, „wie Ameisen von verschiedenem Geschlecht oder Volk sich mit einander vertragen würden" (II, 839):

> Ich holte also eine Schachtel voll Ameisen aus einem andern Garten und that sie in zwey Löcher in meinem Garten, auf jeder Seite des vorhergedachten Communicationsweges [zwischen zwei dort schon ansässigen Teilkolonien; AK] in eins, so, daß die fremden Ameisen, um ihre Gemeinschaft mit einander zu unterhalten, immer die Landstraße der eingeborenen Ameisen meines Gartens durchkreuzen mußten. Die Ameisen von der neuen Colonie waren gelb, und die einheimischen schwarz, so, daß man sie leicht unterscheiden konnte. (II, 839)

Der Titel des Beitrages deutet bereits auf den Ausgang dieses etwas heimtückisch arrangierten Experiments voraus. Der durch Hybris und Curiositas motivierte menschliche Eingriff in die Naturordnung zeitigt den durchaus frohlockten Kriegszustand. Zwar reut es den Spielleiter „fast", seine „alten Eingesessenen" durch die fremde Population gefährdet zu sehen, doch dann siegt die „Neugier" über alle Bedenken (II, 840). Am nächsten Morgen zeigen sich die Spuren eines erbitterten nächtlichen Kampfes, die einheimischen schwarzen besiegten offenbar die unfreiwillig zugewanderten gelben Ameisen; die Gefallenen des eigenen Stammes haben sie geborgen und zugleich den Bau des Okkupationsvolkes besetzt und dieses erfolgreich vertrieben.

Besonders fasziniert ist der Beobachter von dem im Tierreich vielleicht einzigartigen Umgang mit Toten. Er beschreibt, wie Ameisen gefallene Artgenossen auch unter großer Gefahr vom Kampffeld abtransportieren, wobei Angehörige des eigenen Stamms auf dem Rücken getragen, solche der gegnerischen Partei hingegen auf dem Boden geschleift werden. In den Tagen nach der Schlacht meiden die besiegten gelben Ameisen die Wege der

---

12 *Eine umständliche Erzählung von einem Ameisenkriege* erschien bereits zuvor in: Hamburgisches Magazin, oder gesammlete Schriften, zum Unterricht und Vergnügen 2.2 (1748), S. 317–324.

13 Vgl. Niels Werber: Ameisengesellschaften. Eine Faszinationsgeschichte, Frankfurt a. M. 2013.

schwarzen; als sie endlich ihre vertriebene Teilkolonie entdecken, verlassen
sie ihre Wohnstätte für eine Wiedervereinigung um dann endgültig den
Rückzug aus dem feindlichen Garten anzutreten. Der Versuch endet mit
Verwunderung und einem schlechten Gewissen des Beobachters:

> Also endigte sich ein Krieg, welchen meine fatale Neugier veranlasset hatte, und welcher
> bald eine ganze Nation zugrunde gerichtet hätte. Ich konnte mich nur nicht genug ver-
> wundern, daß dieses sonst so friedfertige und arbeitsame kleine Volk so wütend, trotzig
> und grausam im Kriege seyn kann. (II, 843)

Der kurze Text liest sich als Darstellung eines Experiments, verstanden im
Sinne von Michael Gampers einschlägiger Trilogie als „eine bestimmte pro-
vozierte Erfahrung, als ein Zusammenspiel von definierten Voraussetzun-
gen, von künstlichem Eingriff und empirisch-performativem Ablauf, an das
sich Verfahren der Erfindung, der Aufzeichnung, der interpretativen Aus-
deutung und der kommunikativen Distribution anschließen".[14] Das Beispiel
zeigt, dass neben Gedichten, Reiseberichten oder Fallgeschichten auch diese
Form literarischer Naturerfassung zum Repertoire der *Physikalischen Belustigungen* gehört. Durch die Dynamik eines verstörenden Geschehens und dessen sukzessive Beschreibung entsteht ein Text, der sich fundamental von
Brockes' traditioneller, tiefer Bewunderung für *Die Ameise* (1727) als ideales
Gesellschaftswesen unterscheidet. Während der *bloß beobachtende Physikotheolo-
ge* uns diese Tiere von „unverdroßnem Fleiß und eifriger Begier" als Exempel empfiehlt – „Die Ameis' ist der Mensch, der Garten ist die Welt"[15] –,
greift der *experimentierende Naturforscher* in das harmonische Gleichgewicht der
Natur ein und riskiert dadurch dessen Selbstzerstörung. Man kann dieses
Dokument durchaus als eine frühe Kritik an möglichen Grenzüberschrei-
tungen durch naturwissenschaftliche Forschung verstehen.

IV. Philosophische Science-Fiction

Das letzte Exempel entfernt sich gänzlich von naturkundlichen Realien und
verlängert eine philosophische Reflexion über den Raum in eine fiktiv-

---

14 Vgl. die Einleitung zum zweiten von drei Bänden zu *Experiment und Literatur*, hrsg. v. Mi-
    chael Gamper u. a.: „Wir sind Experimente: wollen wir auch sein!". Experiment und Li-
    teratur II: 1790–1890, Göttingen 2010, S. 11.

15 Barthold Heinrich Brockes: Irdisches Vergnügen in Gott (Werke, Bd. 2.2), Göttingen
    2013, S. 486.

phantastische Weltraumfahrt. Der im letzten, 30. Stück (1757) erschienene anonyme Text mit dem Titel *Reise nach dem leeren Raume* (III, 1511–1527) wird als Fragment aus einer längeren Lebensbeschreibung ausgewiesen. Der Herausgeber will den Verfasser nicht preisgeben, zeigt sich über den Realitätsgehalt aber selbst im Zweifel. In einer „Nacherinnerung" bemerkt er:

> Es ist verdrüßlich, daß diese Reise nach dem leeren Raume so unvollständig ist, daß es ihr am Anfange und Schlusse fehlet. Allem Ansehn nach sollte man sie fast für einen Traum halten. So sehr aber dieses Träumen eigen ist, so wenig darf ich ihr doch den Verdacht machen. Der Inhalt wiederlegt ihn. Und doch wiederlegt er ihn nicht ganz. Was soll ich machen? Der Verfasser hat uns in Ungewißheit lassen wollen. Eine Absicht, die durch die meinige bestraft werden soll. Ich will weder seinen Namen, noch die Gelegenheit, da mir dieser Theil seines Lebenslaufs in die Hände gefallen, bekannt machen. Strafe genug, wenn man zweifeln wird, ob seine ganze Reisebeschreibung etwas mehr, als eine Erdichtung sey! (III, 1527)

Der Essay beginnt als philosophischer Dialog. Ein Fremder, der sich dem Ich-Erzähler als Reisebegleiter anbietet, stellt Fragen über die Annahme eines völlig leeren Raumes: Würde dieser Licht durchlassen und wäre er dann noch leer? Erschiene er – falls lichtundurchlässig – als dunkler Fleck, der sich von der helleren Umgebung abhebt? Wären die sichtbaren Mondschatten dann tatsächliche Verdunkelungen auf dem Himmelskörper selbst oder optische Folgen lichtundurchlässiger Räume in der Atmosphäre? Handelt es sich beim leeren Raum um „ein Scheinding, das nicht existiren kann, da er Nichts ist" (III, 1515)? Nein, wendet der Fremde ein, etwas kann ohne Dinge und dennoch vorhanden sein, beispielsweise ist ein Mangel in der Seele kein Gegenstand und dennoch vorhanden.

Diese Fragen betreffen die Grundlagen der Metaphysik – u. a. von Leibniz bis Heidegger wurden sie immer wieder unter folgender Wendung diskutiert: Warum gibt es überhaupt etwas und nicht vielmehr nichts? Der Text betrifft also naturphilosophische Bedingungen der Möglichkeit für physikalische Belustigungen, indem nach deren metaphysischen Grundlagen wie Raum und Zeit gefragt wird. Zugleich ist dieses philosophische Lehrgespräch aber auch ein früher Beitrag zur Science-Fiction, insofern der Erzähler sich bereits im Weltall befindet und die Erde sich zunehmend aus seinem Gesichtskreis entfernt. Zeitnahe kosmologische und technische Phantasien wie Eberhard Christian Kindermanns *Geschwinde Reise auf dem Lufft-Schiff*

(1744) oder Voltaires *Mikromegas. Eine philosophische Geschichte* (1752) mögen als Anregungen gedient haben.[16]

In dem Zeitschriftenessay begegnen dem Reiseschriftsteller und seinem philosophischen Reisebegleiter im extraterrestrischen All einem Geist, der eine Reihe gefangener Seelen hinter sich her zieht, um sie in den „leeren Raume" (III, 1523) zu bringen. Als die beiden dem Geist dorthin folgen, verliert der Erzähler das Bewusstsein – das Hören, Sehen und Fühlen versagen gänzlich. Das ist kein Wunder, so lautet die Erklärung, denn ohne materielle Übertragungsmittel kann es zu keiner Sinnesreizung kommen, in der völligen Leere würden sich Körper mangels Druck sogar auflösen. Für die immateriellen Seelen ist dieser Ort aber bestens geeignet, da die Allmacht Gottes ungehindert sogar bis dorthin dringt. Nach diesen Belehrungen nimmt der Berichterstatter die Schlussfolgerung seines Begleiters dankend entgegen, dass sich daraus der gesamte Kosmos erkläre, also „wie sich die Planeten, die Kometen und Fixsterne so und nicht anders bewegen [...], woher die Schwere kommt, warum man den Weltkörpern eine anziehende und wegstoßende Kraft zueignen muß." (III, 1526)

Die vier knapp skizzierten Beispiele zeigen, dass die *Physikalischen Belustigungen* – wie viele andere populäre naturkundliche Zeitschriften der Aufklärung – nicht nur nützliches und kurioses Wissen vermitteln, sondern dafür auch unterschiedliche literarische Darstellungstechniken nutzen. Die Spannung zwischen dokumentarischer Sachkunde und dem Werben um möglichst lebendiges Leserinteresse kommt in den Beiträgen durch Abwägung zwischen Wahrheitsanspruch und subjektiver Perspektive immer wieder zur Sprache. Abraham Gotthelf Kästner, der das Journal mit dem 23. Stück (1754) übernimmt, bringt in seinem Nachruf auf Mylius die dafür notwendige Doppelbegabung seines Vorgängers als Herausgeber auf den Punkt:

> Das Feuer der Dichtkunst, die Schönheit und die Macht des prosaischen Ausdrucks, die er gleich stark in seiner Gewalt hatte, wurden von ihm glücklich angewandt, die Wunder der Natur zu schildern, und ihren Schöpfer zu verherrlichen [...]. (II, 930)

16 Diese und weitere Beispiele finden sich: Eberhard Christian Kindermann: Die Geschwinde Reise auf dem Lufft-Schiff nach der obern Welt, hrsg. v. Hania Siebenpfeiffer, Hannover 2010; Marsmenschen. Wie die Außerirdischen gesucht und erfunden wurden, hrsg. v. Justus Fetscher, Robert Stockhammer, Leipzig 1997. Vgl. dazu Karl S. Guthke: Extraterrestrische Welten von Galilei bis zur Goethezeit. In: Ders.: Der Blick in die Fremde. Das Ich und das andere in der Literatur, Tübingen, Basel 2000, S. 165–179; Berthold Heinecke (Hrsg.): Science Fiction im Barock, Berlin 2013.

Beobachtungen, Bemerkungen und Anekdoten zur ‚Verbesserung' der Naturgeschichte Johann Ernst Immanuel Walchs „Der Naturforscher"

Am 10. Juli 1773 erscheint in der von Friedrich Heinrich Wilhelm Martini (1729–1778) herausgegebenen Berliner Wochenschrift *Neue Mannigfaltigkeiten* eine Anzeige, die unter dem Titel *Gelehrte Nachricht* über die Gründung eines neuen Periodikums informiert. In diesem Text, der unterschrieben ist von der Witwe des 1772 verstorbenen Halleschen Verlegers Johann Justinus Gebauer und seinem Sohn Johann Jakob Gebauer,[1] heißt es:

> Die Naturkunde hat in unsern Zeiten so viel Freunde und Liebhaber gefunden, daß man sich um die Wette beeifert hat, ihre Wißbegierde auf allerley Arten zu unterhalten. Der Beyfall, mit dem man alle dahin abzielende Bemühungen gelehrter Naturkundiger aufgenommen hat, läßt uns hoffen, daß man solchen ebenfalls einer *periodischen Schrift* gönnen werde, die die mehrere Ausbreitung der Kenntnisse dieser Art zur Absicht hat. Fast jede Wissenschaft hat gegenwärtig ein für sie besonders bestimmtes Journal, das nach Beschaffenheit seiner Einrichtung und Ausführung mehr oder weniger zu ihrer Verbesserung beyträgt. Warum sollte nicht auch die Naturkunde ihr eigenes haben?[2]

Diese Ausführungen sind bereits bemerkenswert, weil sie auf die große Anzahl und die fortgeschrittene Spezialisierung der zeitgenössischen wissenschaftlichen Zeitschriften verweisen und betonen, „fast jede Wissenschaft" habe „gegenwärtig ein für sie besonders bestimmtes Journal". Wichtig ist hier das „fast". Denn mit der ‚Naturkunde' oder, wie es meist synonym heißt, ‚Naturgeschichte' wird in der zitierten Passage ein Feld identifiziert,

---

1 Zu Gebauers Verlag vgl. Hans-Joachim Kertscher: Der Verleger Johann Justinus Gebauer. Mit einem Anhang: Ungedruckte Briefe aus dem Geschäftsnachlaß der Druckerei Gebauer & Schwetschke u. a., Halle 1998; ders.: Ein Hallescher Verleger mit naturwissenschaftlichen Ambitionen: Johann Jakob Gebauer. In: Cardanus. Jahrbuch für Wissenschaftsgeschichte 2 (2001), S. 47–73.

2 Joh. Just. Gebauers Wittwe [d. i. Maria Sophia Bertram] und Johann Jakob Gebauer: Gelehrte Nachricht. In: Neue Mannigfaltigkeiten 1 (1773/1774), S. 111 f., hier S. 111.

das durch wissenschaftliche Zeitschriften noch nicht ausreichend bearbeitet worden sei. Zugleich geben die Unterzeichner der Anzeige mit dieser Feststellung zu erkennen, dass sie die Naturgeschichte für ‚journalfähig' halten und davon ausgehen, dass ihr in der zweiten Hälfte des 18. Jahrhunderts vieldiskutiertes epistemisches und epistemologisches Fundament stabil, bekannt und für das anvisierte Publikum auch unstrittig genug sei, um in einer Zeitschrift für „Freunde und Liebhaber" vorausgesetzt werden zu können – in einem Medium, dessen vordringliches Ziel es nicht ist, Grundsatzdebatten zu führen. Schließlich suggerieren Mutter und Sohn in der zitierten Anzeige, dass eine allein der Naturgeschichte gewidmete Zeitschrift nicht nur möglich, sondern geradezu nötig sei, weil sie die „Wißbegierde" der „Freunde und Liebhaber" der *historia naturalis* bedienen und „unterhalten" könne, außerdem aber „die mehrere Ausbreitung der Kenntnisse dieser Art" sicherzustellen und endlich zur „Verbesserung" dieser Wissenschaft beizutragen vermöge.

Bei der Zeitschrift, deren Gründung die Unterzeichner der *Gelehrten Nachricht* in den *Neuen Mannigfaltigkeiten* annoncieren, handelt sich um den *Naturforscher,*[3] der von 1774–1804 bei Gebauer in Halle erschien und sich schnell als eines der wichtigsten deutschen wissenschaftlichen Periodika seiner Zeit etablierte. So betont etwa Martini in einer Rezension des ersten Stücks in den *Neuen Mannigfaltigkeiten,* dass er sich „wahre Vortheile" von der Zeitschrift versprochen habe, und lobt, sie habe bislang „unsre billigsten Erwartung[e]n weit übertroffen".[4] Herausgegeben wurde der *Naturforscher* von dem Theologen und Naturforscher Johann Ernst Immanuel Walch (1725–1778), der an der Universität Jena tätig war und dort seit 1759 den Lehrstuhl für Poesie und Beredsamkeit innehatte. Nach Walchs Tod wurde die Herausgeberschaft 1779 auf Johann Christian Daniel Schreber (1739–1810) übertragen, der den naturgeschichtlichen Schwerpunkt des *Naturforschers* beibehielt, sich als ehemaliger Schüler Linnés aber besonders darum bemühte, dem erfolgreichen und verbreiteten Periodikum „ein höheres wissenschaftliches Niveau zu verschaffen"[5]. Insofern dieses Bestreben das Problem verschärft haben dürfte, geeignete Beiträge für die Zeitschrift zu

---

3   Zu den Umständen der Gründung des *Naturforschers* vgl. neben dem Aufsatz von Kertscher: Ein Hallescher Verleger (wie Anm. 1) auch den Beitrag von Ute Schneider im vorliegenden Band.

4   Friedrich Heinrich Wilhelm Martini: Gelehrte Nachricht. In: Neue Mannigfaltigkeiten 1 (1773/1774), S. 623 f., hier S. 623.

5   Kertscher: Ein Hallescher Verleger (wie Anm. 1), S. 60.

finden, entsprechen ihm auch die immer größeren Zeiträume, die zwischen der Veröffentlichung der einzelnen Ausgaben des *Naturforschers* vergehen. Nachdem schon Walch den zunächst anvisierten vierteljährlichen Publikationsrhythmus nur im ersten Jahr der Zeitschrift einhielt, gibt Schreber in den gesamten 1780er Jahren lediglich elf und in den 1790er Jahren nicht mehr als vier Stücke heraus. In dem außergewöhnlich langen Zeitraum von 30 Jahren erscheinen insgesamt deshalb bloß 30 Stücke der Zeitschrift, darunter ein Registerband.[6]

Schon aufgrund der sich vergrößernden Publikationsintervalle, aber auch aufgrund der charakteristischen Veränderungen und Umbrüche der Wissens- und Medienkultur der 1770er Jahre konzentriert sich der vorliegende Beitrag auf die von Walch verantworteten Stücke des *Naturforschers*. Allerdings wird dabei nicht betrachtet, wie die Zeitschrift die in der zitierten Anzeige angekündigte Vermittlung naturgeschichtlichen Wissens von ‚Kennern' zu ‚Liebhabern' durch ‚Unterhaltung' leistet. Stattdessen soll das hier ebenfalls angesprochene Ziel der ‚Verbesserung' der Naturgeschichte in den Mittelpunkt gerückt werden. Hierfür wird zuerst die Zeitschrift und ihr Programm charakterisiert *(I.)*, danach aber ein Aspekt in den Blick genommen, der für das Ziel der ‚Verbesserung' zentral zu sein scheint: die Darstellung von unsicherem und vorläufigem Wissen *(II.)*. Zum Abschluss wird der *Naturforscher* kurz zu prominenten Formen der Auseinandersetzung mit Naturgeschichte in den 1770er Jahren in Bezug gesetzt und durch die Abgrenzung von einer weiteren wissenschaftlichen Zeitschrift profiliert – durch die Abgrenzung von den ab 1769 von Martini herausgegebenen *Mannigfaltigkeiten*, die mit ihren Fortsetzungen, den *Neuen*, den *Neuesten* und endlich den *Allerneuesten Mannigfaltigkeiten*, bis 1785 erscheinen *(III.)*.

I. Programm und Inhalt

In direktem Anschluss an die in den *Neuen Mannigfaltigkeiten* publizierte Anzeige entfaltet Walch das Programm des *Naturforschers* in der *Vorrede*, mit der er das erste Stück der Zeitschrift eröffnet. Dabei betont er zunächst, dass der *Naturforscher* der „ganzen Naturgeschichte" gewidmet sein solle, „mit

---

6   Für ein ausführliches Register des *Naturforschers* vgl. inzwischen Armin Geus (Hrsg.): Indices naturwissenschaftlich-medizinischer Periodica bis 1850, Bd. 1: Der Naturforscher 1774–1804, Stuttgart 1971.

Ausschliessung aller andern Wissenschaften, die sonst in dergleichen periodischen Schriften mit ihr verbunden werden", und begründet das damit,
dass

> das Feld der Naturgeschichte einen so weiten Umfang und in unsern Tagen so viele
> Freunde und Liebhaber hat, daß es ganz unnöthig seyn würde, solches aus benachbarten
> Gebieten entweder zu erweitern, oder zu verschönern.[7]

Nachdem er den Gegenstandsbereich des Periodikums auf die Naturgeschichte, „dieses Lieblingsstudium unsers Jahrhunderts"[8], eingegrenzt hat,
erklärt Walch, dass der *Naturforscher* sowohl „Originalaufsätze" deutschsprachiger Naturforscher als auch „getreue Uebersetzungen aus den neuesten
periodischen und andern Schriften der Ausländer" präsentieren solle.[9] Eine
solche „Verbindung einheimischer, sowol als fremder Abhandlungen aus
Einer Wissenschaft" habe in Zeitschriften, wie Walch hinzufügt, „einen sehr
guten Nutzen".[10] So würden es die Übersetzungen ermöglichen, von Eigen-
heiten besonders der französischen und englischen Naturgeschichte zu lernen und oft umfangreiche und teure fremdsprachige Werke – das bekann-
teste Beispiel hierfür wäre sicher Buffons *Histoire naturelle* – zumindest in
Ausschnitten zur Kenntnis zu nehmen. Die deutschsprachigen ‚Originalaufsätze' hingegen sollen, so bemerkt Walch, eher der Schließung von Wissenslücken dienen und sich hierfür „mit der Naturgeschichte einzelner Gegenden von unserm Deutschland beschäftigen" oder aber „ein merkwürdiges
Thier beschreiben", „einen mineralischen Cörper untersuchen" und „zum
Pflanzenreich gute Beyträge" liefern.[11]

Der Hauptzweck des Periodikums jedoch sei, so heißt es zum Abschluss
der *Vorrede*,

---

7 Johann Ernst Immanuel Walch: Vorrede. In: Der Naturforscher, 1. St. (1774), S. 3–14,
   hier S. 3 f.
8 Ebenda, S. 4. Ähnlich heißt es in der *Vorrede* des 10. Stücks: „Die Naturgeschichte ist das
   Mode-Studium unsers gegenwärtigen Weltalters". Johann Ernst Immanuel Walch: Vorrede. In: Der Naturforscher, 10. St. (1777), o. S.
9 Johann Ernst Immanuel Walch: Vorrede. In: Der Naturforscher, 1. St. (1774), S. 3–14,
   hier S. 4.
10 Ebenda, S. 5.
11 Ebenda, S. 6 f.

der Natur immer mehr Freunde und Liebhaber zu verschaffen, und sie mit sich von solchen so edlen Betrachtungen auf die Verehrung des in der Natur so verherrlichten Schöpfers zu führen.[12]

Auch wenn gezeigt wurde, dass solche Rechtfertigungen der Naturbetrach-
tung als ‚Gottesdienst' in maßgeblichen Periodika des 18. Jahrhunderts zunehmend bezweifelt und auch verspottet wurden,[13] durften sie zumindest in
den an ‚Freunde und Liebhaber' gerichteten deutschsprachigen naturgeschichtlichen Schriften der 1770er Jahre nicht fehlen.

Wie aber wird das in der *Vorrede* entworfene Programm umgesetzt? Bei
einem Blick in die Inhaltsverzeichnisse der von Walch herausgegebenen Stücke des *Naturforschers* zeigt sich, dass der Anteil an Übersetzungen schnell
abnimmt und diese bald ganz aus der Zeitschrift verschwinden. Während die
ersten Ausgaben noch kürzere Texte etwa von Thomas Pennant, Peter Col-
linson und William Watson aus den *Philosophical Transactions* und auch Abschnitte aus größeren Werken wie Carl de Geers *Mémoires pour servir à l'histoire
des insectes* enthalten, werden ab dem 1776 erschienenen 9. Stück des *Naturforschers* keine ‚fremden Abhandlungen' mehr berücksichtigt. Diesen Verzicht
erhebt der neue Herausgeber Schreber 1780 im *Vorbericht* des 14. Stücks
zum Programm, indem er erklärt:

Die in den Schriften auswärtiger gelehrter Gesellschaften und ähnlichen Werken der Ausländer vorkommenden, die Naturgeschichte angehenden Stücke, werden unsern Landsleuten jetzo von geschickten Übersetzern, theils in eigenen Sammlungen, theils in andern periodischen Schriften, in die Hände geliefert.[14]

Allerdings bemerkt Schreber nicht nur, dass Übersetzungen überflüssig seien,
weil sie inzwischen meist schon an anderer Stelle erscheinen. Im Fortgang seines Vorberichts erklärt er zudem, sie seien im *Naturforscher* deplatziert: „[D]ie
wichtigsten Entdeckungen anderer Nationen, die in der Naturgeschichte auf
gewisse Art Epoche machen", sollten den Lesern hier „lieber in einem körnig-
ten Auszuge, als wörtlich verdolmetscht, übergeben werden".[15]

---

12 Ebenda, S. 14.
13 Sandra Pott: Säkularisierung des Telos. Der kosmologische Gottesbeweis in periodischen
   Schriften des 18. Jahrhunderts. In: L. Danneberg, S. Pott, J. Schönert, F. Vollhardt
   (Hrsg.): Säkularisierung in den Wissenschaften seit der Frühen Neuzeit, Bd. 2: Zwischen
   christlicher Apologetik und methodologischem Atheismus. Wissenschaftsprozesse im
   Zeitraum von 1500 bis 1800, Berlin, New York 2002, S. 274–302.
14 Johann Christian Daniel Schreber: Vorbericht. In: Der Naturforscher, 14. St. (1780), o. S.
15 Ebenda.

Auch wenn dieser Verzicht auf Übersetzungen der Aufgabe eines der beiden
Schwerpunkte der Zeitschrift gleichkommt und in mehrerlei Hinsicht gedeu-
tet werden kann – als Anzeichen des Erfolgs der Zeitschrift, als Ausdruck
einer Tendenz zur Nationalisierung der Naturgeschichte wie auch als typischer Entwicklungsschritt hin zur wissenschaftlichen Fachzeitschrift –, ändert er nur wenig an der inhaltlichen Ausrichtung des *Naturforschers*. Schon
vorher wurde diese von den ‚Originalaufsätzen' bestimmt, die ein relativ
überschaubarer Beiträgerkreis hier veröffentlichte.

Neben Walch, der in der Zeitschrift eine große Anzahl an Texten, darun-
ter eine lange Serie mit dem Titel *Lithologische Beobachtungen* publizierte, gehö-
ren hierzu etwa der Oberwiederstedter Hofprediger Johann Christoph Meinecke (1722–1790), der Kahlaer Bürgermeister, Arzt und Vogelforscher
Friedrich Christian Günther (1726–1774), der Quedlinburger Pfarrer Johann
August Ephraim Goeze (1731–1793) und der Weimarer Theologe Johann
Samuel Schröter (1735–1808). Darüber hinaus zählen zum Beiträgerkreis der
Quedlinburger Lehrer und spätere Gymnasialrektor Johann Heinrich Friedrich Meinecke (1745–1825) wie auch der Kopenhagener Theologe Johann
Hieronymus Chemnitz (1730–1800) und schließlich der Göttinger Professor
für Philosophie und Medizin Johann Friedrich Gmelin (1748–1804). Die
Aufzählung verdeutlicht bereits, dass fast alle Beiträger die theologische Prägung aufwiesen, die für die auf ‚Freunde und Liebhaber' ausgerichtete Beschäftigung mit Naturgeschichte im deutschsprachigen Raum dieser Zeit
charakteristisch ist.

Den Forschungsinteressen der Autoren entsprechen die inhaltlichen Ak-
zente, die der *Naturforscher* in der Bearbeitung der Naturgeschichte setzt.
Diese liegen zunächst in den Gebieten der Lithologie und Mineralogie – neben Walch in seinen *Lithologischen Beobachtungen* befasst sich vor allem Johann
Heinrich Friedrich Meinecke mit diesem Gebiet in einer Serie an *Mineralogischen Bemerkungen*. Zudem konzentriert sich die Zeitschrift auf die Entomologie, der Johann Christoph Meinecke eine Reihe von *Entomologischen Beobachtungen* und der Eisenacher Arzt August Christian Kühn eine Vielzahl an
Anecdoten zur Insekten-Geschichte widmet, und schließlich die besonders von
Schröter und Chemnitz bearbeitete Konchyliologie.[16]

---

16 Vollständig verzeichnet finden sich die erwähnten Beitragsreihen bei Geus (wie Anm. 6),
    S. 30–32 *(Lithologische Beobachtungen)*, 23 *(Mineralogische Bemerkungen)*, 24 *(Entomologische Be-
    obachtungen)*, 21 f. *(Anecdoten zur Insekten-Geschichte)*.

II. Texte von unsicherem Wissen

Die Titel der genannten Beitragsreihen – *Lithologische Beobachtungen, Mineralogische Bemerkungen, Entomologische Bemerkungen, Anecdoten zur Insekten-Geschichte* – deuten bereits an, dass die im *Naturforscher* publizierten Beiträge sich in formaler Hinsicht nicht auf die beiden Textformen beschränken, die Buffon in der Mitte des 18. Jahrhunderts noch einmal als grundlegend für die Naturgeschichte herausgestellt hat: die ‚Beschreibung' und die ‚Geschichte'.[17] Zwar finden sich in der Zeitschrift auch diese eher traditionellen wissenschaftlichen Textformen – ‚Abhandlungen' sind hier ebenfalls in größerer Zahl vertreten –, doch situiert ein großer Teil der im *Naturforscher* erschienenen Beiträge sich nicht im Feld der Textformen, die eine geregelte Methode und ein gesichertes Wissen versprechen.

So fällt auf, dass die einzelnen Texte oft bereits in ihren Titeln durch Bezeichnungen wie ‚Beobachtungen', ‚Erfahrungen', ‚Gedanken', ‚Bemerkungen', ‚Beiträge', ‚Anmerkungen', ‚Nachrichten' und ‚Anekdoten' auf eine vermeintliche Beliebigkeit ihres Anlasses, Subjektivität des von ihnen Entfalteten sowie eine gewisse Unvollständigkeit und Fragmentarität verweisen. Außerdem ist festzustellen, dass sie immer wieder die Unsicherheit des von ihnen präsentierten Wissens hervorkehren, es somit gleichsam als Nicht-Wissen markieren, indem sie es in seiner Modalität einschränken und als ein bloß wahrscheinliches, spekulatives und vermutetes Wissen ausweisen und indem sie es temporalisieren, mithin als ein nur vorläufiges, noch nicht bestätigtes und womöglich bald widerlegtes Wissen kennzeichnen.

Nun ist zu betonen, dass das in einer Zeit vor der durchgreifenden Professionalisierung der Wissenschaften und der Durchsetzung eines spezifisch modernen Wissenschafts- und Objektivitätsbegriffs erst einmal nicht sonderlich bemerkenswert ist.[18] So lässt sich der gehäufte Rückgriff auf Textformen, die ein, wie man sagen könnte, ‚unsicheres Wissen' darzustellen vermögen, vor dem Hintergrund jener zunehmenden Enthierarchisierung des Wissenschaftssystems verstehen, die dem allmählichen Umbau der Gesellschaft von stratifikatorischer auf funktionale Systemdifferenzierung entspricht. Damit einher geht eine Neubewertung und Pluralisierung von Wis-

---

17 Vgl. Georges-Louis Leclerc de Buffon: Premier discours. De la manière d'étudier & de traiter l'Histoire Naturelle. In: Histoire naturelle, générale et particulière, avec la description du Cabinet du Roy, Paris 1749–1789, Bd. 1, S. 1–62, hier S. 24–31.

18 Zur Entwicklung des Objektivitätsbegriffs vgl. Lorraine Daston, Peter Galison: Objektivität, übers. v. Christa Krüger, Frankfurt a. M. 2007.

sensformen, die gerade für den Bereich der Naturgeschichte eine große Wirksamkeit entfaltet und in vielerlei Hinsicht ihr ‚Ende' bedeutet.[19] Zunächst ist zu beobachten, dass die von Christian Wolff kodifizierte Hierarchie von historischer, philosophischer und mathematischer Erkenntnis sich im Verlauf des 18. Jahrhunderts auch unter dem Druck der Frage nach dem Umgang mit empirischer Erkenntnis allmählich auflöst.[20] Wie Rudolf Stichweh dargelegt hat, liegt diese Frage, die oft durch die Ausweitung des Begriffs der historischen Erkenntnis zu beantworten versucht wird, auch dem problematischen Verhältnis der Naturgeschichte zur sich etablierenden Experimentalphysik zugrunde.[21]

Darüber hinaus ist gegen Ende des Jahrhunderts eine Pluralisierung gerade derjenigen Wissensformen zu bemerken, die sich auf eigene Beobachtungen, Erfahrungen und Erlebnisse beziehen und wiederum durch spezifische Darstellungsformen formiert und stabilisiert werden. Das zeigt sich an der Konjunktur von Wissensformen, die eigene Beobachtungen mithilfe bekannter, oft auch im engeren Sinne literarischer Darstellungsformen und Narrative konfigurieren – wie das etwa am Beispiel der Fallgeschichte nachvollzogen werden kann –,[22] oder von Wissensformen, die durch die vermeintliche Evidenz des Selbsterfahrenen und Selbsterlebten, also durch *aisthesis,* legitimiert werden. Erzeugt wird diese etwa in Reisebeschreibungen, insbesondere aber in noch stärker ‚bildlich' orientierten Textformen wie den ‚Ansichten', ‚Naturgemälden' und ‚Lebensbildern', deren Popularität bis weit in die zweite Hälfte des 19. Jahrhunderts andauert.[23]

19 Vgl. noch immer Wolf Lepenies: Das Ende der Naturgeschichte. Wandel kultureller Selbstverständlichkeiten in den Wissenschaften des 18. und 19. Jahrhunderts, Frankfurt a. M. 1978.

20 Zur Unterscheidung der drei Erkenntnisarten vgl. etwa Christian Wolff: Discursus praeliminaris de philosophia in genere / Einleitende Abhandlung über Philosophie im allgemeinen. Historisch-kritische Ausgabe, hrsg. v. Günter Gawlick, Lothar Kreimendahl, Stuttgart-Bad Cannstadt 1996, S. 2–31.

21 Vgl. Rudolf Stichweh: Zur Entstehung des modernen Systems wissenschaftlicher Disziplinen. Physik in Deutschland, 1740–1890, Frankfurt a. M. 1984, S. 14–39.

22 Beispielhaft hierzu Alexander Košenina, Carsten Zelle (Hrsg.): Kleine anthropologische Prosaformen der Goethezeit (1750–1830), Hannover 2011.

23 Zu diesem, in den letzten Jahren vermehrt erforschten Gattungsfeld sei hier nur verwiesen auf Jutta Müller-Tamm (Hrsg.): Verstandenes Lebensbild: Ästhetische Wissenschaft von Humboldt bis Vischer. Eine Anthologie, Berlin 2010; vgl. auch Michael Bies: Für Goethe: Naturgemälde von Humboldt, Wilbrand, Ritgen und Martius. In: M. Bies, M. Gamper, I. Kleeberg (Hrsg.): Gattungs-Wissen. Wissenspoetologie und literarische Form, Göttingen 2012, S. 162–189; ders.: Von Natur und Volkswirtschaft. ‚Ansichten' des 19. Jahrhun-

Vor diesem Hintergrund mag es nicht erstaunen, dass die Beiträger des *Naturforschers* gehäuft auf Textformen zurückgreifen, die unsicheres Wissen darstellen. Denn diese lassen sich ebenso als Reflex einer generellen Unsicherheit deuten, die die zeitgenössischen epistemischen und epistemologischen Umordnungen hervorgerufen haben und die eine ‚Verbesserung' der Naturgeschichte nur unter Vorbehalt möglich erscheinen lässt, wie als Ausdruck von entprofessionalisierenden Darstellungsstrategien, durch die naturgeschichtliches Wissen dem alleinigen Zugriff der ‚Kenner' entzogen und für ‚Freunde und Liebhaber' attraktiv und anschlussfähig gemacht werden soll – von Darstellungsstrategien also, wie sie im 18. Jahrhundert vor allem in Zeitschriften längst erprobt und etabliert waren. Dennoch ist beachtenswert, in welcher Weise unsicheres Wissen im *Naturforscher* ausgestellt und reflektiert wird.

Deutlich wird das bereits an den *Gedanken über die ganz weissen Vögel, welche von anders gefärbten Eltern anomalisch erzeugt werden,* die Friedrich Christian Günther im ersten Stück des *Naturforschers* publiziert. Dabei geht er von der Beobachtung aus, dass es „beynahe kein einziges Vogelcabinet" gibt, „in welchem nicht ganz weisse Vögel vorgezeiget werden sollten".[24] Im Verlauf des Beitrags trägt Günther sodann dem Legitimationsdruck Rechnung, dem die Auseinandersetzung mit anomalen Tieren in der Naturgeschichte des 18. Jahrhunderts unterliegt. Er versucht, die ‚ganz weißen Vögel' durch eine an Newtons Optik anschließende Erklärung zu ‚normalisieren' und ihren Verbleib in den Naturaliensammlungen so auf dem Umweg über die Physik zu rechtfertigen. Allerdings ist Günther, selbst Inhaber eines umfangreichen, auch von Walch immer wieder benutzten Naturalienkabinetts,[25] sich seiner Sache nicht allzu sicher oder will sich zumindest als nicht allzu sicher präsentieren. Wiederholt betont er, dass seine Erklärung nur einen empirisch nicht belegbaren „Versuch" darstelle und er seine Überlegungen „nicht vor unumstößlich wahr ausgeben, sondern bloß allein *vor wahrscheinlich* halten" wolle,

---

derts. In: G. Berg (Hrsg.): WissensTexturen. Literarische Gattungen als Organisationsformen von Wissen, Frankfurt a. M. 2014 (im Erscheinen).

24 Friedrich Christian Günther: Gedanken über die ganz weissen Vögel, welche von anders gefärbten Eltern anomalisch erzeuget werden. In: Der Naturforscher, 1. St. (1774), S. 54–64, hier S. 54.

25 Vgl. Kertscher: Ein Hallescher Verleger (wie Anm. 1), S. 52 f.

weil die Subtilität der Sache nur allein vernünftige Folgerungen der Verstandes, keinesweges aber die körperliche Untersuchung unserer Sinnen verstattet.[26]

„Gerne" lasse er seine „Meynung", so schreibt Günther weiter, „sofort wiederum fahren […], so bald uns eine Erklärung mitgetheilet wird, welche gründlicher und wahrscheinlicher ist, als die unsrige".[27]

In einer ähnlichen Weise wie Günther, dessen Beitrag in den folgenden Stücken des *Naturforschers* weitere Ausarbeitung, aber auch Widerspruch fand,[28] verfährt Walch in seinen *Lithologischen Beobachtungen*. In dem ebenfalls in der ersten Ausgabe des *Naturforschers* publizierten Einleitungsstück der Textserie erklärt er, dass das Format der Zeitschrift besonders dafür geeignet sei, den „Naturfreunden" eigene „Beobachtungen" und „Muthmassungen" zu präsentieren und „zur Prüfung" vorzulegen.[29] Denn dadurch werde es möglich, einen „nähern Schritt zum Wahren und Gewissen in der Naturkunde" zu machen, ohne die Leser „erst mit einer ganzen weitläuftigen Abhandlung zu ermüden".[30] Was sei „besser", fragt Walch,

> als seine Entdeckungen, Muthmassungen, Problemen, die oft unerwartet höchst nützlich seyn können, den Kennern und Freunden der Natur in einzelnen Beobachtungen auf eine simple, und ungekünstelte Art und dabey in möglichster Kürze und Deutlichkeit vorzulegen, und ihr Urtheil hierüber zu erwarten. Ein Journal, wie dieses ist, bietet hierzu die bequemste Gelegenheit an die Hand.[31]

Die sich in den Artikeln von Günther und Walch manifestierende Bereitschaft, den *Naturforscher* als ein Medium zur Artikulation von Wissenslücken, zum Entwurf unsicheren Wissens und schließlich zur Überführung dieses unsicheren Wissens in sicheres Wissen zu begreifen und nutzen, zeigt sich

---

26 Günther (wie Anm. 24), S. 55.

27 Ebenda, S. 56.

28 Vgl. Friedrich Christian Günther: Gedanken über die Entstehungsart der anomalischschwarzen Farbe verschiedener sonst anders gefärbten Vögel. In: Der Naturforscher, 2. St. (1774), S. 1–9; Johann Ernst Immanuel Walch: Von der anomalisch-weissen Farbe der Vögel. In: Der Naturforscher, 4. St. (1774), S. 128–135. Wie Walch hier mitteilt, sei Günthers „Meynung", „ihrer sinnreichen Erfindung ungeachtet" (S. 128), im Auftrag der Naturforschenden Gesellschaft zu Danzig von Friedrich August Zorn von Plobsheim überprüft und verworfen worden – u. a. deshalb, weil Günther „die Würkung der Einbildungskraft der Vögel auf ihre Jungen vernachlässigt habe" (S. 133).

29 Johann Ernst Immanuel Walch: Lithologische Beobachtungen. Erstes Stück. In: Der Naturforscher, 1. St. (1774), S. 194–206, hier S. 194.

30 Ebenda, S. 194 f.

31 Ebenda, S. 195.

auch in den folgenden Ausgaben der Zeitschrift. Jedoch ist zu bemerken, dass die Beiträger vor allem ab den 1780er Jahren, also in den Jahren nach Walchs Herausgeberschaft, das vom *Naturforscher* eröffnete Diskussions- und Experimentierfeld langsam wieder schließen, indem sie sich vermehrt zurückwenden und in eigenen Revisionen und Korrekturen mit der Zeitschrift selbst befassen. Damit führen sie eine Umstellung durch, die dem generellen „Reflexivwerden"[32] des zeitgenössischen Mediensystems entspricht und durch die sich zur Jahrhundertwende hin beschleunigende „Desintegration der Naturgeschichte"[33] begünstigt wurde, insgesamt aber auch als Ausdruck einer Stagnation im Niemandsland zwischen dem zunehmend anachronistischen Modell der auf Unterhaltung zielenden allgemeinen wissenschaftlichen Zeitschrift und demjenigen der wissenschaftlichen Fachzeitschrift im engeren Sinne verstanden werden kann.

Diese allmähliche Umstellung von einem gegenwärtigen zu einem vergangenen Noch-Nicht-Wissen, mit der der *Naturforscher* den Anspruch auf Schließung aktueller Wissenslücken zu einem gewissen Teil preisgibt, vollzieht zuerst der dänische Zoologe Otto Friedrich Müller (1730–1784). Um die „Irthümer und Mißdeutungen zu heben", die sich in die Zeitschrift eingeschlichen haben, beginnt er 1783 unter dem Titel *Anmerkungen beim Durchlesen einiger Aufsätze in den 10 ersten Stücken des Naturforschers* damit, Notizen zu veröffentlichen, die er in seinem „Exemplar" des Periodikums „grossentheils beygeschrieben habe".[34] Müllers Beispiel findet Nachahmer. Ihm folgen der Ingolstädter Botaniker und Entomologe Franz von Paula Schrank (1747–1835), der 1788 seine *Anmerkungen zu den ersten zwanzig Stücken des Naturforschers* publiziert,[35] und Johann Christoph Meinecke, dessen ausführliche Anmerkungen 1792 und 1793 postum unter dem Titel *Zufällige Gedanken und*

---

32 Ernst Fischer, Wilhelm Haefs, York-Gothart Mix: Einleitung: Aufklärung, Öffentlichkeit und Medienkultur in Deutschland im 18. Jahrhundert. In: E. Fischer, W. Haefs, Y.-G. Mix (Hrsg.): Von Almanach bis Zeitung. Ein Handbuch der Medien in Deutschland 1700–1800, München 1999, S. 9–23, hier S. 15.

33 Stichweh (wie Anm. 21), S. 45.

34 Otto Friedrich Müller: Anmerkungen beym Durchlesen einiger Aufsätze in den 10 ersten Stücken des Naturforschers. In: Der Naturforscher, 19. St. (1783), S. 159–176, hier S. 159; vgl. auch die Fortsetzung: ders.: Anmerkungen beym Durchlesen einiger Aufsätze in den zehen ersten Stücken des Naturforschers. In: Der Naturforscher, 20. St. (1784), S. 131–146.

35 Vgl. Franz von Paula Schrank: Anmerkungen zu den ersten zwanzig Stücken des Naturforschers. In: Der Naturforscher, 23. St. (1788), S. 126–148.

Erläuterungen über die ersten 20 Stücke des Naturforschers, in Rücksicht der darin enthaltenen lithologischen und mineralogischen Abhandlungen erscheinen.

Der damit vollzogene Wechsel ist deutlich. Zwar heißt es in den *Zufälligen Gedanken und Erläuterungen* noch ähnlich wie in zahlreichen Beiträgen aus den frühen Ausgaben des *Naturforschers,* dass „das menschliche Wissen" durch die hier publizierten Anmerkungen „zu einem höhern Grade der Wahrheit und Vollkommenheit" gebracht werden solle.[36] Doch ist nicht zu übersehen, dass hinter dieser noch weitgehend intakten Fassade der Aufklärungs- und Fortschrittsrhetorik inzwischen ein ganz anderes Ziel verfolgt wird, dass an die Stelle von Innovation die kritische Revision, an die Stelle der ‚Verbesserung' der Naturgeschichte die ‚Verbesserung' der in der Zeitschrift erschienenen Beiträge getreten ist. So geht es Müller, Schrank und Meinecke in ihren ‚Anmerkungen', ‚Gedanken' und ‚Erläuterungen' weniger um die Gewinnung neuer Erkenntnisse und die Schließung aktueller Wissenslücken als um die Korrektur und Vervollständigung dessen, was fast zwei Jahrzehnte vorher für ein noch unsicheres und wahrscheinliches Wissen gehalten wurde.

III. Nach der Wochenschrift

Mit Blick auf die epistemologischen, sozialen und medialen Formen und Praktiken der Naturgeschichte der zweiten Hälfte des 18. Jahrhunderts lässt sich der *Naturforscher* im Schnittfeld zweier wichtiger, sich wechselseitig bedingender ‚Kulturen der Naturgeschichte' im deutschsprachigen Raum verorten,[37] die hier nur skizziert werden können.

Zunächst schließt die Zeitschrift an eine bürgerlich-dilettantische Kultur der Naturgeschichte an, die oft noch stark physikotheologisch und empfindsam codiert ist, vor allem von ‚Freunden und Liebhabern' getragen wird und

---

36 Johann Christoph Meinecke: Zufällige Gedanken und Erläuterungen über die ersten 20 Stücke des Naturforschers, in Rücksicht der darin enthaltenen lithologischen und mineralogischen Abhandlungen. In: Der Naturforscher, 26. St. (1792), S. 176–232, hier S. 176 f.; vgl. auch ders.: Fortsetzung der zufälligen Gedanken und Erläuterungen über das 11te bis 20ste St. des Naturf. in Rücksicht der darin enthaltnen Abhandlungen aus dem Mineralreiche. In: Der Naturforscher, 27. St. (1793), S. 92–127.

37 Geprägt wurde die Formel der ‚Kulturen der Naturgeschichte' durch den noch immer den wegweisenden Sammelband von Nicolas Jardine, James A. Secord, Emma C. Spary (Hrsg.): Cultures of Natural History, Cambridge 1996.

nicht nur auf die Vermehrung, Ordnung und Vermittlung von Wissen zielt, sondern in der die Auseinandersetzung mit Naturgeschichte auch der Sozialisierung und Vergemeinschaftung sowie der individuellen Unterhaltung, Erbauung und Selbstdarstellung dient. Diese Naturgeschichte der Pfarrer, Lehrer, Ärzte, Apotheker und Kaufmänner – in der Regel handelt es sich hierbei um Männer – findet ihre Zentren in Städten wie Weimar, Jena oder Berlin, und sie ist institutionell verankert in regional gebundenen Journalgesellschaften und Naturforschenden Gesellschaften, von denen einige, wie etwa die 1773 von Martini gegründete *Naturforschende Gesellschaft zu Berlin*,[38] auch überregionale Wirkung entfalten. Schließlich ist für diese Form der Naturgeschichte charakteristisch, dass sie sich häufig in am Modell der Moralischen Wochenschrift orientierten allgemeinen wissenschaftlichen Zeitschriften artikuliert, in denen eine Vielzahl von Beiträgern sich an ein Publikum gleichgesinnter ‚Freunde und Liebhaber' der Natur wendet und eine oft heterogene Vielzahl an Perspektiven und Gegenständen zur Diskussion stellt.

Dass sich der *Naturforscher* von diesen allgemeinen wissenschaftlichen Zeitschriften durch die Spezialisierung auf Beiträge zur Naturgeschichte unterscheidet, deutet bereits an, an welcher weiteren Kultur der Naturgeschichte er partizipiert. So bezieht er sich auch auf die sich im 18. Jahrhundert verstärkt etablierende universitäre Kultur der Naturgeschichte, die von Städten wie Göttingen aus geprägt und von Wissenschaftlern wie Johann Christian Polykarp Erxleben (1744–1777) und Johann Friedrich Blumenbach (1752–1840) betrieben wird. Ihren Ausdruck findet diese Form der Naturgeschichte zunächst in Vorlesungen und Handbüchern, in denen sich Erxleben und Blumenbach – aber nicht nur sie – besonders seit den Jahren um 1770 um eine schnell erlernbare und nach einem einheitlichen System geordnete „Universalnaturgeschichte"[39] bemühen, mit der sie noch einmal die Einheit dieses zunehmend in eigenständige Bereiche zerfallenden Wissensgebiets zu affirmieren suchen. Gegen Ende des 18. Jahrhunderts manifestiert sich diese Form der Naturgeschichte verstärkt auch in wissenschaftlichen Fachzeitschriften, die aus den allgemeinen wissenschaftlichen Zeitschriften der bür-

---

38 Vgl. hierzu Katrin Böhme-Kaßler: Gemeinschaftsunternehmen Naturforschung. Modifikation und Tradition in der Gesellschaft Naturforschender Freunde zu Berlin 1773–1906, Stuttgart 2005.

39 Johann Christian Polykarp Erxleben: Anfangsgründe der Naturgeschichte. Zwote, vermehrte u. verb. Auflage mit Kupfern, Göttingen, Gotha 1773, o. S. („Vorrede zur zwoten Auflage"). Vgl. auch Johann Friedrich Blumenbach: Handbuch der Naturgeschichte. Mit Kupfern, 2 Bde., Göttingen 1779/80.

gerlich-dilettantischen Kultur der Naturgeschichte entstehen,[40] im Gegensatz zu ihnen aber keinem Programm der ‚Bildung' durch ‚Unterhaltung' mehr verpflichtet sind und weniger auf die Repräsentation einer regional gebundenen Gesellschaft als auf „Distanzüberbrückung in einer anders nicht kommunikationsfähigen Gemeinschaft" zielen.[41] Dabei ist zu bemerken, dass diese Fachzeitschriften innerhalb der universitären Kultur der Naturgeschichte ein anderes Anliegen als die erwähnten Handbücher verfolgen. Denn meist bemühen sie sich nicht mehr darum, eine Einheit der *historia naturalis* zu sichern. Vielmehr treiben sie ihre allmähliche ‚Desintegration' sogar noch voran, indem sie sich nicht mehr der Naturgeschichte insgesamt zuwenden, sondern – wie das etwa die seit den 1780er Jahren verstärkt erscheinenden botanischen Zeitschriften belegen – bloß einem ihrer Teilgebiete.

Mithilfe der Differenzierung dieser beiden Kulturen der Naturgeschichte wird nun auch die besondere Position sichtbar, die dem *Naturforscher* innerhalb der Medienkultur der zweiten Hälfte des 18. Jahrhunderts zukommt. Deutlich wird, dass er Merkmale von beiden der umrissenen Zeitschriftentypen aufweist, ohne sich einem von ihnen restlos zuweisen zu lassen. Während er mit der auf Unterhaltung zielenden allgemeinen wissenschaftlichen Zeitschrift das Interesse an ‚Freunden und Liebhabern' teilt, sich von ihr aber durch die Spezialisierung auf ein Wissensgebiet absetzt, verhält es sich in Relation zur wissenschaftlichen Fachzeitschrift genau umgekehrt: Diese strebt ebenfalls nach Spezialisierung – die sie meist noch weiter als der *Naturforscher* treibt –, adressiert aber vor allem ein Publikum von ‚Kennern'.

Auch wenn sich der *Naturforscher* insofern durch eine Position zwischen zwei wichtigen Zeitschriftentypen charakterisieren lässt, mithin als eine spezialisierte wissenschaftliche Zeitschrift beschrieben werden kann, die keine allgemeine wissenschaftliche Zeitschrift mehr ist und auch noch keine spezialisierte Fachzeitschrift, ist im Blick auf die Medienkultur der 1770er Jahre allein die Abgrenzung vom ersten der beiden Typen wichtig. Nachvollziehbar wird diese, wenn man den *Naturforscher* mit den 1769 von Martini gegründeten *Mannigfaltigkeiten* vergleicht, einer erfolgreichen, überaus langlebigen Wochenschrift, die besonders die Vermittlung französischer Naturgeschichte vorangetrieben hat.[42]

---

40 Vgl. Stichweh (wie Anm. 21), S. 394–441.

41 Ebenda, S. 426.

42 Vgl. auch Michael Bies: Natur-Geschichten vom „deutschen Büffon". Friedrich Heinrich Wilhelm Martinis *Mannigfaltigkeiten* (1769–1773). In: M. S. Doms, B. Walcher (Hrsg.): Periodische Erziehung des Menschengeschlechts. Moralische Wochenschriften im deutsch-

Dabei zeigt sich zunächst, wie stark Walch in formaler Hinsicht von Martini abweicht: Während dieser die *Mannigfaltigkeiten* nicht zuletzt mithilfe einer Herausgeberfiktion als Moralische Wochenschrift positioniert,[43] verfolgt Walch dieses Modell nicht weiter, auch wenn der Titel seiner Zeitschrift das durch die Kontinuität zur traditionellen Titelbildung Moralischer Wochenschriften wie *Der Patriot* (1724–1726), *Der Gesellige* (1745–1746), *Der Mensch* (1751–1756) oder *Der Hypochondrist* (1762) suggerieren mag. Darüber hinaus differieren die Periodika in Form, Inhalt und Zusammenstellung der Beiträge und der hierbei verfolgten Poetik. Anders als der *Naturforscher,* der sich auf Texte zur Naturgeschichte beschränkt, enthalten die *Mannigfaltigkeiten* und ihre Fortsetzungen auch Beiträge zu ökonomischen und moralischen Fragestellungen. Dabei mischen sie wissenschaftliche Texte oft so weit mit Gedichten, Erzählungen, Anzeigen, Rezensionen und ‚Nachrichten', dass planvolle ‚Mannigfaltigkeit' immer wieder in reine Beliebigkeit der Zusammenstellung umzuschlagen scheint.

Bemerkenswert sind diese Unterschiede zwischen den Zeitschriften, weil Martini und Walch zum Teil auf die gleichen Beiträger zurückgreifen – hierzu gehören etwa Johann Christoph Meinecke, Johann August Ephraim Goeze, Johann Samuel Schröter und Johann Heinrich Friedrich Meinecke, die in den *Mannigfaltigkeiten* jedoch häufig auch literarische Texte publizieren. Außerdem ist interessant, dass der Vergleich beider Periodika eine Verkreuzung sichtbar werden lässt, die daran erinnert, dass eine spezialisierte wissenschaftliche Zeitschrift, wie sie der *Naturforscher* vorstellt, nicht in jeder Hinsicht auch als innovativer als eine allgemeine wissenschaftliche Zeitschrift wie die *Mannigfaltigkeiten* einzuschätzen ist. Während die *Mannigfaltigkeiten* in ihrer Form eher traditionell, in ihrem Inhalt aber zumindest dadurch wegweisend sind, dass sie sich ausdauernd um die Vermittlung der im deutschen Sprachraum oft ignorierten französischen Naturgeschichte bemühen, scheint es sich beim *Naturforscher* genau umgekehrt zu verhalten. Obwohl Walch und auch Schreber das Periodikum nicht mehr als Wochenschrift, sondern als spezialisierte wissenschaftliche Zeitschrift anlegen, konzentrie

---

sprachigen Raum, Bern 2012, S. 429–446; ders.: „Wissenschaft fürs Herz". Friedrich Heinrich Wilhelm Martinis Naturgeschichte für ‚Liebhaber'. In: U. Goldenbaum, A. Košenina (Hrsg.): Berliner Aufklärung. Kulturwissenschaftliche Studien, Bd. 5, Hannover 2013, S. 59–78.

43 Zur Herausgeberfiktion, die hier jedoch bald wieder fallengelassen wurde, vgl. Polylogus [d. i. Friedrich Heinrich Wilhelm Martini]: Geschichte dieser Wochenschrift. In: Mannigfaltigkeiten 1 (1769/1770), S. 1–40.

ren sie sich mit ihren Schwerpunkten – der Lithologie, Mineralogie, Entomologie und Konchyliologie –,[44] auf diejenige Bereiche der Naturgeschichte, die in Deutschland schon länger ein besonderes Liebhaberthema waren.

44 Nicht unterschlagen werden soll an dieser Stelle jedoch, dass sich auch Friedrich Heinrich
    Wilhelm Martini intensiv mit der Konchyliologie befasste. Vgl. ders.: Neues systemati-
    sches Conchylien-Cabinet […], 3 Bde., Nürnberg 1769–1777. Nach Martinis Tod wurde
    das *Conchylien-Cabinet* von Johann Hieronymus Chemnitz fortgesetzt; bis 1795 erschienen
    insgesamt 11 Bände.

Für Kenner und Liebhaber
Zur Idee und Konzeption der Zeitschrift „Der Naturforscher" (1774–1804)

I. Die Idee

Am 12. März 1773 wandte sich der Hallesche Verleger Johann Jakob Gebauer (1745–1818)[1] an den Rektor der Universität Jena, den Theologen und Geologen Johann Ernst Immanuel Walch (1725–1778),[2] um seine „gelehrte[n] Einsichten und guten Rath über einen Verlagsartikel [...] zu erbitten"[3]. Der Verleger beabsichtigte, ein naturwissenschaftliches Journal zu gründen. Impulsgebend war die Beliebtheit naturkundlicher Themengebiete im bürgerlichen Publikum, was ihm als solide Ausgangsbasis für einen profitablen Absatz erschien. So argumentierte er vor Walch mit dem Interesse eines

---

1   Zu Gebauer vgl. Hans-Joachim Kertscher: Ein hallenser Verleger mit naturwissenschaftlichen Ambitionen: Johann Jakob Gebauer. In: Cardanus 2 (2001), S. 47–73. Erneut in: Ders.: Literatur und Kultur in Halle im Zeitalter der Aufklärung, Hamburg 2007, S. 339–358. Kertscher geht noch davon aus, dass die ersten Überlegungen zum *Naturforscher* nicht dokumentiert und rekonstruierbar sind (vgl. 2001, S. 49).

2   Zu Walch vgl. die Biographie: Leben und Character des seel. Herrn Hofrath und Professor Joh. Ernst Immanuel Walch zu Jena, Weimar: Carl Ludolf Hofmann 1779; detailliert: [Justus Christian Hennings, Johann Samuel Schröter:] Lebensgeschichte des wohlseligen Herrn Hofraths Joh. Ernst Walch zu dessen ruhmvollen Andenken entworfen, Jena: Mauke 1780; Ernst von Dobschütz: Johann Ernst Immanuel Walch. In: Allgemeine Deutsche Biographie, Bd. 40, Leipzig: Duncker & Humblot 1896, S. 652–655.

3   Halle, Stadtarchiv, Verlagsarchiv (VA) Gebauer/Schwetschke, A 6.2.6 Nr. 12891. Ein Großteil der Verleger-/Herausgeber-Korrespondenz zum *Naturforscher* ist im Stadtarchiv Halle zumindest einseitig erhalten. Es handelt sich vorwiegend um die Briefe des Herausgebers an den Verlag. In Halle wird das Verlagsarchiv des 1733 gegründeten Verlags Gebauer/Schwetschke verwahrt, das von der Gründung bis 1930 fast die vollständige Verlagskorrespondenz enthält; vgl. dazu die Online-Korrespondenz: <http://www.gebauer-schwetschke.halle.de/gs/home/Projekt/>, zuletzt: 1.2.2014. Zum Verlagsarchiv vgl. Marcus Conrad: Das Verlagsarchiv des Unternehmens Gebauer-Schwetschke in Halle. In: Ch. Haug, G. Eschenbach, U. Schneider (Hrsg.): Verlagsarchive, Wiesbaden (vor. 2014).

breiten Publikums: „Der itzige herrschende Geschmack an der Naturhistorie hat uns auf die Gedanken gebracht, eine Monatsschrift unter dem etwaigen Titel *Das Anmutigste aus der neuesten Naturhistorie* zu verlegen."[4] Gebauer wollte sein verlegerisches Interesse und kommerzielles Anliegen mit der voranschreitenden Verwissenschaftlichung des bürgerlichen Lebens verknüpfen. Der Verleger bat Walch um eine Einschätzung über das geplante Verlagsprodukt und lud ihn gleichzeitig ein, als Herausgeber zu fungieren.

Die leitende Frage hier ist die nach den Gründungsmotiven und den geschickten strategischen Überlegungen des Verlegers Gebauer, der den Verlag in zweiter Generation führte, und des Herausgebers Walch, um ein neues Journal auf dem expandierenden Buch- und Zeitschriftenmarkt der Aufklärung zu positionieren und es als Neuerscheinung für ein größeres Publikum attraktiv werden zu lassen.

Der Verlag Gebauer war zu dieser Zeit schon 40 Jahre auf dem Buchmarkt etabliert, verfügte über eine leistungsfähige Druckerei und hatte bereits renommierte Professoren sowohl von der örtlichen als auch von auswärtigen Universitäten im Programm.[5] Insbesondere von den in Halle aufblühenden Naturwissenschaften und der Medizin profitierten die Halleschen Verlage, so auch Gebauer. Durch die universitären Publikationen wurde Halle „auf Jahrzehnte zu einem Zentrum der Wissenschaftspublizistik. Einige Verlage und Verleger gelangten dadurch in eine Sonderstellung von weitaus mehr als lediglich lokaler Bedeutung."[6] Halle war nicht nur ein

---

4   Halle, Stadtarchiv, VA Gebauer/Schwetschke, A 6.2.6 Nr. 12891. In der folgenden Korrespondenz unterscheiden Verleger und Herausgeber noch nicht zwischen Naturkunde, Naturhistorie bzw. -geschichte und Naturlehre bzw. Naturwissenschaft. Sämtliche Begriffe finden hier synonym Anwendung. Zur Problematik und Begriffsgeschichte vgl. z. B. Paul Zische: Von der Naturgeschichte zur Naturwissenschaft. Die Naturwissenschaften als eigenes Fachgebiet an der Universität Jena. In: Berichte zur Wissenschaftsgeschichte 21 (1998), S. 251–263.

5   Zur Verlagsgeschichte vgl. Erich Neuß: Gebauer/Schwetschke. Geschichte eines deutschen Druck- und Verlagshauses. 1733–1933, Halle: Gebauer-Schwetschke 1933; Hans-Joachim Kertscher: Der Verleger Johann Justinus Gebauer. Mit einem Anhang: Ungedruckte Briefe aus dem Geschäftsnachlaß der Druckerei Gebauer & Schwetschke u. a., Halle 1998; ders.: Die Verleger Carl Hermann Hemmerde und Carl August Schwetschke. Mit einem Anh.: Ungedruckte Briefe und Schriftstücke aus dem Geschäftsnachlaß der Verlage Hemmerde und Hemmerde & Schwetschke, Halle 2004.

6   Wolfram Kaiser, Werber Piechocki: Hallesches Druck- und Verlagswesen des 18. und des frühen 19. Jahrhunderts im Dienst der medizinisch-naturwissenschaftlichen Publizistik. In: Wissenschaftliche Zeitschrift. Mathematisch-naturwissenschaftliche Reihe, Halle 1951, S. 61–85, hier S. 63.

bedeutendes Zentrum der Aufklärung, sondern neben Leipzig, Hamburg und Frankfurt am Main gleichfalls einer der wichtigsten Verlagsorte in der deutschen Zeitschriftenproduktion.

Nur drei Tage nach dem Angebot des Verlegers, am 15. März 1773, antwortete Walch und ging mit dem Verleger dahingehend konform, dass

> eine zur gesamten Naturkunde gehörige periodische Schrift, wenn sie recht nutzbar eingerichtet wird, wahrscheinlicher Weise vielen Beyfall [...] finden dürfte, da heut zu Tage die Naturwißenschaft zum allgemeinen Lieblingsstudio geworden.[7]

Walch war prädestiniert, als treibende Kraft dem neuen Projekt zum Erfolg zu helfen. Er war durch ganz Europa gereist, sprach mehrere Sprachen und war Mitglied in mehr als einem Dutzend wissenschaftlicher Gesellschaften in ganz Europa, u. a. in der *Arcadischen Gesellschaft* in Rom und in der 1743 gegründeten *Naturforschenden Gesellschaft* zu Danzig, später auch in der 1773 gegründeten *Gesellschaft der Naturforschenden Freunde zu Berlin*, um nur wenige Beispiele zu nennen. Walch hatte auf seinen Reisen eine ansehnliche Sammlung von mineralogischen Funden, ausgestopften Vögeln, Insekten und präparierten Pflanzen zusammengetragen, pflegte vielfältige nationale wie internationale Kontakte und hatte bereits in den Jahren 1762–1764 eine zweibändige Mineralienkunde unter dem Titel *Das Steinreich*[8] bei Gebauer herausgebracht.

Walchs Engagement ging über die rein inhaltliche Konzeption des neuen Journals hinaus, er unterstützte den Verleger auch in marketingtechnischen und absatzstrategischen Überlegungen. Diese begannen beim geeignetsten Erscheinungsrhythmus:

> Es ist besser, ein solches Journal zu einer vierteljährigen als monatlichen Schrift zu machen, die Bestimmung der Stärke jeden Stückes wird nun dero Ermessen obliegen. Ich dächte 6 bis 8 Bogen ungefähr.[9]

Und dies betraf auch die Formulierung eines zugkräftigen Titels: „Ein kurzer simpler Titel dient dem heutigen Geschmack".[10] Die Frage des „heutigen Geschmacks" wurde in der Korrespondenz sehr häufig aufgeworfen. Herausgeber und Verleger haben sich am potentiellen Publikum orientiert,

---

7 Halle, Stadtarchiv, VA Gebauer/Schwetschke, A 6.2.6 Nr. 13228.
8 Johann Ernst Immanuel Walch: Das Steinreich. Systematisch entworfen, 2 Bde., Halle: Gebauer 1762–1764.
9 Halle, Stadtarchiv, VA Gebauer/Schwetschke, A 6.2.6 Nr. 13228.
10 Ebenda.

sich von der Marktgängigkeit und vom Käuferpublikum leiten lassen. Schließlich fiel die Entscheidung für *Der Naturforscher (vgl. Abb. 1).*[11]

Abb. 1

11 Die Zeitschrift ist online verfügbar, allerdings ohne die Farbigkeit der illuminierten Kupferstiche <http://www.ub.uni-bielefeld.de/diglib/aufkl/naturforscher/naturforscher.htm>, zuletzt: 1.2.2014. Vgl. zum Inhalt, zu den Mitarbeitern, Illustratoren etc.: Armin Geus: Indices naturwissenschaftlich-medizinischer Periodica bis 1850, Bd. 1: Der Naturforscher 1774–1804, Stuttgart 1971.

II. Die Kontexte

Für den Erfolg der neuen Zeitschrift waren die Rahmenbedingungen in zweierlei Hinsicht günstig: *Erstens* fand das wissenschaftliche Sammeln und anschließende Klassifizieren von Naturalien anhaltendes Interesse im Bürgertum und wurde dort zu einer kulturellen Praxis, und *zweitens* erlebte der Zeitschriftenmarkt schon seit der Mitte des 18. Jahrhunderts eine ebenso anhaltende Blüte.

II.1. Bürgerliches Sammeln und gelehrtes Klassifizieren

Naturkunde als modischer Zeitvertreib des Bürgertums war ein stichhaltiges Argument für den potentiellen Erfolg eines neuen Journals. Private Naturalienkabinette mit systematischen Sammlungen hatten Konjunktur, und noch im selben Jahr, als der Verleger den *Naturforscher* plante, wurde im Juli 1773 in Berlin die *Gesellschaft Naturforschender Freunde zu Berlin* gegründet, um die dortigen privaten Kabinette für einen größeren Kreis zu öffnen. Der Weimarer Theologe und Naturforscher Johann Samuel Schröter (1735–1808), der auch für Walchs *Naturforscher* über 20 Beiträge lieferte, hatte das 18. Jahrhundert als „Kabinetseculum"[12] bezeichnet, in dem es für jedermann erstrebenswert sei, ein Naturalienkabinett zu besitzen. Auch der Verleger Gebauer pflegte dieses bürgerliche Hobby und war ein leidenschaftlicher „Naturkundler". Er besaß u. a. eine „für die damalige Zeit einmalige Nelkensammlung"[13], sammelte auch Insekten und unterhielt einen regen Austausch mit anderen Sammlern. Er war gut vernetzt unter Gleichgesinnten und trat 1800 auch der *Naturforschenden Gesellschaft* in Halle bei. 1802 gab er ein gedrucktes Verzeichnis seiner Sammlung heraus.[14] Es hatte also neben seinem buchhändlerischen auch ein privates Interesse an der geplanten Zeit-

---

12 Zitiert nach Anke te Heesen: Vom naturgeschichtlichen Investor zum Staatsdiener. Sammler und Sammlungen der Gesellschaft Naturforschender Freunde zu Berlin um 1800. In: Dies., E. C. Spary (Hrsg.): Sammeln als Wissen. Das Sammeln und seine wissenschaftsgeschichtliche Bedeutung, Göttingen 2001, S. 62–84, hier S. 63.

13 Kertscher 2007 (wie Anm. 1), S. 339–353.

14 Systematisches Verzeichniss der Seesterne, Seeigel, Conchylien und Pflanzenthiere nach Linné Systema Naturae […], Halle: Gebauer 1802 [Beschreibung seiner umfangreichen Sammlung].

schrift und konnte ihren Wert für Gleichgesinnte sicherlich gut einschätzen. Staffan Müller-Wille bemerkt dazu, dass das

> weitgestreckte Korrespondenz- und Publikationswesen [...] zur Folge [hatte], daß sich [...] eine wissenschaftliche Gemeinschaft und eine soziale Identität als Sammler und Botaniker herausbilden und verfestigen konnten, und zwar über Standes- und Ortsgrenzen hinaus [...].[15]

Carl von Linné habe Sammler und Methodiker unterschieden, Letztere standen „zentralen Institutionen vor, in denen dieses Material akkumuliert wurde".[16] Zu den Sammlern sind Gelehrte wie auch Laien zu zählen. Naturkunde wurde ganz im Sinne der Aufklärung als nützliche Wissenschaft angesehen,[17] die einem „sozial differenzierten Publikum"[18] vorgestellt werden sollte. Johann Samuel Schröter schrieb 1770 in den *Berlinischen Sammlungen* unter dem Titel *Von dem Nutzen der Naturwissenschaften für die Geistlichen auf dem Lande:* „Daß die Kenntniß der Natur eine der angenehmsten Wissenschaften, und eine der nüzlichsten Beschäftigungen sey, das leugnen nur diejenigen, die entweder Fremdlinge in der Naturgeschichte, oder Feinde derselben sind."[19] Sie diene der Bibelexegese ebenso wie der Mathematik oder Rechtsgelahrtheit. Schröter sprach an anderer Stelle explizit von der Naturgeschichte als einem „Favoritstudium der Gelehrten und Ungelehrten"[20].

Neben dem allgemeinen Interesse an der Naturkunde und -geschichte lieferte auch die allmähliche Ausdifferenzierung von Zoologie und Botanik an den Universitäten einen Grund für den Bedarf an neuen Zeitschriften. 1769 wurde an der Universität Halle der erste Lehrstuhl für Zoologie eingerichtet.[21] Mit Einrichtung dieses Lehrstuhls wurden in Halle die Zoologie

---

15 Staffan Müller-Wille: Ein Anfang ohne Ende. Das Archiv der Naturgeschichte und die Geburt der Biologie. In: R. van Dülmen, S. Rauschenbach (Hrsg.): Die Macht des Wissens. Die Entstehung der modernen Wissensgesellschaft, Köln u. a. 2004, S. 587–605, hier S. 597.

16 Ebenda, S. 597.

17 Vgl. Martina C. Lorenz: Präsentation und Legitimation von Naturkunde im deutschen Sprachraum der Aufklärungszeit. In: Transactions of the Ninth International Congress on the Enlightenment. III, Oxford 1996, S. 1069–1073.

18 Ebenda, S. 1071.

19 Johann Samuel Schröter: Von dem Nutzen der Naturwissenschaften für die Geistlichen auf dem Lande. In: Berlinische Sammlungen 1770, Bd. 2, S. 30–49, hier S. 30.

20 Zitiert nach te Heesen (wie Anm. 12), S. 62.

21 Vgl. Rolf Gattermann, Volker Neumann: Geschichte der Zoologie und der Zoologischen Sammlung an der Martin-Luther-Universität Halle-Wittenberg von 1769 bis 1990, Stutt-

und die Botanik von der Medizin als eigenständige Bereiche getrennt. Auf die Ausdifferenzierung von akademischen Fachgebieten ging Walch 1774 auch in der *Vorrede* des ersten Stücks zum *Naturforscher* ein:

> Haben überdies so manche andere Wissenschaften, die sich noch lange nicht so weit, als die Naturgeschichte, ausdehnen, ihre eigene[n] Journale, in welchen mit vereinten Kräften an ihren fernern Anbau und Wachsthum gearbeitet wird, warum sollte die Naturgeschichte, dieses Lieblingsstudium unsers Jahrhunderts, nicht ein gleiches mit Recht fordern können.[22]

Walch argumentierte in seiner Rechtfertigung des neuen Journals darüber hinaus mit einem gewissen nationalen Nachholbedarf gegenüber dem Wissensstand in Frankreich und England, denn: „unsere Landsleute [haben] sich bereits sattsam nicht blos als Liebhaber, sondern auch als ächte Kenner der Natur in ihren Schriften legitimirt und sich schon so manche Verdienste um diese Wissenschaft erworben".[23] Walch unterscheidet zwischen Liebhabern und Kennern, was zwei zentrale Begriffe in der zeitgenössischen Differenzierung von Laien und Gelehrten sind *(vgl. III.1. Zielgruppe)*.

II.2. Der Zeitschriftenmarkt in den 1770er Jahren

Bei der vorgenommenen Sondierung der Marktsituation und der Konkurrenzanalyse konnten Herausgeber und Verleger feststellen: Zum Gründungszeitpunkt des *Naturforschers* waren nur wenige naturkundliche Zeitschriften auf dem deutschen Markt. Die Konkurrenz war sehr übersichtlich. Der deutsche Buch- und Zeitschriftenmarkt der Aufklärung stand zu dieser Zeit allerdings am Beginn einer rasant verlaufenden Expansion. Insbesondere im Marktsegment „Periodika" kann man von Goldgräberstimmung auf dem Buchmarkt sprechen, das quantitative Wachstum war beeindruckend. Im Bereich Naturlehre und Naturgeschichte erschienen zu diesem Zeitpunkt bereits über 90 % der Bücher auf Deutsch, und nicht mehr im gelehrten La-

---

gart, Leipzig 2005. Claudia Valter verweist darauf, dass viele Ärzte, die eigene Naturalienkabinette anlegten, in Halle studiert hatten, und die Universität in enger Beziehung zu dem von Hermann Francke gegründeten Kunst- und Naturalienkabinett stand. Vgl. dies.: Studien zu bürgerlichen Kunst- und Naturaliensammlungen des 17. und 18. Jahrhunderts, Phil. Diss. RWTH, Aachen 1995, S. 123.

22 Johann Ernst Immanuel Walch: Vorrede. In: Der Naturforscher, 1. St. (1774), S. 4.

23 Ebenda, S. 5.

tein, so dass sich potentiell jeder interessierte Bürger naturkundlich bilden konnte. Zwischen 1740 und 1800 sind knapp 200 naturkundliche Journale erstmals erschienen, im Jahrzehnt zwischen 1771 und 1780 insgesamt sogar mehr als 400 neue Zeitschriften unterschiedlichen Inhalts.[24]

Die meisten davon waren kurzlebig und kamen über wenige Jahrgänge oder gar wenige Hefte nicht hinaus. So war bereits 1747 und 1748 in Leipzig eine Zeitschrift gleichen Namens, nämlich *Der Naturforscher, eine physikalische Wochenschrift* von dem Leipziger Mediziner und Naturforscher Christlob Mylius (1722–1754) herausgekommen. Daran an schlossen sich die von Mylius und dem Göttinger Professor für Mathematik Abraham Gotthelf Kästner (1719–1800) herausgegebenen *Physikalischen Belustigungen,* die in Berlin 1751–1757 erschienen.[25] Außerdem waren die Organe der naturforschenden Gesellschaften auf dem Markt, so die *Nova Acta physico medica*[26] der Leopoldina und die in Basel erscheinenden *Acta Helvetica,* die zwischen 1751 und 1777 von Daniel Bernoulli herausgegeben wurden. 1773/74 traten außer dem *Naturforscher* erstmals drei weitere neue naturkundliche Zeitschriften auf den Markt: das *Journal für die Liebhaber des Steinreichs und der Konchyliologie* von Johann Samuel Schröter, dann die *Monath-Schrift von nützlichen und neuen Erfahrungen aus dem Bereich der Scheidekunst,* die nur zwei Monate erschien, und die *Beyträge zur Beförderung der Naturkunde,* die 1774 ebenfalls in Halle herauskamen, aber den ersten Jahrgang nicht überlebten. Aus welchen Gründen diese Zeitschriften nicht reüssieren konnten, muss offenbleiben, zu vermuten sind Manuskriptmangel und fehlende Mitarbeiter.

---

24 Vgl. z. B. Joachim Kirchner: Bibliographie der Zeitschriften des deutschen Sprachraums bis 1900, Band 1 bis 1830, Stuttgart 1986, S. 178–191.

25 Vgl. dazu die Beiträge von Simona Noreik und Alexander Košenina in diesem Band.

26 Zu den Illustrationen der *Nova Acta* vgl. Karsten Jedlitschka: Kunst und Wissenschaft. Zoologische Illustrationen in den *Nova Acta* im Archiv der Deutschen Akademie der Naturforscher Leopoldina. In: K. Dziekan, U. Pott (Hrsg.): Lesewelten – Historische Bibliotheken. Büchersammlungen des 18. Jahrhunderts in Museen und Bibliotheken in Sachsen-Anhalt, Halle 2011, S. 150–162.

III. Die Umsetzung

Gebauer und Walch haben für ihre neue Zeitschrift stets die Marktlage im Blick behalten. Die bereits seit 1768 existierenden *Berlinischen Sammlungen*,[27] die von dem Begründer der *Gesellschaft Naturforschender Freunde zu Berlin* Friedrich Heinrich Wilhelm Martini (1729–1778)[28] beim Berliner Verleger Joachim Pauli (1733–1812) herausgegeben wurden, beobachtete man sehr genau als Vorbild und unmittelbare Konkurrenz.[29] Pauli, bei dem 1769 auch eine freie Übertragung von Buffons *Naturgeschichte* erschienen war, profilierte sein Programm gerade auf dem Gebiet der Naturkunde, so dass man sich bis zu einem gewissen Grad an seiner Strategie orientierte. Walch holte auch Erkundigungen über die Honorarzahlungen Paulis an die Autoren ein, und Gebauer hat dann einen halben Taler pro Druckbogen mehr gezahlt.[30]

Walch entwickelte einen Plan,[31] in dem er sechs Mitarbeiter, je zwei für das Mineral-, das Tier- und das Pflanzenreich vorsah. Zunächst suchte er Beiträger nach persönlicher Bekanntschaft aus. Darunter waren Göttinger Professoren wie der Ökonomie-Professor Johann Beckmann (1739–1811) und der Mediziner Johann Friedrich Gmelin (1748–1804) oder der Nürnberger Universalgelehrte Christoph Gottlieb von Murr (1733–1811). Viele der Mitarbeiter sind später als Mitglieder in der *Gesellschaft Naturforschender Freunde zu Berlin* zu finden. Walch selbst hat allein ein Fünftel aller Abhandlungen beigesteuert, zum größten Teil mit mineralogischen und paläontologischen Themen. Auffallend viele Beiträge wurden von Theologen verfasst, was sicherlich auf die zeitgenössische Physikotheologie zurückgeführt werden kann, von der Anne-Charlott Trepp sagt, sie sei ein Massenphänomen gewesen, „eine Art ‚naturtheologischer Mainstream', der parallel zum Gemeingut

---

27 Berlinische Sammlungen zur Beförderung der Arzneywissenschaft, der Naturgeschichte, der Haushaltungskunst, Cameralwissenschaft und der dahin einschlagenden Litteratur, Berlin: Pauli 1768–1779.

28 Zu Martini und der Gesellschaft Naturforschender Freunde vgl. te Heesen (wie Anm. 12) sowie Michael Bies: „Wissenschaft fürs Herz". Friedrich Heinrich Wilhelm Martinis Naturgeschichte für ‚Liebhaber'. In: Berliner Aufklärung 5 (2013), Hannover, S. 59–78.

29 Dazu existieren Hinweise in zahlreichen Briefen von Walch an Gebauer.

30 Als Honorar forderte Walch für seine Herausgebertätigkeit 1 Reichsthaler, für die Autoren könne der Verleger 2 Reichsthaler pro Druckbogen zahlen. Er gab aber zu bedenken, dass die Meyersche Buchhandlung in Lemgo allein 3 Reichthaler bloß für Rezensionen zahle und der Verleger Pauli in Berlin für das *Berlinische Magazin* 2,5 Reichsthaler zahle. Gebauer zahlte daraufhin 3 Reichsthaler an die Autoren pro Bogen.

31 Halle, Stadtarchiv, VA Gebauer/Schwetschke, A 6.2.6 Nr. 13228.

der Gebildeten avancierte".[32] Neben Walch, selbst Theologe, waren dies
z. B.: Johann August Ephraim Goeze (1731–1793), Theologe und Naturforscher in Quedlinburg, er besaß selbst ein Naturalienkabinett[33] und lieferte
24 Beiträge über Insekten und Würmer bis 1784; Johann Hieronymus
Chemnitz (1730–1800), Theologe und Naturforscher aus Kopenhagen, der
ebenfalls etwa 20 Beiträge geschrieben hat, sowie der schon mehrfach erwähnte Johann Samuel Schröter. Martina Lorenz weist darauf hin, dass besonders in protestantischen Gebieten „die Gelehrten mit [...] universalethi-
schem Anspruch die individuelle Naturforschung zur Aufgabe eines jeden
Menschen"[34] erhoben. Im Gegenentwurf zur akademischen Experimental-
naturlehre wurden dabei konkrete Naturereignisse exemplarisch beschrieben[35] und für einen bürgerlichen Adressatenkreis aufbereitet.

III.1. Die Zielgruppe

Walch hatte von der Naturkunde als bürgerlichem „Lieblingsstudium" gesprochen. Dies scheint ein zentraler Begriff gewesen zu sein,[36] der näher bestimmt werden kann. Walch konstatierte schon bei der Planung, es müsse
„vornehmlich [darauf] gesehen werden, daß jeder Liebhaber seines Favorit-
fachs in jedem Stück etwas zu seiner Befriedigung erhalte".[37] Vor allem mit
dem ersten Stück des Journals mussten Verlag und Herausgeber sich dem
Publikum empfehlen. Walch führte noch im September 1773 an, es fehlten
ihm

> noch Artickel zur Mineralogie, Entomologie u. Botanic, u. diese mögte ich doch nicht
> gern ganz im ersten Stück, das gleichsam eine ächte Probe von der Einrichtung des gan-
> zen Journals werden soll, vermissen, zu mal da alle diese drey Theile des Naturreichs vor-

---

32 Anne-Charlott Trepp: Von der Glückseligkeit alles zu wissen. Die Erforschung der Natur
    als religiöse Praxis in der Frühen Neuzeit, Frankfurt a. M., New York 2009, S. 306.
33 Vgl. Valter (wie Anm. 21), S. 122.
34 Lorenz (wie Anm. 17), S. 1072.
35 Vgl. ebenda, S. 1073.
36 Vgl. bei Bettina Dietz: Aufklärung als Praxis. Naturgeschichte im 18. Jahrhundert. In:
    Zeitschrift für historische Forschung 36 (2009), S. 235–257, hier S. 243 das Beispiel eines
    Mitglieds der Preußischen Bauadministration.
37 Halle, Stadtarchiv, VA Gebauer/Schwetschke, A 6.2.6 Nr. 13231.

zügl. viele Liebhaber in Deutschland haben, die abgeschreckt werden dürften, wenn sie nichts für sich gleich im ersten Stück finden sollten.[38]

„Liebhaber" meinte – keineswegs negativ konnotiert – eine bestimmte soziale Gruppe, nämlich diejenigen, die bemüht waren, sich „zum Kenner zu bilden"[39] und damit das Wissen über naturkundliche Themen vermehrten. Walch sprach in seinen Briefen mehrfach von der Liebhaberei und den Liebhabern in der Naturgeschichte, die er erreichen wolle. Aufgrund des bürgerlichen Interesses an der Naturkunde sollte *Der Naturforscher* nicht nur unter den Gelehrten im engen Sinn sein Publikum suchen und finden, sondern die weiter gefasste interessierte bürgerliche Öffentlichkeit wurde als Zielgruppe gleichermaßen anvisiert. Dies war auch aus Verlegerperspektive sehr verständlich, denn eine inhaltlich derart spezialisierte Zeitschrift wäre sonst als Buchhandelsunternehmen viel riskanter gewesen.

Der Jenaer Wissenschaftshistoriker Thomas Bach hat festgestellt, dass ein Liebhaber der Wissenschaften im Bereich der Naturgeschichte „durchaus aktiv forschen und sammeln […] und die dabei gemachten Entdeckungen auch kommunizieren"[40] konnte und wollte. Lorenz Spengler (1720–1807) z. B., ein Schweizer Kunsthandwerker, meldete Gebauer im Januar 1775, er habe mit großem Fleiß, großer Mühe und hohen Kosten ein weitläufiges Naturalienkabinett zusammengetragen, das er gerne im *Naturforscher* vorstellen wolle, denn „allen Liebhabern der Naturgeschichte ist diese Schrift sehr wichtig"[41]. Er sei im eigentlichen Verstand kein Gelehrter, obgleich er ein großer Liebhaber der Naturgeschichte sei. Tatsächlich liefert er dann auch Beiträge für den *Naturforscher*. Es sind nicht nur die im strengen und engen Sinn Gelehrten, sondern auch die dilettierenden Laien,[42] die den *Naturforscher* profilieren:

---

38 Halle, Stadtarchiv, VA Gebauer/Schwetschke, A 6.2.6 Nr. 13240.

39 Zum Begriff ‚Liebhaber' und seiner Bedeutung im gelehrten Kontext vgl. Thomas Bach: Dilettantismus und Wissenschaftsgenese. Prolegomena zu einer wissenschaftshistorischen Einordnung des naturwissenschaftlichen Dilettantismus im 18. Jahrhundert. In: St. Blechschmidt, A. Heinz (Hrsg.): Dilettantismus um 1800, Heidelberg 2007, S. 339–352, bes. S. 345, Zitat S. 347.

40 Bach (wie Anm. 39), S. 339 f., Anm. 2.

41 Zitiert nach Kertscher 2007 (wie Anm. 1), S. 71.

42 Zum naturwissenschaftlichen Dilettantismus und seiner Funktion vgl. Marie-Theres Federhofer: „Moi simple Amateur". Johann Heinrich Merck und der naturwissenschaftliche Dilettantismus im 18. Jahrhundert, Hannover 2001.

Anders als bei der Gegenüberstellung von Wissenschaftler und Dilettant, die das Vorhandensein einer klaren Trennlinie zwischen beiden suggeriert, verweist die Rede vom Amateur oder Liebhaber der Wissenschaften also zumindest indirekt darauf, daß es eine solche klare Trennlinie [...] auch um 1800 noch nicht gegeben hat.[43]

Erste Nachweise für eine veränderte Einschätzung des Liebhabers sind erst Ende der 1770er Jahre zu finden, die den Liebhaber der Naturgeschichte von den Kennern separiert und in die „Nachbarschaft der Anfänger"[44] stellt.

Mit der Erschließung von Gegenstandsbereichen und dem Sammeln von Fakten stand der *Naturforscher* wissenschaftsgeschichtlich ab der Mitte der 1770er Jahre am Beginn der Entwicklung zur Moderne. Nach Wolf Lepenies wurde die Beschleunigung im Wissenszuwachs von einem „Empirisierungszwang"[45] begleitet, bei dem Laien kollektiv mit Beobachtungen und Beschreibungen behilflich waren.

Mit der weit gefassten Zielgruppe des *Naturforschers* war auch die Frage der geeigneten Vermittlung naturkundlicher Erkenntnisse verbunden, und daher war ein leitendes Kriterium bei der Auswahl der Beiträger deren Fähigkeit, gemeinverständliche Artikel zu liefern. An den Verleger berichtete Walch im Juni 1773, er finde unter den Naturforschern nur

wenige Kenner und unter diesen sehr wenige, die das, was sie wissen, andern durch druckbare Aufsätze mittheilen und gemeinnützig machen können. Nun unter diesen letzten gibts weiter wenig, die das, was bereits bekannt ist, von dem, was neu und unbekannt ist, gehörig zu unterscheiden wissen.[46]

Die Frage nach der Gemeinnützigkeit bzw. des allgemeinverständlichen Schreibens zielte nicht auf eine frühe Popularisierung gelehrter Erkenntnisse mit breiter Streuung, sondern die nichtgelehrten Sammler sollten die Texte verstehen können. Es existierten aber nur wenige Spezialisten, die wissenschaftlich fundierte und gleichzeitig laientaugliche Arbeiten liefern konnten.

---

43 Bach (wie Anm. 39), S. 340.
44 Ebenda, S. 346.
45 Wolf Lepenies: Das Ende der Naturgeschichte. Wandel kultureller Selbstverständlichkeiten in den Wissenschaften des 18. und 19. Jahrhunderts, München 1976, S. 20.
46 Halle, Stadtarchiv, VA Gebauer/Schwetschke, A 6.2.6 Nr. 13235.

III.2. Das Profil

Die von Walch vorgesehene Breite des inhaltlichen Angebots war nicht zu verwechseln mit der Verwässerung des Profils, wie er im Januar 1775, als sich der *Naturforscher* schon im Markt positioniert hatte, an Gebauer schrieb, er habe u. a. ein Manuskript über Wetterbeobachtungen ablehnen müssen. Walch begründete seine Entscheidung:

> Wenn ein Journal beständigen Beyfall finden soll, so dürfen die ihm einmal gesetzten Gränzen absolut nicht überschritten werden. Das geschieht gemeiniglich und es ist daher kein Wunder wenn so viele, oft binnen Jahresfrist untergehen. Denn es heißt von ihnen: ex omnibus aliquid et in toto nihil.[47]

Nach Walchs Plan sollten nicht nur Originalabhandlungen Aufnahme finden, sondern auch Übersetzungen aus ausländischen Zeitschriften. So dienten z. B. die englischen *Philosophical Transactions* als ständige Quelle. Selbst Reisebeschreibungen sollten auf ihren naturkundlichen Informationsgehalt hin geprüft werden. Walch gab dezidiert vor, welchen inhaltlichen Qualitätskriterien, zu denen auch dem gelehrten Wissensstand entsprechende Abbildungen gehörten, die Zeitschrift standhalten musste, um beim Publikum dauerhaftes Interesse hervorzurufen.

Im Juni 1773 wurde ein Ankündigungsschreiben mit Vorstellung des neuen Projekts gelehrten Zeitungen und Journalen beigelegt. Der *Plan zu einem neuen Journal für die Natur-Kunde* enthielt alle relevanten Informationen und ist als Werbeinstrument, aber auch als ‚Call for Papers‘ zu verstehen, denn „Beyträge von andern Kennern und Freunden der Natur, wenn sie der Absicht dieses Instituts gemäß sind, werden willigst und danckbarlichst angenommen werden".[48] Die geschickte strategische Vermarktung der neuen Zeitschrift lag im Interesse des Verlags wie auch des Herausgebers. Der Verleger hatte ein gewisses Risiko auf sich genommen, um ein solches Journal herauszubringen, denn Zeitschriften sind auf dauerhaftes Erscheinen angelegt. Voraussetzung für eine unbefristete Erscheinungsdauer war, dass kontinuierlich genügend publikationswürdiger Stoff zur Verfügung stand.[49]

---

47 Halle, Stadtarchiv, VA Gebauer/Schwetschke, A 6.2.6 Nr. 14584.
48 Halle, Stadtarchiv, VA Gebauer/Schwetschke, A 6.2.6 Nr. 13252.
49 Rudolf Stichweh hat anhand der physikalischen Zeitschriften gezeigt, dass die ersten dieser Art wieder eingestellt werden mussten, weil sich die Disziplin noch in der Findungsphase befand und daher zu wenige Manuskripte vorhanden waren. Vgl. ders.: Zur Entstehung

Die Beiträge zum *Naturforscher* lassen sich dahingehend klassifizieren, dass sie Phänomene und Objekte aus den drei Naturreichen beschreiben bzw. in der Regel nach Carl von Linné systematisieren. Wesentlich war allen Beiträgen, dass sie möglichst Unbekanntes bzw. Neues zu Tage förderten, in der Regel zu bestimmten Gegenden Deutschlands. Regionale bzw. lokale Studien mit Beobachtungen der Fauna und Flora sowie der Untersuchung von Gesteinsbildungen dominieren. Bettina Dietz hat darauf verwiesen, dass die „Erfassung lokaler Natur [...] elementare Voraussetzung des globalen Erfassungsprojekts der Naturgeschichte" war, was dann zu einer „intensiven Vernetzung peripherer Schauplätze mit Zentren der Naturgeschichte"[50] führte. Der regionale Blick bedeutete eine gewisse Fokussierung im Tierreich auf Insekten, denn Walch gab in der *Vorrede* zum 10. Stück 1777 bekannt:

> Der Fall ist freylich, zumal in unserm Deutschland, selten, eine noch unbekannte vierfüßige Thierart, oder eine unbemerkt gebliebene Vogelgattung auszuspähen, und mit ihnen das Linneische System zu ergänzen.[51]

Linnés Systematik war stets der Bezugspunkt, war das Maß der Dinge, wie vielfach aus der Korrespondenz herauszulesen ist. Beschreibung, Beobachtung, Betrachtung, Ergänzung, Bemerkung, Abhandlung und Verzeichnis sind die gängigen Stichwörter in den Beitragsüberschriften. Man bezieht sich auf vorhandene Forschungserkenntnisse und ergänzt diese, z. B. Linnés System oder die Schmetterlings-Tabellen des Brandenburger Theologen Johann Siegfried Hufnagel (1724–1795). Die Bezugssysteme als solche wurden unter den Lesern als bekannt vorausgesetzt. Um die Nachvollziehbarkeit zu gewährleisten, wird in vielen Beiträgen auch die jeweilige Methode beschrieben, wie der jeweilige Autor zu seiner Erkenntnis gelangt ist. Walch hat sich im Laufe seiner Herausgeberschaft am Interesse seines Publikums orientiert, wie er in der *Vorrede* zum 10. Stück 1777 bemerkte:

> Die Naturgeschichte ist das Mode-Studium unseres gegenwärtigen Weltalters; bey solchen aber herrscht nun wieder ein besonderer Mode-Geschmack, insofern die Naturforscher bald diesen, bald jenen Theil sich zum Favorit-Object bey ihren Untersuchungen und Beobachtungen zu wählen pflegen. Das Thierreich zieht jetzt vornehmlich die Aufmerksam-

des modernen Systems wissenschaftlicher Disziplinen. Physik in Deutschland 1740–1890, Frankfurt a. M. 1984, S. 394–441.

50 Dietz (wie Anm. 36), S. 243.

51 Johann Ernst Immanuel Walch: Vorrede. In: Der Naturforscher, 10. St. (1777), S. 5.

keit der Naturfreunde auf sich, und in solchem sind besonders die Insecten, die Gewürme, die chaotischen Thierchen, die Lieblinge der Meisten. Hierinne ist vornehmlich der Grund der mehrern und mindern Anzahl der Abhandlungen von diesem oder jenem Gegenstand in einem solche[n] Journal zu suchen.[52]

Walchs Konzept fand unter seinen Gelehrtenkollegen Anerkennung und überaus positive Resonanz. *Der Naturforscher* wurde kontinuierlich über Jahre hinweg in den führenden Rezensionszeitschriften seiner Zeit stets ausführlich und lobend besprochen.[53]

III.3. Die Illustrationen

Walch war nicht nur Gelehrter, sondern zeigte fortlaufendes Interesse am buchhändlerischen Erfolg des Ganzen. Herausgeber und Verleger waren sich darüber einig, dass der *Naturforscher* ein anziehendes Äußeres haben müsse. Walch führte an, besonders verkaufsfördernd seien Kupferstiche, die „heut zu Tage bey Werken dieser Art ganz unentbehrlich"[54] seien *(vgl. Abb. 2).*

Abb. 2

52 Ebenda, S. 5 f.
53 Vgl. die Rezensionen in der *(Neuen) Allgemeinen Deutschen Bibliothek* Friedrich Nicolais wie auch in den *Berlinischen Sammlungen* oder in Friedrich Heinrich Martinis *Mannigfaltigkeiten* unter <http://www.ub.uni-bielefeld.de/diglib/aufklaerung/suche.htm>, zuletzt: 1.2.2014.
54 Brief v. Walch an Gebauer v. 21.8.1774, Halle, Stadtarchiv, VA Gebauer/Schwetschke, A 6.2.6 Nr. 13933.

So erläuterte die Titelblatt-Vignette nicht nur den Inhalt der Zeitschrift, sondern sie sollte gleichzeitig das methodische Vorgehen eines Naturforschers signalisieren:

> [D]as Gebürge mit den Bergleuten stellt das Mineralreich, der Palmbaum das Pflanzen- u. der Löwe das ThierReich für. Die Producte des dreyfachen Reichs müßen aufgesucht, gesamlet, unter einander verglichen und sorgfältig betrachtet werden, wenn die Naturgeschichte daraus gewinnen soll. Der eine [Knabe?] bringt daher dem Naturforscher die gesamleten Kräuter, der andere bemüht sich […] land und waßerthiere zu erhalten u. der dritte führt Steine u. Mineralien zum Dienst des Naturforschers herzu, der alles sorgfältig samlet, und mit einem geschärften Auge betrachtet.[55]

Die Vignette stammt von dem Halleschen Kupferstecher Gottfried August Gründler (1710–1775), ehemals Hofmaler und Kupferstecher am Hof des Herzogs Carl Ernst zu Saalfeld.[56] Gründler arbeitete als Universitätskupferstecher und ab 1745 auch als Universitätsmechanicus. Er betrieb außerdem selbst naturkundliche Studien, besaß eine eigene große naturkundliche Sammlung und berichtete im *Naturforscher* über seine Beobachtungen. Gebauer hat dafür gesorgt, dass hier ein Kupferstecher mit Sachverstand, der es gewohnt war, wissenschaftlich exakte Zeichnungen anzufertigen, zum Einsatz kam.

Nach Gründlers Tod 1775 war vorwiegend Johann Stephan Capieux (1748–1813)[57] für die Illustrationen zuständig *(vgl. Abb. 3, 4, 5)*. Es wird in der späteren Korrespondenz stets erwähnt, dass vor allem seine Kupferstiche „ganz fürtreflich" seien und er durch seine Kunstfertigkeit das Ansehen des *Naturforschers* vermehre. Capieux war ein bedeutender Illustrator anatomischer, botanischer und mineralogischer Werke. An seinen farbigen Radierungen von Pflanzen, Mineralien, Muskeln und Anderem rühmte man die große Genauigkeit und Naturtreue. Die *Naturforschende Gesellschaft* in Halle und die *Ökonomische Sozietät* zu Leipzig ernannten ihn zu ihrem Mitglied.

---

55 Brief v. Walch an Gebauer v. 25.10.1773, Halle, Stadtarchiv, VA Gebauer/Schwetschke, A 6.2.6 Nr. 13248.

56 Zu Gründler, der als einer der produktivsten und angesehensten Kupferstecher seiner Zeit gilt, vgl. Anja Spalholz: Nützliche Zierde. Die Buchillustrationen Gottfried August Gründlers, eines angesehenen hallischen Kupferstechers des 18. Jahrhunderts. In: K. Dziekan, U. Pott (Hrsg.): Lesewelten. Historische Bibliotheken. Büchersammlungen des 18. Jahrhunderts in Museen und Bibliotheken in Sachsen-Anhalt, Halle 2011, S. 117–127.

57 Zu Capieux vgl. Claus Nissen: Botanische Prachtwerke. Die Blütezeit der Pflanzenillustration 1740–1840. In: Philobiblon VI (1933), H. 7, S. 243–256, bes. S. 249.

Abb. 3, 4, 5

Die Illustrationen wurden nicht nur als notwendig zum Textverständnis und zur wissenschaftlichen Erklärung eingefordert, sondern waren ein Verkaufsargument. Und die Auswahl der Kupferstecher und die Qualität ihrer Arbeiten ist ein immerwährendes Thema in der Korrespondenz zwischen Verlag und Herausgeber. Aus den Rechnungen der Kupferstecher lässt sich auch die Auflagenhöhe der Zeitschrift ableiten. Die einzelnen Stücke des *Naturforschers* wurden in einer Auflage von 400–500 Exemplaren gedruckt. Im Verkauf an den Endkunden kosteten die einzelnen Stücke zwischen 1 und 2 Reichsthaler, je nach Umfang und Ausstattung mit kolorierten oder nicht kolorierten Kupferstichen. Das war angemessen.

IV. Die weitere Entwicklung nach 1778

Nach Walchs Tod im Jahr 1778 übernahm der Erlanger Professor für Arzneikunde Johann Christian Daniel Schreber (1739–1810), der in Halle und in Uppsala bei Linné studiert hatte, die Herausgeberschaft. Die Universität Erlangen war zu dieser Zeit ein wichtiges Zentrum der naturwissenschaftlichen Forschung, und Schreber war einer der „bedeutendsten Anhänger Linnés in Deutschland, ein vielseitiger Naturforscher und Gelehrter, […] Mitglied der Stockholmer Akademie der Wissenschaft"[58] wie auch der Leopoldina. So renommiert der neue Herausgeber war, unter Schreber geriet der Erscheinungsrhythmus des *Naturforschers* erheblich ins Stocken, in manchen Jahren erschien er gar nicht: 1774: 4 Stücke, 1775: 3 Stücke, 1776: 2 Stücke, 1777: 2 Stücke; 1778–1780 jeweils 1 Stück, 1781: 2 Stücke, 1782: 2 Stücke, 1783–1793 jeweils 1 Stück; 1786, 1790, 1794–1798, 1800, 1801 *kein* Stück, 1799 und 1802 jeweils 1 Stück, 1804 Register.

Aus den Quellen lassen sich ein paar Anhaltspunkte herauslesen, die die löchrige Erscheinungsweise erklären:

Erstens hatte Schreber keine Übersetzungen mehr aufnehmen wollen, hatte aber in der Folge Probleme, geeignete Manuskripte zu erhalten.

Zweitens wurde ein Wechsel des Kupferstechers nötig, da Capieux vielfältig für Gebauer tätig war, auch für andere Werke, und sich dem *Naturforscher* nicht mehr genügend widmen konnte. Es wurden dann Kupferstecher in

---

58 Claus Nissen: Tierbücher aus fünf Jahrhunderten. Einführung und Beschreibung, München 1968, S. 73.

Nürnberg beauftragt, was für die Überwachung der Ausführungen für den Erlanger Herausgeber praktisch war, aber nur schleppend voranging.

Drittens gab es anscheinend auch unterschiedliche Auffassungen zwischen Verleger und Herausgeber über die Zielgruppe, denn im Oktober 1779 schrieb Schreber an den Verleger: „In den folgenden Stücken werde ich besser für die Befriedigung aller Arten von Lesern sorgen können; und dis soll sodann gewiß geschehen."[59]

Und *viertens* war Schreber auch völlig überlastet, denn er schrieb am 12. Februar 1780, er könne „in der Eil nur so viel melden, daß es mir, dringender Facultätsarbeiten halber, nicht möglich gewesen ist die verlangte Vorrede fertig zu schaffen und zu übersenden".[60]

Trotz der Verzögerungen in der Drucklegung profitierte der Verlag weiterhin vom *Naturforscher*, denn die inhaltliche Qualität, insbesondere der Illustrationen, zog andere Forscher als Autoren in den Verlag, z. B. Goethes Freund August Johann Georg Carl Batsch (1761–1802), der bei Gebauer den *Elenchus fungorum*, ein umfangreiches Werk über *Gattungen und Arten der Schwämme* 1783–1798 publizierte, dem er 1787–1788 den *Versuch einer Anleitung zur Kenntnis und Geschichte der Pflanzen* zur Seite stellte. Batsch hatte an Gebauer geschrieben, die Arbeiten von Capieux hätten ihn überzeugt, und daher werde er Gebauer seine „ganze Sammlung von gemahlten Schwämmen, nebst der dazugehörigen Beschreibung übersenden".[61] Das Verlagsprogramm tendierte in der Folge mehr und mehr in die populär-naturwissenschaftliche Richtung.[62]

Der *Naturforscher* war zu seiner Zeit – nach heutiger Einschätzung – in seiner Wirkung und seinem Einfluss eine der bedeutendsten deutschen Zeitschriften für die beschreibenden Naturwissenschaften.[63] Der Erfolg gründete sich auf der allgemeinen Popularität der Naturkunde im Bürgertum wie auf der Befriedigung wissenschaftlicher Interessen. Und auch heute noch fasziniert der *Naturforscher* den Sammler von Botanica und zoologischen Büchern.[64]

---

59 Halle, Stadtarchiv, VA Gebauer/Schwetschke, A 6.2.6 Nr. 17416.

60 Halle, Stadtarchiv, VA Gebauer/Schwetschke, A 6.2.6 Nr. 18102.

61 Brief v. Batsch an Gebauer v. 29.10.1779, Halle, Stadtarchiv, VA Gebauer/Schwetschke, A 6.2.6 Nr. 20900.

62 Vgl. dazu auch mit diversen Beispielen Neuß (wie Anm. 5), S. 64–66.

63 Vgl. Nissen (wie Anm. 58), S. 73.

64 Am 30.12.2013 vermeldete Langendorfs Dienst in seinen täglichen Lageberichten zur ökonomischen Situation im Bucheinzelhandel, dass das teuerste Objekt, das 2013 über die

Abbildungsverzeichnis

Abb. 1: Titelblatt aus: Der Naturforscher, 2. St. (1774) (Exemplar der Wissenschaftlichen Stadtbibliothek Mainz, Moyat 224).

Abb. 2: Titelvignette aus: Der Naturforscher, 2. St. (1774), gestochen von Gottfried August Gründler (Exemplar der Wissenschaftlichen Stadtbibliothek Mainz, Moyat 224).

Abb. 3: Felsenhahn, Illustration von Johann Stephan Capieux zum Beitrag von Johann Ernst Walch: Beyträge zur exotischen Ornithologie. In: Der Naturforscher, 13. St. (1779), S. 11–15 (Exemplar der Wissenschaftlichen Stadtbibliothek Mainz, Moyat 224).

Abb. 4: Mungo, Illustration von Johann Stephan Capieux zum Beitrag von Johann Ernst Walch: Beschreibung eines Monkos. In: Der Naturforscher, 8. St. (1776), S. 26–38 (Exemplar der Wissenschaftlichen Stadtbibliothek Mainz, Moyat 224).

Abb. 5: Schmetterlinge, Illustration von Johann Stephan Capieux zum Beitrag von A. C. Kühn: Abhandlung von einigen Papilions, die in andern Gegenden seltener sind, als in der Eisenachischen. In: Der Naturforscher, 8. St. (1776), S. 112–126 (Exemplar der Wissenschaftlichen Stadtbibliothek Mainz, Moyat 224).

Antiquariatsplattform Abebooks verkauft wurde, 13 Bände mit 30 Ausgaben der Zeitschrift *Der Naturforscher* gewesen seien. Die *Naturforscher*-Bände haben für ca. 48.400 Euro den Besitzer gewechselt. Vgl. die Plattform Abebooks <http://www.abebooks.de/Buecher/Teuerste-Buchkaeufe/Teuerste-Buchkaeufe-April-Juni-2013.shtml>, zuletzt: 1.2.2014.

Ars medica für Kenner und Liebhaber
Das medizinische Rezensionswesen der
„Allgemeinen deutschen Bibliothek" am Beispiel von
Johann August Unzer und Philipp Gabriel Hensler

I. Einleitung

In der Fächersystematik von Friedrich Nicolais Rezensionszeitschrift *Allgemeine deutsche Bibliothek (ADB)* steht die Medizin mit der Theologie und der Rechtswissenschaft an oberster Stelle, wie es der Fakultätenhierarchie und mithin den Erwartungen der „vorwiegend gelehrte[n] Zielgruppe dieser Zeitschrift"[1] entsprach. In Gelehrtenkreisen war die *ADB* weit verbreitet, und zwar keineswegs nur unter ihren Mitarbeitern.[2] Zugleich ging es Nicolai jedoch auch darum, ein gebildetes Lesepublikum jenseits der engeren Fachleute zu erreichen. Zu den Rezipienten der *ADB* zählten nachweislich auch Personen aus Wirtschaft und Verwaltung sowie Lesegesellschaften, die eine breitere, bildungsbürgerlich geprägte Öffentlichkeit erreichten.[3] Der langanhaltende Erfolg der *ADB* beruhte nicht nur auf ihrer Vielseitigkeit, Effizienz und Aktualität, sondern auch auf ihrer Funktion als Informations- und Diskussionsplattform für die in verschiedensten Territorien ansässigen Wissenschaftler und Schöngeister.[4] Als genuines „Medium der Aufklärung"[5] bildete Nicolais Rezensionszeitschrift – bei aller Kritik an seiner Meinungslenkung[6] –

---

1 Ute Schneider: Friedrich Nicolais *Allgemeine Deutsche Bibliothek* als Integrationsmedium der Gelehrtenrepublik, Wiesbaden 1995, S. 106.

2 Vgl. ebenda, S. 240–254.

3 Vgl. ebenda, S. 260–268.

4 Vgl. programmatisch Friedrich Nicolai: Vorbericht. In: ADB 1 (1765), 1. St., S. i–iv; sowie Schneider (wie Anm. 1), zum Anspruch S. 75–99, zur Umsetzung S. 99–158.

5 Paul Raabe: Die Zeitschrift als Medium der Aufklärung. In: Wolfenbütteler Studien zur Aufklärung 1 (1974), S. 99–136, hier S. 103.

6 Vgl. zu Nicolais Eingriffen in die Rezensionen Schneider (wie Anm. 1), S. 304–314; sowie Norbert Christian Wolf: Der späte Nicolai als Literaturpapst. Zu den Hintergründen der

im deutschen Sprachraum einen zentralen Umschlagplatz für eine kritische, fächerübergreifende Gelehrtenkultur. Sie trug maßgeblich dazu bei, „öffentliche, zumindest teilöffentliche Räume des Raisonnements"[7] zu schaffen. Ältere allgemeinwissenschaftlich ausgerichtete Zeitschriften wie die *Miscellanea Berolinensis* (1710–1743) oder die *Göttingischen Zeitungen* (seit 1753: *Anzeigen) von gelehrten Sachen* (1739 ff.) richteten sich als Akademiezeitschriften an einen „begrenzten Kreis von Universalgelehrten oder auch allmählich von Fachgelehrten"[8]. Im Unterschied dazu handelte es sich bei der *ADB* um eine reine Verlagspublikation ohne wissenschaftlichen Beirat, und ihre Leserschaft war deutlich breiter, ähnlich wie bei den englischen Publikumsblättern *Monthly Review* (1749 ff.) und *Critical Review* (1756 ff.).[9] Indem die *ADB* wissenschaftsintern eine „Kontrollfunktion hinsichtlich der Einhaltung wissenschaftlicher Normen" übernahm und zugleich wissenschaftsextern für die „Beseitigung von Informationsdefiziten"[10] sorgte, standen die Rezensenten jedes Mal aufs Neue vor der Herausforderung, beiden Publikumsgruppen, den jeweiligen Fachwissenschaftlern wie den akademisch gebildeten Dilettanten, gerecht zu werden. Vor diesem Hintergrund zielt die folgende Untersuchung darauf, anhand der medizinischen Rezensionen von Johann August Unzer (1727–1799) und Philipp Gabriel Hensler (1733–1805) den Blick für die wissenschaftliche Streitkultur des 18. Jahrhunderts, insbesondere für Kritik- und Vermittlungspraktiken im Spannungsfeld von Fachspezifik und allgemeiner Publikumsorientierung, exemplarisch zu schärfen.

---

fortschreitenden Verrohung in der literarischen Öffentlichkeit um 1800. In: S. Stockhorst (Hrsg.): Friedrich Nicolai im Kontext der kritischen Kultur der Aufklärung, Göttingen 2013, S. 51–73.

7 Carsten Zelle: Nicolais *Allgemeine deutsche Bibliothek* und ihre Bedeutung für das Kommunikationssystem der Spätaufklärung am Beispiel von Sulzers *Allgemeiner Theorie der schönen Künste*. In: S. Stockhorst, K. Kiesant, H.-G. Roloff (Hrsg.): Friedrich Nicolai (1733–1811), Berlin 2011, S. 29–51, hier S. 30.

8 Raabe (wie Anm. 5), S. 101.

9 Vgl. Bernhard Fabian: Nicolai und England. In: Ders. (Hrsg.): Friedrich Nicolai 1733–1811. Essays zum 250. Geburtstag, Berlin 1983, S. 174–197, hier S. 187 ff.

10 Schneider (wie Anm. 1), S. 345.

II. Unzer und Hensler als Rezensenten der ADB

Nicolai rekrutierte als Kritiker für die *ADB* nicht nur Universitätsprofessoren, sondern prinzipiell alle Gebildeten, die ein entsprechendes Talent an den Tag legten, darunter jedoch nur 6 % Ärzte.[11] Für die Jahrgänge von 1767–1783 (zzgl. Supplementa) verfassten Unzer und Hensler zahlreiche Buchbesprechungen für die *ADB*, mehrheitlich aus dem Bereich der Medizin im weitesten Sinne *(vgl. Tab. 1)*, ausnahmsweise auch zu theologischen, staatsphilosophischen und anderen fachfremden Publikationen.[12] Beide waren praktizierende Ärzte mit akademischen Ambitionen, hatten jedoch während ihrer Rezensionstätigkeit für die *ADB* keine Universitätsprofessuren inne.[13]

Neben seiner ärztlichen Tätigkeit widmete sich Unzer der populärmedizinischen Publizistik, vor allem als Herausgeber der medizinischen Wochenschrift *Der Arzt* (1759–1764). Mit Nicolai verband ihn die streitlustige Furchtlosigkeit vor Autoritäten, trat er doch bereits als Student mit überaus meinungsfreudigen Schriften wie seiner *Neue[n] Lehre von den Gemüthsbewegungen*, seinen *Gedanken vom Einflusse der Seele in ihren Körper* oder auch seinen *Gedanken vom Schlafe und den Träumen* (alle 1746) an die Öffentlichkeit. Henslers Reputation gründete insbesondere auf seinen *Briefen über das Blatterbelzen* (1765/66), in der er sich gegen medizinische und politische Autoritäten vehement für die Pockeninokulation aussprach.[14] Nicolais Aufmerksamkeit erregte indes eine demographische Arbeit über die Bevölkerung des Amtes Segeberg.[15]

---

11 Vgl. ebenda, S. 131–158, die Zahlen S. 154; zum Beamtenanteil von 20 % zählen dort auch Mediziner.

12 Vgl. Matthias Reiber: Anatomie eines Bestsellers. Johann August Unzers Wochenschrift *Der Arzt* (1759–1764), Göttingen 1999, S. 251–256 (dort nur zur Korrespondenz mit Nicolai, nicht zu den Rezensionen); sowie Philipp Portwich: Der Arzt Philipp Gabriel Hensler und seine Zeitgenossen in der schleswig-holsteinischen Spätaufklärung, Neumünster 1995, S. 150–160.

13 Vgl. Stefan Bilger: Üble Verdauung und Unarten des Herzens. Hypochondrie bei Johann August Unzer (1727–1799), Würzburg 1990, S. 49; sowie Portwich (wie Anm. 12), S. 95–133.

14 Vgl. Portwich (wie Anm. 12), S. 136–142.

15 Vgl. ebenda, S. 142–145.

Gegenstandsbereich	Anzahl Unzer	Anzahl Hensler
akademische Dissertationen und Abhandlungen zu verschiedenen Themen in lateinischer Sprache, bei Hensler gehäuft zur Pockeninokulation	27	40
Pharmakologie	3	25
spezielle Krankheiten	11	32
Überblicksdarstellungen und Allgemeines	12	10
Fallberichte	4	7
Diverses (Semiotik, Krankheiten in der Bibel, Aderlass, Celsus-Biographie, Ärztebiographien)	—	7
Anatomie und Physiologie	5	6
aktuelle Therapiekonzepte (Elektrizität, Magnetismus)	4	—
Balneologie	—	4
Ophthalmologie	—	3
praktische Medizin	3	2
Veterinärmedizin	1	3
medizinische Demographie	—	2
Pädiatrie	2	1
Reproduktionsmedizin	2	2
militärische Medizin	2	1
Forensik	1	—
Diätetik	1	—
Zahnmedizin	—	1
gesamt	77	146

Tabelle 1: Häufigkeitsverteilung der Gegenstände in den medizinischen Rezensionen Unzers und Henslers

Insgesamt verfasste Unzer 86 Rezensionen für die *ADB*,[16] davon 77 zu medizinisch relevanten Publikationen. Hensler schrieb mit 198 Rezensionen[17] weit mehr als doppelt so viele Artikel für die *ADB* wie Unzer, von denen sich 146 mit Neuerscheinungen aus der Medizin im weitesten Sinne befassen; zudem

16 Mit punktuellen Ergänzungen basiert die Zählung auf der Datenbank *Retrospektive Digitalisierung wissenschaftlicher Rezensionsorgane und Literaturzeitschriften des 18. und 19. Jahrhunderts aus dem deutschen Sprachraum*, Universität Bielefeld, <http://www.ub.uni-bielefeld.de/diglib/aufklaerung/index.htm>, zuletzt: 15.1.2014; einzelne dort markierte Autorschaftsunsicherheiten betreffen bei beiden Autoren keine medizinischen Rezensionen.

17 Portwich zählt 148 Rezensionen Henslers für die *ADB*, konzediert aber, dass die Zahl evtl. zu niedrig ist, da anonyme und siglierte Rezensionen nur nach Parthey und Erwähnungen in der Korrespondenz zugeordnet wurden (vgl. Portwich [wie Anm. 12], S. 151, 152 f., Anm. 641).

empfahl er weitere mögliche Rezensenten, und gab Anregungen zur Qualitätsverbesserung der *ADB* – Nicolai sollte alle Rezensionen selbst gegenlesen, im Dienste der Verständlichkeit für weniger Druckfehler sorgen und einen Mitarbeiter zur redaktionellen Unterstützung einstellen.[18] Hensler gehörte damit „zu den aktivsten Beiträgern [sc. der *ADB*] und prägte das Erscheinungsbild dieses Organs entscheidend mit".[19] Die Tätigkeit beider Mediziner für die *ADB* lief zu Beginn der 1780er Jahre aus. Da der freundschaftlich fortgesetzte Briefwechsel keine Anhaltspunkte für etwaige Zerwürfnisse bietet, besteht vermutlich ein ursächlicher Zusammenhang mit der konzeptionellen „Zäsur" der *ADB* im Jahr 1783, in deren Folge die Auflage von 2.500 Exemplaren auf 2.200 herabgesetzt wurde und fortan kontinuierlich fiel, während zugleich eine erhebliche Steigerung der Rezensionsanzahlen pro Heft stattfand.[20]

Obgleich es in der *ADB* darum ging, Neuerscheinungen aus dem deutschen Sprachraum zu rezensieren, machen die im Original deutschsprachigen Publikationen bei Unzer nur 38 % (absolut: 29) der von ihm vorgestellten Bücher aus, während 35 % (27) auf lateinische Publikationen und weitere 27 % (21) auf deutsche Übersetzungen aus verschiedenen Nationalsprachen – vorwiegend Englisch, Französisch, Schwedisch und Italienisch – sowie aus dem Lateinischen entfallen. Henslers Rezensionen gelten zu 49 % (72) deutschsprachigen Originalpublikationen. Der Lateinanteil unter den von ihm besprochenen Titeln fällt mit 28 % (40) etwas geringer aus als bei Unzer, während seine Rezensionen von übersetzter Literatur mit 23 % (34) dem Anteil bei seinem Kollegen etwa entsprechen. Jedoch deutet nichts darauf hin, dass der relativ große Anteil an Rezensionen von im Original lateinischen Texten bzw. von Übersetzungsliteratur etwa mit der Zielsetzung verbunden sein könnte, die Sprachbarriere nicht-akademisch gebildeter Laien zum Fachdiskurs zu überbrücken – sprachlich bleibt die *ars medica* insofern exklusiv.

---

18 Vgl. ebenda, S. 150, Anm. 635, S. 151.
19 Ebenda, S. 152; vgl. schon Günther Ost: Friedrich Nicolais *Allgemeine Deutsche Bibliothek.* Berlin 1928 [Reprint Nendeln 1967], S. 16.
20 Vgl. Schneider (wie Anm. 1), S. 10, das Zitat ebenda.

III. Unzers Rezensionen: Vom Fachmann für Fachleute

Sowohl bei kommentierten Buchanzeigen als auch bei längeren Rezensionen
folgt Unzers Darstellung dem Aufbau der besprochenen Werke. Typischer-
weise zeichnet er den Inhalt querschnittartig nach, meist nur in knappen
Stichpunkten, teils jedoch auch mit detaillierten Referaten einzelner Argumente, die er an ausgewählten Stellen mit längeren Anmerkungen zur Ergänzung, Korrektur oder Bewertung versieht. Er verwendet dabei nicht nur
zahlreiche medizinische Fachtermini wie z. B. „Empyem [sc. Eiteransamm-
lung in einer Körperhöhle]" oder „Paracenthesin [!] [sc. Durchstechen]",[21]
ohne sie zu erklären, sondern setzt auch bloß durch Namen oder Schlagwör-
ter aufgerufene Forschungspositionen und Diskurszusammenhänge immer
stillschweigend voraus. Fachspezifische Schreibweisen erachtet er nur dann
für kritikwürdig, wenn sie den Verstehenshorizont der intendierten Leserschaft verfehlen. Obwohl sein Ruhm wesentlich auf den populärmedizinischen Schreibweisen von *Der Arzt* gründete, spricht er entgegen der eigentlichen Absicht der *ADB* oft nicht einmal die Gelehrten aller Fächer an,
sondern nur die Mediziner. Einmal erklärt er es sogar ausdrücklich zu seinem „Zweck", in einer Rezension „nur das für Aerzte selbst Merkwürdige in
jedem Abschnitte anzuzeigen".[22]

Seine Einwände begründet er genau, sei es unter Berufung auf eigene
Kenntnisse und Erfahrungen oder auf medizinische Autoritäten, wobei oft
rigorose Urteile ergehen. So befindet er z. B. in den Schriften des Fürsten-
arztes Christoph Ludwig Hoffmann (1721–1807) etliche Aussagen für
„gänzlich verfehlt"[23], für „undeutlich"[24], für „aus einem unrechten Grunde
hergeleitet"[25], für „offenbar unbegründet"[26] oder auch für „wirklich uner-

21 W. [Johann August Unzer]: Geschichte einer mit seltenen Zufällen verknüpften Brust-
    krankheit, nebst der mislungenen Operation, und demjenigen, was sich nach dem Tode
    bey der Oeffnung gefunden hat [...], Frankfurt, Leipzig 1778 [...]. In: ADB 39 (1780),
    2. St., S. 321–347, hier S. 322, 323.

22 H* [Johann August Unzer]: Des Hrn. Nils Rosén von Rosenstein [...] Anweisung zur
    Kenntniß und Cur der Kinderkrankheiten [...], Gotha, Göttingen 1766, bey Dieterich
    [...]. In: ADB 4 (1767), 2. St., S. 198–208, hier S. 200.

23 W. [Unzer] (wie Anm. 21), S. 333.

24 Ebenda, S. 334.

25 Ebenda, S. 342.

26 Ebenda, S. 335.

heblich".[27] Vereinzelt begegnet er Hoffmanns Einlassungen mit ironischen Einwürfen wie „Sinnreich!", „Befremdend!"[28] und „Vortrefflich!"[29] oder auch mit leisem Spott: „(War ihm entfallen, daß auch die kleinsten Pulsadern nicht pulsieren? Haller Physiol. 1. B. 4. Buch, 4. Abschnitt. §. 39.)"[30] Mitunter neigt sein Gestus zu einer gewissen Impertinenz, wie z. B. in Bezug auf Hoffmanns *Geschichte einer mit seltenen Zufällen verknüpften Brustkrankheit* (1778):

> Was soll das heissen: eine Faser werde ohne Zerstörung ihres Grundbaues zarter? Sollen von einer zusammengesetzten einige einfachere Fasern vernichtet werden, und hernach wieder Neue wachsen? Soll eine magere Wade weniger Muskelfasern haben, und sollen ihr neue zuwachsen, wenn sie wieder zunimmt? oder sollen an den einfachsten Fasern, die schon kein Auge erreichen kann, die organischen Theilchen, woraus sie zusammengesetzt sind, in ihrem Umfange verschwinden, daß sie noch zarter werden, und hernach Neue sich wieder anlegen? Das wären ja lauter Zerstörungen des Grundbaues![31]

Ungeachtet seiner eigenen Bissigkeit nimmt Unzer Anstoß daran, wenn die von ihm rezensierten Autoren polemisieren oder sachlich unergiebige Grabenkämpfe schüren. Dies zeigt sich beispielsweise in der Rezension eines Beitrags von Balthasar Ludwig Tralles (1708–1797) zum Streit mit dem Hallenser Mediziner Johann Christlieb Kemme (1738–1815) über die Immaterialität der Seele. Als zentralen Kritikpunkt, der sich gegen beide Kontrahenten gleichermaßen richtet, beklagt Unzer die hoffnungslose Verfahrenheit ihres Streites: „Ein jeder bringt eine Hypothese oder Erklärungsart auf die Bahn, die er für unwidersprechlich hält, und wobey er sich nicht genug wundern kann, wie ein so vortrefflicher Mann als der Andre ist, daran zweifeln könne."[32] Ein andermal missbilligt er in einer Rezension über Hoffmann nicht nur, „wie wegwerfend Hr. H. §. 156. 157 von denen spricht, die eine Versetzung der gichtischen, scorbutischen und andrer verdorbenen Materien von einem Theile des Körpers zum andern für möglich halten" und „wie viele der ehrwürdigsten

---

27 W. [Johann August Unzer]: Christoph Ludwig Hoffmann […] Von der Empfindlichkeit und Reizbarkeit der Theile; als eine Einleitung zum zweyten Theile von den Pocken, Münster 1779, bey Perennon […]. In: ADB 44 (1780), 1. St., S. 3–26, hier S. 13.

28 Ebenda, S. 17, 18.

29 W. [Unzer] (wie Anm. 21), S. 345.

30 W. [Unzer] (wie Anm. 27), S. 17.

31 W. [Unzer] (wie Anm. 21), S. 330.

32 Wm. [!] [Johann August Unzer]: Einige Erinnerungen gegen die Zweifel und Erinnerungen Hrn. D. J. Chr. Kemmes, Professors in Halle […], Breslau 1779, bey Löwe […]. In: ADB 44 (1781), S. 442–445, hier S. 443.

Aerzte diese Faustschläge treffen",[33] sondern stört sich auch an der Selbstgefälligkeit, mit der Hoffmann seine eigenen Verdienste lobe: „Wir urtheilen nicht! Hippokrates warnt uns durch sein Iudicium difficile! Aber wir wünschten H. H. hätte diese letzte Genugthuung lieber vom günstigen Leser erwartet."[34]

Das Ethos, aus dem dieser Wunsch erwächst, hindert Unzer jedoch nicht daran, in einer Form auf seine eigenen Publikationen zu verweisen, die aufgrund der Anonymität der siglierten Unterzeichnung für Uneingeweihte den Anschein erweckt, als würde nicht er selbst seine *Ersten Gründe einer Physiologie* (1771) als Autorität ins Feld führen, sondern ein Fremder:

> So zieht ein enthaupteter Frosch sein eines Bein heftig an sich, wenn man am andern einen sehr lebhaften Eindruck macht, der ihm, als er noch empfand, heftige Schmerzen verursacht haben würde; und dieses zwar nicht etwa wegen des Zusammenhangs der Muskeln; sondern lediglich durch die Zurückwirkung des Eindrucks in den Nerven, wie Hr. Unzer bewiesen hat. Physiologie § 415. N. 2.[35]

Um Eigenwerbung handelt es sich auch bei Unzers bloß affirmativer Ergänzung zur *Haus- und Reiseapotheck* (1766) des schwedischen Pädiaters Nils Rosén von Rosenstein, dass eine darin erwähnte Medikation auch in seiner eigenen Zeitschrift abgehandelt werde: „Wider den Magenschwindel wird der Gebrauch von 4. bis 5. weißen Pfefferkörnern, einige Morgen nach einander, als eine sichere Cur angepriesen, wovon man auch im 5. Theil S. 134. der Wochenschrift: der Arzt, Beobachtungen lieset."[36] Gleiches gilt für den Hinweis, die Hamburger Parallelübersetzung von Rosensteins *Underrättelser om barnsjukdomar och deras botemedel* (1764) mit dem Titel *Der sorgfältige und gemeine Kinderarzt* (1766) habe „einige Bogen aus der Wochenschrift, der Arzt, die von den Kinderkrankheiten handeln, zum Anhange".[37]

---

33 W. [Johann August Unzer]: Christoph Ludwig Hoffmann, [...] Vom Scharbock, von der Lustseuche, von der Verhütung der Pocken im Angesichte, von der Ruhr [...], Münster 1782, Perrenon [...]. In: ADB 53 (1783), S. 331–356, hier S. 344.

34 W. [Unzer] (wie Anm. 21), S. 347.

35 W. [Unzer] (wie Anm. 27), S. 10.

36 H* [Johann August Unzer]: Haus- und Reise-Apothek, [...] vom Archiater und Ritter Rosen von Rosenstein, Leipzig 1766, bey Weidmanns Erben und Reich [...]. In: ADB 5 (1767), 2. St., S. 85–91, hier S. 89.

37 C. [Johann August Unzer]: Der sorgfältige und gemeine Kinderarzt, oder des [...] Herrn D. Nicol Rosén von Rosenstein, vollständige Abhandlung von Kinderkrankheiten. [...], Hamburg 1766, bey Grund [...]. In: ADB 4 (1767), St. 2, S. 208–212, hier S. 212.

Abgesehen von seinen eigenen Schriften zitiert und referenziert Unzer in seinen Rezensionen bevorzugt einen bestimmten Kreis von Autoren, die ihm fachlich nahestehen. Dazu zählt nicht zuletzt sein *ADB*-Mitstreiter Hensler, und zwar offenbar schon vor dessen Übersiedlung von Segeberg nach Altona. So verweist Unzer im Fortgang seines Verrisses der akademischen Streitschrift *De Insitione Variolarum* (1768), deren Verfasser Tralles aus Mangel an eigener Erfahrung mit der Pockenimpfung vieles „unentschieden"[38] lasse bzw. „furchtsam und zweydeutig"[39] darlege, immer wieder auf die „schöne Kritik, über die gegenwärtige Schrift des Hrn. Tralles, im zweyten Theile der Briefe über das Blatterbelzen, die den Gelehrten Hrn. D. Hensler in Segeberg, zum Verf. haben".[40] Außerdem gehören der besonders oft angeführte Albrecht von Haller (1708–1777) sowie Unzers eigener akademischer Lehrer Johann Gottlob Krüger (1715–1759) zu denjenigen Fachleuten, auf die Unzer seine inhaltlichen Bedenken im Einzelfall stützt. So verweist er etwa im Bestreben, Hoffmann zu widerlegen, auf die „Krügersche Theorie von der vierfachen Spannung der Nerven" und darauf, „was Haller bey der Theorie von den Bewegungs- und Empfindungsnerven aus dem kleinen und großen Gehirn anmerkte".[41]

Häufig geht Unzer auf das Problem der Gemeinnützigkeit und der Popularisierung von medizinischen Gegenständen ein. Angesichts der Gefährdungen, die mit dem sog. Medizinalpfuschertum, d. h. mit der medizinischen Tätigkeit ohne entsprechende Ausbildung, einhergehen, äußert sich Unzer äußerst skeptisch gegenüber medizinischen Publikationen mit popularisierendem Anspruch, obwohl er selbst mit seiner Wochenzeitschrift *Der Arzt* in diesem Genre außerordentlich reüssiert hatte. Auch die *Briefe eines Arztes* (1770/71) des Anthropologen Ernst Platner seien allgemeinverständlich gehalten, um, so Unzer, „Leute, die etwas von der Naturlehre verstehn [!], und ihren Körper kennen zu lernen wünschen, ohne doch selbst Aerzte werden zu wollen, darinn zu unterrichten".[42] Diese Einschränkung, „ohne doch

---

38 C. [Johann August Unzer]: Vexatissimum nostra aetate, de Insitione Variolarum, […] occasione quaestionum ab Ill. Viro Antonio de Haen, &c., sibi propositarum, […] curtius evolutum, & expensum a Balthasario Ludovico Tralles […], Breßlau 1765, bey J. E. Meyer […]. In: ADB 7 (1768), 2. St., S. 65–79, hier S. 70.

39 Ebenda, S. 71.

40 Ebenda, S. 66.

41 W. [Unzer] (wie Anm. 21), S. 20.

42 Wn. [Johann August Unzer]: Briefe eines Arztes an seinen Freund, über den menschlichen Körper, herausgegeben von D. Ernst Platnern […], Erster Band, Verlegts Fritsch, Leipzig 1770 […]. In: ADB 14 (1771), 1. St., S. 81–90, hier S. 81.

selbst Aerzte werden zu wollen", macht einen kleinen, aber für die Verteidigung der *ars medica* als akademischer Bastion entscheidenden Unterschied etwa zu Rosenstein aus, der seine pädiatrischen Handreichungen nicht nur zur Befriedigung eines theoretischen Interesses vorträgt, sondern sie, ebenso wie Unzer die seinigen in *Der Arzt,* nicht zuletzt auch zur praktischen Anwendung bestimmt. Da Platner sich namentlich gegen die Praxisorientierung von Unzers Zeitschrift ausgesprochen habe, nimmt Unzer seine Rezension der *Briefe eines Arztes* zum Anlass für eine Replik, seien doch „schwerlich die Abhandlungen von Krankheiten im Arzte Schuld" daran, dass man diese Zeitschrift neuerdings „auf den Tischen der Frauenzimmer beym Moliere liegen sieht"; ferner übertreibe Platner die „Schädlichkeit der praktischen Unterrichte fürs Volk" und „glaub[e] ohne Grund, daß die theoretischen nicht gleicher Mißbräuche fähig wären".[43] Platner verfehle seine Zielsetzung insofern, als er „sich oft viel zu tief in seine Untersuchungen und Betrachtungen einläßt, und dadurch seinen vorausgesetzten Leser, der ihm unmöglich darinn folgen kann, ermüdet, verwirret und abschrekt", was sein Werk „schädlich"[44] mache. Für diese Maßregelung in eigener Sache verlangte und erhielt er von Nicolai (wenngleich mit einer anderen Sigle) den Schutz der Anonymität:

> Ich muß Sie aber bitten, unter die letzte von Platners Briefen, kein anderes Zeichen zu sezen, als nur ein B, und es überhaupt möglichst geheim zu halten, daß diese Recension von mir sey, damit ich recht sehe, wie sich dieser Herr anstellt.[45]

Anlässlich der Buchausgabe von Rosensteins zunächst als Wochenschrift publizierter *Anweisung zur Kenntniß und Cur der Kinderkrankheiten* (1766, 2. Aufl. 1768), einer praktischen Handreichung für Laienmediziner, unterstreicht Unzer die Gefahr, etliche Leser könnten „dieses und jenes nur halb und unrecht fassen, und dadurch wieder auf eine andre Weise schädlich werden".[46] Da jedoch eine gezielte Wissensvermittlung an Laien aufs Ganze gesehen zur Schadensbegrenzung beitragen könne, verteidigt er die Absicht populärmedizinischer Autoren,

---

43 Ebenda.
44 Ebenda, S. 82.
45 Brief v. Unzer an Nicolai v. 9.8.1770. Unveröff. Ms. In: Nachlass Nicolai. Staatsbibliothek Berlin – Preußischer Kulturbesitz, Bd. 76 (geb.), Bl. 10r.
46 H* [Unzer] (wie Anm. 22), S. 198. Vgl. auch Hensler zur Neuausgabe von 1768. In: ADB 9 (1769), 2. St., S. 156–159.

das Publikum in den Grundsätzen und Vortheilen ihrer Kunst zu unterrichten, um dadurch das menschliche Elend zu vermindern, und diejenigen Leute besser zu belehren, die sich oft ohne hinlängliche Geschiklichkeit, aber bald aus Nothwendigkeit, bald aus Menschenliebe, bald aus Gewinnsucht zu Nothhelfern des Volkes aufwerfen, und dadurch immer desto mehr Unglük stiften, je unwissender sie sind.[47]

Dringlichen Bedarf nach medizinischen Kenntnissen sieht Unzer ferner in der Politikberatung, weil „ein Land wahre und große Vortheile davon zu erwarten habe, wenn Aerzte von Einsicht und Thätigkeit aufgemuntert und unterstützt werden, für die Aufnahme ihrer Kunst zu arbeiten, und gute medizinische Policeyanstalten zu verfügen und durchzusetzen".[48] Deshalb hält er ein noch so ergänzungsbedürftiges obrigkeitliches Vorgehen gegen die verbreitete Laienmedizin für wünschenswerter als gar keine Maßnahmen: „War es nicht besser, diesen Pfuschern das Handwerk zu legen, als sie in der Hofnung, daß sie neue Entdeckungen machen möchten, ungehindert morden zu lassen?"[49]

Eine Kuriosität findet sich unter den Rezensionen, die Unzer über von 1769–1773 in mehreren Teilbänden publizierten *Adversaria medico-practica* (1769) des Leipziger Mediziners Christian Gottlieb Ludwig verfasste. Denn die Teile II und III des ersten Bandes besprach er im Abstand von mehreren Jahren zweimal für die *ADB*. Beim zweiten Mal teilt er mit, dieser Teilband sei „aus einem Versehen"[50] bisher noch nicht besprochen worden, und das, obwohl sich der fragliche Band zum Zeitpunkt der zweiten Besprechung bereits jahrelang in Unzers Bücherschrank befunden haben muss, durften doch die Beiträger der *ADB* stets ihre Rezensionstücke behalten. Als er Nicolai über dieses Versehen informiert, gibt er merkwürdig sich windende Erklärungen, in denen er alle Verantwortung von sich weist, zugleich die Schwere des Versäumnisses mit vagen Worten herunterspielt, um sodann das Ganze als lästig abzutun, so dass er – noch ein Perspektivwechsel – sich kurz gefasst habe, um die Abläufe bei der *ADB* nicht zu verzögern:

Die Schuld liegt aber nicht an mir, denn Sie haben die Stücke weder mir noch meinem Vatter aufgetragen. Da das Werk eine Art von Journale ist, so kommt es wohl so gar genau nicht darauf an. Hätte ich die Anzeigen von ganz Vol. II und die von Voluminis III. Parte II. und 3 in ordentliche Recensionen verwandeln wollen, so hätten Sie davon sehr lange

---

47 Ebenda.
48 W. [Unzer] (wie Anm. 33), S. 332.
49 Ebenda, S. 334.
50 Gz. [Johann August Unzer]: Adversaria Medico practica, Vol. I. P. 2. 3, Lipsiæ 1770, apud hæredes Weidmanni & Reich. In: ADB 22 (1774), 2. St., S. 472 f.

Aufsätze erhalten, und ich hätte Sie darauf noch lange warten lassen müßen, weil ich sie alle erst wieder hätte durchsehen müßen, welches ein ziemlich ennuyantes Geschäft ist.[51]

In der ersten Rezension von 1770 hebt Unzer zum einen den Abschnitt hervor, „worinn Herr Ludwig von allen bey der Cur der Blattern gewöhnlichen äußerlichen Arzneymitteln seine Meynung sagt".[52] Zum anderen zeichnet er Ludwigs Einwände gegen „die herzstärkende Kraft, die Herr Tralles dem Opium beygelegt hat" aus, wenngleich er selbst die Position des letzteren nicht für falsch hält: „Nichtsdestoweniger scheint uns doch das Opium mit eben dem Rechte als der Wein, diesen Namen zu verdienen."[53] Vier Jahre später handelt er beide Punkte in einem Satz ab, findet nun aber die zweite Passage sachlich obsolet:

> Zwo wichtige Abhandlungen; eine von den äußerlichen Arzneyen bey den Pocken; worin viel nüzliche [!] praktische Anmerkungen vorkommen, und die andre, darum wichtig, weil sie den schönen Aufsatz des Herrn Tralles, von der herzstärkenden Kraft des Opium veranlaßt hat, der das, was der gegenwärtige Aufsatz dagegen erinnert, gänzlich vernichtet.[54]

Dieser Sinneswandel kam wie folgt zustande: Ludwig erhob in seinen *Adversaria* Einwände gegen Tralles' Grundlagenwerk *De usu et abusu opii* (1753–1763), worauf Tralles mit einer *Responsio* reagierte, die 1770, d. h. nach Unzers erster Rezension, erschien. Diese *Responsio* hatte Unzer sodann 1772 für die *ADB* voller Anerkennung rezensiert: „Da nun diese [sc. eine anregende] Wirkung des Opium ins Herz eine unstreitige Sache ist, so kann man auch nicht umhin, es für herzstärkend zu halten. Das erste erweiset H[err] T. überflüßig, und beantwortet auf die genugthuendste Weise alle Einwürfe dagegen, die einigen Schein haben."[55] Unklar bleibt, ob er seine erste Ludwig-Rezension wirklich vergessen hatte und auch Nicolai, der Unzer zur weiteren Konfusion offenbar „nicht Voluminis III partem tertiam, sondern durch einen Mißgriff Voluminis

---

51 Brief v. Unzer an Nicolai v. 9.10.1773. Unveröff. Ms. In: Nachlass Nicolai. Staatsbibliothek Berlin – Preußischer Kulturbesitz, Bd. 76 (geb.), Bl. 21rf.

52 B. [Johann August Unzer]: Adversario Medico Practica, Vol. I. Pars. II. III, Lipsiae 1770, Weidmann und Reich, groß 8. jeder Theil 12 Bogen. In: ADB 13 (1770), 2. St., S. 617 f., hier S. 618.

53 Ebenda, S. 618.

54 Gz. [Unzer]: Adversaria Medico practica, Vol. I, P. 2. 3 (wie Anm. 52), S. 472 f.

55 B. [Johann August Unzer]: D. Balthas. Ludovici Tralles etc. ad illustris Viri Christ. Gottlieb Ludwigii etc. Disquisitionem de Vi Opii Cardiaca adversariis medico-practicis insertam, humanissima responsio, Vratislaviae 1771, sumpt. Meyeri [...]. In: ADB 17 (1772), 1. St., S. 199 f., hier S. 200.

2di partem 2dam, nach der Mich. Meße geschickt"[56] hatte, die Doublette im Hochbetrieb seiner „Rezensierfaktorei"[57] schlichtweg übersah, oder ob Unzer nachträglich ein zu schwach formuliertes Urteil nachbessern wollte, ohne diese literaturpolitische Absicht preiszugeben.

IV. Henslers Rezensionen: Vom Fachmann für Gelehrte aller Fächer

Henslers Rezensionen für die *ADB* weisen grundsätzliche Parallelen zu denen Unzers auf: Hensler folgt ebenfalls dem Aufbau der besprochenen Werke, um einzelne Stellen gesondert mit ausführlichen Begründungen und Nachweisen zu würdigen. Wie Unzer achtet Hensler auf die Richtigkeit in der Sache, auf verständlichen, hochsprachlichen Stil sowie ggf. auf die Qualität von Übersetzungen,[58] wobei er ein „erstaunliches Detailwissen"[59] unter Beweis stellt. Wenn für einschlägig befundene Literatur nicht zur Kenntnis genommen wurde, merkt er das an, wobei er die Versäumnisse jedoch eigenartigerweise stets auf ein Nicht-Können der Autoren zurückführt, was wie eine Entlastung klingt, aber die Frage nach der Ursache aufwirft und damit letztlich doch Nachlässigkeit oder gar Unvermögen suggeriert. Man liest etwa über Hoffmanns Abhandlung von den Pocken (1. Teil, 1770): „Das nicht ganz neue, letzthin von H. Klinkosch in Prag vertheydigte System von Aufnahme der Luft ins Blut konnte H. H. noch nicht anführen.)"[60] Oder auch: „H. H. würde vermuthlich des Cottunni [sc. Domenico Cotugno] Bemerkungen sehr gebraucht haben, wenn er sie hätte wissen können."[61] Hensler profiliert sich nicht nur durch kleinteilige Anmerkungen und Korrekturen, sondern auch durch teils sehr lange eigene Exkurse. Dabei erscheint er mitunter auf eine ganz eigene Weise originell, z. B. wenn er zu Hallers Epochengliederung in der Chirurgiegeschichte mit patriotischer Grundierung anmerkt, um 1740 beginne

---

56 Ebenda, Bl. 21v.

57 Jean Paul: Leben des Quintus Fixlein, aus funfzehn Zettelkästen gezogen; nebst einem Mußteil und einigen Jus de tablette. In: Ders.: Werke, Bd. 4: Kleinere erzählende Schriften 1796–1801, hrsg. v. N. Miller, München, Tübingen 1974, S. 20.

58 Vgl. Portwich (wie Anm. 12), S. 152 f.

59 Ebenda, S. 152.

60 X. [Philipp Gabriel Hensler]: C. L. Hofmanns, Kurköln. Leibarzts und Hofrahts, Abh. von den Pocken. Erster Theil, worinn die Erzeugung der Pockenmaterie u. a. ansteckenden Krankheiten vor Augen gelegt wird, Münster, Hamm 1770, Perrenon […]. 8. In: ADB 16 (1772), 2. St., S. 422–431, hier S. 427.

61 Ebenda, S. 430.

etwas Neues: „Jn Berlin und später in Stockholm und Kopenhagen werden vortrefliche Hospitäler und Gebährhäuser angelegt. Und wohl zu merken, im Norden ist der Fortgang der Kunst weniger in die Augen fallend, weil man weniger schreibt, vielleicht auch weniger Parade macht."[62]

Bei allen Gemeinsamkeiten ergeben sich im Vergleich Henslers mit Unzer vor allem zwei große Unterschiede. Zum einen fällt Hensler seine Urteile in ungleich höherem Maße „mit geistreichem Witz und Spott"[63]. Zum anderen eignet ihm ein stark narrativer Duktus, denn anders als Unzer vergegenwärtigt er die Inhalte der besprochenen Bücher nicht nur in trockenen Stichworten, sondern gibt sie, wenn er nicht gerade eine reine Buchanzeige schreibt, anschaulich im Zusammenhang wieder. Fachterminologisch voraussetzungsreiche Passagen wie z. B. diese findet man hingegen selten: „Huxham [sc. John Huxham] unterscheidet die *putrida maligna* [sc. Faulfieber] und *lenta nervosa* [sc. schleichende Nervenfieber]."[64]

Einen Sonderfall unter den Rezensionen Henslers bilden diejenigen über medizinische Publikationen Unzers,[65] eine Konstellation, die nach heutigen Befangenheitskriterien etwas heikel anmutet, denn beide Autoren waren im selben Berufsstand fast während ihrer gesamten Rezensionstätigkeit (Hensler erst ab 1769) in Altona ansässig, wo sie nicht nur in fachlicher, sondern auch in freundschaftlicher Verbindung standen.[66] Auch wenn Hensler viele Positionen seines *ADB*-Kollegen teilt, sei es zu Laienmedizin und Popularisierung, zur Pockenimpfung oder auch zur prinzipiellen Nützlichkeit der Medizinalpolicey, lässt sich seine Voreingenommenheit für Unzer in den Rezensionen kaum nachweisen. Allerdings unternimmt er eine Generalrevision von Unzers Zeitschrift *Der Arzt*, deren letzte Ausgaben der Leipziger

---

62 Va. [Philipp Gabriel Hensler]: Bibliotheca chirurgica, qua scripta […] auctore Alberto v. Haller. T. I. Bernae, ap. Haller, et Basil. ap. Schweighäuser, 1774 […]. In: ADB 27 (1776); 2. St:, S. 309–326, hier S. 325.

63 Portwich (wie Anm. 12), S. 155.

64 X. [Philipp Gabriel Hensler]: Der Arzt. Eine medicinische Wochenschrift. Von D. Joh. Aug. Unzer. Neueste von dem Verf. verbesserte und viel vermehrte Auflage. Sechs Bände, Hamb. Berth 1769, Zweyte Aufl., Hamb. 1770. In: ADB 13 (1770), 1. St., S. 3–21, hier S. 14.

65 Den umgekehrten Fall gibt es nicht, da Henslers wichtigste Schriften entweder vor oder nach der Rezensionstätigkeit Unzers für die *ADB* erschienen: die *Briefe über das Blatterbelzen* (1765/66), der *Beitrag zur Geschichte des Lebens und der Fortpflanzung der Menschen auf dem Lande* (1767), die *Geschichte der Lustseuche* (1783/89) und *Vom abendländischen Aussatze im Mittelalter* (1790).

66 Vgl. Reiber (wie Anm. 12), S. 167.

Arzt Christian Friedrich Börner (1736–1800) in der *ADB* vor Beginn der Rezensionstätigkeit Henslers und Unzers bei prinzipiellem Wohlwollen gegenüber dem Anliegen verrissen hatte.[67] Nach Hensler erzeuge der „reine Ausdruck; die ungesuchte leichte Schreibart; das schalkhafte unbeleidigende Spötteln [...]; der mannigfaltige Witz, der selbst bekannten Sachen eine neue und eigne Wendung giebt" sowie „die nachläßige Methode im Dogmatisieren"[68] die besondere Qualität des für die Buchausgabe (1769, 2. Aufl. 1770) überarbeiteten Blattes. Zugleich moniert Hensler die „zerstreuten Gedanken", die es beschwerlich machten, „das ganze Feld seiner Begriffe und der Folgen daraus zu übersehen".[69] Zu Unzers Psychologie bemerkt er, sie verdiene „weitere Prüfung"[70], zum Faulfieber fügt er an, er hätte „doch eine nähere Bestimmung gewünscht"[71], um diese selbst nachzuliefern, und er bezweifelt auch Unzers empirische Beobachtungen: „H. U. sagt: man leide beym Gefrieren des Weineßigs die Hälfte Verlust. Der Rec. entsinnt sich daß er bey einem edeln Weineßig einen weit größern gehabt."[72] Die Verknüpfung einer ausführlichen Neubewertung als „Eine [!] unsrer besten Originalschriften"[73] im Ganzen mit kritischen Bemerkungen im Detail beruhte auf einer literaturpolitischen Verabredung zwischen Hensler, Unzer und Nicolai, wie sich aus einem Brief Henslers an Nicolai ersehen lässt, mit dem er die Rezension übersandte: „Sie ist etwas lang: aber ich hoffe doch interessant. Das Buch verdiente es und unser Freund [sc. Unzer] wünschte es. Sie ist günstig: aber nicht schmeichelhaft und in ein Paar Stellen hab ich meinem Freunde ziemlich widersprochen. Er sieht gern, daß sie bald eingerückt werde."[74]

Abgesehen von den fachwissenschaftlichen Qualitäten der besprochenen Werke registriert Hensler auch ihren wissenschaftlichen Umgangston, indem er beispielsweise als Stärke Unzers in den *Ersten Gründen der Physiologie* (1771) heraushebt: „Oft freylich geht H. U. von seinen großen Vorgängern ab: aber

---

67 Vgl. C. F. Börner: Der Arzt, eine medicinische Wochenschrift, eilfter und zwölfter Theil [...], Hamburg 1764, bey G. E. Grunds Witwe [...]. In: ADB 2 (1766), 2. St., S. 51–55.

68 X. [Hensler] (wie Anm. 66), S. 4.

69 Ebenda.

70 Ebenda, S. 5.

71 Ebenda, S. 15.

72 Ebenda, S. 7.

73 Ebenda, S. 3.

74 Brief v. Hensler an Nicolai v. 18.3.1770. Unveröff. Ms. In: Nachlass Nicolai. Staatsbibliothek Berlin – Preußischer Kulturbesitz, Bd. 32, Mp. 10, Bl. 236r.

nie auf eine Art, daß er dem Verdienste derselben zu nahe treten sollte."[75] Auch sonst geriert sich Hensler als Feind polemischer Dispute, was Portwich zu dem Schluss verleitete, Hensler verkörpere ein grundsätzlich anderes Kritikerethos als Nicolai.[76] Wenn Hensler Kontroversen einstellt, sobald sie unsachlich werden, so bedient dies einen Topos gelehrter Auseinandersetzungen, der traditionell oft wenig mit den Tatsachen zu tun hat. Dass Hensler zuweilen keineswegs *suaviter in modo* auftritt, lässt sich anhand der Rezensionen zu Ernst Gottfried Baldinger sowie zu Gottfried Ferdinand Jänsch zeigen.

Baldingers Abhandlung *Von den Krankheiten einer Armee* (1765) befindet Hensler für „ein mittelmäßig geschriebenes Buch"[77]. Das größte Defizit sieht er in der gedanklichen Flüchtigkeit des Buches, das allzu unausgereift in den Druck gegeben worden sei: „Man eilt mit ihm [sc. Baldinger] über seine Gegenstände hin; man wünscht alle Augenblicke nähere und tiefere Erörterung: aber ehe der Wunsch halb gethan ist: so hat Hr. B. wieder was neues gelesen oder bemerkt, worüber der Wunsch in der lezten Hälfte erstickt."[78] Daher bemüht Hensler einen Vergleich, der an Angriffslust seinem Esprit nicht nachsteht, wenn er Baldinger im wahrsten Sinne des Wortes bloßstellt:

> Abgebrochene und unvollendete Stücke verstorbner Gelehrten sieht man mit einer Schonung und Verehrung an, wie die Reliquien eines Heiligen: aber wird man dieselbe Miene machen, wenn eine Sancta Ursula im halben Hemde und Brustlatzstücken ohne Nath bey Leibes Leben erscheinet?[79]

Regelrecht inkriminierende Züge nimmt Henslers Polemik in der Besprechung von Jänschs *Unterricht an die Schlesischen Landleute* (1765) an, beschließt er doch seine Rezension mit einem überaus schwerwiegenden Vorwurf *ad personam*, der Jänsch in die Nähe von Quacksalbertum und Alchemie rückt:

---

75 X. [Philipp Gabriel Hensler]: Erste Gründe der Physiologie der eigentlich thierischen Natur thierischer Körper, entworfen v. D. Joh. Aug. Unzer, Leipzig 1771, Weidm. Erben und Reich, 2. Alph. 4 Bogen gr. 8. In: ADB 16 (1772), 2. St., S. 502–513, hier S. 512.

76 Vgl. Portwich (wie Anm. 12), S. 159, vgl. auch S. 156.

77 M.* [Philipp Gabriel Hensler]: Von den Krankheiten einer Armee aus eignen Wahrnehmungen in dem leztern peußischen [!] Feldzuge mit praktischen Anmerkungen aus den besten Schriftstellern von E. G. Baldinger D., Langensalza 1765, bey Martini, 1 Alphab. in 8. In: ADB 6 (1768), 1. St., S. 103–111, hier S. 103.

78 Ebenda, S. 108.

79 Ebenda, S. 110.

Jn seinem [sc. Jänschs] Quartiere auf der Nicolausgasse zwischen den drey Eichen und dem weissen Rosse, in dem von Hahnischen Hause sind den Landleuten zum besten Verwahrungspulver, Salztropfen und reinigende Mutterpillen um einen sehr billigen Preis zu haben – warum nicht auch eine schlesische Panacee und ein sudetischer Spiritus? so wäre das Krämchen beynahe gleich und die Titel doch einträglicher und wirksamer.[80]

Die hier anklingenden Probleme mit den „Landleuten" bzw. mit einem wenig gebildeten, medizinisch kaum urteilsfähigen Publikum als Zielgruppe populärmedizinischer Schriften erörtert Hensler öfter. Er geht davon aus, dass deren hauptsächlicher Rezipientenstamm mitnichten in der gemeinen (Land-)Bevölkerung zu suchen sei, auch wenn etwa die Hamburger Ausgabe von Samuel Auguste Tissots *Anleitung für das Landvolk* (3. Aufl. 1767) bezeichnet wird als „Ausgabe des geringen Mannes – und Hr. T. *Peuple* scheint es zu bestätigen"[81]. Um diese verbreitete Fehleinschätzung auszuräumen, nennt er Tissots erklärte Zielgruppe, nämlich: „Es sind Prediger, Herrschaften, Dorfbarbierer, Wehmütter und besonders alle Personen, vorzüglich weiblichen Geschlechts, die so mitleidig und leutselig denken, daß sie hülflosen Kranken mit einem Eifer zu dienen wünschen, den Unverstand nicht nachtheilig macht."[82] Dass die berüchtigte Medizinalpfuscherei nicht von völlig bildungsfernen Zeitgenossen, sondern von zumindest ansatzweise vorinformierten Laien betrieben werde, findet Hensler auch in Unzers *Medicinischem Handbuch* (1. Aufl. 1770) bestätigt. Aus dessen Neuauflage von 1776 referiert er deshalb eine publikumsbezogene Rechtfertigung für eine nunmehr weniger simple, dafür aber um praxistaugliche Direktiven bereicherte Darstellung, die „dem Landarzte, dem Wundarzte, dem Beamten, dem Prediger aushelfen, die doch etwas Kenntniß der Kunst mehr besitzen, und die nur faßlicher und mit guten Cautelen versehener Vorschriften bedürfen"[83].

---

80 Kl* [Philipp Gabriel Hensler]: Unterricht an die Schlesischen Landleute, wie sie sich theils vor Krankheiten verwahren, theils, wenn sie damit befallen werden, sich mit gehörigen Mitteln zu Hülfe kommen sollen, bis sie die Hilfe eines Arzts erlangen können, von Gottr. Ferdin. Jünsch, Medico in Breßlau, Breßlau 1765, bey Gampert, 128 Seiten in 8. In: ADB 8 (1769), 2. St., S. 98–103, hier S. 102 f.

81 Y. [Philipp Gabriel Hensler]: Herrn. S. A. D. Tissot […] Anleitung für das Landvolk in Absicht auf seine Gesundheit […], Zürich 1767, Fueßlin, 735 Seiten in 8. ohne 86 Seiten Vorreden. In: ADB 8 (1768), 1. St., S. 184–196, hier S. 190.

82 Ebenda.

83 Me. [Philipp Gabriel Hensler]: D. Johann Aug. Unzers medicinisches Handbuch. Nach den Grundsätzen seiner medicinischen Wochenschrift, der Arzt, von neuem ausgearbeitet. Neue vermehrte Aufl., Leipzig Junius 1776, 2 Alph. 8. In: ADB 31 (1777), 2. St., S. 477–480, hier S. 477.

Da jedoch die gemeine Bevölkerung vieles aus den gängigen Populärabrissen nicht verstehen könne, sei wiederholt angeregt worden, „für den geringen Mann einen kurzen Auszug aus dem Tissot [...], der desselben Begriffe und Bedürfnisse noch näher angepaßt wäre",[84] zu drucken. Derartige Populärabrisse seien jedoch nicht ohne Risiko, da man, so schreibt er an anderer Stelle, „von den besten Anweisungen sagen kann, was Tissot von den Apotheken sagt, es sey noch ungewiß, ob sie mehr schadeten, als nützten".[85]

Weiter erläutert Hensler ein grundsätzliches Dilemma der Popularisierung medizinischen Fachwissens, da sie sich einerseits im Grunde nicht bewerkstelligen, andererseits aber auch nicht vermeiden lasse:

> Eigentlich ist und bleibt die Medicin eine der feinsten Künste, eine der weitläufigsten Wissenschaften, die unmöglich der große Haufe in Vollkommenheit besitzen kann. Aber wir wollen doch alle gesund werden, wenn wir krank sind und können doch nicht alle einen Arzt haben.[86]

Darüber hinaus führt er zur Legitimation nicht nur den gemeinen Nutzen, sondern auch anthropologische Konstanten ins Feld, aus denen die Laienmedizin erwachse. Ihre Unterbindung erscheine mithin schwerlich machbar oder auch nur wünschenswert:

> Man sezte noch dazu: der Trieb Rath zu geben und Rath zu verlangen ist in seiner Quelle so schön, in seinen Ausbrüchen so unaufhaltsam, der Menschheit so eingeprägt, unsrer allseitigen Schwäche so natürlich und der Gemeinliebe so förderlich, daß er nicht erst unterdrükt und verhalten, sondern gerichtet und berichtigt werden muß [...].[87]

Was Hensler hier in der liebenswürdigen Pose eines von Perfektibilität und Menschenliebe getragenen Aufklärungsphilosophen vorträgt, sieht er abermals durch Unzer bestätigt, dessen in dieselbe Richtung zielende Absichtserklärung er in ihrem überraschend rabiaten Wortlaut wiedergibt, und zwar, sein *Medicinisches Handbuch* sei „„eine Anleitung zur stümperhaften Praxis, die nur gegeben wird, um eine ganz brutaldumme zu vertilgen"".[88] Dementsprechend gibt

---

84 Y. [Hensler] (wie Anm. 83), S. 190.
85 Br. [Philipp Gabriel Hensler]: D. Joh. Aug. Unzers medicinisches Handbuch. Nach den Grundsätzen seiner medicinischen Wochenschrift „der Arzt", von neuen ausgearbeitet. Erster und zweyter Theil, Lüneburg, Hamburg 1770, bey Berth, 418 S. gr. 8. In: ADB 15 (1771), 2. St., S. 375–379, hier S. 376.
86 Y. [Hensler] (wie Anm. 83), S. 191.
87 Ebenda.
88 Me. [Hensler] (wie Anm. 85), S. 477.

Hensler in mehreren Rezension zu verstehen, dass er das „Amt eines medicinischen Lehrers" gerade im Bereich der Popularisierung in einer besonderen Verantwortung sieht, weil es zwar „Tausenden ihre Tage verlängern und aber Tausend noch leichter zu Grunde richten kann".[89] Umso größere Anerkennung zollt er Tissot, der die Grenze beachte, „wo der nuzreiche Unterricht, wenn er weiter ginge, schaden könnte, wo der gesunde Menschenverstand aufhört und die tieferbelehrte Kunst anhebt".[90]

Im Gegensatz dazu bemerkt er in anderen populärmedizinischen Werken schwerwiegende Vermittlungsprobleme. In Unzers ansonsten günstig beurteilten *Medicinischen Handbuch* findet Hensler die Stelle über die Hausmittel problematisch für Laien: „Hier dünkt uns aber dennoch, es müsse einer schon ein wenig Arzt seyn, oder eine sehr gute Unterscheidungskraft besitzen, wenn die Vorschriften gehörig sollen angewandt werden."[91] Jänsch dagegen schreibe in seinem *Unterricht an die Schlesischen Landleute,* einer „Nachahmung von Tissots Werke",[92] mit seinem Fachjargon über die Köpfe der Adressaten hinweg: „Und dergleichen medicinische Einschläge giebt es viel, dabey ein medicinischer Laie nicht recht wissen kann, wie er zurecht kommen soll."[93] Als durchgängigen Mangel verzeichnet Hensler auch in der Besprechung der ersten beiden Bände von Baldingers Monatsschrift *Arzneyen* (1766/1767), dass die erklärte Absicht, „den gemeinsten Lesern verständlich zu werden" nicht zur Umsetzung komme. Er spöttelt: „Aber ob Hr. B. dieß vergißt oder ob er dieses Tons – des kindlichen, der für dies Publicum gehört – nicht Meister werden kann, wissen wir nicht."[94]

V. Fazit

Als fächerübergreifende Rezensionszeitschrift stand die *ADB* vor der Herausforderung, zwei Publikumsgruppen mit unterschiedlichen Voraussetzun-

---

89 Kl* [Hensler] (wie Anm. 82), S. 102.
90 Y. [Hensler] (wie Anm. 83), S. 192.
91 Br. [Hensler] (wie Anm. 85), S. 378.
92 Kl* [Hensler] (wie Anm. 82), S. 98.
93 Ebenda, S. 99.
94 K* [Philipp Gabriel Hensler]: Arzneyen, eine physicalisch-medicinische Monatsschrift, zum Unterricht allen denen, welche den Schaden des Quacksalbens nicht kennen von E. G. Baldinger, [...], Erster Band, Langensalza 1766, bey Martini, 192 S., Zweyter Band 1767 [...]. In: ADB 9 (1769), 2. St., S. 49–51, hier S. 49 f.

gen zu bedienen – einerseits die Fachleute der einzelnen Disziplinen, zu denen rezensiert wurde, und andererseits ein gebildetes Lesepublikum mit allgemeinwissenschaftlichen Interessen, wozu mit dem Niedergang des Universalgelehrtentums auch akademisch gebildete Leser gehörten, sobald es nicht um ihr eigenes Fach ging. Unzers und Henslers schonungslose Urteile werden im Rückbezug auf Forschungsliteratur und eigene Erfahrungen transparent begründet. Während Hensler durchaus persönliche Angriffslust an den Tag legt, beschränkt sich Unzer auf ironische Sticheleien, gerät dafür jedoch zuweilen in die Verlegenheit, Nicolai „Rechtfertigungen (für Rücksichtnahmen des Kritikers gegenüber einem Kritisierten)"[95] geben zu müssen. In ihrer furchtlosen Unverblümtheit mit polemischer Tendenz entsprechen die beiden Rezensenten vollauf Nicolais Motto des „nil admirari und nil timere"[96], was jedoch weniger als Alleinstellungsmerkmal des Nicolai-Kreises denn als Signatur der aufklärerischen Streitkultur insgesamt zu verstehen ist.

Die Rezensionen bieten keine Anzeichen für eine redaktionelle Meinungslenkung durch Nicolai, der bei naturwissenschaftlichen Rezensionen weniger stark intervenierte als bei kultur- und gesellschaftswissenschaftlichen.[97] Freilich hielt er sich in der Medizin nicht völlig zurück, wie manche Formulierungen aus der Korrespondenz nahelegen, so etwa: „Sie predigen Ihre Kritik bei mir nie tauben Ohren."[98] Vereinzelt nachweisbare literaturpolitische Absprachen gehen von Unzer und Hensler aus, nicht von Nicolai. Der Eindruck offener Parteilichkeit wird dadurch vermieden, dass sowohl positive als auch negative Urteile stets allein aus dem besprochenen Werk heraus entwickelt werden. Gleichwohl beide Rezensenten bestimmte Vorlieben erkennen, so etwa bei Unzer, der vorzugsweise Krüger, Haller, Hensler und sich selbst zitiert, und bei Hensler, der eine etwas diskretere Zitierpolitik betreibt, aber doch eine unübersehbare Wertschätzung für Haller, Rosenstein und nicht zuletzt für Unzer an den Tag legt. Sollte Nicolai diese Vorlieben geteilt haben, waren sie jedenfalls nicht so stark, dass er auch nur

---

95 Reiber (wie Anm. 12), S. 254.

96 Friedrich Nicolai: Nekrolog auf Moses Mendelssohn [1786]. In: Ders.: Sämtliche Werke, Briefe, Dokumente. Kritische Ausgabe mit Kommentar, Bd. 6.1: Text. Gedächtnisschriften u. philosophische Abhandlungen, bearb. v. A. Košenina, Bern u. a. 1995, S. 36–41, hier S. 38.

97 Vgl. Schneider (wie Anm. 1), S. 139.

98 Brief v. Hensler an Nicolai v. 19.9.1768. Unveröff. Ms. In: Nachlass Nicolai. Staatsbibliothek Berlin – Preußischer Kulturbesitz, Bd. 32, Mp. 10, Bl. 213r.

einen dieser Autoren in sein *Verzeichniß einer Handbibliothek der nützlichsten deutschen Schriften* (1787) aufgenommen hätte.

Ganz den Zuschnitt der *ADB* entsprechend, verfolgen weder Unzer noch Hensler mit ihren medizinischen Rezensionen erkennbare Absichten, den medizinischen Fachdiskurs über die *res publica litteraria* hinaus zu popularisieren. Unzer setzt sich allerdings auch über diejenigen Kenntnisasymmetrien hinweg, die innerhalb des Publikums der *ADB* bestehen, indem er sich erklärtermaßen nur an Mediziner wendet, so dass sich die Terminologien und Diskurszusammenhänge in seinen Rezensionen für die übrige Leserschaft nicht auf Anhieb erschließen. Hensler hingegen nimmt gewisse Rücksichten auf die Nicht-Mediziner im Publikum, indem er gelegentlich längere Referate und Kontextualisierungen der Inhalte bietet und auf entlegene Fachbegriffe verzichtet. Während die Mediziner uneingeschränkt angesprochen werden, findet eine Demokratisierung von medizinischem Wissen innerhalb der Gelehrtenrepublik offenbar nur bedingt – bei Hensler mehr, bei Unzer deutlich weniger – statt, so dass die *ADB* zumindest für den Bereich der Medizin nicht nur als Integrationsmedium,[99] sondern auch Distinktionsmedium wirkte, in dem das disziplinäre Selbstverständnis strikt abgegrenzt wurde.

Eines fällt dabei allerdings ins Auge: Unter den besprochenen Werken machen populärmedizinische Schriften, die sich an eine Leserschaft ohne fachspezifische oder zumindest akademische Bildungsvoraussetzungen wenden, sowohl bei Unzer als auch bei Hensler einen äußerst geringen Anteil aus, was auf Anhieb die vorige Beobachtung zu bestätigen scheint, dass es den Rezensenten vorrangig um die Aufarbeitung der Forschungsdiskussion für Fachleute gehe. Das ist rein zahlenmäßig richtig, aber wenn man prüft, welche Autoren mehrfach von einem der beiden Rezensenten bzw. von beiden einmal oder mehrfach besprochen wurden, dann zeigt sich, dass die Popularisierung der *ars medica,* vertreten durch Autoren wie Rosenstein, Tissot, Baldinger, Platner und nicht zuletzt durch Unzer selbst, sowie die sich damit verbindenden Probleme, eine erstaunlich große Rolle spielt, worin sich ein ausgeprägtes, genuin aufklärerisches Interesse beider Rezensenten an dem durchaus umstrittenen Vermittlungsproblem dokumentiert. Unzer und Hensler ermuntern zwar keine Gelehrten ohne medizinischen Hintergrund zur Beteiligung am Fachdiskurs, aber sie machen beiläufig auch auf Probleme von allgemeiner Relevanz aufmerksam, darunter z. B. auf die Pockenino-

---

99 Schneider (wie Anm. 1), passim.

kulation, die Laienheilkunde sowie die Verantwortung der medicinalpolicey-lichen Obrigkeit. In diesem Sinne vermag das primär an Experten gerichtete medizinische Rezensionswesen der *ADB* sekundär auch zu einer fachlich fundierten Meinungsbildung in öffentlich relevanten Fragen beizutragen.

ANDREAS CHRISTOPH

Die „Allgemeinen Geographischen Ephemeriden" (1798–1831) im Kontext der Zeitschriftenliteratur des 18. und 19. Jahrhunderts

Um 1800 war Weimar eine Hochburg geographisch-kartographischer Verlagsprodukte. Dies ist mit den Unternehmungen des Verlegers Friedrich Justin Bertuch (1747–1822), wie dem 1791 gegründeten „Landes-Industrie-Comptoir" und dem „Geographischen Institut", das ab 1804 existierte, eng verbunden. Karten, Atlanten und Globen sowie eine umfangreiche Palette von allgemeinwissenschaftlichen und fachspezifischen Publikationen bildeten bereits zu Beginn des 19. Jahrhunderts den Schwerpunkt des Verlagsgeschäfts. Besonderes Augenmerk wurde einer Zeitschrift zuteil,[1] die Elemente allgemeinverständlicher Wissensverbreitung mit akribisch recherchierten, astronomisch fundierten und kartographisch illustrierten Fachbeiträgen verband: den *Allgemeinen Geographischen Ephemeriden (AGE)*.

> Es ist ohnehin eines jeden Herausgebers erste Pflicht, bey der Eröffnung einer neuen periodischen Zeitschrift seine Leser mit der Veranlassung, mit dem Plane und mit dem Endzwecke derselben näher bekannt zu machen.[2]

So schrieb der Astronom Franz Xaver von Zach (1754–1832) im Januar 1798 in der Erstausgabe des Periodikums und ließ auf diese Eingangsbemerkung eine 50-seitige Einleitung folgen, um den potentiellen Käufern und möglichen Abonnenten das inhaltliche Spektrum der konzipierten Fachzeitschrift darzulegen. Wissenschaftliche Diskurse, Unterhaltungen und Illustrationen in Geographie, Astronomie und Statistik sollten der maßgebliche In-

---

1 Der Begriff ‚Zeitschrift' etablierte sich in den 1770er Jahren. Mit der Konsolidierung und beginnenden Differenzierung der verschiedenen Wissenschaftsbereiche, speziell in der Zeit um 1800, wurden zudem fachspezifische Publikationsorgane geschaffen. Vgl. Karl d'Ester: Zeitung und Zeitschrift. In: W. Stammler (Hrsg.): Deutsche Philologie im Aufriss, Bd. III.2, unv. Nachdr. der 2. Aufl., Berlin 1979, Sp. 1246–1352, hier Sp. 1298.

2 Vgl. Franz Xaver von Zach: Einleitung. In: AGE 1 (1798), S. 3.

halt sein. Zach hatte im Bereich der astronomischen Zeitschrift bereits in den 1790er Jahren Erfahrungen sammeln können; er lieferte Beobachtungsberichte und Auszüge aus seiner internationalen Korrespondenz für die Supplementbände zu Johann Elert Bodes (1747–1826) *Berliner Astronomischem Jahrbuch*.[3] Dort erschien 1797 auch eine Ankündigung einer neuen geographischen Zeitschrift. Zach beabsichtigte „das Landcharten-Wesen und die Recensionen derselben zu übernehmen"[4]. Diese Anzeigen wurden auch in der *Allgemeinen Literatur-Zeitung* oder den *Göttingischen Anzeigen von gelehrten Sachen* verbreitet.

Für die aufgeklärte, bürgerliche Mediengesellschaft[5] des beginnenden 19. Jahrhunderts lieferte man in monatlich erscheinenden Oktavheften[6] eine komprimierte und detailreich illustrierte Erd- und Länderkunde. Dabei sollte nicht bloß ein kritisches Rezensionsorgan oder ein Publikationsanzeiger[7] etabliert werden. Man versuchte besonders durch originäre Abhandlungen, zur räumlichen Erkenntnis von ‚Wissenslandschaften' beizutragen, „weil wir uns auch in diesem Zweige der geographischen Literatur der Vollständigkeit gerne möglichst nähern möchten".[8] Wesentliche Aspekte der Völkerkunde, „welche neu, wichtig, belehrend, und Gewinn für die Wissenschaft seyn sollen",[9] galt es dabei ebenso zu berücksichtigen. Die Liste der Autoren einzelner Artikel liest sich dann auch wie ein ‚Who's Who' der zeitgenössischen Geographen, Länder- und Völkerkundler: Johann Christoph Adelung (1732–1806), Christoph Daniel Ebeling (1741–1817), Adam Johann von

---

3 Die Beiträge Zachs dominieren in diesen Supplementen und mussten in ihren Ausmaßen mitunter limitiert werden. Vgl. Johann Elert Bode: Sammlung astronomischer Abhandlungen, Beobachtungen und Nachrichten. Erster Supplement-Band zu dessen astronomischen Jahrbüchern, Berlin 1793, S. 249.

4 Vgl. ebenda.

5 Vgl. den Abschnitt „Die Zeitschrift als Medium der Aufklärung". In: P. Raabe: Bücherlust und Lesefreuden. Beiträge zur Geschichte des Buchwesens im 18. und frühen 19. Jahrhundert, Stuttgart 1984, S. 106–116; zu Fragen der Periodisierung: Werner Faulstich: Die Bürgerliche Mediengesellschaft (1700–1830), Göttingen 2002, S. 225–230, 242–243, 245.

6 Acht Bogen umfassten die einzelnen Hefte, diese wurden in zwei bis drei Jahresbänden zusammengefasst. Mit den *Neuen Allgemeinen Geographischen Ephemeriden (NAGE)* ging man in freie Lieferungen der einzelnen Hefte über.

7 Mit den *Monatsberichten*, erweiterten Intelligenzblättern, gab es aus dem Bertuch'schen Verlagsensemble bereits ein Anzeigemedium, das auch an die Bände der *Ephemeriden* angeheftet wurde. Vgl. Andreas Christoph: Geographica und Cartographica aus dem Hause Bertuch. Zur Ökonomisierung des Naturwissens um 1800, München 2012, S. 192–195.

8 Vgl. AGE 5 (1800), S. 8.

9 Vgl. Zach (wie Anm. 2), S. 5.

Krusenstern (1770–1846) oder Daniel Friedrich Sotzmann (1754–1840). Allein diese kleine Auswahl einer beträchtlich erweiterbaren Liste verweist auf ein umfassendes Netzwerk als Basis dieses Verlagsprojektes.[10]

Neueste astronomisch und mathematisch korrekte Karten waren ein wesentliches Element, um diese Bestrebungen voranzutreiben. Herausgeber und Redaktion waren sich einig, keine vollständige Übersicht des Angebotes liefern zu können – „aus Mangel eines Mittelpunkts des Handels"[11]. Trotzdem war man bestrebt, möglichst viele Informationen über Karten zu sammeln, zu ordnen und zu systematisieren. Es wurden keine Kosten und Mühen gescheut, aktuellste geographische Koordinaten in die Kartenerstellung mit einfließen zu lassen, handkolorierte[12] Exemplare in eine Vielzahl von Verlagsprodukte einzubinden und neue Fertigungstechniken[13] auszuprobieren. Unter der kritischen Redaktion des sternkundigen Zach erschuf man in den *AGE* eine „enge und unzertrennliche Verbindung"[14] von Geographie, Astronomie und Kartographie.

Der anfänglich vergebene und bis 1816 übliche Titel *Allgemeine Geographische Ephemeriden* erfuhr in den drei Jahrzehnten des Erscheinens mehrfach eine Änderung; von 1817–1822 (Bände 1–11) erschien die Fachzeitschrift als *Neue Allgemeine Geographische Ephemeriden (NAGE)*, von 1823–1831 (Bände 12–31) als *Neue Allgemeine Geographische und Statistische Ephemeriden (NAGSE)*. Damit waren stets eine inhaltliche Veränderung, die Überarbeitung des strukturellen Aufbaus und Anpassungen des optischen Erscheinungsbildes verbunden *(vgl. Abb. 1a–1c)*.

---

10 Vgl. die umfangreichen Aufzeichnungen über den geführten Schriftwechsel (Postbücher) im Bertuch-Bestand des Goethe- und Schiller-Archivs (GSA 06/5276–06/5283).

11 Vgl. AGE 5 (1800), S. 8.

12 Vgl. zu materiellen Kulturen von Farbe auf Karten: Nils Güttler: Unsichtbare Hände. Die Koloristinnen des Perthes Verlags und die Verwissenschaftlichung der Kartographie im 19. Jahrhundert. In: Archiv für Geschichte des Buchwesen 68 (2013), S. 133–153, bes. S. 136–138.

13 Vgl. Werner Horn: Das kartographische Gesamtwerk Adolf Stielers. In: Petermanns Geographische Mitteilungen 1967, S. 312–326, bes. Anm. 16 zur Herstellung von ‚schwarzen' Sternkarten.

14 Vgl. Zach (wie Anm. 2), S. 5; ferner Dieter B. Herrmann: Franz Xaver von Zach und seine „Allgemeinen Geographischen Ephemeriden". Aus der Entwicklung der astronomischen und geographischen Fachzeitschriften in Deutschland. In: Sudhoffs Archiv 52 (1968), S. 347–359.

Allgemeine
Geographiſche
EPHEMERIDEN.
Verfaſſet
von
einer Geſellſchaft Gelehrten
und herausgegeben
von
F. von Zach,
H. S. G. Obriſtwachtmeiſter und Director der herzoglichen Sternwarte Seeberg bey Gotha.

Erſter Band.

Weimar,
im Verlage des Induſtrie-Comptoirs.
1798.

Neue
Allgemeine Geographische
EPHEMERIDEN.
Verfasset
von
einer Gesellschaft von Gelehrten,
und herausgegeben
von
Dr. F. J. Bertuch,
Grofsherzogl. Sachsen-Weimar. Legations-Rathe, Ritter des weiſsen Falken-Ordens, und mehrerer gelehrten Gesellschaften Mitgliede.

Erster Band.

Weimar,
im Verlage des Landes-Industrie-Comptiors.
1817.

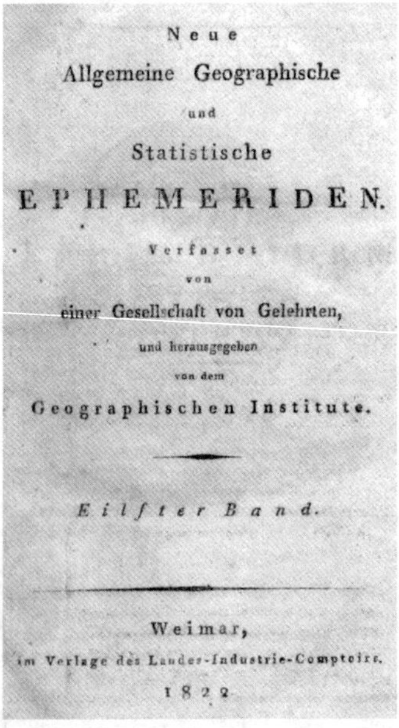

Neue
Allgemeine Geographische
und
Statistische
EPHEMERIDEN.
Verfasset
von
einer Gesellschaft von Gelehrten,
und herausgegeben
von dem
Geographischen Institute.

Eilſter Band.

Weimar,
im Verlage des Landes-Industrie-Comptoirs.
1822

Abb. 1a–1c

I. Zur Vorgeschichte der Ephemeriden

Unter dem Schlagwort ‚Ephemeriden' werden nach dem *Physikalischen Wörterbuch* aus dem Jahr 1787 diejenigen Bücher verstanden, „worinn für eines oder mehrere Jahre die täglichen Stellen der Gestirne und die Erscheinungen des Himmels für einen gewissen Ort der Erde, aus den astronomischen Tafeln berechnet, angegeben sind".[15] Diese vorausgeplante Periodizität der *AGE* war einer der Umstände, der die Redaktion, die potentiellen Autoren aber auch die Buchbinderei schon bald nach dem Ersterscheinen unter erhöhten Zeitdruck bringen sollte.[16] Folgt man den Ausführungen von Johann Samuel Traugott Gehler (1751–1795), so lassen sich weitere Parallelen zum inhaltlichen Konzept der Weimarer *AGE* herausarbeiten:

> Sie zeigen die Himmelsbegebenheiten in voraus an, machen aufmerksam auf manche derselben, die man sonst übersehen hätte, enthalten Resultate, welche ohne sie sehr mühsam hätten berechnet werden müssen, und wenn ihre Angaben genau und aus guten Tafeln gezogen sind, so kan man sie in manchen Fällen sogar als wirkliche Beobachtungen gebrauchen.[17]

Auf das geographische Fach bezogen, galt es in der Tat, bekannte Fakten und weniger geläufige bzw. bis dato unbekannte Sachverhalte darzulegen. Dabei vermischten sich tradiertes Raumwissen und zeitaktuelle Ereignisse von allgemeinem Interesse. Im 19. Jahrhundert weitete man die ursprünglich enge astronomische Definition der ‚Ephemeriden' schließlich auf; mit Verweis auf die Weimarer *AGE* führte man unter diesem Oberbegriff jetzt auch „Zeit- und andere periodische Schriften" zusammen.[18]

---

15 Vgl. Johann Samuel Traugott Gehler: Physikalisches Wörterbuch. Erster Theil von A bis Epo, Leipzig 1787, S. 853–855, hier S. 853.

16 Vgl. die folgende Anmerkung Zachs: „Ich wurde aber sehr bald gewahr wie beschwerlich mir, bey der systematischen Einrichtung dieses Journals, die Ausfüllung bestimmter Fächer ward; insonderheit erfuhr ich, dass die Redaction, wegen der zu bestimmten Vertheilung der zu recensirenden Bücher und Karten, und wegen des, desshalb mit den Recensenten zu führenden mechanischen Briefwechsels, viel zeitraubender war, als ich anfangs vorhersehen konnte." In: Monatliche Correspondenz zur Beförderung der Erd- und Himmelskunde 1 (1800), Vorrede, S. [III–IV].

17 Vgl. Gehler (wie Anm. 15), hier S. 853.

18 Vgl. Pierer's Universal-Lexikon der Vergangenheit und Gegenwart, Fünfter Band, Deutschland-Euromos, Altenburg 1858, S. 790. So finden sich in dem *Allgemeinem Sachregister über die wichtigsten deutschen Zeit- und Wochenschriften* (2 Bde., Leipzig 1790) etwa Verweise auf die *Ephemeriden der Litteratur und des Theaters* (Berlin 1785–1787) oder die *Ephemeriden der Menschheit, oder Bibliothek der Sittenlehre, Politik und Gesetzgebung* (Leipzig 1776–1786).

Die Zielgruppe war klar ersichtlich: Geographen, Kartographen, Entde-
ckungs- und Forschungsreisende und auch Astronomen, wobei Letztere ihre
Erkenntnisse und Fragestellungen bereits in einer Vielzahl beliebter Medien
diskutieren konnten.[19] Doch fehlte es an übergreifenden Magazinen, die als
Multiplikator für disziplinäres Wissen fungierten. Eine zu intensive Spezialisierung schränkte den Kreis der potentiellen Abnehmer empfindlich ein, zu
breitgestreutes, oberflächlich dargelegtes Wissen wäre nicht im Sinne der
Redakteure und Autoren gewesen, die eine Neuausrichtung der unterschiedlichen Wissenschaftsbereiche um 1800 forcierten.[20] Gemeinhin als Initiati-
onspunkt der Disziplinentwicklung der Astronomie kann die Durchführung
des ersten internationalen[21] Astronomenkongresses 1798 angesehen werden,
der, durch Zach organisiert, auf der Sternwarte Seeberg bei Gotha abgehalten
wurde.[22] Hier wurde die dringende Notwendigkeit einer disziplinär orientierten Kommunikationsplattform deutlich, auf der man sich dem fachlichen
Austausch widmen konnte. Zugleich sollte das Gesamtkonzept ermöglichen,
dass der Dilettant unterhaltsam zufriedengestellt werden würde.

Zach sah die *AGE* in der *Traditionslinie der Wöchentlichen Nachrichten von
neuen Landcharten, geographischen, statistischen und historischen Büchern und Sachen*
(Berlin 1773–1788), herausgegeben durch Anton Friedrich Büsching (1724–
1793), der *Annalen der Geographie und Statistik* (Braunschweig 1790–1792), unter der Obhut von Eberhard August Wilhelm von Zimmermann (1743–

Vgl. auch im „Index deutschsprachiger Zeitschriften 1750–1815" der Akademie der Wissenschaften zu Göttingen.

19 Das *Berliner Astronomische Jahrbuch,* 1774 durch Johann Heinrich Lambert (1728–1777) und
Johann Elert Bode begründet, war eines der wichtigsten Kommunikationsmittel und enthielt neben den astronomischen Tabellen (den ‚Ephemeriden') als Journal eine „Sammlung der neuesten in die astronomischen Wissenschaften einschlagenden Beobachtungen,
Nachrichten, Bemerkungen und Abhandlungen". Zusätzlich waren in die Bände astronomische Kupfer eingebunden.

20 Vgl. Olaf Breidbach, Paul Ziche: Naturwissenschaften um 1800. Wissenschaftskultur in
Jena-Weimar, Weimar 2001.

21 Die vermeintliche Internationalität dieses Kongresses ist kritisch zu betrachten. Vgl. Kai
Torsten Kanz: Nationalismus und internationale Zusammenarbeit in den Naturwissenschaften. Die deutsch-französischen Wissenschaftsbeziehungen zwischen Revolution und
Restauration, 1789–1832. Mit einer Bibliographie der Übersetzungen naturwissenschaftlicher Werke, Stuttgart 1997, hier S. 212–215.

22 Vgl. Dieter B. Herrmann: Das Astronomentreffen im Jahre 1798 auf dem Seeberg bei Go-
tha. In: Archive for the History of Exact Sciences 6 (1970), S. 326–344; das umfangreiche
Schrifttum von Dieter Brosche zum Œuvre Zachs, z. B.: Der Astronom der Herzogin.
Leben und Werk von Franz Xaver von Zach (1754–1832), Frankfurt a. M. ²2009.

1815) oder der *Recueil Pour Les Astronomes* (Berlin 1771–1779), erschienen im Selbstverlag von Johann Bernoulli (1744–1807). Die Liste der Zeitschriften und Magazine, die sich dem geographischen Metier verschrieben hatten, ließe sich für die Zeit vor 1800 entsprechend ausweiten.[23] Ein wesentlicher Vorgänger der Weimarer Zeitschrift waren die 1750 im Kontext der *Kosmographischen Gesellschaft* in Nürnberg und Wien erschienenen *Kosmographischen Nachrichten und Sammlungen auf das Jahr 1748.* Vom Umfang her zwar eher ein Buch als eine Zeitschrift, dienten die Nachrichten zur Verkündung aktuellen Wissens auf dem Gebiet Erdkunde,

> hernach, im zweyten Stücke alle und jede Bücher, kosmographische Schriften, Reisebeschreibungen, Entdeckungen, himmlische Beobachtungen, kurz, alle zum Besten der Kosmographie abzielende Unternehmungen, die in irgend einem Staat und Theil der Welt vorgehen [...].[24]

Obwohl nur ein einzelner, zweiteiliger Band der *Kosmographischen Nachrichten* erschienen ist, kann durchaus von einem periodischen Konzept ausgegangen werden.[25] Ähnlich der späteren Situation in Weimar, war hier ein Publikationsorgan eng mit einem wissenschaftlichen Verlag (Homann) verknüpft.[26] Auch ist die Verbindung von Geographie, Kartographie und Astronomie sowohl auf inhaltlicher wie auch auf struktureller Ebene vergleichbar.[27] Doch entgegen der Aufmachung der *AGE* waren die *Kosmographischen Nachrichten*

---

23 Vgl. Joseph Hohmann: Geographische Zeitschriften des 18. Jahrhunderts. Ein Beitrag zur Geschichte deutscher geographischer Periodika. In: Erdkunde 13 (1959), S. 455–463; nebst den Erweiterungen auch für das 19. Jahrhundert. In: A. Christoph, O. Breidbach (Hrsg.): Die Welt aus Weimar. Zur Geschichte des Geographischen Instituts, Jena 2011, S. 150–152.

24 Vgl. Kosmographische Nachrichten und Sammlungen auf das Jahr 1748. Zum Wachsthume der Weltbeschreibungswissenschaft von den Mitgliedern der kosmographischen Gesellschaft zusammengetragen, Wien und Nürnberg 1750, o. Z. (Vorrede).

25 Vgl. Hohmann (wie Anm. 23), bes. S. 456–460.

26 Vgl. zur Geschichte der ‚Homann'schen Verlagsoffizin': Michael Diefenbacher, Markus Heinz, Ruth Bach-Damskinos (Hrsg.): „auserlesene und allerneueste Landkarten". Der Verlag Homann in Nürnberg 1702–1848. Eine Ausstellung des Stadtarchivs Nürnberg und der Museen der Stadt Nürnberg mit der Unterstützung der Staatsbibliothek zu Berlin – Preußischer Kulturbesitz im Stadtmuseum Fembohaus vom 19. September bis 24. November 2002, Nürnberg 2002.

27 Beispielhaft sind die umfangreichen Darstellungen des Astronomen Tobias Mayer (1723–1762), die im Kontext des Homann'schen Verlags publiziert wurden. Vgl. Armin Hüttermann (Hrsg.): Tobias Mayer (1723–1762). Mathematiker, Kartograph und Astronom der Aufklärungszeit. Begleitband zur Ausstellung, Stuttgart 2012.

weniger übersichtlich und thematisch sortiert, sondern hatten den Charakter einer fachspezifischen Aufsatzsammlung. Einzigartig war der direkte Bezug zu den Homann'schen Verlagsprodukten, sie waren quasi eine Werkzeitschrift.[28] Neben einem kritischen Einblick in bereits publizierte Werke gab es vorausschauende Diskussionen zur Situation und Weiterentwicklung der Geographie sowie den ambitionierten Plan eines zusammenhängenden Atlaswerkes für Deutschland. Ohne direkt darauf hinzuweisen, griffen Zach und Bertuch um 1800 nun wieder den ursprünglichen Reformgedanken der *Kosmographischen Gesellschaft* auf, um das Ansehen der Geographie durch sorgfältig recherchierte Abhandlungen, namhafte Autoren, kritische Rezensionen von Büchern und Karten sowie Standards der Darstellungsformen auf einen hohen wissenschaftlich fundierten Stand zu heben.

II. Verleger, Redakteure und Autoren

Im September 1797 hatte Bertuch mit Zach den Vertrag zur Herausgabe der *AGE* geschlossen.[29] Das „Landes-Industrie-Comptoir" war sich des Risikos des Unternehmens von Anfang an bewusst, doch schätzte man das Engagement Zachs als ausreichend ein, ein solches Periodikum rasch etablieren zu können.[30] Ein prominenter Autor in der ersten Phase der *AGE* war Alexander von Humboldt (1769–1859), der sowohl mit Zach als auch mit Bertuch in Kontakt stand. Auszüge von Reiseberichten Humboldts wurden in der Anfangszeit ein Lesermagnet im Weimarer Journal *(vgl. Abb. 2)*.[31]

28 Vgl. das Stichwort „Werkzeitschrift". In: Springer Gabler Verlag (Hrsg.): Gabler Wirtschaftslexikon; <http://wirtschaftslexikon.gabler.de/Archiv/85829/werkzeitschrift-v8.html>, zuletzt: 1.3.2014.

29 Vgl. den entsprechenden „Contract". In: GSA 06/5544.

30 In hervorzuhebender Tiefenschärfe hat Katharina Middell die Rolle Zachs durch umfangreiche Archivrecherchen eruiert. Vgl. dies.: „Die Bertuchs müssen doch in dieser Welt überall Glück haben". Der Verleger Friedrich Justin Bertuch und sein Landes-Industrie-Comptoir um 1800, Leipzig 2002, S. 294–309.

31 Vgl. Andreas Christoph: Media-Related Aspects of Popularization: The Geographical Serials from the Publishing Houses of Friedrich Justin Bertuch. In: E. Liebenberg u. a. (Hrsg.): History of Cartography. International Symposium of the ICA, 2012, Berlin 2013, S. 57–69, bes. S. 61 f.

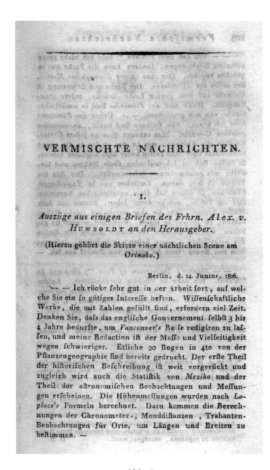

Abb. 2

Der langatmige Prozess der Redaktion, der Druck, stets pünktlich Manuskripte abliefern zu müssen, ein Verschieben populärer Inhalte zugunsten akribisch recherchierter Fachbeiträge führten schließlich zum vorübergehenden Bruch Zachs mit Bertuch. Ersterer war lieber Astronom als Redakteur, Letzterer ein profitorientierte Verleger mit geographischem Interesse. Zu Beginn des Jahres 1800, zwei Jahre nach der Ersterscheinung der *AGE,* musste eine „neue Periode" der inhaltlichen Ausrichtung eingeleitet werden. Hintergrund war das Ausscheiden Zachs als Redakteur; neben dem Verleger Bertuch wurde der Geograph Adam Christian Gaspari (1752–1830) als Redakteur ernannt. Zugleich reagierte man auf Kritiken „über den zu weitschichtigen Plan"[32].

Damit einher ging ein Verschieben astronomischer zugunsten geographischer Beiträge. Astronomie sollte fortan primär astronomische Geographie bedeuten. Dieser ‚Modifikation' kam der Entschluss Zachs entgegen, mit der *Monatlichen Correspondenz zur Beförderung der Erd- und Himmelskunde (MC)* ein eigenständiges, dabei aber stärker auf alle Facetten der Astronomie ausgerichtetes Magazin zu etablieren.[33] Der Verlagsort dieses neuen ‚Vereinigungspunktes'[34] astronomisch-geographischer Publizistik war nun auch der Wirkungsort Zachs, die Residenzstadt Gotha. Verleger wurde der dort ansässige Rudolph Zacharias Becker (1752–1822), der fortan für eine Vielzahl der in der Seeberger Sternwarte herausgegebenen Schriften verantwortlich zeichnete.[35] Mit der Abwendung Zachs von Bertuch änderte man auch die Rubriken der *AGE*, die bis dato so gepflegten ‚Correspondenz-Nachrichten' wurden durch ‚Vermischte Nachrichten' ersetzt. Die Abteilungen ‚Abhandlungen' („Original-Aufsätze wird man immer am liebsten geben"[36]) und ‚Rezensionen' („eine möglichst vollständige Übersicht der geographisch-statistischen Literatur"[37]) wurden beibehalten. Zusätzlich zu den bereits etablierten Beigaben Porträts, Karten und Plänen sollten nun noch natur- und völkerkundliche Abbildungen hinzukommen. Nachdem Gaspari auf einen Lehrstuhl nach Dorpat berufen wurde, trat Christian Gottlieb Reichard (1758–1837) dessen Nachfolge im Redaktionskollegium an, doch auch er blieb den *Ephemeriden* nicht lange verbunden. Ab 1806 war Bertuch bis zu seinem Tod alleinig für die Herausgabe und Redaktion verantwortlich, etwaige Mitautoren und Redakteure wurden nicht explizit namentlich benannt.

Der 51. Band der *AGE*, 1816 erschienen, fungierte als *Supplement-Band der ersten halben Centurie, das General-Register aller 50 Bände enthaltend*. Auf über 80 Seiten wurden, zunächst in tabellarischer Form, geographische Koordina-

32 Vgl. AGE 5 (1800), S. 4.
33 Ich danke Maike Stöger (Jena) für die inhaltliche Diskussion zum Profil der *Monatlichen Corrrespondenz* und der Unterscheidung gegenüber den *Ephemeriden*. Erste Ergebnisse ihrer Forschungen werden zur digitalen Gesamtausgabe des Journals in der Universal Multimedia Electronic Library (UrMEL) der ThULB präsentiert.
34 Vgl. MC 1 (1800), S. [V].
35 Nach Zachs Weggang aus Gotha begründete er 1818 in Genua die *Correspondance astronomique, géographique, hydrographique et statistique du Baron de Zach, Génes chez A. Ponthenier*, die bis 1826 erschien.
36 Vgl. AGE 5 (1800), S. 6.
37 Vgl. ebenda, S. 7.

ten von Orten in Asien, Afrika, Amerika und Australien geliefert. Die Quellen waren einerseits *The East India Gazetter* (London 1815), herausgegeben von Walter Hamilton, andererseits die umfangreichen Bestände von Reisebeschreibungen und gesammelten Ortsbestimmungen aus dem Bestand des „Landes-Industrie-Comptoirs" und des „Geographischen Instituts". Darauf folgte ein über 300-seitiges alphabetisches Register, ergänzt durch mehrseitige Verzeichnisse der bisher in den *AGE* erschienenen Karten, Pläne und Kupfer. Die zeitaufwändige Erstellung dieses stark angefragten Supplementes sowie die inhaltliche Komplexität ließ Bertuch zu dem Entschluss kommen, den künftigen Umfang der *NAGE* auf „Viertel Centurien"[38] zu begrenzen, das Erscheinen auch über seinen Tod hinaus zu gewährleisten.[39] Bis zu Bertuchs Tod im April 1822 erschienen 11 Bände. Dann rückte der Geograph Georg Hassel (1770–1829) an prominente Stelle im überschaubaren Redaktionsgremium. Aufbauend auf die inzwischen tradierte Abonnementstruktur, die Vertrieb und Absatz der *AGE* gewährleistete,[40] hoffte man, die inhaltliche Qualität sichern zu können und dem zwingenden Drang nach Aktualität der Informationen und Beiträge begegnen zu können. Der Titel wurde ein weiteres Mal in *Neue Allgemeine Geographische und Statistische Ephemeriden* geändert. Neu waren hier die Rubriken ‚Novellistik' (ein Depositum neuester geographisch-statistischer Nachrichten) und ‚Miscellen' (Nekrologe, Korrespondenzauszüge, Verlagsanzeigen) an Stelle der ‚Vermischten Nachrichten'. Die Anzahl der Karten- und Kupferbeilagen wurde·in den nun folgenden Bänden merklich eingeschränkt. Nach dem Tod Hassels fehlte ein Redakteur, der, in Bertuch'scher Verschmelzung von Liebhaberei und Akribie, sich völlig diesem Themenkomplex widmen würde. Abrupt wurde 1831 das Erscheinen der *Ephemeriden* eingestellt.[41]

Ein 1830 erschienenes *Wissenschaftlich geordnetes Verzeichniß der Verlags-Werke des G. H. S. pr. Landes-Industrie-Comptoirs zu Weimar* verweist auf die Möglichkeit, 30 Jahre nach dem Ersterscheinen noch vollständige Jahrgänge der insgesamt 81 Bände umfassenden *AGE*, *NAGE* und *NAGSE* erwerben zu können. Bei einer näheren Durchsicht dieses Verlagsverzeichnisses wird deutlich, dass sich zu diesem Zeitpunkt die inhaltliche Schwerpunktsetzung

38 Vgl. NAGE 1 (1817), S. [V].

39 Vgl. ebenda, S. [VI].

40 Abonniert wurde immer auf einen Jahrgang, bei Abnahme mehrerer Exemplare wurden Rabatte eingeräumt.

41 „Die A[llgemeinen] G[eographischen] u[nd] St[atistischen] Ephemeriden sind bis auf Weiteres hiermit geschlossen." Vgl. NAGE 31 (1831), S. 478.

im Portfolio des „Landes-Industrie-Comptoirs" bereits zugunsten medizinischer Literatur verschoben hatte.[42] Noch 1847 waren – mittlerweile antiquarisch – ganze Jahrgänge der verschiedenen Folgen der *Ephemeriden* erhältlich *(vgl. Abb. 3)*.[43]

Abb. 3

42 Dies ist durch die Übernahme der Verlagsdirektion durch Bertuchs Schwiegersohn Ludwig Friedrich von Froriep und dessen Sohn Robert Froriep zu erklären, die beide ausgebildete Mediziner waren.

43 Vgl. Verlags-Verzeichniß des Landes-Industrie-Comptoirs und Geographischen Instituts, Weimar 1847, S. 30 f.

III. Exkurs I: Kategorisierung der Kritik. Schwerpunkt Karten

Abhandlungen, Bücher- und Kartenrezensionen sowie „Correspondenz-Nachrichten, geographische Ortsbestimmungen und hierzu dienliche astronomische Beobachtungen" waren die Hauptschwerpunkte der einzelnen Ausgaben der *AGE*. Dabei profitierte Zach anfangs von seiner regen Netzwerk- und Korrespondenztätigkeit, deren Vielzahl von Schreiben in Auszügen abgedruckt werden konnte. Es galt mit viel Geschick, die potentiellen Quellen auszuloten und zusammenzuführen. Neueste Informationen kamen aus London und Paris, da hier entsprechende Kontaktpersonen Informationen liefern konnten. Dazu zählten u. a. Theophil Friedrich Winckler (1770–1807) und Johann Christian Hüttner (1766–1847).[44] Doch war sich Hüttner anfangs unsicher,

> […] ob ich mich von Ihnen [Bertuch; A.C.] in Versuchung führen lassen soll für ein solches Werk [die *Ephemeriden;* A.C.], an welchem, wie ich aus den erhaltenen Stücken sehe, alle unsere Gelehrten vom vordersten Range Theil haben, etwas zu machen. Ihre gute und dann auch Ihre richtige Zahlung kann einen armen Dachstubenschreiber allerdings unter die grossen Lichter verlocken und dürfte sich vielleicht ein blinder Hammel unter der grossen Heerde mit zurechte finden.[45]

Die Exaktheit der Abbildung topographischer Strukturen auf der Karte war für Zach der Wetzstein inhaltlicher Kritik:

> Die gewöhnliche Vernachlässigung unsrer geographischen Karten, ihr mittelmässiger, für manche Länder höchst elender Zustand, wo rührt dieser anders her, als von der Vernachlässigung dieser astronomischen Hülfe, durch welche allein eine wahre und richtige Darstellung der Länder nach allen ihren Verhältnissen zu Stande gebracht werden kann.[46]

Kartenrezensionen wurden dann auch eine der Grundfesten im inhaltlichen Aufbau der *AGE,* wobei die Produkte deutscher, englischer und französischer Verlage streng in den Blick genommen wurden. Eine wesentliche Neuerung im Konzept war die Beilage kartographischer Materialien in ver-

---

44 Vgl. auch Diedrich Wattenberg, Peter Brosche: Archivalische Quellen zum Leben und Werk von Franz Xaver von Zach, Göttingen 1993, S. 56. Auch für alle weiteren sozialen und kulturellen Randbedingungen der *AGE* ist diese Publikation eine Fundgrube.

45 Vgl. den Brief v. Johann Christian Hüttner an Friedrich Justin Bertuch v. 6.4.1798, London (GSA 06/883).

46 Vgl. Zach (wie Anm. 2), S. 5.

schiedenen Formaten und Qualitäten, „schwarz oder illuminiert"[47]. Entwür-
fe und Probestiche wurden ebenso geliefert wie mehrfach eingefaltete Landkarten mit einer Kantenlänge von über 40 Zentimetern.[48] Als eine der ersten
Karten erschien der *Umriss der Gegend der Standlinie bey den drey Seen, im Canton
Bern zur Landes-Vermessung der Schweiz* (Weimar 1798). Unscheinbar sind hier
einzelne Randnotizen auf den Karten, die, im Gegensatz zu den zumeist ohne Autorennennung verfassten Rezensionen, auf Zeichner und Stecher hin-
weisen.

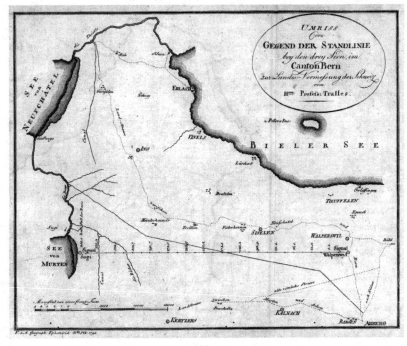

Abb. 4

47 Vgl. Ankündigung und Plan der Allgemeinen Geographischen Ephemeriden. In: Intelli-
    genzblatt der Allgemeinen Literatur-Zeitung 130 (1797), Sp. 1085–1087, hier Sp. 1086.
48 Vgl. Neue Charte von der Nordost-Küste von Asien und den Japanischen Inseln. Nebst
    der Farth des K. Britt. Schiffs Providence und seines Beischiffs in den J. 1796 und 1797
    unter dem Commando von W. Rob. Broughton ESQR, (47x48 cm), eingebunden in *AGE*
    17 (1805).

Hinter dem Kürzel H. F. A. Stieler[49] verbirgt sich etwa Adolf Stieler (1775–1836) aus Gotha, dessen *Hand-Atlas* die geographische Verlagsanstalt[50] von Justus Perthes (1749–1816) über die Grenzen Europas hinaus bekannt machte. Insgesamt erschienen in den *Ephemeriden* in einem Zeitraum von 30 Jahren über 200 Kartenblätter *(vgl. Abb. 4).*

IV. Exkurs II: Friedrich Konrad Hornemann (1772–1801) in den „Ephemeriden"

Das Interesse an den afrikanischen Reisen des jungen Forschers und Entdeckers Friedrich Konrad Hornemann, der in Göttingen studiert hatte und durch Johann Friedrich Blumenbach (1752–1840) an „The Association for Promoting the Discovery of the Interior Parts of Africa" in London vermittelt wurde,[51] fand frühzeitig Resonanz in den *AGE*. Hier profitierten Zach und Bertuch von den Verbindungen zu dieser Kaderschmiede geographischer Forschungen.[52] Hornemann brach 1797 nach erfolgter Instruktion durch die „African Association" von London über Paris nach Kairo auf. Er reiste weiter nach Murzuk (Provinz Fessan, im heutigen Libyen), gelangt nach Tripolis und begab sich von hier in Richtung Timbuktu. Hornemann starb auf dieser Reise im Februar 1801, seine Todesumstände blieben in Europa zunächst unklar. So wurde im Januar 1804 in den *AGE* von der baldigen Rückkehr Hornemanns nach London berichtet.[53] Die Nachricht von Hornemanns Tod konnte erst 1819 in den *NAGE* eingerückt werden, Bertuch nutzte dazu Auszüge eines Schreibens in Zachs neuer Zeitschrift *Correspondence astronomique*.[54] Hornemanns Briefe und Tagebuchaufzeichnungen, die bereits 1799 aus Tripolis nach London gesandt wurden, waren Grundlage der schriftlichen Auswertungen und Verbesserungen geographisch-kartographischen Materials.

---

49 Vgl. die *Charte von Irland aus der grossen Charte von D. A. Beaufort reducirt* (Weimar 1798), dort der Vermerk am rechten unteren Kartenrand: „Gezeichn[et] v[on] H[einrich] F[riedrich] A[dolph/f] Stieler."

50 Vgl. Petra Weigel: Die Sammlung Perthes Gotha, Berlin 2011.

51 Vgl. die zahlreichen Einträge zu Hornemann, Blumenbach und Zach in Neil Chambers (Hrsg.): Scientific Correspondence of Sir Joseph Banks, 1765–1820, 6 Bde., London 2007.

52 Vgl. die Auszüge aus Schreiben Blumenbachs an Zach. In: AGE 1 (1798), S. 116–120, 368–371; Hornemanns an Arnold Hermann Ludwig Heeren (1760–1842). In: AGE 3 (1799), S. 104–106.

53 Vgl. AGE 13 (1804), S. 270.

54 Vgl. NAGE 5 (1819), S. 3–16; Correspondence astronomique 1(1818), S. 65–73.

Auch in Weimar konnte man davon profitieren; 1802 erschien *Fr. Horne-manns Tagebuch seiner Reise von Cairo nach Murzuck, der Hauptstadt des Königreichs Fessan in Afrika, in den Jahren 1797 und 1798.*[55] Die Ankündigung dieser Publikation in den *AGE* im Juli 1802 verweist einerseits auf die originalen, deutschsprachigen Aufzeichnungen Hornemanns als Quelle, andererseits auf die Freigabe der Materialien durch die „African Association", genauer durch Joseph Banks (1743–1820).[56] Die Veröffentlichung einer französischen Ausgabe nach der englischen Übersetzung des deutschen Originals macht die internationalen Ausmaße des Interesses an Hornemanns Berichten deutlich. Zwar wurden in den *AGE* Fehlerquellen der Transkriptionen kritisch angemerkt, zugleich sollten zusätzlich eingebundene, bislang im deutschen Sprachraum unveröffentlichte Berichte über Oasen in einem der nächsten Bände des Weimarer Periodikums erscheinen.[57]

Allein an diesen kurzen Bemerkungen wird die personelle Verflechtung, die Intensität des kommunikativen Austausches und die internationale Verschränkung des Netzwerkes um Zach und Bertuch ersichtlich. Die *AGE* waren hier ein Kulminationspunkt des Informationsflusses und dienten durch die Popularisierung der Hornemann'schen Reiseberichte dazu, die Inhalte der Geographie und Kartographie Nordafrikas auf einen aktuellen Stand zu heben.

V. Zum Fortgang der geographisch-kartographischen Fachzeitschriften

Die wissenschaftliche Erdkunde war in den ersten beiden Dekaden des 19. Jahrhunderts noch immer im „Dämmerungsbeginn, nicht am hellen Tage".[58] Es war nach wie vor notwendig, dem kompilierenden Charakter der Geographie, in Sonderheit dem Image, eine literaturlastige, spezialisierte Faktensammlung zu betreiben, entgegenzuwirken. Ab 1825 wurde bei Johann Friedrich Cotta (1764–1832) die *Hertha. Zeitschrift für Erd-, Völker- und Staatenkunde* durch Heinrich Berghaus und Karl Friedrich Vollrath Hoffmann (1796–1842) herausgegeben, ab 1829 umbenannt in *Annalen der Erd-,*

---

55 Hrsg. von Carl Dietrich Eberhard König (1774–1851). Dies war zugleich der 7. Band der *Bibliothek der neuesten und wichtigsten Reisebeschreibungen zur Erweiterung der Erdkunde, nach einem systematischen Plane bearbeitet.*

56 Vgl. AGE 10 (1802), S. 185 f.

57 Vgl. AGE 11 (1803), S. 716–720.

58 Vgl. Hertha. Zeitschrift für Erd-, Völker- und Staatenkunde 1 (1825), S. [III].

Völker- und Staatenkunde (Breslau, Berlin 1830–1843). Das inhaltliche Konzept war an historische Vorgänger angelehnt, auch der Zach-Bertuch'sche Ansatz wurde verfolgt (Abhandlungen, Rezensionen, Verlagsanzeigen, Karten). Nicht anders verhielt es sich bei Alexander von Humboldt, der 1824 bei Cotta die Herausgabe eines entsprechenden geographischen Fachmagazins plante; aber wegen der Konkurrenz mit der parallel geplanten *Hertha* kam es nicht zu einem Erscheinen.[59] Stattdessen wurde ab dem dritten Band der *Zeitschrift für Erd-, Völker- und Staatenkunde* auf die Mitwirkung Humboldts hingewiesen.[60]

Die politisch bedingten wirtschaftlichen Entwicklungen nach 1848 läuteten das lange Ende des „Landes-Industrie-Comptoirs" und des „Geographischen Instituts" ein. Mittlerweile hatte sich in direkter regionaler Nähe eine weitere konkurrierende Verlagsanstalt emporgehoben. Ab 1850 dominierten die hauseigenen Fachzeitschriften des von Justus Perthes (1749–1816) in Gotha gegründeten Verlages den geographischen Zeitschriftenmarkt auf nationaler und internationaler Ebene. Zunächst erschien ein von Heinrich Berghaus im Jahr 1785 herausgegebenes *Geographisches Jahrbuch zur Mittheilung aller wichtigern neuen Erforschungen* (1850–1852); dieses wurde ab 1855 durch die *Mittheilungen aus Justus Perthes' Geographischer Anstalt über wichtige neue Erforschungen auf dem Gesammtgebiete der Geographie* abgelöst, Herausgeber war August Petermann (1822–1878). Sich auf die historischen Vorbilder besinnend, sollte die „Kunde neuer oder überhaupt wichtiger Forschungen auf dem Gesammtgebiete tellurischer Wissenschaft"[61] der Hauptschwerpunkt des Periodikums sein. Wie schon bei den *AGE*, wurden die qualitativ hochwertigen Karten als Alleinstellungsmerkmal der *Mittheilungen* herausgehoben. Nach Petermanns Tod erschien die Zeitschrift unter dem Titel *Dr. A. Petermann's Mitteilungen aus Justus Perthes' Geographischer Anstalt* (1879–1937), sie wurden bis 2004 als *Petermanns geographische Mitteilungen* fortgeführt.

---

59 Vgl. Gerhard Engelmann: Alexander von Humboldts Plan einer geographischen Zeitschrift. In: Geographische Zeitschrift 52 (1964), H. 4, S. 317–324. Der vom 12.8.1824 datierte Brief liegt zwischenzeitlich ediert vor. Vgl. Ulrike Leitner (Hrsg.): Alexander von Humboldt und Cotta. Briefwechsel, Berlin 2009, S. 129–135. Leider wird hier in Bezug auf Bertuch nicht auf die *AGE*, sondern irrtümlicherweise auf die ebenfalls durch Bertuch verlegte *Allgemeine Literatur-Zeitung* verwiesen.

60 Vgl. hierzu auch Briefwechsel Alexander von Humboldt's mit Heinrich Berghaus aus den Jahren 1825 bis 1858, Erster Band, Leipzig 1863, S. 1–8.

61 Vgl. Mittheilungen aus Justus Perthes' Geographischer Anstalt über wichtige neue Erforschungen auf dem Gesammtgebiete der Geographie 1 (1855), S. 1.

Auch in Weimar ging nach der Einstellung des Erscheinens der *AGE* die Planung für Zeitschriftenprojekte weiter; so erschienen zwischen 1846 und 1848 unter der Redaktion von Ludwig Friedrich von Froriep (1779–1847) und dessen Sohn Robert Froriep (1804–1861) fünf Bände des Jahrbuchs *Fortschritte der Geographie und Naturgeschichte.* Ein geplanter Neuanfang der Weimarer *Ephemeriden* in den 1850er Jahren kam über einen konzeptuellen Entwurf nicht hinaus.[62] Auch der spätere Besitzer des „Geographischen Instituts", Julius Iwan Kettler (1852–1921), war in den 1890ern, etwa mit der *Zeitschrift für wissenschaftliche Geographie* (1880–1891), nicht in der Lage, an die Traditionslinie eines geographischen Periodikums aus Bertuchs ehemaligen Verlagsunternehmungen anzuknüpfen.

VI. Resümee

Mit der Profilierung der Geographie als wissenschaftlicher Disziplin seit dem 18. Jahrhundert („Sturm- und Drang-Periode"[63]) ging im 19. Jahrhundert die Verwissenschaftlichung der Kartographie einher. Dabei vollzog sich in der „Weltbeschreibungswissenschaft"[64] der Wandel kompilierender, enzyklopädischer Periodika zu geographischen Fachjournalen.[65] Das kongeniale Verleger-Redakteur-Duo Bertuch-Zach etablierte 1798 mit den *AGE* einen „sichern Leitfaden"[66] durch das mitunter verworrene und undurchsichtige Konvolut von Geographie, Ethnographie und Statistik. Optimistisch konnte

---

62 Vgl. dazu Stadtarchiv Schweinfurt, Sammlung Rückert, F 92–120: „Neue Geographisch-statistische Ephemeriden unter Mitwirkung C. Ritter's u. A. herausgegeben von H. Kiepert, Inhaltsverzeichnis".

63 Vgl. Sophus Ruge: Aus der Sturm- und Drang-Periode der Geographie. Die älteste geographische Gesellschaft und ihre Mitglieder. In: Abhandlungen und Vorträge zur Geschichte der Erdkunde 1888, S. 115–155.

64 Vgl. den Titel von Johann Michael Franz (1700–1761): Homannische Vorschläge von den nöthigen Verbesserungen der Weltbeschreibungs-Wissenschaft und einer disfalls bey der Homannischen Handlung zu errichtenden neuen Academie, Nürnberg 1747. Im Umfeld des Homann'schen Verlags in Nürnberg wurde bereits in den 1740er Jahren eine der ersten geographischen Gesellschaften gegründet.

65 Vgl. Hohmann (wie Anm. 23), S. 455–463. Nach wie vor ist die wissens- und wissenschaftshistorische Erschließung dieser Zeitschriften, speziell für die Zeit zwischen 1750 und 1830, ein Desiderat.

66 Vgl. NAGE 1 (1817), S. [III].

man anfangs nicht davon ausgehen, eine „dauernde Zeitschrift"[67] zu begründen, die für einen Zeitraum von über 30 Jahren das Sprachrohr des geographisch-kartographischen Wissensmarktes werden sollte. Es war letztlich die inhaltliche Verschränkung einer Fülle von fachwissenschaftlichen Artikeln mit populären Beiträgen, die die Zeitschrift zwischen 1798 und 1831 zu einer erfolgreichen Serie mit entsprechenden Absatzzahlen anwachsen lassen sollte.

Ein Meilenstein war die Einbindung genauer kartographischer Abbildungen in den Zeitschriftenzyklus. Damit schuf man in Weimar ein Alleinstellungsmerkmal, welches sich positiv auf den Vertrieb von Karten, Atlanten und Globen auswirkte. Konnte man sich zu Beginn des Erscheinens der *Ephemeriden* noch durch eine inhaltliche Neuorientierung gegenüber Vorgängerinstitutionen behaupten, wuchs in den 1820er und 30er Jahren schließlich der Konkurrenzdruck, sowohl inhaltlich als auch kaufmännisch. Wissenspopularisierung durch Aneignung aktueller Reiseberichte, Forschungsergebnisse, Verlagsannoncen und kritischer Rezensionen war der richtige Weg, das Profil von Geographie und Kartographie zu schärfen. Dieses Ziel war ohne eine entsprechende universitäre Anbindung für einen privaten Verlag letztlich aber nicht zu stemmen. Zudem fiel dies in die Phase eines strukturellen Bruches im Publikationsgefüge von „Landes-Industrie-Comptoir" und „Geographischem Institut", der das lange Ende dieser Weimarer Verlagsunternehmungen andeuten sollte.[68] Mit dem Ableben Bertuchs fehlte ab 1822 die treibende Kraft im Hintergrund.

Auf eine Hochphase von Bertuchs Verlagsunternehmungen folgte unmittelbar ein institutionelles Verblassen, verbunden mit technischer, inhaltlicher und personeller Stagnation. Die *Ephemeriden* weisen für die ersten Dezennien des 19. Jahrhunderts die Potentiale, Schwierigkeiten und Unabwägbarkeiten der Navigation in der geographisch-kartographischen Wissenslandschaft eindrucksvoll auf und scheiterten – ob ihrer letztlich traditionellen Aufmachung – doch.

Abbildungsverzeichnis

Abb. 1: Die einzelnen Titelblätter der *Ephemeriden*-Serie.
Abb. 2: Hinweise auf die Mitwirkung Alexander von Humboldts in den *Ephemeriden*.

---

67 Vgl. ebenda.
68 Vgl. Christoph (wie Anm. 7), S. 41–52.

Abb. 3: Vorangestellt war den einzelnen Bänden der *Ephemeriden* zumeist das Porträt eines
         Forschungsreisenden oder Geographen, die Illustrationen schuf der in Weimar ansäs-
         sige Kupferstecher Conrad Westermayr (1765–1834).

Abb. 4: Karten waren ein wesentlicher Bestandteil der Ephemeriden und lange Zeit ein Al-
         leinstellungsmerkmal der Zeitschrift. Eine der ersten Karten war der Umriss der Ge-
         gend der Standlinie bey den drey Seen, im Canton Bern. Zur Landes-Vermessung der
         Schweiz (AGE 1, 1798), Kupferstich, 1:90.000, 21x17 cm).

Leser am Narrenseil
Vom rhetorischen Einsatz naturwissenschaftlicher Methoden im „Reich der Natur und der Sitten"

I. „Das Reich der Natur und der Sitten". Vorstellung des Periodikums und seines Umgangs mit naturkundlichem Wissen

Das *Reich der Natur und der Sitten* (1757–1762),[1] das mit den Moralperiodika *Der Gesellige* (1748–1750), *Der Mensch* (1751–1756) und *Der Glückselige* (1763–1768) einen gemeinsamen Wochenschriftenzyklus bildet, wird in der Forschung in erster Linie mit den Namen Georg Friedrich Meier (1718–1777) und Samuel Gotthold Lange (1711–1781) assoziiert.[2] Genauere Angaben zur Verfasser- bzw. Herausgeberfrage finden sich in der *Vorrede* des 12. und letzten Bandes dieser Zeitschrift. Sie macht zunächst deutlich, dass etliche Stücke der Wochenschrift anderen – meistenteils gelehrten – Beiträgern ihre Existenz verdanken.[3] Die Letzteren bleiben in der *Vorrede* teilweise anonym, teilweise werden ihre Initialen oder sogar ihre vollständigen Namen angeführt. Unterzeichnet ist die *Vorrede* weder von Lange noch von Meier, sondern von einem gewissen „J. P. M." (Bd. 12, Vorrede, Bl. *3ᵛ), einer Person,

---

1 Vgl. zur Publikationsgeschichte Katrin Bojarzin: Auf den Stufen zur Glückseligkeit. Zum Wochenschriftenzyklus von Georg Friedrich Meier und Samuel Gotthold Lange 1748–1768. In: M. S. Doms, B. Walcher (Hrsg.): Periodische Erziehung des Menschengeschlechts. Moralische Wochenschriften im deutschsprachigen Raum, Bern u. a. 2012, S. 339–358, hier S. 340.

2 Vgl. Wolfgang Martens: Die Botschaft der Tugend. Die Aufklärung im Spiegel der deutschen Moralischen Wochenschriften, Stuttgart 1968, S. 120; Rainer Godel: Vorurteil – Anthropologie – Literatur. Der Vorurteilsdiskurs als Modus der Selbstaufklärung im 18. Jahrhundert, Tübingen 2007, S. 152. Etwas differenzierter äußert sich zur Herausgeberfrage Bojarzin (wie Anm. 1), S. 341. Untersuchenswert wäre ein möglicher Zusammenhang der Zeitschrift mit Johann Jacob Duschs Fortsetzungswerk *Schilderungen aus dem Reiche der Natur und der Sittenlehre nach allen Monaten des Jahres* (Hamburg, Leipzig 1757–1760).

3 Vgl. die *Vorrede* in: Das Reich der Natur und der Sitten, eine moralische Wochenschrift, Zwölfter Theil, Halle 1762, Bl. *2r–[*3v], hier Bl. *3r–[*3v]; fortan abgekürzt als: RNS.

die Übersicht über die gesamte Entstehungsgeschichte der Zeitschrift hat und durchgängig an ihr mitgewirkt zu haben scheint. J. P. M.s Argumentation lässt es sogar gerechtfertigt erscheinen, ihn (wenigstens zum Zeitpunkt des Erscheinens von Bd. 12) als Hauptherausgeber zu betrachten. Als Entstehungsort der *Vorrede* ist Halle[4] genannt.

Es erscheint naheliegend, dass sich hinter den Initialen „J. P. M." der evangelische Theologe und Mosheim-Schüler Johann Peter Miller (1725–1789) verbirgt, der von 1756–1766 als Gymnasialdirektor in Halle wirkte und anschließend auf eine Professur an die Universität Göttingen berufen wurde. Miller publizierte mehrere praktisch-philosophische Schriften, so 1772 eine *Einleitung in die Moral* und 1774 ein *Lehrbuch der Moral*.[5] Moralpädagogisch engagierte er sich außerdem mit seinen fünfteiligen, über Jahrzehnte neu aufgelegten *Historischmoralischen Schilderungen zur Bildung eines edlen Herzens in der Jugend* (Erstauflagen 1753–1763). Der vierte Band dieser Schriftenreihe (1763) trägt bemerkenswerterweise den Titel *Kurze Anleitung zum Vortrage der Naturlehre für Anfänger bestimmet*. Dass Miller auch als Zeitschriftenbeiträger wirkte, wird ihm in der *Allgemeinen Deutschen Biographie* bescheinigt.[6]

Der Vorredenverfasser weist darauf hin, dass Samuel Gotthold Lange sich „[u]m die erstern Theile" des *RNS* „wie um den Geselligen und den Menschen verdient gemacht" habe. Ab dem 100. Stück habe er aber nicht mehr an der Zeitschrift mitgewirkt. Abgelöst worden sei er von „Professor *Abt* in Rinteln", d. h. dem Mathematikprofessor Thomas Abbt (1738–1766),[7] der bis zum 190. Stück mitgearbeitet habe (Bd. 12, Vorrede, Bl. *3ʳ).

---

4   Halle ist zugleich der Verlagsort des *RNS,* das durchgängig bei Johann Justinus Gebauer (1710–1772) erscheint; vgl. Hans-Joachim Kertscher: Hallesche Verlagsanstalten der Aufklärungsepoche: Der Verleger Johann Justinus Gebauer, Halle 1998, S. 19.

5   Vgl. [Julius August] Wagenmann: Miller, Johann Peter. In: Allgemeine Deutsche Biographie, hrsg. durch die historische Commission bei der königlichen Akademie der Wissenschaften, Bd. 21, Leipzig 1885, S. 749–750, hier S. 749.

6   Wagenmann (wie Anm. 5), S. 749 f. Bemerkenswert erscheint, dass Miller in einem Lektürekanon aus seinen *Historischmoralischen Betrachtungen (Anleitung zur Kenntnis der besten Bücher in allen Wissenschaften für Anfänger)* unter den Moralperiodika just auch das *RNS* empfiehlt, vgl. ders.: Historischmoralische Schilderungen zur Bildung eines edlen Herzens in der Jugend, Erster Theil, Schafhausen 1779, S. 972.

7   Vgl. zu Abbts Mitarbeit am *RNS* auch Martens (wie Anm. 2), S. 125. Interessant ist, dass zwischen dem namentlich genannten Zeitschriftenmitarbeiter Abbt und dem mutmaßlichen *RNS*-Herausgeber Johann Peter Miller nachweislich Verbindungen bestehen. Der Letztere hat 1767 Abbts *Fragment der Aeltesten Begebenheiten des menschlichen Geschlechts* posthum bei Gebauer herausgebracht.

Anders als Lange wird Meier in der *Vorrede* überhaupt nicht erwähnt. Es muss daher offenbleiben, ob er an dieser Zeitschrift tatsächlich mitgewirkt hat. Wie bereits den Vorgängerzeitschriften *Der Gesellige* und *Der Mensch*[8] fehlt dem *RNS* eines der zentralen Gattungsmerkmale Moralischer Wochenschriften,[9] die „typische fiktive Verfasserschaft"[10]. Jedoch wäre es voreilig zu behaupten, dass die Wochenschriftenherausgeber und -autoren durchgängig in eigener Person und in authentischer Rede in Erscheinung träten: Das nicht näher charakterisierte „[W]ir" z. B.,[11] das sich in der *Vorrede* zum ersten Band (1757) an den „[g]eneigte[n] Leser" wendet (Bd. 1, Vorrede, Bl.)(2ʳ), gebraucht genau dieselbe – z. T. ironisch gefärbte – Rhetorik und dieselben Motive, wie sie auch fiktive Wochenschriftenverfasser in einleitenden Textpassagen gemeinhin verwenden. Es schlüpft in eine Rolle, die nichts mit der faktischen Situation des bzw. der empirischen Verfasser(s) des Stücks gemein haben muss. Wie der fiktive Autor anderer Wochenschriften antizipiert das ‚Wir' z. B., wenn auch *ex negativo,* eine mögliche Mitarbeit der Leser am *RNS:*[12] „Wir verbitten poetische Aufsätze, die nur eine Probe der Geschicklichkeit des Dichters seyn sollen." (Bd. 1, Vorrede, Bl.)(3ᵛ]) Gleich darauf berichtet es in launigem Ton von einer – deplatzierten – Einsendung von Seiten der Leserschaft, die mit einiger Wahrscheinlichkeit frei erfunden ist:[13] „Wir haben ein klein Gedicht erhalten auf den Sieg bey Lobositz; wir haben es nicht können einrücken lassen, weil es nicht hieher gehört und zu klein war." (Bd. 1, Vorrede, Bl.)(3ᵛ]) Diese Zugeständnisse an

---

8 Vgl. zu diesen Zeitschriften etwa Wolfgang Martens: Moralische Wochenschriften in Halle. In: G. Jerouschek, A. A. Sames (Hrsg.): Aufklärung und Erneuerung. Beiträge zur Geschichte der Universität Halle im ersten Jahrhundert ihres Bestehens (1694–1806), Hanau, Halle 1994, S. 86–94; ders.: Zur Thematisierung „schöner Literatur" in Samuel Gotthold Langes und Georg Friedrich Meiers Moralischen Wochenschriften *Der Gesellige* und *Der Mensch*. In: T. Verweyen, H.-J. Kertscher (Hrsg.): Dichtungstheorie der deutschen Frühaufklärung, Tübingen 1995, S. 133–145; Ernst Stöckmann: „Philosophie für die Welt" zwischen ästhetischer und sittlicher Programmatik. Zu einigen Aspekten popularhistorischer Publizistik am Beispiel der Moralischen Wochenschriften G. F. Meiers und S. G. Langes. In: F. Simmler (Hrsg.): Textsorten deutscher Prosa vom 12./13. bis 18. Jahrhundert und ihre Merkmale, Bern 2002, S. 603–630.

9 Vgl. Martens (wie Anm. 2), S. 15–99.

10 Bojarzin (wie Anm. 1), S. 345; vgl. ähnlich schon Martens (wie Anm. 2), S. 93, Anm. 130.

11 Vorrede. In: Das Reich der Natur und der Sitten, eine moralische Wochenschrift, Erster Theil, Halle 1757, Bl.)(2r–[)(3v], pass.

12 Zur (vorgeblichen) Lesereinbindung in Moralperiodika vgl. Martens (wie Anm. 2), S. 19 f.

13 Vgl. ebenda, S. 58, 156.

die Konvention erwecken den Eindruck, dass die literarische Position des fiktiven Verfassers nicht gänzlich unbesetzt bleibt.[14]

Fließende Übergänge zur Fiktionalität lassen sich im *RNS* auch anderweitig finden – so im programmatischen ersten Stück der Wochenschrift:

> Wir werden [...] unsere Leser gleichsam an Ort und Stelle führen, und mit ihm [!] die entferntesten Länder durchreisen, um die Abänderungen und Seltenheiten der Natur, und die sittlichen Beschaffenheiten der Einwohner in denselben, zu erkennen. Wir werden uns öfters zurück in die längst verschwundenen Jahrhunderte begeben [...] und so viel möglich zu dem ersten Quell zurück gehen, und aufmerksam sehen, wie ein wildes Volk, und wodurch es nach und nach gesittet worden ist. (Bd. 1, St. 1, S. 11)

Das Verb „führen" suggeriert eine Kopräsenz der Zeitschriftenherausgeber bzw. -autoren und ihrer Leser, die aber unter höchst sonderbaren Vorzeichen steht: Unter dem Schutz des Adverbs „gleichsam" wird hier gegen alle Vernunft und jeden Realismus so getan, als könnten beide Parteien gemeinsam beliebige Distanzen im Raum, ja sogar in der Zeit durchmessen.

Das Autoren-‚Wir' kündigt nicht etwa an, *stellvertretend* für sein Publikum fremde Länder bereisen und weitentfernte Zeiten erforschen zu wollen, um seinen Rezipienten anschließend die Expeditions*ergebnisse* in der Wochenschrift zu präsentieren. Vielmehr betonen die Autoren bzw. Herausgeber, ihre Leser an allen ihren Erfahrungen unmittelbar teilhaben zu lassen. Es wird hier gewissermaßen suggeriert, dass im *RNS*, anders als in anderen Journalen, Forschung, Verschriftlichung und Publikation der Forschungsergebnisse sowie deren Lektüre durch das Publikum zusammenfallen könnten: Die Wochenschrift scheint zum Ort und Medium des Forschungsaktes selbst zu werden. Allerdings geht es den Herausgebern hier nicht um die Etablierung einer echten *scientific community*, in der Leser und Autoren gleichberechtigt kooperierten. Dies zeigt sich schon an der Verwendung des Verbs „führen".

Auch wenn die Reisebildlichkeit der zuletzt untersuchten Textpassage die Autor-Leser-Kommunikation in den Horizont der Imagination stellt, sind die zitierten Zeilen doch nicht minder Ausdruck des von der Zeitschrift angestrebten Wirklichkeits- bzw. Weltbezugs. Zwar gehört die leibhaftige Durchquerung der entfernten Länder und Zeiten klar in die Sphäre des Als-Ob („gleichsam"), ist also als Fiktion zu verstehen. Jedoch sollen auf der fiktiven Reise nicht erdachte, sondern reale geographische Räume und Epo-

---

14 Da die *Vorrede* von einem gewissen „L." (wohl für Lange) unterzeichnet wird (vgl. Bd. 1, Vorrede, Bl.)(3v], also wohl aus der Feder eines Einzelnen stammt, haftet der ersten Person Plural ohnehin eine gewisse Rollenhaftigkeit an.

chen untersucht werden. Das Ziel dieser Reisen ist nicht eine umfassende fachwissenschaftliche Ausbildung der Leser: Zur „Allwisserey" ist der Mensch nach der Überzeugung der *RNS*-Editoren ohnehin nicht „aufgelegt" (Bd. 1, St. 1, S. [1]). Auch an die Systematik der „Naturlehre" glauben sich die Herausgeber nicht gebunden:

> Die Naturlehre nach der Ordnung eines Lehrgebäudes in einem Wochenblatte abzuhandeln, würde etwas überflüßiges und ungemein thörichtes seyn. […] Wir werden Gegenstände erwählen und abhandeln, so wie sie uns vorkommen, und es etwa die Jahrszeit, oder eine besondere Begebenheit in dem Naturreiche erfordert. (Bd. 1, Vorrede, Bl.)(2ʳ)

Bedenkt man, dass der Leserkreis Moralischer Wochenschriften sich wesentlich auch aus dem nicht-akademischen[15] „gehobene[n] Bürgertum" konstituiert,[16] dann erscheint die Entscheidung der Zeitschriftenautoren, den Stoff nur in unsystematischen Ausschnitten zu präsentieren, zunächst ausgesprochen publikumsfreundlich. Es darf allerdings nicht übersehen werden, dass die selektive Wissenspräsentation auch für die Verfasser klare Vorteile hat. Der Verzicht auf die Darstellung eines umfassenden „Lehrgebäudes" stattet die Beiträger mit einer erheblichen Macht aus: Potentiell unerwünschte wissenschaftliche Einzelerkenntnisse, ja ganze Wissensfelder können unter diesen Umständen unbemerkt übergangen werden. Damit haben die Verfasser jederzeit die Möglichkeit, das Weltwissen ihres Publikums auf fragwürdige Weise zu beeinflussen. Die fiktionale Präsentationsform dieses Wissens bietet dabei zusätzliche Möglichkeiten der unlauteren Manipulation.

Ihre bedenkliche Machtposition bemänteln die Herausgeber in den programmatischen Darlegungen auf zweierlei Weise. Zum einen kündigen sie gleich im Anschluss an die oben zitierten Zeilen an, bei der Auswahl ihrer Abhandlungen jederzeit auch gerne auf Leserwünsche zu reagieren (vgl. Bd. 1, Vorrede, Bl.)(2ʳ–[)(2ᵛ]). Zum anderen betonen sie geradezu scheinheilig die Eigenverantwortung ihrer Leser bei der Auswahl von Wissensinhalten: Da dem Einzelnen nicht alle Wissensbereiche gleichermaßen „nützlich und nothwenig" seien, sei es „sehr nöthig, daß jeder seine Gegend in diesen Wissenschaften kenne, und seine Grenzen weder zu weit ausdehne, noch zu enge zusammenziehe" (Bd. 1, St. 1, S. 2). In dieser Mahnung ist keine Rede davon, dass das *RNS* seinen Lesern nur allzu bereitwillig dabei hilft, eine exzessive Aufnahme von Wissen zu verhindern.

---

15 Vgl. Martens (wie Anm. 2), S. 146.
16 Ebenda, S. 147.

Das Vertrauen jener Leser, die dieser doppelten *dissimulatio* keinen Glauben schenken, suchen die Autoren schließlich durch die edlen Motive ihrer selektiven Wissenspräsentation zu gewinnen: Zum Leitkriterium ihrer Auswahl naturkundlichen Wissens erklären sie den praktisch-philosophischen „Nutzen", den die Erkenntnis der Natur für den Leser hat (Bd. 1, St. 1, S. [1]) – und dieser Nutzen wird eben (zumal beim skizzierten Adressatenkreis) nicht durch enzyklopädische Darstellung der zeitgenössischen naturwissenschaftlichen Erkenntnisse, sondern eher durch ausgewählte, moralisch relevante Wissensinhalte erreicht, die den Lesern sicherheitshalber auch noch praktisch-philosophisch vorgedeutet werden. Wer getreulich liest, was die Wochenschrift ihm präsentiert, darf hoffen, sich moralisch weiterzuentwickeln und dadurch letztendlich ‚glückselig' zu werden.[17]

Hat sich in den bisherigen Ausführungen zu den einleitenden Passagen der Wochenschrift zumindest in Umrissen abgezeichnet, welcher autoritären Strategien sich das *RNS* im Umgang mit naturkundlichem *Wissen* bedient,[18] so werden die nachfolgenden Detailuntersuchungen einer anderen, wenngleich thematisch benachbarten Frage nachgehen. An einem Beispieltext soll analysiert werden, wie das Periodikum aus dem Umkreis Meiers und Langes naturwissenschaftliche *Praktiken* für seine eigenen Zwecke instrumentalisiert. Betrachtet werden soll das 283. Stück aus dem achten Band des *RNS*, in dem Naturbeobachtung und Experiment eine entscheidende Rolle spielen.

II. Ein Autor auf Hausbesuch. Zur Rolle der ‚Erfahrungs-' und ‚Versuch-Kunst' im 283. Stück des „Reichs der Natur und der Sitten"

Das 283. Stück des *RNS* trägt den Titel *Merkwürdigkeiten der Luft*.[19] Unter dieser dezidiert naturkundlichen Überschrift sind keine sich selbst genügenden Popularisierungen physikalischen, meteorologischen, chemischen oder

---

17 Zur „Glückseligkeit" als Telos des vierteiligen Wochenschriftenzyklus aus Halle äußert sich ausführlich Bojarzin (wie Anm. 1), S. 344.

18 Dieses Thema verdiente durchaus eine umfänglichere Untersuchung – zumal der Umgang mit Wissen in Moralperiodika noch der systematischen Erforschung harrt, vgl. einführend Friedrich Vollhardt: Die Bildung des Bürgers. Wissensvermittlung im Medium der Moralischen Wochenschrift. In: H.-E. Friedrich, F. Jannidis, M. Willems (Hrsg.): Bürgerlichkeit im 18. Jahrhundert, Tübingen 2006, S. 135–147.

19 Das Reich der Natur und der Sitten, eine moralische Wochenschrift, Achter Theil, Halle 1760, S. 337–352.

biologisch-medizinischen Wissens über die Luft zu erwarten, wie sie sich andernorts in der zeitgenössischen Publizistik finden.[20] Vielmehr ist die Auseinandersetzung mit der Luft im *RNS* moralpädagogisch motiviert. Die philosophisch-theologischen Überlegungen, die der Autor in diesem Wochenschriftenstück und seinen Fortsetzungen im 285.,[21] 297.[22] und 302. Stück[23] anstellt, können hier nicht näher analysiert werden. Geboten werden soll aber eine kurze Skizze der philosophisch-theologischen Eingangspassage von Stück 283: Die dort entfalteten moralisch ‚hochwertigen' Überzeugungen und hehren Ziele gegenüber dem Publikum liefern gleichsam *a priori* eine moralische Legitimation für alle folgenden rhetorischen Manipulationen.

Zu Beginn des Wochenschriftenstücks diagnostiziert der Autor bei vielen seiner Zeitgenossen eine „gefährliche Krankheit": die Unzufriedenheit „mit der gesamten Einrichtung der Welt" und den eigenen Lebensumständen. Symptome dieses Leidens seien entweder die offene Kritik an der „Vorsehung" oder zumindest ein „geheime[s] Mißvergnügen und stille[s] Murren" (Bd. 8, St. 283, S. 337). Gegen diesen gefährlichen Missstand gebe es nur ein probates Antidot. Dieses bestehe darin,

> daß man […] beweise, GOtt handle allemal und in allen seinen Werken auf das allerweiseste. Ich wenigstens traue dem folgenden Schluß die allergröste Stärke zu: GOtt hat alles, auch das geringste Geschöpf so vortreflich eingerichtet, daß ein jeder Theil an demselben mehr als Einen Nutzen hat, und dieser Nutzen könte nicht grösser sein, denn er wirklich ist. (Bd. 8, S. 339 f.)

Da Philosophen und Theologen „einer Art von Partheylichkeit gegen GOtt" verdächtigt werden könnten, bedürften sie für diese *demonstratio* der „Hülfe" des unparteiischen „Naturlehrer[s]", der die Vortrefflichkeit der Schöpfung zudem in sinnlich evidenter Form erweisen könne: Er „leget uns die Beweise davon klar vor Augen und läßt sie uns gleichsam mit Händen greifen" (Bd. 8, S. 340). Auch im *RNS* habe die Naturkunde bereits mehrfach gute

---

20 Vgl. beispielhaft die Briefe 70, 104–108 in Bd. 2 von Lorenz Johann Daniel Suckows *Briefen an das schöne Geschlecht über verschiedene Gegenstände aus dem Reiche der Natur* (Jena 1770) oder die wiederholten Referenzen auf die Luft in den von Michael Christoph Hanow herausgegebenen *Erläuterten Merkwürdigkeiten der Natur* (Danzig 1737).

21 Vgl. Bd. 8, S. 369–381.

22 Vgl. Das Reich der Natur und der Sitten, eine moralische Wochenschrift, Neunter Theil, Halle 1761, S. 97–112.

23 Vgl. Bd. 9, S. 171–176. Dort ist die Abhandlung mit „M." (evtl. für Miller) signiert.

Dienste in dieser Hinsicht geleistet.[24] Nun solle die Beschaffenheit der Luft über die Weisheit Gottes Auskunft geben (vgl. Bd. 8, S. 340 f.). Man könnte erwarten, dass nach diesem programmatischen Entwurf nun die angekündigten naturkundlichen Darlegungen folgten. Dies ist aber keineswegs der Fall. Paradoxerweise scheint der Verfasser des hier betrachteten Wochenschriftenstücks nämlich *de facto* der Naturkunde weitaus weniger theologische Beweiskraft zuzutrauen, als er soeben noch behauptet hat. Er setzt seine Ausführungen mit den folgenden Forderungen an die Leser fort:

> Soll aber diese ganze Abhandlung eine lebendige Ueberzeugung von dieser grossen Wahrheit in uns wirken, daß wir nemlich unter der Regierung und dem Schutze des allerweisesten Wesens stehen: so bitte ich die Leser, in dem Fortgang der Abhandlung sich folgende Wahrheiten tief einprägen zu lassen. Die *erste*: die Luft ist ein Beweis der Weisheit und Allmacht GOttes; denn durch die Beschaffenheit und Kräfte der Luft werden […] die erstaunenswürdigsten Bewegungen und Begebenheiten in der Natur bewirket. Die *zwote*: die Luft ist ein Herold der Güte GOttes: denn ihr haben wir […] einen jeden Augenblick des Lebens zu verdanken. (Bd. 8, S. 341)

Gegen die Argumentation des Verfassers kann der Vorwurf einer *petitio principii* erhoben werden: Der Autor behauptet, dass seine Leser die weise und gute Einrichtung der Schöpfung und des göttlichen Regiments aus den nachfolgenden Ausführungen über die Luft genau dann erkennen können, wenn sie zuvor akzeptieren, dass aus den Eigenschaften der Luft die Weisheit und Güte Gottes bei der Einrichtung der Welt hervorgeht. Vom Leser wird also bereits eingangs die Zustimmung zu jener Einstellung erwartet, zu der ihn der Verfasser doch eigentlich erst im Laufe der mehrteiligen Abhandlung ‚bekehren' möchte.

Was veranlasst den Urheber des 283. Stücks dazu, seine eigene Beweisführung unter Missachtung aller Argumentationslogik von vornherein abzusichern, statt sich einfach auf die Überzeugungskraft seiner Ausführungen zu verlassen? Es drängt sich der Verdacht auf, dass seine nun folgenden Darlegungen vielleicht methodisch angreifbar sein könnten, so dass der Autor allen Grund hat, die Leser bereits von Anfang an auf seine Seite zu ziehen.

Schauen wir zunächst auf die eingesetzten Demonstrationsverfahren: Zur Absicherung der oben skizzierten theologisch-philosophischen Position rekurriert der Autor einerseits auf das Experiment – genauer: das Gedankenexperiment – und andererseits auf die (nicht-experimentellen) Naturbe-

---

24 Das *RNS* zeigt sich hier klar der physikotheologischen Tradition verpflichtet. Vgl. zur Physikotheologie in Moralischen Wochenschriften: Martens (wie Anm. 2), S. 217–224.

obachtung. Auf den ersten Blick erscheint weder der Einsatz der einen noch die Verwendung der anderen Methode in einem Moralperiodikum bedenklich: Das Experiment, „eines der wichtigsten Instrumente der neuzeitlichen Wissensproduktion", das „in einer konstitutiven Verschmelzung von performativen und repräsentativen Verfahren Kenntnisse"[25] hervorbringt, wird gerade in der Aufklärung besonders gerne auch zur sinnlich-anschaulichen Belehrung eines breiteren Publikums eingesetzt.[26] Dabei erweist sich das semantische und methodologische Spektrum des Experiment-Begriffs im 18. Jahrhundert noch deutlich größer als im 21. Jahrhundert. Allein schon wegen der Unzulänglichkeit vieler zeitgenössischer Messinstrumente muss die Experimentalkultur als „weitgehend geprägt [...] von qualitativen Untersuchungen" gelten. Auch Versuche, die mit zeitgenössischen Mitteln „undurchführbar[ ]" sind und deshalb nur als Gedankenexperimente ausgeführt werden können,[27] lassen sich in das zeitgenössische Experimental-Paradigma integrieren.

Der nicht-experimentellen Naturbeobachtung haftet im Wissenschaftsverständnis des 18. Jahrhunderts ebenfalls kein negativer Beigeschmack an. Dass sie nach wie vor wohlgelitten ist, zeigt etwa ein Blick in das von Johann Heinrich Zedler herausgegebene *Universal-Lexicon:* Unter dem Lemma ‚Experimentum' wird dort auch die sog. *observatio* gedacht. Mit ihr ist eine „Erfahrung" bezeichnet, „welche uns die Natur freywillig", d. h. ohne gezielte Versuche, „an die Hand giebet". Der einzige Einwand, der hier gegen die *observatio* erhoben wird, ist, dass sie, für sich allein genommen, „nicht allezeit zulänglich" sei und deshalb durch das Experiment erweitert werden müsse.[28] Ähnliches führt auch Christian Wolff zur „Erfahrungs-Kunst" aus.[29]

25　Michael Gamper: Zur Literaturgeschichte des Experiments – eine Einleitung. In: Ders., M. Wernli, J. Zimmer (Hrsg.): „Es ist nun einmal zum Versuch gekommen". Experiment und Literatur I 1580–1790, Göttingen 2009, S. 9–30, hier S. 11.

26　Vgl. etwa Oliver Hochadel: Öffentliche Wissenschaft. Elektrizität in der deutschen Aufklärung, Göttingen 2002, S. 23 f.

27　Gamper (wie Anm. 25), S. 13.

28　[Anon.:] Experimentum. In: J. H. Zedler (Hrsg.): Grosses vollständiges Universal-Lexikon, zweiter vollständiger reprographischer Nachdruck der Ausg. Leipzig, Halle 1732–1754, Graz 1993–1999, Bd. 8, S. 2344 f., hier S. 2344.

29　Christian Wolff: Vernünfftige Gedancken Von der Menschen Thun und Lassen. Zu Beförderung ihrer Glückseligkeit, den Liebhabern der Wahrheit mitgetheilet [...], Halle 1723, S. 191–193 (§§ 296 f.). Wolff warnt aber davor, die eigenen „Einbildungen" und „vorgefassete[n] Meinungen mit der Erfahrung [zu] vermengen". Man dürfe sich nicht „solchergestalt einige Gründe der Erkäntniß, so in den Dingen nicht gegründet sind, *zu erschleichen*

Der Verdacht einer grundsätzlichen methodischen Bedenklichkeit des Re-
kurses auf das Experiment und die Naturbeobachtung hat sich also nicht er-
härtet. Erst der konkrete argumentativ-rhetorische Einsatz der Letzteren,
der im Folgenden untersucht werden soll, wird weiter unten noch Hinweise
auf den Grund für die *petitio principii* geben.

Entworfen werden im 283. Stück mehrere Zyklen von (Gedanken-)Ex-
perimenten und Naturbeobachtungen. Vor die Aufgabe gestellt, die „Existenz [...] der Luft" zu erweisen, argumentiert der Verfasser am Beginn des
ersten Zyklus folgendermaßen:

> [E]in Fächer würde mir schon auf einmal glücklich wieder aus dieser Verwirrung [wie sich
> die Existenz der Luft glaubhaft machen lässt – Anm. d. A.] heraus helfen. Denn, ob ich
> ihn gleich nicht unmittelbar an das Gesichte bringe, so fühle ich doch, daß etwas ganz
> sanft an dasselbe anstösset und mir eine erquickende Kühlung verschaft. (Bd. 8, S. 342)

Die Art und Weise, in der hier vom Experiment die Rede ist, erscheint in
zweierlei Hinsicht bemerkenswert: Einerseits verzichtet der Autor darauf,
die Leser zum Nachvollzug des Versuchs zu überreden, obwohl das Zitat
von einem trivialen Experiment handelt. Es erscheint schwer verständlich,
dass der Autor sein Publikum nicht dazu ermuntert, sich selbst in der geschilderten Weise mit einem Fächer zu befassen. Nur in diesem Fall könnten
auch die empirischen Rezipienten die Existenz der Luft leibhaftig erfahren
und so von der sinnlichen Evidenz des Versuchs profitieren.

Andererseits ist es erstaunlich, dass der Verfasser die erste Person Singu-
lar an dieser Stelle nicht einmal dazu gebraucht, von einem Versuch zu berichten, den er selbst tatsächlich durchgeführt hat. Vielmehr entwirft er, wie
der eingangs verwendete Konjunktiv zweifelsfrei deutlich macht, ein bloßes
Gedankenexperiment. Den Ausführungen des Autors kann damit ein besonders hoher Grad an Fiktionalisierung zugesprochen werden: Zwar ist,
wie Gamper zu Recht feststellt, „Wissen unter experimentellen Bedingungen" immer „unhintergehbar an [...] Ästhetik, Fiktion, Rhetorik und Narra-
tivik gebunden".[30] Das schriftlich angestellte Gedankenexperiment aber
steht der Fiktion noch einmal wesentlich näher als jeder Bericht über tatsächlich durchgeführte Versuche: Als Ort einer – im buchstäblichen Sinne
zu verstehenden – „„Kunst des Versuchs' und des interdependenten Aus-

---

suchen": ders.: Vernünfftige Gedancken von GOTT, Der Welt und der Seele des Menschen [...], Halle 1747, S. 181 (§ 326).

30 Gamper (wie Anm. 25), S. 13.

tauschs"[31] bildet es einen zentralen Berührungspunkt zwischen Naturwissenschaft und Literatur.[32] Im vorliegenden Fall vollzieht sich der Übergang zum Gedankenexperiment ohne jede wissenschaftliche Notwendigkeit: Der Verfasser könnte sein Experiment leicht durchführen – wenn er nur bereit wäre, sich tatsächlich einen Fächer zu verschaffen, statt ihn sich, im Übergang vom Konjunktiv zum Indikativ, aus dem Nichts herbeizuphantasieren.

Den Grund für den Wechsel in die rein imaginäre Sphäre darf man auf ästhetisch-rhetorischem Gebiet vermuten. Das gleichsam noch semifiktionale Experiment leitet über zu einer Reihe von Versuchen und Naturbeobachtungen, in denen die Tendenz zur Fiktionalisierung deutlich ausgeprägter ist. Im Anschluss an die zuletzt betrachtete Stelle ist von einer „Flaumfeder" die Rede, die das Ich fallen lässt, um an ihrer Abwärtsbewegung das Vorhandensein der Luft fassbar zu machen. Dieses Experiment findet überraschenderweise weder in einem Labor noch in der Schreibstube des Autors statt, sondern auf einem „Hügel, den ich mitten unter einer Reihe von den lustigsten Fluren zu meinem Lehrstuhl erwählet habe" (Bd. 8, S. 342). Erscheint es einerseits schwer glaubhaft, dass sich ein empirischer Wochenschriftenautor während der Textabfassung im Freien – und noch dazu in einer derartig amoenen Landschaft – aufhält, so ist andererseits der Begriff des „Lehrstuhl[s]" im vorliegenden Zusammenhang irritierend: Ein ‚Lehrstuhl' lässt, wörtlich verstanden, an die Situation in einem Hörsaal oder Klassenzimmer denken, in welchem ein Lehrer vor raumzeitlich anwesenden Schülern sein Wissen weitergibt. Und auch in der übertragenen akademischen Bedeutung impliziert der Begriff den leibhaftigen Umgang des Unterrichtenden mit seinen Schülern. Tatsächlich gibt der Autor vor, auf dem genannten Hügel nicht allein zu sein: Er versetzt nicht nur sich selbst, sondern auch seine Leser kurzerhand an den in Schemen sichtbar werdenden *locus amoenus* und vereinnahmt sie unter Verwendung der ersten Person Plural als Augenzeugen eines vorbeifliegenden Vogelschwarms („Indem wir gerade vor uns eine Menge von Vögeln fliegen sehen […]", Bd. 8, S. 342).

Spätestens an dieser Stelle, an welcher kein Versuch, sondern eine Naturbeobachtung inszeniert wird, verwandelt sich die Abhandlung vollends in eine literarische Fiktion: Ganz offensichtlich nimmt der Autor seine Leser hier auf eine jener fiktiven Reisen mit, von denen im Einleitungsstück die

31 Ebenda.
32 Wie fruchtbar diese Beziehung in manchen Fällen tatsächlich gewesen ist, zeigt Michael Gamper: Dichtung als ‚Versuch': Literatur zwischen Experiment und Essay. In: ZfGerm NF XVII (2007), H. 3, S. 593–611, hier S. 601–610.

Rede war. Die medial bedingte räumliche Kluft zwischen dem Publizisten und seinen Lesern wie auch die zeitliche Distanz zwischen Textproduktion und Textrezeption scheinen vorübergehend aufgehoben. Auch ist es dem Verfasser auf seinem fiktiven Lehrstuhl scheinbar möglich, die Schilderung eines Experiments im geschriebenen Wort durch das experimentelle Geschehen selbst zu ersetzen.

Bei genauer Prüfung erweist sich jedoch diese beeindruckende Form der experimentellen Direkt-Kommunikation – bildlich gesprochen – als bloße *Trompe-L'Œil*-Fassade. An die Stelle des Autors ist hier unmerklich ein fiktives *Alter Ego* desselben getreten, und die realen Wochenschriftenleser werden in der lieblichen Landschaft unmerklich durch bloße Leserfiktionen abgelöst. Die Versuche und die *observatio* des Vogelschwarms selbst wiederum sind der Raumzeitlichkeit der realen Welt, in der sie als Beweismittel genutzt werden, entrückt und in der Ort- und Zeitlosigkeit einer bloß möglichen Welt angesiedelt.

Den Lesern wird aber gar keine Zeit gelassen, dieses Täuschungsmanöver zu erkennen: Nachdem der Text sich punktuell in eine Fiktion verwandelt hat, kehrt er gleich darauf, als wäre nichts geschehen, wieder zur Argumentationsweise einer wissenschaftlichen Abhandlung zurück. Thesenhaft werden einige Schlussfolgerungen aus den bisher ‚angestellten' Versuchen formuliert und sodann die (empirischen) Leser beschwörend an ihre alltäglichen (Natur-)Erfahrungen erinnert: „Wenn ich aber sage, daß die Luft […] durch die engesten Zwischenräume der Körper eindringe, so behaupte ich nichts, als wovon man sich alle Tage durch augenscheinliche Proben überzeugen kan." (Bd. 8, S. 343) Gerade an die zuletzt zitierte Textstelle schließt sich dann aber übergangslos eine zweite poetische Inszenierung an:

> Wenn der Bediente aus einem tiefen Brunnen zur Erfrischung Wasser in das von der Sonne erhitzte Zimmer bringt, um der gnädigen Frau eine erquickende Kühlung zu verschaffen, so bemerkt das kleine Landfräulein mit grosser Verwunderung, daß das ganze Glas inwendig beperlt ist. Der Herr Hofmeister wird herbey gerufen, um die Entstehung dieser nur gar zu früh wieder verschwindenden Kostbarkeiten zu erklären. (Bd. 8, S. 343)

Haben sich am zuvor skizzierten *locus amoenus* der (fiktive) Autor und die (fiktiven) Leser nur zu einigen punktuellen Wahrnehmungen und naturkundlichen Reflexionen zusammengefunden, so wird in der zuletzt zitierten Textpassage eine ‚richtige', wenngleich ziemlich kurze Geschichte erzählt. Zumindest vordergründig kommen weder der Autor noch die Leser in ihr vor: Die stattdessen erwähnten literarischen Figuren werden im zeitlich unbestimmten Präsens eingeführt und empfehlen sich, schon aufgrund ihrer Anonymität, dem zeitgenössischen Leser gewissermaßen als alte Bekannte, als wiederkehrende Typen aus seiner eigenen Realität: ‚der' Bediente, ‚die' gnädige Frau, ‚der' Hofmeister. Lediglich das „kleine Landfräulein" ist durch das Adjektivattribut etwas deutlicher individualisiert, doch lässt auch diese Figur sich eher als Typus denn als Individuum fassen.[33]

Der Autor des 283. Stücks schafft sich hier mit dem Hofmeister, dessen Worte er in direkter Rede und im (prophetisch-allwissenden) Futur I referiert,[34] ein äußerst seriöses literarisches *Alter Ego*, das in der folgenden Textpassage seine Rolle übernimmt und verschiedene physikalische Erklärungen abgibt. Diese respektheischende Lehrinstanz richtet ihre Worte nicht an ein größeres anonymes Publikum, sondern – ganz intim – an das „gnädige[ ] Fräulein", das fiktionsintern die Rolle der empirischen Leser einnimmt. Die zwei genannten Substitutionen dürften darauf ausgerichtet sein, das Vertrauen und die individuelle Aufmerksamkeit jener empirischen Leser zu gewinnen, die einem naturwissenschaftlichen Vortrag mit großem Publikum nicht freiwillig zuhören würden, also die vorangehende ‚Lehrstuhl'-Fiktion als nicht sonderlich attraktiv empfinden.

Die Differenz zwischen der fiktionsintern entworfenen und der realen Welt, die ein empirischer Rezipient bei der Lektüre des Wochenschriftenstücks beanstanden könnte, wird schon mit den folgenden Worten geschickt überspielt: „Eine Begebenheit, gnädiges Fräulein, die sie alle Tage in der Küche sehen können, wenn das Wasser zu kochen anfängt." (Bd. 8, S. 343) Hier wird die literarische Figur an die Alltagserfahrung und damit auf dasselbe Erfahrungsfeld verwiesen, zu dessen Konsultation bereits kurz zuvor auch der empirische Leser aufgerufen worden ist.

Die Luftbläschen im Wasserglas bzw. im Kochtopf bilden in der Hofmeister-Episode bemerkenswerterweise nicht nur den Ausgangspunkt naturkundlicher Erklärungen. Vorübergehend werden sie auch als *vanitas*-Symbol aufgerufen. Der Privatlehrer fragt das Landfräulein:

> Sehen sie hier [in den schnell vergänglichen Luftbläschen, Anm. d. A.] nicht ein Bild von allen unsern Herrlichkeiten, worüber wir uns eine Zeitlang so sehr freuen? Ein Bild ihrer

---

33 Solche Typen treten auch in den folgenden Stücken auf, vgl. Bd. 8, St. 285, S. 374 f.; 376; 378 f.; Bd. 9, St. 297, S. 99 f.

34 Die direkte Rede des Hofmeisters wird wie folgt eingeführt: „Die Luft, wird er sagen, die bisher durch die Kälte im Wasser zusammen gepreßt war, dehnt sich in der Wärme aus." (Bd. 8, S. 343)

blühenden Gestalt, ein Bild ihres Adels und ihrer Hofnungen, die Sie sich, mein gutes
Fräulein, in ihren angenehmsten und süssesten Stunden machen! (Bd. 8, S. 344)

Dieser Pfad einer geradezu spätbarocken (und damit bereits antiquierten)
Morallehre wird zwar schnell wieder verlassen: „Aber befürchten Sie nicht,
daß ich ihnen jetzt eine strenge Moral bey einem Glas Wasser predigen werde. Sie wollen nur, als eine kleine Naturforscherin, ihre Neugierde gestillet
sehen." (Bd. 8, S. 344) Immerhin aber kommentiert der Hinweis auf die Mo-
ralpredigt, die aus der Betrachtung natürlicher Prozesse entwickelt werden
könnte, selbstironisch den im Einleitungsabschnitt angekündigten Einsatz
der Naturwissenschaft als *ancilla theologiae*.[35]

Nach seinem kurzen Exkurs über die Eitelkeit des menschlichen Daseins
und alles Irdischen bemüht sich der Hofmeister nun darum, an weitere All-
tagserfahrungen der jungen Frau anzuknüpfen. Da er seiner Schülerin leibhaftig gegenübersteht und sie nicht etwa über eine raumzeitliche Kluft hinweg belehrt, wäre es ihm problemlos möglich, sie in sinnlich evidenter Form
mit den alltäglichen Vorgängen zu konfrontieren – und tatsächlich kündigt
er an: „Wolan, ich begleite Sie in den Keller oder ins Brauhaus." (Bd. 8,
S. 344) Es hat den Anschein, als sollte das Landfräulein nun in den Genuss
einer Demonstration natürlicher Prozesse kommen. Doch schon in den folgenden Äußerungen des Hofmeisters zeigt sich, dass dem Mädchen keine
Anschauung der nun beschriebenen physikalischen Phänomene zuteil wird.
Betrachten wir sie im Zusammenhang mit den zuletzt zitierten Worten des
Pädagogen: „Wolan, ich begleite Sie in den Keller oder ins Brauhaus. Und
hier [!] verschaffet uns die Luft, die uns erst Kostbarkeiten darstelte, wenn
das Bier gähret, einen ganz andern Anblick." (Bd. 8, S. 344) So schnell, wie
die hier zitierten Sätze aufeinander folgen, kann der Hofmeister seine Schülerin weder in den Keller noch ins Brauhaus führen. Ein derartig sprunghaf-
ter Übertritt aus den Wohngemächern in die Wirtschaftsräume eines Anwe-
sens ist nur in der Phantasie – und damit gleichsam in einer Fiktion zweiter
Stufe – möglich.

Der Grund dafür, dass sich der Text hier mit der Rede über Naturbeobachtungen begnügt, statt diese selbst zu schildern, ist schnell benannt.
Was hätte es für einen Vorteil für die Autor-Leser-Kommunikation, wenn
das Landfräulein die Naturprozesse unmittelbar betrachten könnte? Der

---

35 Vgl. allgemein zu einer solchen Vereinnahmung der Naturkunde im frühneuzeitlichen
    Kontext Bernd Roling: *Physica sacra.* Wunder, Naturwissenschaft und historischer Schrift-
    sinn zwischen Mittelalter und früher Neuzeit, Leiden 2013, S. 6.

empirische Leser müsste sich auch in diesem Fall auf die rein verbale Schilderung dieser Prozesse verlassen, er müsste auch unter diesen Umständen auf die Aufrichtigkeit, die genaue Beobachtungsgabe, die Unvoreingenommenheit[36] und das sprachlichen Geschick[37] des Autors vertrauen und zugleich seine eigene Vorstellungskraft bei der Lektüre einbringen. Daher reicht es völlig aus, wenn der fiktive Hofmeister nur von den (erwarteten) *observationes* berichtet, statt sie seiner gleichfalls fiktiven Schülerin leibhaftig zu ermöglichen.[38]

Dem Hofmeister fällt es schwer, sich argumentativ ausschließlich in der häuslichen Lebenswelt seiner Schülerin und damit auf der Ebene der Erfahrungs-Kunst zu bewegen. Für den naturwissenschaftlich gut ausgebildeten Mann wäre es naheliegender, die Eigenschaften der Luft mit technischen Instrumenten und experimentellen Methoden, also unter Zuhilfenahme der „Versuch-Kunst"[39] zu illustrieren. Dies zeigt sich etwa an der folgenden Textpassage, in welcher der Hauslehrer unvermittelt eine Luftpumpe ins (Gedanken-)Spiel bringt, um sie dann aber als Mittel der weiteren Beweisführung gleich wieder zu verwerfen:

> Sie [die Luft] ist in dem dichtesten und härtesten Holze, und trit, wenn man ihr unter einer Luftpumpe den Ausgang erleichtert, ebenfals in Bläsgen heraus. Doch, weil diese Pumpe keine Meuble ist, die man in der Küche, und am allerwenigsten auf dem Lande antrift, so will ich Sie lieber vor den Backtrog führen. (Bd. 8, S. 344)

Hier wird zugleich deutlich, dass die Hofmeister-Fiktion durchgängig im Blick auf nicht-akademische, naturkundlich nicht vorgebildete Leser konzipiert ist, die im Ausgang von Alltagsbeobachtungen an das Phänomen der Luft herangeführt werden sollen. Der Autor beschneidet seine potentiell unbegrenzte poetische Freiheit (durch die er dem Hofmeister ohne Weiteres eine Luftpumpe beschaffen könnte), damit diese Leser die dargestellten Prozesse optimal imaginieren können.

---

36 Die Forderung der Vorurteilsfreiheit bei der Ausübung der ‚Erfahrungs-Kunst' findet sich etwa in Wolff, Vernünfftige Gedancken von GOTT (wie Anm. 29), S. 182 f. (§ 327).

37 Vgl. zur Bedeutung der Sprache für die ‚Erfahrungs-Kunst' ebenda, S. 183 (§ 327).

38 Vgl. ähnlich an anderen Texten Misia Sophia Doms: Experiment im Gespräch – Gespräch als Experiment? Diskussionen über die Naturwissenschaften in der barocken Gesprächsliteratur. In: Gamper, Wernli, Zimmer (wie Anm. 25), S. 169–195, hier S. 194 f.

39 Den Begriff verwendet Wolff u. a. in seinen bereits oben zitierten *Vernünfftigen Gedancken Von der Menschen Thun und Lassen* (wie Anm. 29), S. 192 (§ 297 u. ö.).

So unvermittelt, wie die Fiktion des Naturkundeunterrichts für das kleine Landfräulein oben eingeführt wurde, wird sie nach einigen Erläuterungen zur Wirkung der Luft im „Backtrog" auch wieder aufgelöst. Es genügt dem Autor ein einfacher Abschnitt, um übergangslos aus dem Ich des (fiktiven) Hofmeisters wieder das Ich des Autors werden zu lassen. Die intime mündliche Unterweisung in der Privatstunde, bei welcher der Lehrer seiner Schülerin in die Augen sieht, verwandelt sich unversehens zurück in die schriftliche Belehrung räumlich von einander und vom Autor weit entfernter „Leser" (Bd. 8, S. 345) – doch kann der Autor hoffen, seinen Rezipienten im Gewande des Hofmeisters näher gekommen zu sein.

In den ersten Abschnitten nach dem Ende der Hofmeister-Episode spricht der Autor eine ganz andere Sprache, pflegt eine ganz andere Argumentation als zuvor: Hier sucht man vergeblich nach anschaulichen Realien und Rekursen auf die Alltagserfahrung. Es ist nicht mehr vom Backtrog, vom gärenden Bier oder einem beschlagenen Wasserglas die Rede. Stattdessen werden die Leser nun in weitgehend abstrakter Form über den Einfluss der Luft auf die „Veränderungen" in unserem „Körper" belehrt und erfahren, was genau der Autor eigentlich unter ‚Luft' verstanden wissen möchte. Sodann werden in unanschaulicher, aber wissenschaftlich exakter Sprache frühere Ausführungen zur „Schwere" bzw. zur „Schwerkraft" und zu deren Auswirkung auf verschiedene Gegenstände rekapituliert (Bd. 8, S. 345 f.).

Der Wechsel der Argumentationsform mag als Indiz dafür interpretiert werden, dass sich dieser Abschnitt gezielt an die gebildeteren Teile der Leserschaft richtet. Es ist aber auch eine andere Interpretation denkbar: Möglicherweise geht der Autor davon aus, dass selbst ungelehrte Rezipienten nach den vorangehenden alltagsnah-konkreten Schilderungen nun dazu imstande sind, den deutlich abstrakteren Ausführungen zu folgen. Jedenfalls bleibt der Verfasser der weitgehend unanschaulichen Darstellungsweise zunächst sogar dann noch verpflichtet, als er endlich wieder von Versuchen redet:

> [W]enn man ein Gefäß, aus dem man die Luft heraus gezogen, auf eine sehr genaue Waage legt, so befindet man, daß es leichter sey und weniger wäge [sic!], als vorher, da es noch mit Luft angefüllt war. Man kan eben diese Probe auf dem Wasser anstellen. Denn man darf nur genau achtung geben, ob die von Luft ausgeleerte Kugel noch eben so tief einschneide, als da sie noch kurz zuvor mit Luft erfüllet war. Doch, was ist es nöthig, daß wir so viele Umstände, und noch über dieses unsere Hände naß machen. (Bd. 8, S. 346)

Es fällt sofort auf, dass den Rezipienten hier wichtige Informationen zur Nachahmung des Versuchs vorenthalten werden. Sie erfahren z. B. nicht, wie man aus einem Gefäß „die Luft heraus" ziehen kann. Doch damit nicht genug: In scherzhaftem Ton wird im letzten Satz des Zitats der Versuch unternommen, die Leser von einer möglichen Nachahmung des geschilderten Experiments abzuhalten. Statt sich selbst den Unannehmlichkeiten des Experimentierens auszusetzen,[40] sollen sie die Verantwortung für ihre naturkundliche Belehrung vertrauensvoll in die Hände von Experten wie dem Autor legen.

Die Gründe für diesen – harmlos in der ersten Person Plural formulierten – Versuch einer Manipulation des Publikums lassen sich leicht benennen: Als Experimentatoren könnten die Leser sich selbst einen Zugang zur Naturkunde erwerben, statt auf die Vorselektion ihres Wissens durch Organe wie das *RNS* zu vertrauen: Den selbsternannten Vormündern des Publikums, unter die auch der Verfasser des 283. Stücks zu zählen ist, drohte bei allzu vorwitzigem Forschungseifer der Rezipienten ein gravierender Machtverlust. Im nächsten Abschnitt wird die nicht-fiktionale wissenschaftliche Abhandlung erneut zur Fiktion:

> In den meisten Häusern, in welchen dieses Blat zu erscheinen wöchentlich die Ehre hat, hänget ein so genantes *Wetterglas* […]. Ich führe also meine Leser vor diese gläserne Luftwaage. Sie sehen an einer Tafel eine Röhre befestiget, die entweder gerade, gekrümt, oder nach einer neuen, aber eben nicht besten Erfindung geschlängelt ist. (Bd. 8, S. 346 f.)

Erneut soll der Rezipient unter der Führung (!) des Autors der Illusion erliegen, Teil des im Wochenblatt dargestellten Geschehens zu sein. Deshalb vermeidet es der Verfasser, der von ihm betretenen Wohnung individuelle Züge zu verleihen, durch die sie sich von den realen Behausungen seiner empirischen Leser signifikant unterschiede. Bei dem einzigen von ihm erwähnte ‚Möbelstück' dieser Wohnung, dem Wetterglas, handelt es sich um einen Gegenstand, den tatsächlich ein großer Teil seiner bildungsbeflissenen, gutbürgerlichen Rezipienten besessen haben mag. Damit jeder Wetterglasbesitzer der Illusion erliegen kann, dass der Autor hier von seinem konkreten Barometer(-modell) spricht, wird die Gestalt des Luftdruckmessers bewusst in proteischer Schwebe gehalten: Sein Rohr ist „entweder gerade" oder „gekrümt" oder „geschlängelt".

---

40 Auch an anderen Stellen gibt sich der Autor den Anschein, sich vor allem um das Wohlbefinden seiner Leser zu sorgen, vgl. etwa Bd. 8, St. 285, S. 371; Bd. 9, St. 297, S. 104 (hier wird zugunsten empfindsamer Leser auf bestimmte Beweise verzichtet, die Schrecken hervorrufen könnten).

In den oben zitierten Zeilen inszeniert sich der Verfasser des Zeitschriftenstücks in bislang nicht gekannter Weise als Herr über den Raum. Er begnügt sich nicht mehr damit, seine Leserschar an einen *locus amoenus* zu zitieren oder sich in der Maske des Hofmeisters auf ein Landgut zu begeben, sondern suggeriert seinem Publikum, sich, wie ein Gott, *gleichzeitig* in den Wohnungen all jener Leser aufhalten zu können, die ein Wetterglas besitzen.

Dass er als *alter deus* auch die Gedanken des Publikums lesen – genauer: dessen Fragen antizipieren – kann, erscheint nur konsequent: „Sie werden sich ohne Zweifel wundern, warum ein so flüßiges Wesen, als Quecksilber ist, nicht aus dieser untern, ziemlich weiten Oefnung [des Barometers, Anm. d. A.] heraus fliesse." (Bd. 8, S. 347) Um diese präsupponierte Frage des Publikums zu beantworten, fordert der Verfasser seine Leser zum ersten Mal direkt zum Experimentieren auf: „Nehmen sie einen Heber, dergleichen man in den meisten Haushaltungen hat, und füllen sie ihn mit Wasser an." (Bd. 8, S. 347) Noch bevor er die Anweisungen zur Versuchsdurchführung abgeschlossen hat, gibt der Autor sowohl das Ergebnis als auch die Deutung des besagten Experiments selbst vor:

> Augenblicklich wird dasselbe [das Wasser; Anm. d. A.] in der gebogenen Röhre ausfliessen. Doch, wenn sie die andere Oefnung mit dem Daumen fest zustopfen, so wird kein Tropfen herab fallen. Und eben dieses ist der Fall mit dem Wetterglase. Brächen sie an der geraden, langen Röhre die Spitze ab, so würde der Mercurius alsbald in der Geschwindigkeit zur Hälfte heraus stürzen. Aber so lange die Röhre oben verschlossen bleibt, so lange ist ihm dieses unmöglich [...]. Nemlich, die äussere Luft drücket auf das Quecksilber mit unwiderstehlicher Gewalt und läßt es nicht heraus. (Bd. 8, S. 347)

Bevor der Leser noch die Zeitschrift zuklappen und sich auf die Suche nach dem erforderlichen Gerät begeben kann, sieht er sich der Mühe der eigenen Versuchsdurchführung und -erklärung bereits enthoben. Auch auf die eigenhändige Zerstörung seines teuren Wetterglases darf er getrost verzichten. In bequemer Untätigkeit kann er sich durch die an ihn ergangene Einladung zum Experimentieren geschmeichelt fühlen, ja sich für den Moment gar der Illusion hingeben, vom Autor wie ein ebenbürtiger Kollege behandelt worden zu sein.

Der Hausbesuch, den der Autor in der Fiktion jedem einzelnen Leser abstattet, ist von kurzer Dauer.[41] Mit dem Barometer, das er in der Leser-

---

41 Ähnlich gelagert wie der Hausbesuch erscheint auf den ersten Blick eine Passage des 285. Stücks, in welcher der Verfasser fiktionsintern verschiedene Versuche „in der Kinderstube" (Bd. 8, S. 380) anstellt. Allerdings ist zu bezweifeln, dass er hier in die Privat-

wohnung erbeutet hat, kehrt der Verfasser alsbald in die amoene Natur, „auf de[n] beblümten Sammet eines jungen Rasen" (Bd. 8, S. 348) zurück. Dies wirft die Frage auf, warum er überhaupt den Aufwand betrieben hat, sich einen (fiktiven) Zugang zu den Wohnungen und Wettergläsern seiner Leser zu verschaffen. Warum bescheidet er sich nicht mit der Lehre an der frischen Luft oder auf einem anmutigen Landsitz?

Die vorübergehende Verlagerung der naturkundlichen Unterweisung in die Privatwohnung der Leser hat fraglos didaktische Vorteile: Den Rezipienten werden die Imagination und das Verständnis der Ausführungen erleichtert, wenn sie dazu nach Belieben Sinnesdaten aus ihrem eigenen Umfeld heranziehen können. Vor allem aber stellt sie eine Geste der Ermächtigung dar. Zumindest in der Fiktion maßt sich der Autor an, die für ihn normalerweise unüberwindliche Schwelle zur Privatsphäre des Lesers zu überschreiten. Er beansprucht als Person eine so große Nähe zum Publikum, wie sie normalerweise nur seine publizistischen Produkte, die Zeitschriftenstücke, erreichen – und setzt sich damit, wie in einer wörtlich verstandenen Metonymie, an die Stelle seiner Werke. Die dabei verfolgte Absicht besteht darin, sich den Lesern als Vertrauter aufzudrängen. Denn kaum ist sein Hausbesuch vorüber, wagt es der Autor, das von ihm und seinem Publikum gebildete Kollektiv als „vertraute[ ] Gesellschaft" (Bd. 8, S. 348) zu bezeichnen. Wenig später steigert er die von ihm beanspruchte Nähe zu seinen Lesern sogar zur Freundschaft, indem er sie als „angenehme Freunde" (Bd. 8, S. 349) apostrophiert.

Vom Eröffnungsexperiment bis zu den zuletzt betrachteten Passagen des 283. Stücks hat der Autor versucht, den Abstand zu seinem Publikum sukzessive zu verringern und seine Kontrolle über die Leser kontinuierlich auszudehnen. Von der bis hierher erreichten Macht will er sich auch im weiteren Verlauf des 283. Stücks und in seinen Fortsetzungen nicht mehr trennen. Selbstständige Forschungsaktivitäten der Rezipienten bleiben in der Abhandlung auch weiterhin unerwünscht.[42]

---

wohnungen seiner Leser zurückkehrt, da er vor einer größeren Schar von Zuschauern („vor aller Augen") agiert.

42 Im 297. Stück scheint der Autor seinen Lesern dann doch noch die Durchführung eines harmlosen Experiments zu gestatten: Sie werden aufgefordert, Seifenblasen herzustellen und mit ihnen zu spielen. Allerdings findet selbst bei diesem schlichten Versuch *de facto* eine Fiktionalisierung statt: Am Ende sind es wieder nur Leser*fiktionen,* die – unter dem Kontrollblick des Autors – in den Genuss der Experimentdurchführung kommen. Auch bleibt dem Verfasser selbstverständlich die Deutung des Versuchs überlassen (vgl. Bd. 9,

Wie ein ambivalenter Selbstkommentar des Autors zum skizzierten autoritären Umgang mit dem Wochenschriftenpublikum liest sich ein Versuch, der gegen Ende des 283. Stücks entworfen wird. Er wird eingeleitet von der Ankündigung einer weiteren gemeinsamen Reise des Autors und der Leser, die dieses Mal nicht nur durch den Raum, sondern auch durch die Zeit führt:

> Doch, ich werde sie noch erstaunenswürdigere Beweise von dieser drückenden Kraft der Luft mit ansehen lassen, wenn sie sich entschliessen können, durch Hülfe der Einbildungskraft eine Reise bis an die Ufer der Donau, da, wo die Weisen von Deutschland die Schicksale und die Rechte unserer Nation abwägen, in meiner Gesellschaft vorzunehmen. (Bd. 8, S. 349)

Der Leser soll auf den Flügeln seiner Einbildungskraft nach Regensburg reisen – und zwar in das Regensburg des Jahres 1659. Es handelt sich just um jenes Jahr, in dem auf dem dortigen Reichstag „*Otto von Guerike* [...] das erstemal einen Versuch von einer bisher unbekanten Macht anstelte, worüber das ganze Römische Reich erstaunte." (Bd. 8, S. 349)

Hier gibt der Autor gleichsam selbst eine Antwort auf die oben gestellte Frage, warum er sich bereits am Beginn des 283. Stücks die Zustimmung seiner Leser zu eben jenen Sätzen zu sichern sucht, deren Gültigkeit er ihnen im weiteren Verlauf des Stücks erst demonstrieren möchte: Zumindest in diesem einen Fall gibt er unumwunden zu, dass die Fundamente seiner Überzeugungsarbeit, nämlich seine rhetorisch geschickten Anleihen bei den empirischen Methoden der Naturkunde, auf einer bedenklichen Prämisse aufruhen. Da er seine Leser nicht sinnlich erreichen, da er sie keinen einzigen Versuch (und auch keinen sonstigen natürlichen Prozess) leibhaftig „mit ansehen lassen" kann, ist er durchgängig auf eine Zusammenarbeit mit ihnen angewiesen. Indem er betont, dass der folgende Beweis nur im Falle der imaginativen Mitwirkung des Publikums erbracht werden kann, bekennt er offen, dass seinen Schilderungen nicht *per se* Beweiskraft zukommt: Sie entfalten ihre Überzeugungskraft erst durch die bereitwillige mentale Kooperation der Leser. Deshalb muss sich der Verfasser bemühen, sich von Anfang an den guten Willen seiner Leser zu sichern – und eben dieses Ziel versucht er nicht zuletzt auf dem Wege der *petitio principii* in der Ein-

---

S. 97 f.). Ebenso steht die konkrete Bauanleitung zu einem scherzhaften Wasserspiel (vgl. S. 100 f.) noch im Horizont der Fiktion, dass der Leser zusammen mit dem Autor experimentiert, heißt es doch an ihrem Ende: „Da wir uns nun einmal mit dem Wasser naß, aber auch zugleich ein Vergnügen gemacht haben, so soll es uns nunmehr noch eine andere Lust verschaffen." (S. 101)

gangspassage zu erreichen: Wenn es ihm gelingt, seine Rezipienten von Anfang an auf seine Position einzuschwören, dann darf er erwarten, dass sie seine Sache zu der ihrigen machen und schon deshalb bereit sind, ihn bei allen seinen Beweisen bestmöglich zu unterstützen.

Nur vorübergehend gibt der Verfasser allerdings den Blick auf seine partielle Ohnmacht und die Macht des Lesers frei. Schon im folgenden Satz installiert er sich wieder als uneingeschränkter Souverän, indem er die fiktive Reise nach Regensburg in Anbetracht der herrschenden sommerlichen Hitze kurzerhand als zu „beschwerlich" (Bd. 8, S. 349) verwirft und sich selbst anstelle Guerickes wieder zum Versuchsleiter aufschwingt. Seine Leser werden kurzerhand in den Stand von Handlangern erhoben: In „zween gleiche[n] Haufen" von jeweils 12 bis 16 Personen (Bd. 8, S. 350) sollen sie durch kräftiges Seilziehen versuchen, die Magdeburger Halbkugeln auseinander zu reißen – ein anstrengendes Unterfangen, an dem sie natürlich ebenso scheitern müssen wie die 16 Pferde, die sich im Experiment des barocken Naturforschers um die Trennung der beiden Kugelhälften bemühten.

Indem sich der Autor entscheidet, das berühmte historische Experiment gemeinsam mit seinen Lesern im ‚Hier und Jetzt' zu wiederholen, gaukelt er seinen Rezipienten vor, dass ihre Einbildungskraft nun doch entbehrlich sei. Er tut so, als könnte er durch den erneuten Szenenwechsel die eigene Abhängigkeit von der Einbildungskraft des Publikums überwinden und seine Leserschaft unter Kontrolle bringen. Noch einmal behilft er sich dabei mit dem gewohnten schlichten Zaubertrick: Die abwesenden und unberechenbaren Leser werden durch anwesende, gehorsame Leserfiktionen ersetzt.

Mit diesen Identifikationsfiguren der empirischen Rezipienten unternimmt der Autor sodann einen derben Scherz. Der rechts und links an den Halbkugeln aufgestellten, seilziehenden Leserschar, mit welcher sich der Autor vorübergehend zu einem „Wir" verbindet, könnte, so der Verfasser, „jemand einen artigen Possen reissen, wenn er unter einem gewissen guten Vorwand sich den Halbkugeln näherte, in der Geschwindigkeit den Hahn umdrehte und etwas Luft hinein strömen lies. Den Augenblick würden wir zu Boden rückwärts hinstürzen." (Bd. 8, S. 350) Vordergründig ist nicht der Autor daran schuld, wenn seine Leser am Ende dieses im Konjunktiv geschilderten Versuchs das Gleichgewicht verlieren. Im Gegenteil: Solidarisch lässt er sich von jenem Anonymus, der Luft in die Halbkugeln strömen lässt, selbst mit zu Fall bringen. Dennoch ist er mitnichten unschuldig an der hinterhältigen Tat. Zum einen darf man in ihm – innerhalb der konjunktivischen Fiktion – denjenigen vermuten, der als profunder Kenner der Physik den Anonymus zu seinem Schelmenstück anstiftet. Zum anderen ist das Letztere – fiktionsextern – auf jeden Fall aus seiner Feder geflossen.

Hat sich der Autor eingangs darüber beschwert, dass viele Menschen – und damit auch viele seiner Leser – den göttlichen *ordo* kritisieren, so nimmt er hier *in effigie,* am Körper der fiktiven Leser, vorweg, in welche Lage er den Geist der gegen Gott rebellierenden Leser durch die von ihm entworfenen Experimente und Naturbeobachtungen und durch die sich anschließenden abstrakten Reflexionen zu bringen wünscht. Durch sein (größeres) Wissen von der Verfasstheit der Natur möchte er diese Lesergruppe, welche die Wirklichkeit der Schöpfung verkennt, bis spätestens zum Ende der Abhandlung auf den ,Boden der Tatsachen' zurückbringen. Oder anders: Er möchte die Hoffärtigen, die sich gegen Gott erheben, zu Boden werfen und ihnen damit jene Demutsgeste abringen, die sie ihrem Schöpfer schuldig sind. Aber nach dem Willen des Autors sollen die Leser, bekehrt durch die Abhandlung von den *Merkwürdigkeiten der Luft,* nicht allein vor dem Schöpfer die Waffen strecken. Auch vor dem Verfasser selbst, vor seiner argumentativen Überlegenheit, sollen sie, seinem Plan gemäß, schlussendlich kapitulieren.

Im ersten Stück des *RNS* mag der unkritische Leser die Ankündigung, dass er sich mit den Wochenschriftenautoren auf wundersame Reisen durch Zeit und Raum begeben werde, noch als besonders reizvolle Aussicht empfinden. Spätestens bei der Lektüre des 283. Stücks muss er dann aber erkennen, dass derartige Reisen unter der Ägide einer machtbewussten Autorinstanz für ihn nicht nur erfreulich verlaufen können: Folgt er den Rollenangeboten der Abhandlung und tritt von der Leser- in die Zuschauerposition, aus der Realität ins Netz der Fiktionen über, dann ist er nicht nur mit einem ungebetenen Gast in den eigenen vier Wänden konfrontiert, der sich aufdringlich als sein Freund ausgibt, sondern es kommt für ihn noch schlimmer: Noch bevor er sich durch die vierteilige Abhandlung argumentativ von der Position des Autors überzeugen lässt, ja noch vor dem Ende jener wöchentlichen Lesestunde, in der er das 283. Stück des *RNS* konsumiert, wird er am Narrenseil der Magdeburger Halbkugeln abrupt zu Fall gebracht.

SUSANNE DÜWELL

Erziehung „durch Vorzeigung der Dinge in der Natur" Aufklärungspädagogik und Naturgeschichte

Man hat Spinnen, Schnecken, Würmer, Bienen und Frösche aufgezogen, und über ihre täglichen Veränderungen genaue und umständliche Tagebücher geführt. [...] Eben so beobachtet und beschreibt der Pädagoge umständlich, Schritt vor Schritt und Tag vor Tag. [...] Diese Tagebücher finden sich – ich weiß in Wahrheit nicht wo? [...] und doch behaupte ich dreiste und zuversichtlich, daß alle unsere Pädagogik Stümperei seyn und bleiben werde, so lange wir nicht in den Geschmack kommen, pädagogisch zu observieren.[1]

Das Zitat von August Schlözer verbindet zwei für die Zeitschriftenkultur der zweiten Hälfte des 18. Jahrhunderts zentrale Themen: Die Popularität naturkundlicher Studien und die Forderung nach empirischen Beobachtungen in der Pädagogik.[2] Die von Schlözer bereits 1771 formulierte Forderung nach pädagogischer Beobachtung und deren detaillierter Protokollierung bleibt in den folgenden 20 Jahren ein zentrales Thema des aufklärungspädagogischen Diskurses. Pädagogen wie Karl Philipp Moritz, Ernst Christian Trapp, Johann Karl Wezel, Joachim Heinrich Campe oder Christian Gottfried Böckh teilen die von Schlözer formulierte Idee, „pädagogisch zu observieren" und diese empirischen Beobachtungen über längere Zeiträume in Tabellen, Protokolle und Tagebücher einzutragen sowie vergleichende Serien von Kinderbeobachtungen und Taxonomien von Charakteren zu entwickeln.[3]

---

1 August Schlözer: Zerstreute Anmerkungen des deutschen Herausgebers über die vorhergehende Pädagogik des Herrn de la Chatolais. In: L. Renatus de Caradeuc de la Chalotais: Versuch über den Kinder-Unterricht, Göttingen, Gotha 1771, S. 221–264, hier S. 224 f.

2 War die Observation im 16. und 17. Jahrhundert vor allem für Medizin und Naturforschung zentral, so wird sie im 18. Jahrhundert zu einer epistemischen Kategorie aller Wissenschaft. Vgl. Lorraine Daston: The Empire of Observation 1600–1800. In: Dies., E. Lunbeck (Hrsg.): Histories of Scientific Observation, Chicago 2011, S. 81–113.

3 Vgl. dazu Susanne Düwell: Die „Ausforschung der Kinder-Charactere". Beobachtung und Falldarstellung in der Aufklärungspädagogik. In: M. King, Th. Wegmann (Hrsg.): Fallgeschichte(n) als Narrativ zwischen Literatur und Wissen, Innsbruck 2014 (i. E.).

Der von Schlözer gewählte Vergleich von naturkundlicher und pädagogischer Beobachtung ist keineswegs zufällig. Vielmehr wird sich die philanthropistische Pädagogik an Prinzipien einer praktisch orientierten Medizin, Methoden an der Naturforschung und an sensualistischen Theorien orientieren.[4] Diese Ausrichtung der Aufklärungspädagogik manifestiert sich in verschiedener Hinsicht: 1. Empirische Verfahren der Beobachtung, Protokollierung und Klassifizierung werden als Grundlage einer künftigen wissenschaftlichen Pädagogik betrachtet; 2. die physische Entwicklung und Erziehung des Kindes rückt erstmals in den Fokus der Erziehungskunst; 3. das Curriculum wird den Entwicklungsstufen des Kindes angepasst, so dass der Unterricht zunächst orientiert ist an sinnlich wahrnehmbaren Gegenständen. Die Naturgeschichte wird in diesem Zusammenhang ein beliebter Gegenstand der Didaktik: Ab den 1770er Jahren erscheint eine Fülle an Lehr- und Kinderbüchern über naturgeschichtliche Themen, diese finden außerdem Eingang in die ersten Kinder- und Jugendzeitschriften.

Der aufklärungspädagogische Diskurs manifestiert sich in einer Vielzahl von Zeitschriftengründungen im letzten Drittel des 18. Jahrhunderts, teilweise entstehen diese Periodika auch im Umfeld von Schulexperimenten, wie z. B. die *Pädagogischen Unterhandlungen* als Organ des Philanthropinum in Dessau. Pädagogische Zeitschriften erfüllen die Funktion, über neuere pädagogische Entwicklungen oder Experimentalschulen zu informieren und mögliche Grundlagen einer Reformpädagogik zu diskutieren; nachdrücklich werden aber auch immer wieder an Erziehungsfragen interessierte Leser und Pädagogen zur Einsendung eigener Beobachtungen aufgefordert. Voraussetzung für das Entstehen pädagogischer Zeitschriften und das allgemeine Interesse an pädagogischen Themen ist die Einrichtung eines öffentlichen Schulsystems. Die Reform der Bildung und die Einführung einer Lehrerausbildung unabhängig von der Theologie sind Bedingung dafür, dass erstmals ein Markt für Lehrbücher, Lernmittel und Kinderliteratur entsteht.

Von einer einheitlichen Theorieentwicklung kann in der Pädagogik zu diesem Zeitpunkt noch nicht gesprochen werden. Jedoch gibt es eine Reihe geteilter Grundannahmen; der Begriff der ‚Natur' ist für diese Annahmen zentral. Die basale Prämisse der Reformpädagogik lautet, dass die Erziehung der Natur zu folgen habe, sich aber zugleich die Natur nur durch Erziehung entfalten kann. Hiermit ist auch der grundlegende Widerspruch benannt, an

---

4 Vgl. Christa Kersting: Wissenschaft vom Menschen und Aufklärungspädagogik in Deutschland. In: F.-P. Hager (Hrsg.): Bildung, Pädagogik und Wissenschaft in Aufklärungsphilosophie, Bochum 1997, S. 77–107.

dem sich die philanthropistische Pädagogik abarbeitet: Die auf Rousseau rekurrierende Forderung, sich an der Natur zu orientieren, und die Orientierung am aufklärerischen Primat der Erziehung. Der im Einzelnen nicht klar
definierte Naturbegriff wirft zahlreiche Probleme auf, nicht zuletzt die viel
diskutierte Frage nach der Unterscheidung von angeborenen und erworbe-
nen Eigenschaften. Neben der Beobachtung von Kindern im Rahmen von
Schulexperimenten und der Entwicklung pädagogischer Konzepte wird die
Forderung nach der Sammlung von Beobachtung vor allem im Zusammenhang mit der Frage nach der Natur und den Entwicklungsstadien des Kindes
erhoben:

> Es geht uns mit der menschlichen Natur wie mit der Witterung. Im allgemeinen kennen
> wir diese, und können sie für eine jede Jahreszeit bestimmen. Aber wir wissen niemals,
> obs an einem Tage gut oder schlecht Wetter sein wird […]. So wissen wir auch die Cha-
> raktere der verschiedenen Alter des Menschen zu bestimmen […]. Aber was helfen uns
> zur Erziehung diese Paar Züge aus der Natur des Kindes und Jünglings […]. Wir müssen
> also schon mehr Erscheinungen und Aeusserungen der jungen menschlichen Natur sam-
> meln, wenn wir brauchbare Regeln für die Erziehung daraus ableiten wollen.[5]

Die von Trapp hier wie in vielen anderen pädagogischen Texten bemühte
Analogie von pädagogischer Beobachtung und Aufzeichnungen des Wetters
verweist nicht zuletzt auf die fehlende Systematik und Theorie hinsichtlich
der Natur des Menschen, insofern als diese zunächst durch Diskontinuität
gekennzeichnet zu sein scheint. Das von Trapp aufgeworfene Thema der
Natur des Kindes wird wiederum differenziert in die Frage nach der individuellen Naturanlage und der überindividuellen Entwicklung des Gattungs-
wesens. Ein wichtiger Bezugspunkt für die Naturreflexion der Aufklärungspädagogik ist dementsprechend die Betrachtung des Menschen als Teil der
Naturgeschichte und speziell der Aspekt der Einteilung von Lebensphasen.
Ausgangspunkt ist die Annahme, dass das Individuum im Erziehungspro-
zess in komprimierter Form die Gattungsgeschichte der Menschheit durch-
läuft, von einer anfänglichen Dominanz des Sinnlichen hin zu einer harmo-
nischen Ausbildung aller Kräfte:

---

5   Ernst Christian Trapp: Versuch einer Pädagogik, unv. Nachdr. der 1. Ausg. Berlin 1780,
    Paderborn 1977, S. 46 f.

Die Natur legt es allemahl darauf an, erst das Thier im Menschen und dann das Menschliche im Thiere auszubilden. Erst entwickelt sie den Körper, die Sinneskräfte, das thierische Empfindungs- und Begehrungsvermögen.[6]

Ein Problem ist nur, wie Trapp bemerkt, dass diese Beschreibungen der „verschiedenen Alter des Menschen" nicht hinreichend differenziert und mit konkreten empirischen Daten verknüpft sind. Dennoch ist die Konstruktion von Entwicklungsphasen für die Pädagogik insofern von Interesse, als eine wesentliche, die bisherige Pädagogik verändernde Forderung darin besteht, dass die Vermittlung von Wissen diesen Phasen entsprechend vorzunehmen ist. Eine zu frühe Ausbildung und sogenannte Vielwisserei durch Auswendiglernen, das der Erfahrungswelt des Kindes nicht korrespondiert, wird als grundlegender Fehler traditioneller Bildungskonzepte betrachtet.

Campe schreibt 1786 in einem Beitrag der *Allgemeinen Revision* mit dem Titel *Ueber die große Schädlichkeit einer allzufrühen Ausbildung der Kinder,* dass die natürliche Entwicklung des Kindes ihr eigenes Tempo habe, das nicht behindert werden dürfe, da diese Entwicklung – wie alle natürlichen Systeme – vollständig und kontinuierlich verlaufe:

> Die Natur, welche in keiner Sache sprunghaft verfährt, hat gewollt, dass diese Ausbildung langsam, durch unendlich viele und unendlich kleine Fortschritte geschehe, deren jeder an und für sich selbst unmerklich wäre. Dies erhellet theils aus der uneingeschränkten Allgemeinheit ähnlichen Verfahrens bei jeder andern zu einer vorzüglichen Vollkommenheit bestimmten Sache, theils aus unbezweifelten Beobachtungen über die langsame Entwicklung der Menschheit in solchen Kindern, die der Natur, wo nicht ganz, doch größtentheils allein überlassen werden, theils aus den Strafen, welche sie auf jede durch Kunst beschleunigte Ausbildung unausbleiblich folgen lässt.[7]

Die Frage, welches die natürlichen Mittel der Erziehung sind, kann jedoch nur tautologisch beantwortet werden: „Unter natürlichen Mitteln versteht man solche, die die Natur selbst anwendet."[8]

Neben den allgemeinen Entwicklungsgesetzen der menschlichen Natur soll die Erziehung ebenso der individuellen Natur des Kindes Rechnung tragen, die mit dem Begriff der ‚Naturanlage' gefasst wird, für den jedoch keine

---

6   Joachim Heinrich Campe: Ueber die große Schädlichkeit einer allzufrühen Ausbildung der Kinder. In: Allgemeine Revision des gesammten Schul- und Erziehungswesens 5 (1786), S. 1–160, hier S. 20.
7   Ebenda, S. 12 f.
8   Ebenda.

klaren Kriterien entwickelt werden. Trapp beschreibt die Unterschiede zwischen Kindern wie folgt:

> Die verschiedene Beschaffenheit der Kinder entsteht, wie man leicht denken kann, aus Krankheit oder Gesundheit, Schwachheit oder Stärke, aus Temperament und Erziehung.[9]

Erkenntnistheoretisch führt das Konzept der Naturanlage zu einem nicht auflösbaren Zirkel: Wollte man die Anlage optimal fördern, müsste die Erziehung direkt mit der Geburt des Kindes einsetzen; hat der Erzieher ein älteres Kind vor sich, steht der Beobachter außerdem vor dem Problem, eine Sortierung von Anlage und späteren Einflüssen vornehmen zu müssen:

> Die Erziehung muß sich nach der Anlage richten. Man kann sich aber nach keiner Anlage richten, die man nicht kennt. Und woran sollte man sie bei den neugebohrenen Kindern kennen?[10]

I. Naturgeschichte für Kinder

Neben der Konzentration philanthropistischer Pädagogik auf die „physische Erziehung" und Prinzipien der Diätetik orientiert sich auch die Didaktik an Lerninhalten, die der ‚natürlichen' Entwicklung und altersspezifischen Wahrnehmungsweise des Kindes angemessen erscheinen. Aus dieser Prämisse resultiert die Idee, Texte zu publizieren, die eigens für Kinder verfasst wurden, so dass in den 1770er Jahren ein Segment des Buch- und Zeitschriftenmarktes speziell für Kinder entsteht.[11] Veröffentlicht werden Jugendliteratur, Bilderbücher, Fibeln, Lehrwerke verschiedenster Art,[12] darunter eine große

---

9 Trapp (wie Anm. 5), S. 67.

10 Ebenda, S. 43.

11 „Statt wie vordem nur in einigen wenigen Sparten vertreten zu sein, taucht Kinder- und Jugendliteratur nun in allen Bereichen des literarischen Marktes auf, werden in allen Zweigen speziell an Kinder und Jugendliche adressierte Werke, Bearbeitungen und Ausgaben publiziert." Hans-Heino Ewers (Hrsg.): Kinder- und Jugendliteratur der Aufklärung, Stuttgart 1980, S. 7 ff.

12 Vgl. dazu Campes Plan einer „Schulenzyklopädie", die Lehrbücher zu allen Fächern umfassen sollte. Als ein Teil dieser Enzyklopädie wird auch Funkes *Naturgeschichte und Technologie* angekündigt. Vgl. Simone Austermann: „Die Allgemeine Revision". Pädagogische Theorieentwicklung im 18. Jahrhundert, Kempten 2010.

Fülle an Naturgeschichten[13] sowie Zeitschriften für Kinder und Jugendliche. Ein sehr populäres naturkundliches Werk ist z. B. Raffs *Naturgeschichte für Kinder*, die in zahlreichen Auflagen erscheint: „Fünf Auflagen dieses Werks, in einem kurzen Zeitraume, geben einen angenehmen Beweis von dem jetzt herrschenden fleißigen Gebrauch der Naturgeschichte beim Unterricht der Jugend." Der Rezensent kritisiert allerdings die mangelhafte Ordnung und Systematik, den „gar zu kindischen Thon[ ]" sowie einige sachliche Fehler.[14] Bei der Durchsicht von Rezensionen zu naturgeschichtlichen Büchern für Kinder wird deutlich, dass diese Kritik exemplarisch ist. Zwar wird die Verbreitung der Naturgeschichte gelobt, die Publikationen werden aber häufig im Hinblick auf schlechte Abbildungen und/oder fehlende Ordnung sowie fehlerhafte oder geschmacklose Darstellung der Gegenstände kritisiert.

Die Orientierung an der „Natur" und empirisch beobachtbaren Gegebenheiten als Prinzipien einer wissenschaftlichen Pädagogik bildet auch die Leitlinie für die philantropistische Didaktik: Die Vermittlung von Wissensinhalten außerhalb des Religionsunterrichts sollen frei sein von theologischen Beimischungen und – wie die Natur selbst – „stufenweise" fortschreiten vom Einfachen zum Komplexen, vom sinnlich Fassbaren zum Abstrakteren, von bildlichen Vorstellungen zur Sprache. Die Vermittlung religiöser und metaphysischer Lehren hat dem Philanthropismus zufolge, der Auffassungsfähigkeit des Kindes entsprechend, möglichst spät zu erfolgen. Ausgehend von der Prämisse, die Pädagogik habe mit sinnlich greifbaren Gegenständen zu beginnen,[15] verwundert es nicht, dass der Naturlehre in der

---

13 Zur Fülle der in den 1780er Jahren erscheinenden Literatur und Lehrwerke für Kinder vgl. Ludwig Fertig: Buchmarkt und Pädagogik 1750–1850. Eine Dokumentation. In: Archiv für Geschichte des Buchwesens, Bd. 57 (2003), S. 1–146.

14 Naturgeschichte für Kinder von M. George Christian Raff, ordentlicher Lehrer der Geschichte und Geographie auf dem Lyceum zu Göttingen, fünfte verbesserte Aufl. mit 14 Kupfertafeln, Göttingen 1786. In: Braunschweigisches Journal, 2. Bd. (1788), S. 92–94, hier S. 92. Die erste Auflage erschien 1778. Eine ebenfalls sehr kritische Rezension hinsichtlich der sachlichen Fehler und der Darstellung im plaudernden „Dialogton" erscheint in der *ADB*: Ge. Christ. Raff, Naturgeschichte für Kinder, 1778, S. 616 mit 11 Kupfern. In: ADB, 37. Bd., 2. St. (1779), S. 523–528.

15 „Wir bringen unseren Lehrlingen zuerst Vorstellungen bei, und zwar sinnlich leichte, meist nur solche, die vermittelst des Anblicks erlangt werden – hinterher erst die sinnlich schwereren, und ganz zuletzt die abstrakten. […] Wir zeigen ihnen Wiesen, Gärten, Felder, Weinberge, Häuser, Mühlen usw. Wir führen sie in die Werkstätten der Handwerker usw., in die Maschinenkammer, in die Kunstkammer, auf die Anatomie, in das Zimmer, wo Instrumente zur Experimentalphysik aufbewahrt werden usw." Karl Friedrich Bahrdt: Vom philanthropischen Unterricht in seinem ganzen Umfange. In: Philanthropischer Er-

philanthropistischen Didaktik ein wichtiger Platz eingeräumt wird. Bahrdt beschreibt dieses Konzept in seinem *Erziehungsplan* für das Philanthropinum zu Marschlins wie folgt: Nachdem die Kinder in der ersten Phase der Erziehung mit sinnlichen Vorstellungen vertraut gemacht werden, folgt in der zweiten Phase die Anregung des „Beobachtungsgeistes" durch Einführung in Naturgeschichte und Historie:

> Und dies geschieht abermals in den Kabinetten des Philanthropins, durch Vorzeigung der Dinge in der Natur oder durch Kupfer. Doch lassen wir sie hier nicht bloß sehen, sondern auch handeln. Sie müssen die inländischen Naturalien an Steinen, Kräutern, Insekten selbst sammeln; sie müssen anatomieren, in Wasser auflösen, brütende, einspinnende Tiere beobachten usw.[16]

Wie sich hier andeutet, soll nicht nur naturkundliches Wissen vermittelt, sondern auch eine praktische Anleitung zur Arbeit mit der Natur und eine erste Hinführung an naturwissenschaftliche Methoden gegeben werden. Der „Beobachtungsgeist", der als Grundlage der Genese einer wissenschaftlichen Pädagogik gilt, verdoppelt sich im Erziehungsziel, den „Beobachtungsgeist" der Kinder zu schulen.

Nicht nur die Lerngegenstände, auch die Lernmethoden schreiten nach Bahrdt vom Sinnlichen zum Abstrakteren fort: Die ersten Übungen bestehen darin, dass die Kinder das, was sie in der Natur gesehen haben, zeichnen, erst später folgt „die Uebung im Reden" und das Schreiben.[17] Auch wenn die Vermittlung von Sachkenntnissen von theologischen Überlegungen freigehalten werden soll, ist die Naturgeschichte mittelbar im physikotheologischen Sinne auch eine Erziehung zur Religion, die als wesentlich wirksamer als das Lernen des Katechismus betrachtet wird:

> Mich dünkt es ist selbst die rechte vollkommne Bildung der Seele zur Tugend, Tugend ohne diese Wissenschaft unmöglich; weil nur alsdann das Herz mit Liebe, Ehrfurcht und Gehorsam gegen seinen Schöpfer erfüllt werden kann, wann es aus seinen Werken von seiner Macht, Weisheit, Liebe, Gerechtigkeit überzeugt, und aufs innigste gerührt und durchdrungen wurde?[18]

---

ziehungsplan oder vollständige Nachricht von dem ersten wirklichen Philanthropin zu Marschlins, Frankfurt a. M. 1776, S. 57–116, hier S. 59.
16 Ebenda, S. 60 f.
17 Ebenda, S. 60.
18 Ebenda, S. 81 f.

Zur Rechtfertigung des Unterrichts in Naturgeschichte wird dieses physikotheologische Argument kontinuierlich angeführt, diese Perspektive spielt
aber in der konkreten Vermittlung naturkundlicher Themen kaum eine Rolle.

II. Naturkundliche Themen in Kinderzeitschriften

Wie beschrieben, wird in der Aufklärungspädagogik einer den Bedürfnissen
und Fähigkeiten des Kindes angepassten Didaktik große Bedeutung beige-
messen. Im Unterschied zu unfruchtbarem und ermüdendem Auswendiglernen geht es darum, das Interesse des Kindes u. a. durch Abwechslung zu
erregen. In diesem Zusammenhang wird auch der Vorteil kurzer Textformen hervorgehoben, die eine kurzweilige Lektüre gewährleisten. In dieser
Hinsicht erscheint das Zeitschriftenformat für die kindlichen Lesebedürfnis-
se geradezu ideal; hier werden u. a. kurze Prosatexte, Gedichte, Lieder, Fabeln, Anekdoten oder Rätsel präsentiert.

Vorläufer der Kinderzeitschriften sind Rubriken oder Anhänge in pädagogischen Periodika als Lektüre für Kinder: Böckhs *Wochenschrift zum Besten
der Erziehung der Jugend* enthält jeweils einen Anhang mit Texten für Kinder;
die Thematisierung von Naturgegenständen weist hier jedoch noch keine
naturkundlichen Aspekte auf, sondern ist etwa Bestandteil von Fabeln oder
physikotheologisch grundierten Landschaftsbeschreibungen. Die „Beiträge
zu einer Kinderzeitung" in den *Pädagogischen Unterhandlungen* umfassen Lieder, Anekdoten, Erzählungen, kurze Kinderschauspiele, historische Anekdoten und politische Nachrichten; die Beiträge sind auf moralisches Erzählen
fokussiert, naturkundliche Themen kommen hier nicht vor.

Zwei Tendenzen zeichnen die in den 1770er und 1780er Jahren erscheinenden Kinder- und Jugendzeitschriften aus:[19] zum einen die Orientierung
an den Moralischen Wochenschriften – bereits die häufige Bezeichnung *Wochenblatt* im Titel verweist auf diesen Zusammenhang, vor allem aber die
Wahl der Gesprächsform mit einer über alle Ausgaben konstanten Figuren-
konstellation –, zum anderen die Intention, zeitgeschichtliche Ereignisse zu

---

19 Annette Uphaus-Wehmeier kommt in ihrer Arbeit über Jugendzeitschriften des 18. Jahrhunderts zu dem Ergebnis, dass zwischen 1770 und 1789 insgesamt 43 Jugendzeitschriften
im deutschsprachigen Raum erschienen sind, davon wurden neun bis 1779 gegründet und
33 zwischen 1780 und 1789. Dies.: Zum Nutzen und Vergnügen. Jugendzeitschriften des
18. Jahrhunderts. Ein Beitrag zur Kommunikationsgeschichte, München u. a. 1984, S. 42.

vermitteln und moralisch zu kommentieren.[20] Bei der Vermittlung zeitge-
schichtlicher Begebenheiten steht jedoch nicht die Aktualität, sondern wiederum die kindgemäße Darstellungsform im Vordergrund. So schreibt
Trapp im *Wochenblat für die Schulen,* das er 1781 herausgibt:

> Denn was ist uns daran gelegen, es vierzehn Tage früher oder später zu erfahren, ob Rod-
> nei wieder nach Westindien, oder wohin der sonst geht; ob die Spanier Gibraltar erobert
> haben [...]. Unsere Hauptabsicht bei diesem Wochenblat ist es nie gewesen, dis so früh zu
> erfaren und bekannt zu machen als möglich; sondern nur zu verhüten, daß dergleichen
> neue und wichtige Begebenheiten mit ihren Folgen nicht Jahrelang oder auf immer in den
> Schulen unbekannt bleiben.[21]

Daneben erscheinen jedoch auch viele Periodika für Kinder/Jugendliche,
die eine Vielfalt an Themen anbieten:

Im *Leipziger Wochenblatt für Kinder*[22] sind kontinuierlich neben literarischen Kleinformen auch zoologische, botanische oder geographische Themen vertreten. Dasselbe gilt für die Zeitschrift *Hebe,* eine Monatszeitschrift,
die nicht auf Kinder, sondern ein jugendliches Publikum zugeschnitten ist.
Hier erscheinen etwa Beiträge zur „Erdbeschreibung" oder über „feuerspei-
ende Berge". Daneben wird aber auch Bezug genommen auf kaufmännische
oder handwerkliche Themen: *Von der Zubereitung der Ziegel* oder *Erklärungen
über die Benennungen der verschiedenen Arten die Kaufmannsgüter zu wägen.*[23] Im
überaus populären *Kinderfreund* werden naturkundliche Themen in der Regel
aus der den Kinder bekannten Umwelt bezogen und in praktische Bezüge
gestellt, so etwa die Behandlung der „Haustaube", die Thematisierung des
Weinbaus, der Fischerei, verschiedener Fischarten[24] oder der Gartenkunst.
Diese Themen werden inszeniert in Form von Exkursionen der Kinder mit

---

20 Exemplarisch drückt sich diese Ausrichtung im Untertitel der *Deutschen Zeitung für die Jugend
und ihre Freunde* aus: „Moralische Schilderungen der Menschen, Sitten und Staaten unserer
Zeit".

21 Wochenblat für die Schulen, hrsg. v. E. C. Trapp, 49.–52. St. (1781), S. 148 f.

22 Das Leipziger Wochenblatt für Kinder, hrsg. v. J. C. Adelung, erscheint ab dem 1.10.1772
zweimal wöchentlich mit einem Umfang von acht Seiten und gilt als die erste, erhaltene
Kinderzeitschrift.

23 Zeitschriftentitel aus Hebe, 1. Bd., 4. St. (1785), hrsg. v. C. K. F. Müller.

24 Die Darstellung von Tierarten, wie die der Fische, wird systematisch entwickelt: In Form
eines „sokratischen" Gesprächs werden deren Merkmale sowie die Unterschiede verschiedener Arten thematisiert, aber auch Spektakuläres, wie das Leben der Wale oder Informationen zur ökonomischen Nutzung von Tieren.

ihrem „Mentor". Aber auch Beiträge über das Element des „Feuers" oder die „elektrische Kraft" erscheinen im *Kinderfreund.*

III. Die Kinderakademie

Anders als in den meisten Kinder- und Jugendzeitschriften spielt der Bezug auf historische Themen und „Weltbegebenheiten" in der *Kinderakademie*[25] so gut wie keine Rolle. In dieser Kinderzeitschrift, die von 1784–1786 erscheint, bilden naturwissenschaftliche Themen – der fachlichen Ausrichtung der Herausgeber entsprechend – einen deutlichen Schwerpunkt. In der ersten Ausgabe „für den Wintermonat 1784" wird die Jahreszeit zum Ausgangspunkt der Beiträge genommen, die auf geographische, meteorologische und physikalische Themen fokussiert sind: Eingeleitet durch ein Wintergedicht folgen Beiträge über den *Winter in verschiedenen Gegenden, Von der Entstehung des Regens und Schnees, Physikalische Kunststücke,* die sich auf verschiedene Aggregatzustände des Wassers beziehen, sowie ein Beitrag über die *Zeitrechnung.* Den Abschluss des Bandes bilden unterhaltende und erbauliche Texte, die sich literarischer Formen bedienen: Anekdoten, moralische Geschichten, Gedichte, Fabeln, Denksprüche, Rätsel.

Auch die *Kinderakademie* präsentiert die meisten Beiträge in Gesprächsform als Dialog eines Lehrers mit seinen Schülern. Eingeleitet ist der Band durch einen Dialog des Lehrers mit seinem Schüler Karl, der sich bevorzugt mit der Naturgeschichte beschäftigt. Im Gespräch wird das Konzept einer Kinderakademie erläutert, als Zusammenkunft verschiedener Kinder, die sich über ihr Wissen austauschen:

> Lehrer: Alles was sie schönes, nützliches und angenehmes gehört, können sie einander mittheilen. Jeder kann sich auch einen Gegenstand wählen, der ihm am liebsten ist. Z. B. ihr Lieblingsgegenstand ist die Naturgeschichte. Sie erzählen also ihren Kollegen bald etwas von klugen Elephanten, bald vom künstlichen Biber, oder von den fleißigen Bienen und dergleichen.[26]

Die Funktion naturgeschichtlichen Wissens wird als Kombination von empirischer Naturbeobachtung, praktischer Nützlichkeit und Physikotheologie

---

25 Kinderakademie. Eine Zeitschrift zur Aufklärung des Verstandes, und Bildung des Herzens der Jugend, München 1784–1786, Selbstverlag, hrsg. v. Vincenz Pall von Pallhausen, Mathias von Flurl.

26 Die Kinderakademie, Bd. 1 (1784), S. 4 f.

beschrieben. Die Begründung für die Beschäftigung mit Naturkunde wird hier verknüpft mit dem im Philanthropismus prominenten Thema der Mädchenbildung, deren Berechtigung durch den Schüler Karl bezweifelt wird:

> Karl: Was würde wohl einem Frauenzimmer Welt- und Naturgeschichte, Erdbeschreibung und Naturlehre helfen? Lehrer: Sie fragen? Hat der Schöpfer das weibliche Geschlecht nicht auch mit der herrlichen Gabe des Verstandes ausgeziert? [...] Sollen sie diesen ihren Wohnplatz, und die Dinge, die um sie her sind, und die sie täglich vor Augen und in den Händen haben und deren sie genießen, die Natur, ihre Kräfte, und ihre Schönheit nicht kennen lernen? – Durch dieses Kenntniß nicht auf die Allmacht, Güte, und Weisheit Gottes schließen lernen? – Nicht wissen, was auf diesem Schauplatz der Herrlichkeit Gottes für Veränderungen von der Erschaffung an vorgegangen oder noch vorgehen.[27]

Diese Argumentation ermöglicht auch Mädchen die Aufnahme in die Kinderakademie, die als Grundlage der Zeitschrift imaginiert wird und nun monatlich von ihren Aktivitäten Rechenschaft ablegen will.

Nicht nur Konzept und Aufbau der *Kinderakademie* mit ihrer Mischung aus Belehrung und Unterhaltung sowie der Fokussierung auf die Kommunikation von Wissen stimmen mit dem Programm zeitgenössischer Publikumszeitschriften überein, sondern auch die Adressierung der Leser(innen), die zur Einsendung von Beiträgen aufgefordert werden.

> Damit aber die wohlgesitteten, und rechtschaffenen Kinder [...] im ganzen Vaterlande daran Theil nehmen können: so wollen wir ihnen bei dem Ende eines jeden Monats eine kleine Schrift in die Hände liefern, in welcher sie alles Schöne, und Lehrreiche finden sollen, was binnen der Zeit bey unsren Versammlungen vorgelesen, oder erzählet worden ist. [...] Sie selbst können nach ihren Gefallen einen Briefwechsel unterhalten, und selbe an die Kinderakademie in München einsenden. Man wird sie allemal, wenn sie für andere angenehm, und lehrreich seyn werden, mit Freuden in das Monatstück einrücken.[28]

Die frühen Zeitschriften für Kinder sind in der Regel weniger auf anspruchsvolle und differenzierte Vermittlung naturgeschichtlichen Wissens fokussiert, sondern die Natur ist bedeutsam als naheliegender Gegenstand einer auf Erfahrung, kommunikativen Austausch und Aktivität von Kindern zentrierten Pädagogik. Im Unterschied dazu erhält die Vermittlung naturgeschichtlichen Wissens in Bertuchs *Bilderbuch für Kinder* eine eigenständige Bedeutung.

---

27 Ebenda, S. 8.
28 Ebenda, S. 9 f.

IV. Bertuchs periodisch erscheinendes „Bilderbuch für Kinder"

Eine der pädagogischen Konzeption des Philanthropismus entsprechende Dominanz sowohl naturkundlicher (vor allem zoologischer und botanischer) Themen als auch bildlicher Darstellungsformen, wie sie der Pädagoge Bahrdt beschrieben hat, zeichnet das populäre *Bilderbuch für Kinder* des Weimarer Verlegers Friedrich Johann Justin Bertuch aus, das zwischen 1790 und 1830 erscheint. Das enzyklopädisch angelegte Werk lässt sich klassifizieren als eine Mischform von Kinderbuch und periodischer Schrift, indem es zunächst nicht als kompaktes Buch geliefert, sondern über einen Zeitraum von 40 Jahren in 237 schmalen Einzelheften veröffentlicht wird. Dem „journalmäßige[n]"[29] Erscheinen des *Bilderbuchs* liegen ökonomische, aber auch didaktische Überlegungen zugrunde:

> Kostbare Bilder-Bücher, welche Kinder schonen müssen, und nur zuweilen unter strenger Aufsicht zu sehen bekommen, unterrichten das Kind bey weitem nicht so gut, als ein minder kostbares, das es aber immer in den Händen und vor Augen hat.

Darüber hinaus steigere das periodische Erscheinen auch den Unterhaltungswert:

> Es muß dem Kinde [...] einzeln und nur Heftweise von den Eltern oder dem Lehrer übergeben werden; denn dadurch wird der Genuß und die Freude des Kindes an demselben gar sehr erhöhet und verlängert.[30]

Der Aufklärungspädagogik entsprechend, die zunächst vom Sicht- und Greifbaren ausgeht, legt Bertuch großen Wert auf präzise und anspruchsvol-

---

29 In einem Brief an seinen Sohn beschreibt Bertuch die Einträglichkeit des Projekts, die er nicht zuletzt auf seine periodische Erscheinungsweise zurückführt: „Du weist, daß mein Bilderbuch das erste wichtigste und einträglichste Werk unserer Handlung ist, und schnell gefördert und geliefert werden muß [...]. Du weist auch, daß ich den Gang der Lieferungen des B.B. von heuer an journalmäßig regulieren [...] will." Brief Bertuchs an seinen Sohn Carl, zitiert nach: Uwe Plötner: „Du fühlst, wie leicht und amüsant diese Arbeit ist...". Friedrich Justin Bertuchs „Bilderbuch für Kinder" (1790–1843). In: G. R. Kaiser, S. Seifert (Hrsg.): Friedrich Justin Bertuch (1747–1822). Verleger, Schriftsteller und Unternehmer im klassischen Weimar, Tübingen 2000, S. 533–545, hier S. 540.

30 Friedrich Johann Justin Bertuch: Bilderbuch für Kinder, 1. Bd., Weimar ²1801, S. 5. Zusätzlich zur Publikation in schmalen Heften erscheint das *Bilderbuch für Kinder* als Folge von zwölf Bänden, die nach und nach publiziert werden. Zehn dieser zwölf Bände wurden durch die Universität Heidelberg digitalisiert: <http://diglit.ub.uni-heidelberg.de/diglit/bertuch1790ga>, zuletzt: 25.4.2014.

le Abbildungen, die den enzyklopädischen Stichworten zugeordneten Texten gegenüber einen deutlichen Vorrang genießen. Nach Vorlagen aus zeitgenössischen naturhistorischen Werken lässt Bertuch Kupferstiche anfertigen, deren Qualität allgemein hervorgehoben wird.[31] Auf den Tafeln des Bilderbuchs werden u. a. Gruppen von Tieren abgebildet, die nummeriert sind und auf der folgenden Seite in kurzen Texten vorgestellt werden (meistens überschreiten die Erläuterungen den Umfang von einer Seite nicht). Tafeln mit Pflanzen folgen der botanischen Darstellungskonvention, nach der diese als Einzelbild neben die Abbildungen der Details gestellt werden.

Die Einleitung zum ersten, 1792 erschienenen Band des Bilderbuchs, „Plan, Ankündigung und Vorbericht" des Werks, enthält sowohl den Rekurs auf den traditionsbildenden *Orbis pictus* des Comenius[32] als auch den Hinweis auf die reformpädagogische Ausrichtung des Projekts: „Von Locke an bis auf Basedow, Campe und Salzmann, empfiehlt jeder vernünftige Pädagog, den frühesten Unterricht des Kindes durchs Auge anzufangen, und ihm so viel gute und richtige Bilder und Figuren, als man nur kann, vor das Gesicht zu bringen."[33]

Bertuch betont die Bedeutung übersichtlicher Abbildungen, die sich auf wenige Elemente beschränken: „Alle Beschreibung und detaillierte Charakteristik hilft nichts, wenn das Auge nicht das beschriebene Object zugleich sieht [...] und die Seele einen bildlichen Eindruck davon empfängt."[34] Vor diesem Hintergrund kritisiert er Basedows Elementarwerk, auf dessen Tafeln zahlreiche Gegenstände auf einzelnen Tafeln zusammengefasst werden:

> Es muß nicht zu viele und zu sehr verschiedene Gegenstände auf Einer Tafel zusammendrängen; sonst verwirrt es die Imagination des Kindes und zerstreut seine Aufmerksamkeit [...]. Die Kupfer zu Basedows Elementar-Werke und noch mehr Stoys Bilderakademie haben diesen Fehler.[35]

Auf den Tafeln sind folgende Themengebiete vertreten: 1. Vierfüssige Thiere, 2. Vögel, 3. Fische, 4. Insecten, 5. Pflanzen, 6. Menschen und Trachten, 7. Gewürme, 8. Conchylien, 9. Corallen, 10. Amphibien, 11. Mineralien,

---

31 Plötner (wie Anm. 29), S. 540 f.
32 Diesem Vorbild entsprechend erscheinen die Texte des *Bilderbuchs* mehrsprachig. Zunächst in deutscher und französischer Sprache, später erscheinen auch Ausgaben mit Texten in Latein oder in anderen europäischen Sprachen, z. B. Italienisch oder Ungarisch.
33 Friedrich Johann Justin Bertuch: Bilderbuch für Kinder, 1. Bd., Weimar ²1801, S. 2.
34 Ebenda, S. 10.
35 Ebenda, S. 3.

12. Baukunst, 13. Alterthümer, 14. Vermischte Gegenstände. Zwar lässt sich jede Tafel einer dieser Kategorien zuordnen, die Abfolge der Tafeln folgt jedoch keiner erkennbaren Ordnung, außer der Intention, eine abwechslungsreiche Abfolge zu erstellen. Ordnung wird lediglich durch ein Register am Ende jedes Bandes geschaffen, das den Inhalt „nach Materien geordnet" präsentiert. Dieses Register soll für Pädagogen eine systematische Anwendung des Buches erleichtern. Auf eine weitergehende systematische Ordnung der Naturgegenstände, die nach Ansicht Bertuchs Kinder nur ermüden würde, wird zugunsten der Unterhaltsamkeit des Buches verzichtet; diesem Prinzip entsprechend werden auch „fremde und seltene"[36] Gegenstände den „bekannten und alltäglichen Dingen" für die Bildtafeln vorgezogen.

Der vollständige Titel *Bilderbuch für Kinder enthaltend eine angenehme Sammlung von Thieren, Pflanzen, Blumen, Früchten, Mineralien, Trachten und allerhand andern unterrichtenden Gegenständen aus dem Reiche der Natur, der Künste und Wissenschaften; alle nach den besten Originalen gewählt, gestochen und mit einer kurzen wissenschaftlichen, und den Verstandeskräften eines Kindes angemessenen Erklärungen begleitet* deutet darauf hin, dass die Publikation analog zu vielen Publikumszeitschriften der Aufklärung vermischte Kenntnisse aus unterschiedlichen Bereichen präsentiert und das Belehrende mit dem Unterhaltenden bzw. Angenehmen verbindet, und zwar auf eine Weise, die der spezifischen Wahrnehmung von Kindern entspricht.

Die in Aufklärungszeitschriften geführte Diskussion über den Nutzen periodischer Schriften wird auf die Literatur für Kinder übertragen:[37] Ökonomisch gesehen sprechen die geringen Kosten für die Publikation in einer Serie von überschaubaren Einzellieferungen und führen zu einer größeren Verbreitung; die damit verbundene Kürze steigert aber auch den Unterhaltungswert. Übereinstimmend mit zeitgenössischen Charakterisierungen periodischer Schriften legt Bertuch keinen Wert auf einen systematischen enzyklopädischen Zusammenhang, sondern wertet die Fragmentarisierung in einer „bunteste[n] Mischung"[38] als unterhaltsame Mannigfaltigkeit, die das

---

36 Ebenda, S. 4.
37 Vgl. dazu die Diskussion zwischen Grave und Campe im 1. Band des *Braunschweigischen Journals* 1788.
38 „Dass die Kupfer ohne alles anscheinende System und Ordnung mit möglichster Abwechselung und Mannigfaltigkeit, und so wie sie die Natur in der Welt selbst gewöhnlich dem Auge darbietet, auf einander folgen, ist durchaus nöthig. Ein Kind […] kann unmöglich eine systematische Folge von vielen Platten mit einerley oder sich doch sehr ähnlichen Gegenständen […] aushalten, ohne zu ermüden und das Vergnügen daran zu verlieren.

Interesse von Kindern weckt und wachhält. Die abwechslungsreiche Mi-schung der Gegenstände ist aber auch dadurch zu rechtfertigen, dass die „Abwechslung und Mannigfaltigkeit" dem entspricht, „wie sie die Natur in der Welt selbst gewöhnlich dem Auge darbietet".[39]

Um das *Bilderbuch* zusätzlich zu seinem Unterhaltungswert für Kinder auch als Lernmaterial zu qualifizieren, werden die Veröffentlichungen des *Bilderbuchs* ab 1798 flankiert durch Begleitbände mit erläuternden Kommen-taren für Eltern und Lehrer. Diese Kommentarbände werden bis 1807 von Karl Philipp Funke erarbeitet. Funke ist sowohl als Pädagoge als auch als Verfasser pädagogischer und naturhistorischer Werke etabliert. Die Idee, Wissen für Kinder, aber auch für ein breites Publikum populär und ver-ständlich darzustellen, so dass es in der Praxis Nutzen bringt, verbindet Ber-tuch mit Funke.[40]

In seiner Schrift *Ueber die Mittel Naturgeschichte gemeinnütziger zu machen und in das practische Leben einzuführen; nebst Plan und Ankündigung einer Folge dahin ab-zweckender Werke* vertritt Bertuch das Programm einer „Popularisirung der Naturgeschichte", denn Wissenschaft habe

> dann erst ihre hohe edle Bestimmung erreicht, wenn sie ihre Wohlthaten über das gemei-ne Leben ausbreitet, das wissenschaftliche Gewand auszieht, und ihre kostbaren Schätze dem Layen in die Hände legt; wenn dieser ihre Resultate für sein Leben benutzen, und sich dadurch glücklich machen kann.[41]

Bertuch wirbt für seinen Plan einer vollständigen, populären Naturgeschich-te. Das Konzept ist der Anlage des Bilderbuchs vergleichbar, es geht jetzt aber um ein systematisches Lehrwerk. Dessen Kern sind „Tafeln der Allg. Nat. Geschichte aller drey Reiche mit vollständiger Emmeration aller bis jetzt bekannten Naturkörper, und einer synoptischen Tabelle ihrer Kennzei-

---

Daher habe ich die krellste und bunteste Mischung der Gegenstände gemacht, und bitte nur immer, wenn man mich desshalb tadeln wollte, zu bedenken, dass ich es mit Kindern zu thun habe, die ich blos amüsiren will." Bertuch (wie Anm. 33), S. 6.

39 Ebenda.

40 Zum ökonomischen Hintergrund der Einführung naturkundlichen Unterrichts vgl. Ingrid Lohmann: Gott und Natur, Arbeit und Eigentum. Zur Konzeption naturwissenschaftli-chen Unterrichts in der späten Aufklärung. In: D. Kirchhöfer, Ch. Uhlig (Hrsg.): Natur-wissenschaftliche Bildung im Gesamtkonzept von schulischer Allgemeinbildung, Frank-furt a. M. 2009, S. 159–174.

41 Friedrich Johann Justin Bertuch: Ueber die Mittel Naturgeschichte gemeinnützig zu ma-chen und in das practische Leben einzuführen; nebst Plan und Ankündigung einer Folge dahin abzweckender Werke, Weimar 1799, S. 5.

chen",[42] ergänzt durch Lehr- und Handbücher; geplant ist auch hier ein periodisches Erscheinen in schmalen, erschwinglichen Heften. Sein Bilderbuch, das er explizit nicht als Lehrwerk verstanden wissen will, bezeichnet Bertuch als „Vorläufer", um den Erfolg naturgeschichtlicher Themen und Bilder zu testen.

Wie auch beim *Bilderbuch für Kinder*, hat für die populäre Naturgeschichte die Anschaulichkeit Priorität. Als Mittel der „Popularisirung von Naturgeschichte" nennt Bertuch neben der wissenschaftlich exakten und ästhetisch anspruchsvollen Abbildung die Einführung einer einheitlichen „teutschen Nomenclatur und Charakteristik" sowie ein „Classifications-System", das sich „vorzüglich auf den äußeren Totalhabitus des Naturkörpers" gründet:

> Das Kind, der Laye kann sich durchaus nicht auf Characteristik und Ordnung der Naturalien nach anatomischen, chemischen, versteckten und schwer zu findenden Kennzeichen einlassen.

Er erfasst „den Totalhabitus", „Aehnlichkeiten" und „Verwandtschaften".[43] Daher lehnt Bertuch das „Linneische Classificationssystem" für eine „populäre Naturgeschichte" ab und favorisiert „das von Hrn. Prof. Batsch nach Verwandtschaften und Familien".[44] Die wissenschaftliche Systematik und Differenzierung wird konsequent der Anschaulichkeit und Popularisierung untergeordnet.

Bei Funke ist die Vermittlung naturkundlicher Kenntnisse noch deutlich stärker ökonomisch ausgerichtet, indem er sich von der Vermittlung naturkundlicher Kenntnisse unmittelbar einen praktischen Nutzen für die Arbeit der „mittleren und niederen Stände"[45] verspricht. Funke kündigt die Veröffentlichung seiner *Naturgeschichte und Technologie* folgendermaßen im *Braunschweigischen Journal* an:

> Schon seit mehreren Jahren gieng ich mit dem Gedanken um, das Gemeinnützige aus der Technologie zu sammeln, in eine natürliche Ordnung zu bringen und es durch eine populäre Darstellung auch Unstudierten lesbar zu machen, um auf die Weise jene Kenntnisse

42 Ebenda, S. 29.
43 Ebenda, S. 16.
44 Ebenda, S. 17.
45 Karl Philipp Funke: Nachricht an das Publikum, die Herausgabe einer technologischen Naturgeschichte für die Bürgerschulen betreffend. In: Braunschweigisches Journal, 1. Bd. (1789), S. 122–128.

gerade unter diejenigen Volksklassen verbreiten zu helfen, welche die Anwendung unmittelbar davon zu machen bestimmt sind.[46]

Die praktische Orientierung reguliert bei Funke auch die naturkundliche Darstellung: Nicht nur haben alltägliche Erscheinungen der Natur gegenüber exotischen Phänomenen - die in Bertuchs *Bilderbuch* prominent sind - Vorrang, auch die Systematik des Werks ist der Praxis untergeordnet. So wird z. B. jede Klasse von Tieren in drei Ordnungen geteilt, deren erste am ausführlichsten behandelt wird: „Die erste Ordnung begreift alle einheimische und einheimisch gewordene Thierarten, die uns nützlich oder schädlich sind.“[47]

Insgesamt lässt sich im letzten Drittel des 18. Jahrhunderts eine starke Entwicklung naturkundlicher Publikationen für Kinder beobachten, diese ist Bestandteil einer erfahrungsbasierten Pädagogik. Zeitschriften partizipieren zwar an dieser Entwicklung, haben in diesem Zusammenhang aber keine herausgehobene Bedeutung. Es entstehen keine Zeitschriften für Kinder, die ausschließlich naturkundliche Themen behandeln, diese Spezialisierung ist Büchern und Lehrwerken vorbehalten. Ein Grund dafür ist die Orientierung der frühen Kinder- und Jugendzeitschriften an den Moralischen Wochenschriften, dagegen ist das primäre Anliegen Bertuchs die „Popularisirung von Naturgeschichte“. Die unterschiedliche Akzentsetzung naturkundlicher Darstellungen im *Bilderbuch* und in den Kinderzeitschriften ist verbunden mit einer medialen Differenz: Für die Zeitschriften im letzten Drittel des 18. Jahrhunderts spielen Illustrationen kaum eine Rolle, dagegen ist die Gesprächsform häufig konstitutiv. Damit verbunden ist eine Einbettung naturkundlicher Themen in die Erfahrungswelt der Kinder, wie z. B. die Wahrnehmung von Jahreszeiten oder die wirtschaftliche Nutzung der Natur. Das Bilderbuch ist dagegen mit seinen exakten bildlichen Darstellungen und vereinfachten enzyklopädischen Texten an naturkundlichen Handbüchern orientiert. Er begründet sein Konzept jedoch auch mit aufklärungspädagogischen Prinzipien. Daneben finden sich auch Naturgeschichten für Kinder, wie etwa die von Raff, die naturkundliche Tafeln mit dialogischen Textformen verbinden.

Tendenziell ist die Differenz der Medien Buch und Zeitschrift Ende des 18. Jahrhunderts im Bereich der Kinder- und Jugendliteratur wenig ausgeprägt. Anders als im Segment der Aufklärungszeitschriften für Erwachsene

---

46 Ebenda, S. 122.
47 Ebenda, S. 125.

spielt das Kriterium der Aktualität für die Kinderzeitschriften kaum eine Rolle. Es geht z. B. nicht darum, spektakuläre Neuentdeckungen der Naturforschung zeitnah zu übermitteln. Auf der anderen Seite erscheinen viele Bücher für Kinder in Serien oder periodisch in Heftform, wie Bertuchs *Bilderbuch für Kinder*. Und diese Erscheinungsweise ist nicht nur ökonomisch motiviert, sondern dezidiert verknüpft mit der Programmatik periodischer Aufklärungsschriften, die Kürze, Unterhaltsamkeit und Belehrung miteinander kombinieren.

Naturforschung in Aufklärungszeitschriften unter dem Blickwinkel des deutsch-italienischen Kulturtransfers

Man soll es mit Pristley und Lichtenberg halten, die „jedes Desideratum" mit einer „halben Entdeckung" (J 1935) gleichsetzten. Dieses Desideratum ist die Erkundung einer versunkenen Landschaft: die Präsenz italienischer Naturforschung in deutschen Aufklärungszeitschriften und umgekehrt. Wochenschriften und andere „im Wochentakt" erschienene Periodika dürfen dabei als besonders wichtig betrachtet werden. Fokussiert wird in diesem Beitrag zunächst *(I.)* eine Lessing wohlvertraute Quelle,[1] die *Efemeridi letterarie di Roma,* eine der bedeutendsten und langlebigsten italienischen Rezensionszeitschriften (1772–1798), die in ihrer hier berücksichtigten anfänglichen Phase 1772–1780 eine auffällige Aufgeschlossenheit gegenüber den Naturwissenschaften zeigt *(vgl. Abb. 1)*. Einige Hinweise zur poetisierten Wissenschaft *(II.)* führen abschließend zu der 1756–1758 vom Hamburger Verleger Georg Christian Grund gedruckten Moralischen Wochenschrift *Der physikalische und oekonomische Patriot (III.).*

I.1.

Es mag zunächst verwundern, dass die kleine, in Martens Standardwerk nur nebenbei erwähnte norddeutsche Wochenschrift[2] *Der physikalische und oekonomische Patriot. Oder Bemerkungen und Nachrichten aus der Naturhistorie, der allge-*

---

1   Vgl. Lea Ritter Santini (Hrsg.): Eine Reise der Aufklärung. Lessing in Italien, 2 Bde., Berlin 1993.

2   Wolfgang Martens: Die Botschaft der Tugend. Die Aufklärung im Spiegel der deutschen Moralischen Wochenschriften, Stuttgart 1968, S. 93, 116. Vgl. Holger Böning, Emmy Moepps: Hamburg. Kommentierte Bibliographie der Zeitungen, Zeitschriften, Intelligenzblätter, Kalender und Almanache sowie biographische Hinweise zu Herausgebern, Verlegern und Druckern periodischer Schriften, Bd. I: Von den Anfängen bis 1765, Stuttgart-Bad Cannstatt 1996, S. 636–643.

meinen Aushaltungskunst und der Handlungswissenschaft, Einschlägiges aus Italien enthält. Dass es in Italien um die „wissenschaftliche[ ] Cultur und Aufklärung"[3] schlecht stand, behaupten nämlich auch Reisende wie Friedrich Münter (1761–1830), ein in klassischen Studien nicht weniger als in Mathematik und Naturwissenschaft ausgebildeter Theologe und Freimaurer, dessen Kontaktperson in Rom, Giovanni Cristofano Amaduzzi (1740–1792), ein ähnliches intellektuelles Profil vorweisen konnte. Dieser Abt und confrère – bis 1780 prägte er die Linie der *Efemeridi letterarie di Roma* und der 18 Monate später gegründeten *Antologia romana*[4] – entwirft in seinen Privatbriefen ein düsteres Bild vom Zustand der Gelehrsamkeit in der Hauptstadt des Kirchenstaates.[5] Er selbst, bei Rimini geboren und erst mit 22 Jahren nach Rom gekommen, genoss „den Unterricht des berühmten Giovanni Bianchi [alias Jano Planco (1693–1775)]"[6], wie die Leser der *Neuen Bibliothek der schönen Wissenschaften und der freyen Künste* wussten: Bianchis „reichhaltiges Museum der Naturgeschichte" und „botanischer Garten" wurden für die Bildung des künftigen Professors der griechischen Sprache und des Praefectus der Druckerei *De propaganda fide* genauso wichtig wie die Münzensammlung oder die sich durch die Präsenz periodischer Publikationen auszeichnende Bibliothek.

---

3 Nachrichten von Neapel und Sicilien, auf einer Reise in den Jahren 1785 und 1786 gesammlet, von Friedrich Münter, Professor der Theologie bei der Kopenhagener Universität, aus dem Dänischen übers., Kopenhagen 1790, S. 259.

4 Vgl. Marina Caffiero: Le „Efemeridi letterarie di Roma" (1772–1798). Reti intellettuali, evoluzione professionale e apprendistato politico. In: M. Caffiero, G. Monsagrati (Hrsg.): Dall'erudizione alla politica. Giornali, giornalisti ed editori a Roma tra il XVII e il XX secolo, Milano 1997, S. 63–101; Giulia Cantarutti: L' „Antologia romana" e la cultura tedesca in Italia. In: Dies., St. Ferrari, P. Maria Filippi (Hrsg.): Il Settecento tedesco in Italia, Bologna 2001, S. 257–315. Caffiero behandelt die gesamte Erscheinungszeit der *Efemeridi letterarie di Roma* (fortan: *Efemeridi*), während das Jahr 1780 in dem auch von ihr anvisierten Verhältnis zwischen „mondo cattolico" und „cultura illuminista" (S. 69) einen Einschnitt markiert.

5 Vgl. in Bezug auf die Sachlichkeit und die Vielfalt weiterführender mehrsprachiger Literaturhinweise das umfangreiche Werk: Zusätze zu den neuesten Reisebeschreibungen von Italien nach der in Herrn D. J. J. Volkmanns „historisch-kritischen Nachrichten" angenommenen Ordnung zusammengetragen und als Anmerkungen zu diesem Werke, sammt neuen Nachrichten von Sardinien, Malta, Sicilien und Großgriechenland, herausgegeben von Joh[annes III] Bernoulli, der Akademie der Wissenschaften zu Berlin, Petersburg, Bologna, Stockholm, Lyon, Marseille, und andern gelehrten Gesellschaften Mitglied, Leipzig, Bd. I–III, 1777–1782.

6 Biographische Nachrichten von Giovanni Cristofano Amaduzzi. In: Neue Bibliothek der schönen Wissenschaften und der freyen Künste, 1795, Bd. 56, St. 2, S. 326–331, Zitat S. 326.

In der Privatakademie seines, mit Haller und vielen anderen jenseits der Alpen lebenden Wissenschaftlern korrespondierenden, Lehrers erwarb Amaduzzi den experimentellen Habitus, um die Neuentdeckungen von Spallanzani, Volta und Gregorio Fontana, die durch ihre Spitzenleistungen berühmtesten, angesehensten Professoren der Universität Pavia, mit Begeisterung begrüßen zu können. In seinen (unveröffentlichten) Briefen an Gregorio Fontana, den Verfasser u. a. des „saggio analitico" *Delle altezze barometriche,* [7] erscheint Pavia als Gegenpol zu Rom: Pavia als Hort der Wissenschaften und der Popularphilosophie, Rom als Zentrum der Unwissenheit und des Aberglaubens. Welchen Stellenwert besitzen diese Aussagen? Die „nützlichen Entdeckungen in dem überaus ausgedehnten Reich der Naturgeschichte" („vantaggiose scoperte nel regno vastissimo della storia naturale"[8]) erfreuen sich in den *Efemeridi* wie in der *Antologia romana* eines deutlich erkennbaren, ‚philosophisch' fundierten Interesses; die Rezensionen (in der Form des „Estratto") von Spallanzanis *Opuscoli di fisica animale e vegetale,* [9] der Akten der Akademie der Wissenschaften von Siena,[10] der Werke Buffons,[11] Eulers oder Hallers sind nur einige wenige Beispiele für die Schnelligkeit, mit der die „Efemeridisti" auf Neuerscheinungen reagierten.

Das intellektuelle Profil eines Mitarbeiters an den *Efemeridi,* Onorato Caetani (1742–1797), mag über einige weniger bekannte Aspekte der *Accademia d'Arcadia* Aufschluss geben, einer Institution, zu der fast alle „Efemeridisti" gehörten. Onorato Caetani Duca di Sermoneta, Monsignore als Kadett einer adligen Familie, schrieb z. B. an den 1723 in Rom geborenen, 1789 in Yverdon verstorbenen Wissenschaftler Fortunato Bartolomeo de Felice, dessen Name mit der sogenannten Encyclopédie d'Yverdon, der *Encyclopédie ou Dictionnaire universel raisonné des connaissances humaines,* verbunden ist, recht drastisch: „Notre Patrie toujours Ottentotte s'ennuye de penser"[12]. Der Monsignore, dem Roziers Zeitschrift *Observations sur la physique, sur l'histoire naturelle et*

---

7 Rezension Efemeridi 1772, S. 58–61.

8 Vgl. Efemeridi 1773, S. 93.

9 Vgl. Efemeridi 1774, S. 253–256, 262–264, 270–271, 278–280.

10 Der 5. Band der *Atti dell'Accademia delle Scienze di Siena,* der besonders reich an astronomischen Themen ist, wird sofort in den *Efemeridi* 1775 in vier Fortsetzungen (S. 348, 358, 363, 371) rezensiert: S. 131 zu Gregorio Fontanas Versuch „sopra i progressi matematici di Girolamo Cardano […] dopo il ristabilimento delle lettere in occidente".

11 Vgl. bes. Efemeridi 1774, S. 280, 284.

12 Dieser Brief gehört zu den wenigen von Luigi Fiorani veröffentlichten Briefen: Onorato Caetani. Un erudito romano del Settecento, Roma 1969, S. 72.

sur les arts[13] ebenso vertraut war wie Experimente mit Elektrizität, über die die *Efemeridi* berichten, erhielt seine Ausbildung in seiner „Hottentottischen Heimat", nicht in Rimini oder Bologna wie Amaduzzi oder der Begründer der *Efemeridi* und der *Antologia romana*, der aus Bologna stammende Arzt, Naturwissenschaftler und Kunstliebhaber Gian Lodovico Bianconi (1717–1781). Caetani war Besitzer einer atemberaubenden Bibliothek und einer ebenso berühmten Sternwarte; er konnte sich mit Joseph Jérôme de Lalande, Giambattista Beccaria oder mit Buffon auf gleicher Augenhöhe unterhalten.[14]

Weder in Rom noch im Kirchenstaat huldigte man ausnahmslos der scholastischen Philosophie. Hohe Prälaten wie Kardinal Lambertini – der spätere Benedikt XIV. – beschützten das Istituto[15], an dem Francesco Maria Zanotti (1692–1777), der auch für Lessing so wichtige „Bolognese Fontenelle"[16], wirkte und Giovanni Bianchi, Bianconi und Algarotti – alle wie Zanotti Mitglieder der Akademie der Wissenschaften zu Berlin – ausgebildet wurden. „Francesco" bzw. François Jacquier, gebürtiger Franzose, Minorit, der in den 1770er Jahren an den *Efemeridi* mitarbeitete, unterrichtet in den 1740er Jahren an der „Sapienza" Experimentalphysik. Der neue Lehrstuhl wurde ihm von Benedikt XIV. aufgrund seines Kommentars zu Newtons *Principia* (1739–1742), den er gemeinsam mit seinem Lehrer und Kollegen Pater Thomas Le Seur verfasste, verliehen. Die 1743 in Rom erschienene Dissertation von Jacquier, Le Seur und Boscovich *Sopra i danni che si sono trovati nella cupola di S. Pietro sul fine dell'anno 1742* wurde von Lessing über 30 Jahre später erworben.[17] Der (bereits in den *Efemeridi* vom 16. März 1772 erwähnte) „Bibliotecario del Duca di Brunswick" war ja in Rom 1775, im Er-

---

13 Rezension in Efemeridi 1774, S. 303–304.

14 In seinem Brief an Buffon v. 26.6.1779, wo Caetani über seine eigenen botanischen Experimenten mit den Blumen berichtet, nennt er sich ausdrücklich „einen einfachen Leser", „un mero leggitore" (vgl. Fiorani, Anm. 12, S. 149), im Unterschied zu einem „naturalista professore". Der Empfänger aber verwertet für seine *Histoire des animaux quadrupèdes* die „Observations" des „Illustre et Savant Monsignor Caëtani", vgl. den Brief v. Buffon an Jean-Baptiste de La Chapelle v. 4. 11.1780 (Fiorani, wie Anm. 12, S. 150).

15 Zur Ausstrahlung des Istituto in der Wochenschrift *Der physikalische und oekonomische Patriot* vgl. weiter unten.

16 Efemeridi 1775, S. 2. Die Annäherung an Fontenelle erfolgt aufgrund der Fähigkeit, ernste Themen in passendem, reizendem Gewand darzustellen. Der Gebrauch des Lateinischen hatte im Italien des 18. Jahrhunderts einen anderen Stellenwert als in den deutschsprachigen Ländern.

17 Vgl. Anm. 1, S. 817 f., S. 38, Anm. 31 (zu Lessing als „Bibliothekar seiner Durchlaut, des Herzogs von Braunschweig") und S. 39, Anm. 34.

scheinungsjahr der *Geografia universale del P. Buffier, edizione prima Romana aumentata e corretta,* der Frucht des Dialogs Jacquiers mit Pater Eugène Jacques Buffier.[18] Der dritte Band der von Jacquier erweiterten und vermehrten Ausgabe von Buffiers *Geographie universelle* gibt Anlass zu einer Charakterisierung der durch die Astronomie ermöglichten Fortschritte der Erdkunde im 18. Jahrhundert.

Ob man sich direkt an den Liebhaber der Storia naturale – *Agli amatori della Storia naturale*[19] – wendet oder nicht: Begrüßt werden Werke, die der neuen, antiaristotelischen Orientierung folgen. Und man weiß sich dabei mit allen Wissenschaftlern einig, die jenseits der Alpen über dieselben Gegenstände – Vulkane, Pflanzen, Zoophyten und Meeresfische, „i Volcani, e le piante, gli Zoofiti, ed i pesci del mare"[20] – forschen. Exemplarisch wird dieses Bewusstsein in einer Rezension von 1774 belegt, in der lauter außeritalienische Quellen genannt werden: „l'elenco degli Zoofiti del dot. Pallas", d. h. Peter Simon Pallas' *Elenchus zoophytorum, sistens generum adumbrationes generaliores et specierum cognitarum succinctas descriptiones, cum selectis auctorum synonymis* (Den Haag 1766), „istoria de' pesci di M[onsieur] Gouan", d. h. Antoine Gouans *Historia Piscium* (Argentorati 1770) und „viaggio in Italia di M. Ferber", d. h. Johann Jakob Ferbers *Briefe aus Walschland über natürliche Merkwürdigkeiten dieses Landes* (Praga 1773).

Eine Überbewertung lokaler Größen, deren Verdienste auf dem Gebiet der „edlen, nützlichen" bzw. „soliden" Wissenschaften liegen – von der österreichischen Lombardei bis zum Königreich beider Sizilien – ist allerdings unverkennbar:[21] Sie hängt mit einem am Anfang der *Efemeridi* von 1775 feierlich beteuerten Vorsatz zusammen, im Einklang mit der *Antologia romana* als Hauptgegenstand die „scienze nobili, utili, esatte" zu wählen und den *bel-*

---

18 Efemeridi 1775, S. 169–171. Jacquiers Übersetzung enthält eine *Dissertazione sopra l'origine e il progresso della geografia.*

19 Efemeridi 1774, S. 127.

20 Ebenda, S. 128, Rezension über die *Dissertazione della Fata Morgana del padre Minasi.*

21 Hier sei nur als ein Beispiel der auch von Bernoulli (wie Anm. 5) unter den Vertretern der *Arzneygelehrtheit, Chirurgie und Naturgeschichte* in Rom genannte philosophische Arzt Filippo Pirri erwähnt, der in seinen Reflexionen über die Verwesung „die Weisheit der Natur" hochpreist: „Meravigliosa è l'azione della putredine perché è il meccanismo da cui si perenna la vita della natura": Rezension über: Teoria della Putredine preceduta d'alcune considerazioni sopra la riproduzione dei Corpi organizzati, del dottor Filippo Pirri Medico e Filosofo Romano. Nella Stamperia Salvioni 1776. In: Efemeridi 1776, S. 257–259, 265–267, Zitat S. 266. In seinem Werk äußert Pirri (S. 16) seine „profonda venerazione" für Haller, Bonnet, Spallanzani.

les-lettres, den antiquarischen Studien und Künsten, indes nur den zweiten Platz einzuräumen:

> Le scienze nobili, utili, esatte saranno il nostro primario oggetto, e la vaga, la varia e bella letteratura, l'antiquaria, le arti e la erudizione con ispirito filosofico trattata avranno il secondo posto.[22]

Von diesem Vorrang der so charakterisierten Wissenschaften zeugt noch 1782 ein Brief Caetanis an Johann Conrad Heidegger. Unter Berufung auf Fontenelle – einen bedeutenden Bezugspunkt der *Arcadia* – wird die Zeit herbeigewünscht, in der die Fortschritte in den Wissenschaften und im Geschmack der „poesia" ein Ende setzen werden. Gemeint ist die Poesie der *petits riens,* der „kleinen Nichtigkeiten", des nichtssagenden Wortschwalls. Einer „philosophischen Zeitschrift" wird dabei die Aufgabe zugewiesen, diesen Prozess zu beschleunigen.[23] Hier zeigt sich ein Programm, das seine einprägsamsten Formulierungen in den akademischen Reden Amaduzzis findet: das Programm der *Arcadia filosofica,* die sich nur bis 1780, also wenige Jahre, behaupten kann. Sie folgt den Spuren Muratoris, der den „sonore bagatelle" den Krieg erklärt hatte und „res" statt „verba" anstrebte. Vernunft und Glauben („ragione" e „religione") werden in Amaduzzis akademischer Rede über die Philosophie als Verbündete der Religion, *La filosofia alleata della Religione,* als zwei Wegweiser des Menschen aufgefasst, die sich nicht trennen dürfen und die Naturphänomene zum eigentlichen Gebiet des ‚philosophischen' Raisonnierens erklärt:

> Essa [filosofia] veneratrice de' celesti misteri non ragiona, che sui fenomeni della natura e in ciò facendo adora l'onnipotenza del grand'autore della stessa natura.[24]

Diesem *Arcade filosofo,* der seit den 1780er Jahren immer stärker als irreligiös verfolgt wurde, war Naturerkenntnis kein Tor zum Atheismus, sondern ein Weg zur Anbetung der Allmacht des Schöpfers selbst. Die Aufgeschlossenheit nicht nur gegenüber den „Oltramontani", sondern vor allem gegenüber den

---

22 Efemeridi 1775, S. [1].

23 Fiorani (Anm. 12), S. 145: „Peccato che non sia peranco giunt[a] quest'età, predetta da Fontenelle in cui i progressi delle scienze e del gusto avrebbero fatto interamente cessare la poesia. Un giornale filosofico dovrebbe accelerare un'epoca".

24 Giovanni Cristofano Amaduzzi: La filosofia alleata della religione. Discorso filosofico-politico, Livorno 1778, S. 7.

„wackeren Verteidigern der göttlichen Offenbarung nicht-katholischen Glaubens" lag in schroffem Gegensatz zu den vermeintlichen Orthodoxen.

I.2.

Die Breite des Spektrums der – immer anonymen – „Estratti" zeigt sich erst, wenn man neben den *Efemeridi* auch die *Antologia romana* berücksichtigt, die als ihr Komplement entstanden war: Die *Efemeridi* – acht Seiten pro Woche in Oktav in zwei Spalten gedruckt – rezensierten ausschließlich Bücher nach ihrem Erscheinungsort, die *Antologia romana*, in thematische Rubriken eingeteilt, auch unselbstständige Beiträge, manchmal ohne Quellenangabe, wie im Juli 1776 in der Rubrik *Ornitologia* die Ausführungen von Johann Daniel Tietz (Titius) über den Schwan, dessen Essgewohnheiten und Verhalten.[25] Beschränkt man sich auf wenige Beispiele aus den *Efemeridi*, so erscheint das dichte Netz von Beziehungen, das jenseits der Sprache die Gelehrten verband, die sich zum Profil der *Naturae curiosorum* bekannten, noch deutlicher.

Ein Mitglied der *Naturae curiosorum*, d. h. der 1773 von Friedrich Wilhelm Martini, dem „deutschen Buffon", gegründeten *Gesellschaft Naturforschender Freunde zu Berlin*,[26] Isidoro Bianchi (1731–1808), der mit dem Fürsten von Sansevero und Filangeri bestens bekannt war, bezeugt in seinem Briefwechsel mit Amaduzzi die gegenseitige Hochschätzung zwischen Jano Planco und „Federico Ottone Müller Consigliere di Stato Uomo di gran reputazione nel Nord per le sue scoperte di Storia Naturale".[27] Müller, der vom Rimineser Arzt in seiner italienischen Reise spricht, wird in den *Efemeridi* vom 19. Februar 1774 als Autor eines kanonischen Werkes auf dem Gebiet der Schnecken- und Wurmforschung, *Vermium terrestrium et fluvialium historia* (1773), rezensiert: Der in Kopenhagen lebende Naturforscher verweist in der *Praefatio* auf seine vorangegangene Studie *Von Würmen des süssen und salzigen Wassers* (Copenhagen) und unterstreicht die Fortschritte der Zoologie im 18. Jahrhundert gegenüber den älteren Zoologen, die Würmer nur für „animalia imperfecta" hielten. Von der bewunderungswürdigen „oeconomia" dieser klei-

25 Antologia Romana 1776, III, S. 8.

26 Vgl. Anm. 39 sowie Katrin Boehme-Kassler: Gemeinschaftsunternehmen Naturforschung: Modifikation und Tradition in der Gesellschaft Naturforschender Freunde zu Berlin 1773–1906, Stuttgart 2005.

27 Brief von Isidoro Bianchi an G. C. Amaduzzi aus Kopenhagen v. 23.1.1776, im Bestand der Accademia dei Filopatridi di Savignano sul Rubicone (Cod. Ms. Amaduzz. 7/II).

nen „animalia" tief beeindruckt, gelangt Müller zu einem für ihn typischen
Schluss:

> facultate praesertim generandi et reproducendi insueta phaenomenisque, quae nos quovis
> passu attonitos reddunt, CREATOREM alta voce loquitur.[28]

Der Rezensent in den *Efemeridi* beschränkt sich auf den doppelten Ausruf
(„che mondi nuovi! Le nuove generazioni!"), dafür aber attackiert er scharf
jene anmaßenden und unwissenden Philosophen, die diesen Gegenstand ge-
ringschätzen. Unvermeidlich „mostruose", monströs, sind die Folgen dieser
Verachtung: Hirngespinste. Die Betonung der Würde und wissenschaftlichen Ergiebigkeit jeglichen Gegenstandes der Natur („Non vi è cosa alcuna
che sia dispregevole nelle Opere della Natura, tutto vi è grande, perché ha dei
vasti rapporti, e tutto è sorgente d'interessanti osservazioni, perché fatte sopra
un oggetto il più interessante, quale si è la Natura") oder die Hervorhebung
der Bedeutung auch der kleinsten, scheinbar belanglosen Details und Nuan-
cen am Ende der Rezension der von Ferber an Born adressierten *Briefe über
mineralogische Gegenstände*[29] – „un libro classico per i Naturalisti"[30] – haben einen im Grunde pädagogischen Charakter. So loben die *Efemeridi* den aufgeklärten Adligen und das Mitglied der *Arcadia* Johann Wilhelm Carl Adolph
Hüpsch-Lontzen (1726–1805), der dank seines Scharfsinns und seiner Kenntnisse von einer Gelegenheit profitieren konnte, die unzählige andere vor ihm
nicht genutzt hatten. Der Zufall ist der Vater der Entdeckungen („Le più
utili, e le più interessanti scoperte sono quasi sempre figlie del caso, e assai
rare volte l'ingegno umano è arrivato ai grandi ritrovati per una via mera-
mente sintetica")[31] –, und „una casualità", ein Zufall, hatte Hüpsch-Lontzen

---

28 Unpag. *Praefatio* zu: Vermium terrestrium et fluvialium historia, Hauniae & Lipsiae 1773.

29 In der französischen Übersetzung: Lettres sur la Minéralogie et sur divers autres objects
    de l'Histoire naturelle d'Italie, Strasbourg 1776. Rezension in: Efemeridi 1776, S. 350–352.
    „Alcune minuzie sembrano inutili a chi non è profondamente versato nelle scienze della
    natura, ed ama di percorrere quasi ad un colpo di occhio molti oggetti, impaziente di trat-
    tenersi sulle minute gradazioni dei medesimi. Ma al Naturalista niuna osservazione è su-
    perflua, e da alcune differenze che sembrano quasi insensibili, si ricavano molte volte con-
    seguenze interessanti". In: Ebenda, S. 352.

30 Ebenda, S. 350.

31 Efemeridi 1774, Essay &c. Saggio sopra la Natura e l'origine della terra di Ombra del Sig.
    Barone di Hupsch de Lontzen, S. 92 f. Vgl. auch: Neue Entdeckung über die Umbererer-
    de oder Cöllnische Erde. In: Magazin für das Neueste aus der Physik und Naturgeschich-
    te, Bd. 9, St. 2, 1794, S. 54–59. Zu diesem von Lichtenbergs Bruder herausgegebenen Ma-
    gazin vgl. den Beitrag von Marie-Theres Federhofer in diesem Band. Auch in diesem Fall

Gelegenheit gegeben, die Auflösung der Nägel in einem morschen Fenster-
rahmen, die Verwandlung des Holzes zu Erde und die Entstehung einer per-
fekten Umbererde bzw. Cöllnischen Erde zu beobachten. Die Klärung der
bis dato strittigen Frage des Ursprungs des sehr verbreiteten Minerals (Berg-
braun oder Ocker) erfolgt aber erst durch die Kombination von Zufall/
Glück und Können.

Als lehrreiches Beispiel für die Bedeutung der Akademien sei die Besprechung der *Beyträge etc. Raccolta di varj Opuscoli per servire alla Storia naturale degli
Svizzeri,* 1774 in den *Efemeridi* von 1775, angeführt. Ihr Herausgeber ist der
Berner Pfarrer Jakob Samuel Wyttenbach (1748–1830), Mitglied der *Gesellschaft Naturforschender Freunde zu Berlin* und anderer bedeutender Sozietäten im
In- und Ausland, der durch Hallers Anregung zu einem berühmten Natur-
und Alpenforscher geworden war. Wyttenbachs Briefwechsel mit Giambattista Fortis und seine Mitarbeit an De Felices *Encyclopédie* gehören zu den
vielfältigen wissenschaftlichen Beziehungen zwischen Neapel – in den
1770er Jahren einer Hochburg der Aufklärung – und Bern.

Was das *utile dulci,* die Devise der *Efemeridi,*[32] bedeutete, erhellt eine Rezension der *Deliciae naturae selectae* von Georg Wolfgang Knorr, eines Werkes,
dessen Titel unmissverständlich an *Vergnügen der Augen und des Gemüths* erinnert.[33] Der unbekannte „Efemeridista" schreibt, die *Deliciae* seien wie kaum
etwas anderes für den Durchschnittsleser geeignet, was angesichts der erstaunlichen Anzahl der Bücher zur Naturforschung viel zu bedeuten hat:
„Quantunque siasi pubblicato in questo secolo un numero prodigioso di libri
di Storia Naturale, non pensiamo però, che ve ne sia uno tanto adatto al comune de' Lettori, quanto lo è questo".[34] Knorr strebt nicht die Gründlich-
keit und Exhaustivität der Fachbücher an, sondern alles, was *curiositas* we-
cken und Interesse erregen kann. Und das bietet er in seinen *Deliciae naturae,*
mit einer Anschaulichkeit und Präzision im Ausdruck, die für Naturforscher
eher unüblich ist:

sind Beziehungen zu Giovanni Bianchi seit 1770 belegt. Biblioteca Civica Gambalunga,
Rimini, Fondo Gambetti, Lettere al Dott. Giovanni Bianchi. Im Register der Korrespon-
denten: Hupsch [sic!].

32 Efemeridi 1775, S. [1].

33 Georg Wolfgang Knorr: Vergnügen der Augen und des Gemüths, in Vorstellung einer allgemeinen Sammlung von Schnecken und Muscheln, welche im Meer gefunden werden,
6 Bde., Nürnberg 1757–1772.

34 Efemeridi 1778, S. 288: Norimberga. Deliciae Naturae Selectae, 1778.

L'autore mette dinanzi agli occhi de' suoi lettori i principali oggetti del regno animale, e del regno minerale, le descrive con molta esattezza, e precisione, e ciò che non è gran fatto comune a' Naturalisti, nel modo più intelligibile che possa mai desiderarsi, e in guisa che il lettore il meno istruito potrebbe anche far a meno delle figure, poste in seguito di ciascuna descrizione, e che sono molto diligentemente eseguite.[35]

Mit anderen Worten: Die *Deliciae* verwirklichten jenes Ideal der „edlen Popularität", die ebenso wünschenswert wie schwierig ist. Der Betreuer der Neuausgabe ist „il sig. Walch Professore, e celebre Naturalista", d. h. Johann Ernst Immanuel Walch, der Verfasser des Programms *De historia naturali prudentiae civilis magistra* von 1762. Seit seiner Italienreise 1748 war Walch Mitglied der *Arkadischen Gesellschaft* in Rom.

II.

Die für die *Arcadia* typische Strategie, „unter den Blumen die Lehre zu verbergen" („sotto i fiori celare l'istruzione"), findet ihre schlechthin vollkommene Verwirklichung in der *poetischen* Wissenschaft: etwa in dem auch von Bernoulli hochgeschätzten Gedicht von Francesco Zacchiroli über die Inokulation der Blattern, *L'inoculazione, poemetto,*[36] oder in Lehrgedichten über die Eigenschaften des Feuers, des Lichtes oder des Himmels. Die aus Ragusa stammenden Wahlrömer Benedetto Stay und Ruggero Giuseppe Boscovich – Letzterer stand 1759 in Paris in persönlichem Kontakt mit Buffon, Nollet und Maire – greifen die Tradition des Newton'schen Lehrgedichts auf und bringen sie zu einem europäischen Höhepunkt. Noch 1829 galten Boscovich[37] und Stay, beide Lehrer Caetanis, als Musterbeispiele dafür, „daß auch die ernsthaftesten Wissenschaften sich mit Witz behandeln und mit hoher Anmuth bekleiden lassen"[38]. Nicht zufällig war der Urheber dieser Aussage, Franz von Paula Schrank, Mitglied der *Gesellschaft der Arkadier zu Rom.* Als Mitglied der *Gesellschaft Naturforschender Freunde zu Berlin* und Autor der *Beiträge zur Naturgeschichte* war der bayerische Naturforscher auch ein idealer Mitarbeiter der *Allerneuesten*

35 Ebenda.
36 Neapel 1775, dazu Bernoulli (wie Anm. 5), II, S. 62 (Kap. Arzneywissenschaft und Naturgeschichte, ebenda, S. 56–62). Rezension in: Efemeridi 1775, S. 179.
37 Caffiero (Anm. 4), S. 8.
38 Franz von Paula Schrank: Hexameron: Eine physikalisch-theologische Erklärung der sechs Schöpfungs-Tage, Augsburg 1829, S. 21. Von Stay werden die *Philosophiae recentioris versibus traditae Libri X* (Roma 1755), von Boscovich *De defectibus solis et lunae* (London 1760) erwähnt.

Mannigfaltigkeiten (1781–1785), die als letzte Nachfolgerin von Martinis „gemeinnütziger Wochenschrift" *Mannigfaltigkeiten*[39] erscheinen. In Schranks Aufsatz *Über die Weise die Naturgeschichte zu studieren*, der ganz im Sinne der Wochenschriften Martinis die epochemachenden Verdienste Buffons, Linnés und Newtons feiert, wird Boscovich erwähnt. Diese Erwähnung ist m. E. trotz ihrer Kürze bedeutender als etwa das Erscheinen von fünf Artikeln Domenico Sestinis (1750–1832) über naturkundliche Themen in demselben Jahrgang der in Berlin erschienenen Wochenschrift.[40] Boscovich, „matematico pontificio", Naturphilosoph und bis 1773 Jesuit, in Lessings Tagebuch zweimal erwähnt,[41] wird von Schrank in einem Atemzug mit Réaumur als Einziger genannt, der imstande gewesen war, die Frage des großen französischen Wissenschaftlers nach dem „regelmäßigen sechseckigen Bau der Bienenzellen" zu beantworten – und zwar in Versen, „in seine[n] Nachlesen zu dem schönen Lehrgedichte, in welchem Stay alle Theile der newtonianischen Philosophie so zierlich behandelt".[42] Diese Form der Darbietung, die heute wohl eher als störend oder unangemessen empfunden wird, wurde in ganz Europa überaus geschätzt.

Noch bedeutsamer wird Schranks Aussage, wenn man bedenkt, für welche Leser seine Ausführungen über den Einfluss der Mathematik auf die „thierische" und „vegetalische Physiologie" bestimmt waren: für ein Publikum von wissenschaftlichen Laien. Schrank ging offensichtlich davon aus, dass

---

39 Zu ihrem Begründer vgl. den schönen Aufsatz von Michael Bies: Natur-Geschichten vom „deutschen Büffon". Friedrich Heinrich Wilhelm Martinis *Mannigfaltigkeiten* (1769–1773). In: M. S. Doms, B. Walcher (Hrsg.): Periodische Erziehung des Menschengeschlechts. Moralische Wochenschriften im deutschsprachigen Raum, Bern u. a. 2012, S. 429–446.

40 In: Allerneueste Mannigfaltigkeiten. Eine gemeinnützige Wochenschrift. Des ersten Jahrgangs Erstes Quartal, 1781: Von dem Bernstein in Sicilien, S. 377–384; Von den Eschbäumen und der Manna, welche davon in Sicilien gesammlet wird, S. 385–390; Von den spanischen Fliegen, welche in Sicilien gesammlet werden, S. 404–406; Von dem Baum des Kanariensamens in Sicilien, S. 407–408; Von den Pistacienbäumen und der Caprification in Sicilien, S. 478–489. Es sind viele Auszüge aus den erfolgreichen, von Volkmann mit dem Titel *Briefe aus Sicilien und der Türkey an seine Freunde in Toscana* übersetzten *Lettere del Signor Abate Domenico Sestini scritte dalla Sicilia e dalla Turchia a diversi suoi amici in Toscana*, Firenze 1779, mithin eine Hommage an den Prinzen Biscari (in dessen Dienst der Florentiner stand), der den Typus des „Menschenfreundes" verkörperte und als solcher schon vom preussischen Gesandten zu Wien, Riedesel, in dessen *Reise durch Sicilien und Großgriechenland* (Zürich 1771) mit großem Lob porträtiert worden war.

41 Vgl. Ritter Santini (wie Anm. 1); es gibt elf Verweise auf Boscovich, bes. S. 817.

42 Franz von Paula Schrank: Über die Weise die Naturgeschichte zu studieren. In: Allerneueste Mannigfaltigkeiten 1782, S. 124.

Boscovichs lateinisch geschriebene Anmerkungen und Zusätze zum 10-bän-
digen – 24.000 Verse langen – „schönen Lehrgedicht" Stays *(vgl. Abb.
2)* den Lesern einer Moralischen Wochenschrift bekannt waren. Von der Ausstrah-
lungskraft der italienischen „Philosophie" im Sinne des 18. Jahrhunderts
zeugen nicht Fachzeitschriften am eindrücklichsten, sondern Zeitschriften,
die die Wissenschaften popularisieren wollten.

III.

Wie popularisierte man die Wissenschaft für das Wohl der Menschen? Dies
ist sehr gut am Beispiel von Johann August Unzer (1727–1799), dem Herausgeber des *Physikalischen und oekonomischen Patrioten (vgl. Abb. 3)*, zu sehen. Unzer,
der in Halle studiert hat, war führend in der neuen Anthropologie bzw. der
Traumlehre[43] und als Publizist mit der von ihm gegründeten Wochenschrift
Der Arzt.[44] Erst viel später entstehen seine Berichte über viele Schriften italienischer Wissenschaftler, die den Lesern der *Allgemeinen deutschen Bibliothek* auch
in deutscher Übersetzung vorlagen: Man denke z. B. an die akademische Rede
Pietro Moscatis *Delle corporee differenze essenziali che passano fra la struttura de' bruti e
quella umana*[45] oder die *Istoria ragionata de' mali osservati in Napoli nell'intero corso
dell'anno 1764*[46] des neapolitanischen Arztes Michele Sarcone.

---

43 Vgl. Johann August Unzer: Gedancken vom Schlafen und denen Träumen. Nebst einem
    Schreiben an N.N. daß man ohne Kopf empfinden könne, hrsg. v. Tanja van Hoorn,
    St. Ingbert 2004. Der zur Halleschen Psychomedizin gehörige Unzer (vgl. Carsten Zelle
    [Hrsg.]: „Vernünftige Ärzte": Hallesche Psychomediziner und die Anfänge der Anthropo-
    logie in der deutschsprachigen Frühaufklärung, Tübingen 2001) wird auch im Studienbuch
    von Alexander Košenina *Literarische Anthropologie. Die Neuentdeckung des Menschen* (Berlin
    2008, S. 12, 157, 179 f.) verhandelt.
44 Matthias Reiber: Anatomie eines Bestsellers. Johann August Unzers Wochenschrift „Der
    Arzt" (1759–1764), Göttingen 1999.
45 Von dem körperlichen wesentlichen Unterschiede zwischen der Struktur der Thiere und
    Menschen. Eine akademische Rede gehalten auf dem anatomischen Theater zu Pavia, aus
    d. Italien. übers. v. Johann Beckmann. In: ADB, 1771, 16, I, S. 150. Vgl. den Beitrag von
    Stefanie Stockhorst in diesem Band.
46 Geschichte der Krankheiten, die durch das ganze Jahr 1764 in Neapel sind beobachtet
    worden. Zweyter Theil. Dritter Theil, aus dem Italien. übers. durch Joh. Rudolph Fuesslin,
    Zürich 1772. In: ADB, 1773, 20, I, S. 198–207.

Abb. 1   Abb. 2

Abb. 3

Die 1756 gegründete Wochenschrift, von Unzer als Produkt einer „Gesellschaft von Freunden" präsentiert, „die ihren Fleiß den gemeinnützen Wissenschaften widmen", ist nur eine Station in einer langen und erfolgreichen journalistischen Karriere: Sie beginnt mit Unzers Ankunft an einem Ort, an dem nicht zufällig bereits in den 1720er Jahren die mit Abstand erfolgreichste deutschsprachige Wochenschrift, der *Patriot,* entstanden war: Periodische Schriften, die auf die Verbreitung einer „größeren Kenntnis von der Natur und von dem Menschen"[47] zielten, fanden in Hamburg besonders günstige Bedingungen vor. Die erste einschlägige Erfahrung des studierten Arztes ist 1750–1752 die Mitarbeit an Kästners *Hamburgischem Magazin*[48] und die zweite, 1752–1754, an der Wochenschrift *Gesellschaftliche Erzählungen für die Liebhaber der Naturlehre, der Haushaltungs-Wissenschaft, der Arzney-Kunst und der Sitten.* Ausschlaggebend war der Kontakt Unzers zu Kästner, Mylius und Tietz. Bereits 1756 war der 29-Jährige auf dem Gebiet der Schriften „zum Unterricht und Vergnügen aus der Naturforschung und den angenehmen Wissenschaften überhaupt" kein Neuling mehr; er konnte sich auch entsprechend geschickt mit seinem neuen Produkt positionieren: Das große Vorbild des *Patrioten* – „in und außer Hamburg berühmt"[49] – schüchtert ihn keineswegs ein. In einem selbstbewussten, aber nicht anmaßendem Ton schreibt er:

Wir haben den Vorsatz, den Namen eines Patrioten uns zum Muster zu nehmen, und, wenn wir gleich niemals an seinen Ruhm gelangen können, so werden wir uns doch bestreben, diesen großen Vorgänger nicht aus den Augen zu verlieren, ob wir gleich eine ganz andere Bahn betreten. Denn die Absicht einer Gesellschaft von Freunden, die ihren Fleiß den gemeinutzigen Wissenschaften widmen, welche einen Einfluß in die Bedürfnisse und den Nahrungsstand der Menschen haben, geht bloß dahin: ihre Bemerkungen aus der Naturhistorie, der allgemeinen Stadt- und Land-Oekonomie, und der Commercienwissenschaft überhaupt, unter dem Character eines physikalisch- und oekonomischen Patrioten bekannt zu machen. Sie schmeicheln sich, mit allen Hülfsmitteln zu diesem Vorhaben versorget zu seyn, und sie werden aus einer Neigung zu dieser Arbeit ihre Aufmerksamkeit und ihren Fleiß anwenden, da dieselbe für sie eine angenehme Beschäftigung ist. Hiebey

47 Johann Adam Bergk: Die Kunst, Bücher zu lesen. Nebst Bemerkungen über Schriften und Schriftsteller, Jena 1799, S. 385.

48 Hamburgisches Magazin oder gesammelte Schriften zum Unterricht und Vergnügen aus der Naturforschung und den angenehmen Wissenschaften überhaupt, Bd. 1–26, Hamburg 1748–1763. Die vollständige Reihe des *Hamburgischen Magazins,* zu dessen Mitarbeitern auch Haller, Mylius, Sulzer, H. S. Reimarus und J. G. Busch zählten, war in Lichtenbergs Besitz. Die *Bibliotheca Lichtenbergiana,* hrsg. v. Hans Ludwig Gumbert, Wiesbaden 1982, zeigt auf einem Blick, was für ein eifriger Leser von naturwissenschaftlichen Periodika (S. 12–17) Lichtenberg war.

49 Der physikalische und oekonomische Patriot, I. Theil, 1. Quartal, 1756, S. [1].

sind sie überzeugt, daß ein jeder rechtschaffener Mann, welcher sich durch seinen Verstand und Willen bemühet, dem gemeinen Wesen und der menschlichen Gesellschaft nützlich zu seyn, ohne Einrede einen Anspruch auf den Namen eines Patrioten machen könne.[50]

Dass der „Name eines Patrioten" zugkräftig war, nicht anders als der Bezug auf *das* Ereignis der Epoche, das Erdbeben von Lissabon,[51] wusste der kluge Herausgeber. Der optimistische Glaube an die „Schönheiten der Natur" wird auch durch die Darstellung der „schrecklichsten Ausbrüche", der „Erschütterungen" und der „Verwüstungen des Erdbodens"[52] nicht zerstört:

> Es ist in der Natur alles schön, und es wird nur durch gewisse zufällige Umstände erschrecklich und schädlich. [...] Man wird jederzeit finden, daß die schrecklichsten Ausbrüche unterirdischer Entzündungen, Erschütterungen und Verwüstungen nur einen kleinen Strich Landes oder einzelne Städte betroffen und daß dabey das Wunder der Erhaltung allemal unendlich größer gewesen, als die Macht der Zerstörung.[53]

Unzer war bereits als Medizinstudent in Halle klar, dass die Naturerkenntnis über sinnliche Anschauung vermittelt wird. Durch den Topos des „leichten Schleyers" kommt die physische Freude an der Entdeckung der Natur plastisch zum Ausdruck. Die Bemühung steigert das fast erotische Vergnügen:

> Die Natur, die sich uns verdeckt, hat dennoch, aus Liebe gegen uns, nur einen leichten Schleyer angezogen, und wir entdecken durch denselben ihre Schönheiten mit tausendmal lebhafterm Vergnügen, als wenn sie sich von uns, ohne unsere Bemühung, sehen liesse.[54]

Das angekündigte Vorhaben, aus einer menschenfreundlichen Haltung heraus Auskunft zu geben über nützliche Bücher, da

> nicht alle Liebhaber der praktischen Physik und Oekonomie, Zeit und Gelegenheit haben, die Bücher, so in verschiedenen Sprachen von diesen Wissenschaften heraus kommen, zu lesen,[55]

---

50 Ebenda, S. 2.
51 Vgl. auch wegen der weiterführenden Bibliographie Thorsten Unger: „Ein Mischmasch von Landwein, den wir für Burgunder-Wein verkaufen." Das Erdbeben von Lissabon in Moralischen Wochenschriften. In: Periodische Erziehung des Menschengeschlechts (wie Anm. 39), S. 381–402.
52 Der physikalische und oekonomische Patriot, I. Theil, 1. Quartal, 1756, S. 15.
53 Ebenda, S. 14 f.
54 Ebenda, S. 16.
55 Ebenda, S. 3.

bestimmt die Auswahl. Neben einer *Abhandlung vom Nutzen der Naturlehre in der Ökonomie* oder einem *Beweis, daß die wohlschmeckendsten Speisen am gesundesten sind*, oder *Mittel, die sandigsten Wege fahrbar zu machen* befindet sich der Artikel *Mittel, die Blumen zu erhalten, von Hrn de Monti Mitglied der Akademie zu Bologna*, der zugleich ein Beispiel für jenes von französischen Germanisten wie Jean Mondot und Gérard Laudin mit großem Gewinn erforschten *dialogue des Journaux* ist. Joseph Monti – d. i. Giuseppe Monti (1682–1760), Mitglied des Istituto, der damals angesehensten italienischen „Accademia di Scienze" – erscheint im *Hamburgischen Magazin* u. a. als Empfänger einer von Tietz übersetzten, von „Herrn Janus Plancus" stammenden *Beschreibung des Klumpfisches, in zween Briefen*.[56] Der Auftakt „Ich kaufte vorgestern von meinem Fischer einen in unserm Meere seltenen Fisch, den einige Klumpfisch (Mola), oder Mondfisch (Luna piscis), genennet haben", spricht für den angestrebten Bezug zur Lebenswelt, zum Alltag – ganz im Sinne des reichlich belegten engen Verhältnisses zwischen Popularphilosophie und Lebensphilosophie bzw. Lebensweisheit. Symptomatisch genug, dass Tietz' Übersetzung von Montaignes *Essais* unter dem Titel *Versuche* (1753), der Anfang seines *Allgemeinen Magazins der Natur, Kunst und Wissenschaft* (1753–1754) und der Anfang der *Neuen Erweiterungen der Erkenntnis und des Vergnügens* (1753–1762) – der Titel ist Programm – zeitlich zusammenfallen.

Über nützliche Bücher zu unterrichten, das ist auch ein Zeichen einer menschenfreundlichen Haltung; und auch akademische *mémoires*, wie die *Commentarii Academiae Scientiarum Instituti Bononiensis*, können im Jahrhundert Algarottis recht unterhaltsam sein. Unzers Darstellung von Montis Methode zur Erhaltung der Blumen zeigt, dass der Bologneser, der bereits „sonderbarste Versuche […] mit den Blättchen der Fruchtbäume angestellt" hatte, mit der Sorgfalt des Professors der Naturgeschichte verfährt: „die Natur unterwirft sich willig der Geschicklichkeit des Künstlers" – d. h. des Technikers. „Leute von dem Charakter und Genie des Herrn Monti" verbleiben auch nicht „bei dem Angenehmen":

> Nachdem er sich bey dem Angenehmen aufgehalten hatte, so leitete er aus seinen Versuchen viel wichtigere Folgerungen her, wie man in entlegenen Ländern leichtlich Arzneykräuter zubereiten könnte, die man sonst nur in der Anzeichnung sehen kann, und die in dem Zustande, wie sie die Reisenden verdorben überbringen, sich nicht mehr ähnlich sind. Es ist ein wesentliches Stück für die Botanisten, die diese unendliche Wissenschaft

---

56 Aus den *Comment. Bonon.*, T. II, S. 2 ff; Tietz' Übersetzung in: Hamburgisches Magazin 1757, Bd. 18, S. 3–18.

treiben, die wahre Gestalt der einfachen Arzneymittel genau vergleichen zu können, um sie wieder zu erkennen, und die sehr häufigen Irrthümer zu vermeiden. Dieses ist es, was man von den Versuchen des Herrn de Monti erwarten kann.[57]

So relativiert sich der Rangunterschied zwischen der Erfindung Montis und der ebenso genau beschriebenen Erfindung von Bartolomeo Intieri, dem mit Genovesi befreundeten Aufklärer: *Methode, das Getreide unversehrt zu erhalten, von Herrn Bartholomäus Intieri, zu Neapolis.* Unzer fasst die Geschichte der einschlägigen Versuche seit 1728 zusammen, die Pionierrolle des 1677 in der Toskana geborenen, seit 1699 im Königreich Neapel ansässigen Intieri, Hales Erfindung des Ventilators und die *Abhandlung des Hrn. Du Hamel de Monceau*[58], mit einer Sachkenntnis, die ebenso stark ist wie das Bewusstsein darüber, was man von einem Wissenschaftsjournalisten erwarten muss:

> Wenn man den Grund einer solchen Entdeckung kennet, so hat ein Naturforscher alles, was er zu wissen braucht, um sie ins Werk zu richten, und es gehört nur ein witziger Kopf dazu, um eine gute Maschine dazu zu erfinden. Wer die Versuche im Großen anstellen will, der muß die Schrift des Hn. Intieri dabey unumgänglich selbst zu Rathe ziehen, wo er die nöthigen Abzeichnungen der Maschinen findet.[59]

Die medizinischen Interessen sind selbstverständlich gut vertreten: Sie reichen von den ab 1750 von Domenico Peverini und anderen Ärzten unternommen Versuchen mit der Pockenimpfung bis zu den *Gesundheitsregeln des berühmten bolognesischen Arztes, Herrn P. Tossignani* und den Beobachtungen, die in Italien 1745 von D. Giovanni Maria Pignatti mit einem *Nachtwanderer* angestellt wurden.[60] Sehr zu Unrecht vergessen sind auch Unzers Reflexionen über Muratoris *Della pubblica felicità*[61] und diejenigen, die „aus einer sehr seltenen Schrift des berühmten Botanisten, Petrus Anton Micheli, zu Florenz", *Vom wahren Ursprunge des Krautes Orobanche,*[62] entnommen worden sind.

---

57 Mittel, die Blumen zu erhalten, vom Hrn. De Monti, Mitgliede der Akademie zu Bologna. In: Der physikalische und oekonomische Patriot 1756, S. 340.

58 Von Johann Daniel Tietz unter dem Titel *Abhandlungen der Erhaltung des Getreides, und besonders des Weizens* aus dem Französischen übersetzt, mit Anmerkungen und einer Vorrede, Leipzig 1755.

59 Methode, das Getreide unversehrt zu erhalten, von Herrn Bartholomäus Intieri, zu Neapolis. In: Der physikalische und oekonomische Patriot, 1756, S. 226.

60 Vgl. Geschichte von einem Nachtwanderer, beschrieben von D. Johann Maria Pignatti. In: Der physikalische und oekonomische Patriot 1757, S. 225–232.

61 Ebenda, S. 297–304.

62 Pietro Antonio Micheli: Relazione dell'erba detta da' botanici Orobanche, e volgarmente succiamele, fiamma, e mal d'occhio, Firenze 1723. Dazu Unzer unter dem Titel *Vom wah-*

Unzer und Pietro Antonio Micheli, der von Linné, Morgagni und Sloane hochgeschätzte Florentiner, der die „scienze di parole" verabscheute und die Berufung zur Naturforschung als die freieste und heiterste – „la più libera", „la più gioconda"[63] – betrachtete, waren auf derselben Wellenlänge. Der Auftakt des Beitrages lautet:

> Eins der größten Hindernisse der Aufnahme des Landbaues ist die Kleinmüthigkeit, womit viele zu früh verzweifeln, gewisse dabey vorfallende Uebel aus dem Wege zu räumen, da unterdessen andre mit großen Kosten den Uebeln, deren Ursprung, Natur und Mittel sie nicht kennen, vergebens vorzubeugen suchen.[64]

Im „Dialogue des journaux" um Unzer ist auch Mylius' *Naturforscher* heranzuziehen, der sich der Förderung jener Gabe verpflichtet fühlt, die Lessing als diejenige bezeichnet hat, die „so wenig, wenig Deutschen Gelehrten [...] verliehen"[65] ist – *Physikalische Belustigungen* im Wochentakt helfen ihr am besten auf die Sprünge.

---

ren *Ursprunge des Krautes Orobanche* (in: Der physikalische und oekonomische Patriot 1757, S. 153–160).

63 Antonio Cocchi: Elogio di Pietro Antonio Micheli, Firenze 1787, S. 32.

64 Vom wahren Ursprunge des Krautes Orobanche. In: Der physikalische und oekonomische Patriot 1757, S. 153.

65 Vorrede. Aus: Critische Nachrichten. Auf das Jahr 1751. Anhang. In: Gotthold Ephraim Lessing. Sämtliche Schriften, hrsg. v. Karl Lachmann, besorgt durch Franz Muncker, Bd. 4, Stuttgart ³1889, S. 284; vgl. S. 288 f.: Lessing über Mylius' *Physikalische Belustigungen*.

Anhang

SIGLEN

ADB	=	Allgemeine deutsche Bibliothek
DFG	=	Deutsche Forschungsgemeinschaft
DVjs	=	Deutsche Vierteljahrsschrift
GSA	=	Goethe- und Schiller-Archiv, Weimar
GTC	=	Göttinger Taschen-Calender
IASL	=	Internationales Archiv für Sozialgeschichte der deutschen Literatur
IGL	=	Christoph König u. a. (Hrsg.): Internationales Germanistenlexikon 1800–1959, 3 Bde., Berlin, New York 2003, CD-Rom
Killy	=	W. Kühlmann, A. Aurnhammer, J. Egyptien, K. Kellermann, St. Martus, R. B. Sdzuj (Hrsg.): Killy Literatur Lexikon. Autoren und Werke des deutschsprachigen Kulturraums, Berlin, New York 2000
RLL	=	Jan-Dirk Müller u. a. (Hrsg.): Reallexikon der deutschen Literaturwissenschaft. Neubearbeitung des Reallexikons der deutschen Literaturgeschichte, Berlin, New York 2003
RNS	=	Das Reich der Natur und der Sitten, eine moralische Wochenschrift
ZfdPh	=	Zeitschrift für deutsche Philologie
ZfGerm	=	Zeitschrift für Germanistik

Bach, Thomas: Dilettantismus und Wissenschaftsgenese. Prolegomena zu einer wissenschaftshistorischen Einordnung des naturwissenschaftlichen Dilettantismus im 18. Jahrhundert. In: St. Blechschmidt, A. Heinz (Hrsg.): Dilettantismus um 1800, Heidelberg 2007, S. 339–352.

Ball, Gabriele: Moralische Küsse. Johann Christoph Gottsched als Zeitschriftenherausgeber und literarischer Vermittler, Göttingen 2000.

Bee, Guido: Aufklärung und narrative Form. Studien zu den Kalendertexten Johann Peter Hebels, Münster u. a. 1997.

Berg, Gunhild: Erzählte Menschenkenntnis. Moralische Erzählungen und Verhaltensschriften der deutschsprachigen Spätaufklärung, Tübingen 2006.

Berg, Gunhild: Probieren und Experimentieren, Auflösen und Zusammensetzen im Sudelbuch. Georg Christoph Lichtenberg als *experimental philosopher*. In: Lichtenberg-Jahrbuch (2010), S. 7–26.

Beutler, Johann Heinrich Christoph, Johann Christoph Friedrich Guts-Muths: Allgemeines Sachregister über die wichtigsten deutschen Zeit- und Wochenschriften, 2 Bde., Reprint der Ausgabe Leipzig 1790, Hildesheim, New York 1976.

Bies, Michael: Für Goethe: Naturgemälde von Humboldt, Wilbrand, Ritgen und Martius. In: M. Bies, M. Gamper, I. Kleeberg (Hrsg.): Gattungs-Wissen. Wissenspoetologie und literarische Form, Göttingen 2012, S. 162–189.

–: Natur-Geschichten vom „deutschen Büffon". Friedrich Heinrich Wilhelm Martinis *Mannigfaltigkeiten* (1769–1773). In: M. S. Doms, B. Walcher (Hrsg.): Periodische Erziehung des Menschengeschlechts. Moralische Wochenschriften im deutschsprachigen Raum, Bern u. a. 2012, S. 429–446.

–: „Wissenschaft fürs Herz". Friedrich Heinrich Wilhelm Martinis Naturgeschichte für ‚Liebhaber'. In: U. Goldenbaum, A. Košenina (Hrsg.): Berliner Aufklärung. Kulturwissenschaftliche Studien, Bd. 5, Hannover 2013, S. 59–78.

Bilger, Stefan: Üble Verdauung und Unarten des Herzens. Hypochondrie bei Johann August Unzer (1727–1799), Würzburg 1990.

Böhme-Kaßler, Katrin: Gemeinschaftsunternehmen Naturforschung. Modifikation und Tradition in der Gesellschaft Naturforschender Freunde zu Berlin 1773–1906, Stuttgart 2005.

Bojarzin, Katrin: Auf den Stufen zur Glückseligkeit. Zum Wochenschriftenzyklus von Georg Friedrich Meier und Samuel Gotthold Lange 1748–1768. In: M. S. Doms, B. Walcher (Hrsg.): Periodische Erziehung des Menschengeschlechts. Moralische Wochenschriften im deutschsprachigen Raum, Bern u. a. 2012, S. 339–358.

Böning, Holger: Das Intelligenzblatt als Medium praktischer Aufklärung. Ein Beitrag zur Geschichte der gemeinnützig-ökonomischen Presse in Deutschland von 1769 bis 1780. In: IASL 12 (1987), S. 107–133.

–: Das Intelligenzblatt – eine literarisch-publizistische Gattung. In: IASL 19 (1994), S. 22–32.

–: Deutsche Presse. Biobibliographische Handbücher zur Geschichte der deutschsprachigen periodischen Presse von den Anfängen bis 1815, 6 Bde., Stuttgart 1996–2003.

Breidbach, Olaf, Paul Ziche: Naturwissenschaften um 1800. Wissenschaftskultur in Jena-Weimar, Weimar 2001.

Dann, Otto: Vom Journal des Sçavans zur wissenschaftlichen Zeitschrift. In: B. Fabian, P. Raabe (Hrsg.): Gelehrte Bücher vom Humanismus bis zur Gegenwart. Wiesbaden 1983, S. 63–80.

Dickson, Sheila u. a. (Hrsg.): „Fakta, und kein moralisches Geschwätz". Zu den Fallgeschichten im „Magazin zur Erfahrungsseelenkunde" (1783–1793), Göttingen 2011.

Dietz, Bettina: Aufklärung als Praxis. Naturgeschichte im 18. Jahrhundert. In: Zeitschrift für historische Forschung 36 (2009), S. 235–257.

Doering-Manteuffel, Sabine, Josef Mancal u. Wolfgang Wüst (Hrsg.): Pressewesen der Aufklärung. Periodische Schriften im Alten Reich, Berlin 2001.

Doms, Misia Sophia, Bernhard Walcher (Hrsg.): Periodische Erziehung des Menschengeschlechts. Moralische Wochenschriften im deutschsprachigen Raum, Bern u. a. 2012.

Düwell, Susanne: Die „Ausforschung der Kinder-Charactere". Beobachtung und Falldarstellung in der Aufklärungspädagogik. In: M. King, Th. Wegmann (Hrsg.): Fallgeschichte(n) als Narrativ zwischen Literatur und Wissen, Innsbruck 2014 (im Ersch.).

Egenhoff, Uta: Berufsschriftstellertum und Journalismus in der Frühen Neuzeit. Eberhard Werner Happels *Relationes Curiosae* im Medienverbund des 17. Jahrhunderts, Bremen 2008.

Ewers, Hans-Heino (Hrsg.): Kinder- und Jugendliteratur der Aufklärung, Stuttgart 1980.

Fabian, Bernhard: Im Mittelpunkt der Bücherwelt. Über Gelehrsamkeit und gelehrtes Schrifttum um 1750. In: R. Vierhaus (Hrsg.): Wissenschaft im Zeitalter der Aufklärung, Göttingen 1985, S. 249–274.

Faulstich, Werner: Die Bürgerliche Mediengesellschaft (1700–1830), Göttingen 2002.

Federhofer, Marie-Theres: „Moi simple Amateur". Johann Heinrich Merck und der naturwissenschaftliche Dilettantismus im 18. Jahrhundert, Hannover 2001.

–: Wieland und die Wissenschaften. In: J. Heinz (Hrsg.): Wieland–Handbuch. Leben – Werk – Wirkung, Stuttgart 2008, S. 105–108.

Fick, Monika: „Rangstreit zwischen Naturwissenschaft und Dichtung? Lessings ‚Querelle'-Gedicht aus Mylius' physikalischer Wochenschrift ‚Der Naturforscher'". In: ZfGerm NF XIX (2009), H. 1, S. 77–89.

Fischer, Ernst, Wilhelm Haefs, York-Gothart Mix (Hrsg.): Von Almanach bis Zeitung. Ein Handbuch der Medien in Deutschland 1700–1800, München 1999.

Fleck, Ludwik: Entstehung und Entwicklung einer wissenschaftlichen Tatsache. Einführung in die Lehre vom Denkstil und Denkkollektiv. Mit einer Einführung hrsg. v. Lothar Schäfer, Thomas Schnelle, Frankfurt a. M. 1980.

Geus, Armin: Indices naturwissenschaftlich-medizinischer Periodica bis 1850, Bd. 1: Der Naturforscher 1774–1804, Stuttgart 1971.

Gierl, Martin: Bestandsaufnahme im gelehrten Bereich: Zur Entwicklung der „Historia literaria" im 18. Jahrhundert. In: Denkhorizonte und Handlungsspielräume, Göttingen 1992, S. 53–80.

Greiling, Werner: Die historische Presselandschaft Thüringen. In: A. Blome (Hrsg.): Zeitung, Zeitschrift, Intelligenzblatt und Kalender. Beiträge zur historischen Presseforschung, Bremen 2000, S. 67–84.

–: , Franziska Schulz (Hrsg.): Vom Autor zum Publikum. Kommunikation und Ideenzirkulation um 1800, Bremen 2010.

Habel, Thomas: Gelehrte Journale und Zeitungen der Aufklärung. Zur Entstehung, Entwicklung und Erschließung deutschsprachiger Rezensionszeitschriften des 18. Jahrhunderts, Bremen 2007.

Häseler, Jens: Einführung (in die Sektion Periodische Formen des wissenschaftlichen Denkens, Schreibens und Publizierens). In: U. Schneider (Hrsg.): Kulturen des Wissens im 18. Jahrhundert, Berlin, New York 2008, S. 229–232.

Heesen, Anke te: Vom naturgeschichtlichen Investor zum Staatsdiener. Sammler und Sammlungen der *Gesellschaft Naturforschender Freunde zu Berlin* um 1800. In: Dies., E. C. Spary (Hrsg.): Sammeln als Wissen. Das Sammeln und seine wissenschaftsgeschichtliche Bedeutung, Göttingen 2001, S. 62–84.

Heinz, Andrea (Hrsg.): „Der Teutsche Merkur" – die erste deutsche Kulturzeitschrift?, Heidelberg 2003.

Hentschel, Klaus: Unsichtbare Hände. Zur Rolle von Laborassistenten, Mechanikern, Zeichnern u. a. Amanuenses in der physikalischen Forschungs- und Entwicklungsarbeit, Diepholz 2008.

Hippe, Christian: Gelehrte Kürze. Zum Feindbild der Zeitschriften in Klopstocks *Deutscher Gelehrtenrepublik*. In: Ebenda, S. 233–242.

Hochadel, Oliver: Öffentliche Wissenschaft. Elektrizität in der deutschen Aufklärung, Göttingen 2002.

Hoorn, Tanja van, Yvonne Wübben (Hrsg.): „Allerhand nützliche Versuche". Empirische Wissenskultur in Halle und Göttingen (1720–1750), Hannover 2009.

Kaiser, Wolfram, Werber Piechocki: Hallesches Druck- und Verlagswesen des 18. und des frühen 19. Jahrhunderts im Dienst der medizinisch-naturwissenschaftlichen Publizistik. In: Wissenschaftliche Zeitschrift. Mathematisch-naturwissenschaftliche Reihe, Halle 1951, S. 61–85.

Kall, Sylvia: „Wir leben jetzt recht in Zeiten der Fehde". Zeitschriften am Ende des 18. Jahrhunderts als Medien und Kristallisationspunkte literarischer Auseinandersetzung, Frankfurt a. M. 2004.

Kempf, Thomas: Aufklärung als Disziplinierung. Studien zum Diskurs des Wissens in Intelligenzblättern und gelehrten Beilagen der zweiten Hälfte des 18. Jahrhunderts, München 1991.

Kersting, Christa: Wissenschaft vom Menschen und Aufklärungspädagogik in Deutschland. In: F.-P. Hager (Hrsg.): Bildung, Pädagogik und Wissenschaft in Aufklärungsphilosophie und Aufklärungszeit, Bochum 1997, S. 77–107.

Kertscher, Hans-Joachim: Der Verleger Johann Justinus Gebauer. Mit einem Anhang: Ungedruckte Briefe aus dem Geschäftsnachlaß der Druckerei Gebauer & Schwetschke u. a., Halle 1998.

–: Ein Hallescher Verleger mit naturwissenschaftlichen Ambitionen: Johann Jakob Gebauer. In: Cardanus. Jahrbuch für Wissenschaftsgeschichte 2 (2001), S. 47–73.

Kirchner, Joachim: Das deutsche Zeitschriftenwesen. Seine Geschichte und seine Probleme, Teil 1: Von den Anfängen bis zum Zeitalter der Romantik, 2., neu bearb. u. erw. Aufl., Wiesbaden 1958.

–: Die Zeitschriften des deutschen Sprachgebiets bis 1900, Bd. I: Die Zeitschriften des deutschen Sprachgebiets bis 1830, Stuttgart 1969.

Knopf, Jan: Nachdenken über den Kalender. In: Alltages-Ordnung. Ein Querschnitt durch den alten Volkskalender. Aus württembergischen und badischen Kalendern des 17. und 18. Jahrhunderts zusammengestellt u. erläutert v. Jan Knopf, Tübingen 1982, S. 194–246.

Köhler, Christoph: „Dass keiner was unternehme, daß bloß ihm alle Vortheile, den andern aber Schaden bringt". Carl Wilhelm Ettingers Verlagsunternehmen in Gotha. In: W. Greiling, S. Seifert (Hrsg.): „Der entfesselte Markt". Verleger und Verlagsbuchhandel im thüringisch-sächsischen Kulturraum um 1800, Leipzig 2004, S. 107–128.

Košenina, Alexander, Carsten Zelle (Hrsg.): Kleine anthropologische Prosaformen der Goethezeit (1750–1830), Hannover 2011.

Kroninck, David A.: Scientific and Technical Periodicals of the Eighteenth Centuries. A Guide, Metuchen (NY), London 1991.

Lepenies, Wolf: Das Ende der Naturgeschichte. Wandel kultureller Selbstverständlichkeiten in den Wissenschaften des 18. und 19. Jahrhunderts, München, Wien 1976.

Lindemann, Margot: Deutsche Presse bis 1815. Geschichte der deutschen Presse, Teil 1, Berlin 1969.

Lorenz, Martina: Physik im „Hamburgischen Magazin" (1747–1767). Publizistische Utopie und Wirklichkeit. In: Zeitschrift des Vereins für Hamburgische Geschichte 80 (1994), S. 13–46.

Martens, Wolfgang: Die Botschaft der Tugend, Stuttgart 1968.

–: Moralische Wochenschriften in Halle. In: G. Jerouschek, A. A. Sames (Hrsg.): Aufklärung und Erneuerung. Beiträge zur Geschichte der Universität Halle im ersten Jahrhundert ihres Bestehens (1694–1806), Hanau, Halle 1994, S. 86–94.

–: Zur Thematisierung „schöner Literatur" in Samuel Gotthold Langes und Georg Friedrich Meiers Moralischen Wochenschriften *Der Gesellige* und *Der Mensch*. In: T. Verweyen, H.-J. Kertscher (Hrsg.): Dichtungstheorie der deutschen Frühaufklärung, Tübingen 1995, S. 133–145.

Matthäus, Klaus: Zur Geschichte des Nürnberger Kalenderwesens. Die Entwicklung der in Nürnberg gedruckten Jahreskalender in Buchform. In: Archiv für Geschichte des Buchwesens 9 (1969), Sp. 965–1396.

Matthias Reiber: Anatomie eines Bestsellers. Johann August Unzers Wochenschrift „Der Arzt" (1759–1764), Göttingen 1999.

Meise, Helga: Die ‚Schreibfunktion' der frühneuzeitlichen Kalender. Ein vernachlässigter Aspekt der Kalenderliteratur. In: Y.-G. Mix (Hrsg.): Der Kalender als Fibel des Alltagswissens. Interkulturalität und populäre Aufklärung im 18. und 19. Jahrhundert, Berlin, Boston 2005, S. 1–15.

Merkel, Kerstin: Fürstliche Dilettantinnen. In: M. Ventzke (Hrsg.): Hofkultur und aufklärerische Reformen in Thüringen. Die Bedeutung des Hofes im späten 18. Jahrhundert, Köln, Weimar 2002, S. 34–51.

Middell, Katharina: „Die Bertuchs müssen doch in dieser Welt überall Glück haben". Der Verleger Friedrich Justin Bertuch und sein Landes-Industrie-Comptoir um 1800, Leipzig 2002.

Mix, York-Gothart (Hrsg.): Der Kalender als Fibel des Alltagswissens. Interkulturalität und populäre Aufklärung im 18. und 19. Jahrhundert, Berlin, Boston 2005.

Müller-Wille, Staffan: Ein Anfang ohne Ende. Das Archiv der Naturgeschichte und die Geburt der Biologie. In: R. van Dülmen, S. Rauschenbach (Hrsg.): Die Macht des Wissens. Die Entstehung der modernen Wissensgesellschaft, Köln u. a. 2004, S. 587–605.

Peperkorn, Günter: Dieses ephemerische Werckchen. Georg Christoph Lichtenberg und der *Göttinger Taschen Calender,* Göttingen 1992.

Portwich, Philipp: Der Arzt Philipp Gabriel Hensler und seine Zeitgenossen in der schleswig-holsteinischen Spätaufklärung, Neumünster 1995, S. 150–160.

Pott, Sandra: Säkularisierung des Telos. Der kosmologische Gottesbeweis in periodischen Schriften des 18. Jahrhunderts. In: L. Danneberg, S. Pott, J. Schönert, F. Vollhardt (Hrsg.): Säkularisierung in den Wissenschaften seit der Frühen Neuzeit, Bd. 2, Berlin, New York 2002, S. 274–302.

Profos Frick, Claudia: Gelehrte Kritik. Albrecht von Hallers literarisch-wissenschaftliche Rezensionen in den „Göttingischen Gelehrten Anzeigen", Basel 2009.

Raabe, Paul: Die Zeitschrift als Medium der Aufklärung. In: Wolfenbütteler Studien zur Aufklärung 1 (1974), S. 99–136.

–: Bücherlust und Lesefreuden. Beiträge zur Geschichte des Buchwesens im 18. und frühen 19. Jahrhundert, Stuttgart 1984, S. 106–116.

Reiber, Matthias: Anatomie eines Bestsellers. Johann August Unzers Wochenschrift *Der Arzt* (1759–1764), Göttingen 1999, S. 251–256.

Richter, Karl: Literatur und Naturwissenschaft. Eine Studie zur Lyrik der Aufklärung, München 1972.

Rohner, Ludwig: Kalendergeschichte und Kalender, Wiesbaden 1978.

Rosenbaum, Alexander: Der Amateur als Künstler. Studien zur Geschichte und Funktion des Dilettantismus im 18. Jahrhundert, Berlin 2010.

Schmidt, Michael: Zwischen Dilettantismus und Trivialisierung: Experiment, Experimentmetapher und Experimentalwissenschaft im 18. und frühen 19. Jahrhundert. In: M.-Th. Federhofer (Hrsg.): Experiment und Experimentieren im 18. Jahrhundert, Heidelberg 2006, S. 63–87.

Schneider, Ute: Friedrich Nicolais *Allgemeine Deutsche Bibliothek* als Integrationsmedium der Gelehrtenrepublik, Wiesbaden 1995.

Schock, Flemming: Wissen im neuen Takt. Die Zeitung und ihre Bedeutung für die Entstehung erster populärwissenschaftlicher Zeitschriften. In: H. Böning, V. Bauer (Hrsg.): Die Entstehung des Zeitungswesens im 17. Jahrhundert. Ein neues Medium und seine Folgen für das Kommunikationssystem der Frühen Neuzeit, Bremen 2011, S. 281–302.

Seidel, Robert (Hrsg.): Wissen und Wissensvermittlung im 18. Jahrhundert. Beiträge zur Sozialgeschichte der Naturwissenschaften zur Zeit der Aufklärung, Heidelberg 2001.

Spalholz, Anja: Nützliche Zierde. Die Buchillustrationen Gottfried August Gründlers, eines angesehenen hallischen Kupferstechers des 18. Jahrhunderts. In: K. Dziekan, U. Pott (Hrsg.): Lesewelten. Historische Bibliotheken. Büchersammlungen des 18. Jahrhunderts in Museen und Bibliotheken in Sachsen-Anhalt, Halle 2011, S. 117–127.

Stöckmann, Ernst: „Philosophie für die Welt" zwischen ästhetischer und sittlicher Programmatik. Zu einigen Aspekten popularhistorischer Publizistik am Beispiel der Moralischen Wochenschriften G. F. Meiers und S. G. Langes. In: F. Simmler (Hrsg.): Textsorten deutscher Prosa vom 12./13. bis 18. Jahrhundert und ihre Merkmale, Bern 2002, S. 603–630.

Trepp, Anne-Charlott: Von der Glückseligkeit alles zu wissen. Die Erforschung der Natur als religiöse Praxis in der Frühen Neuzeit, Frankfurt a. M., New York 2009.

Troitzsch, Ulrich: Naturwissenschaft und Technik in Journalen. In: E. Fischer u. a. (Hrsg.): Von Almanach bis Zeitung. Ein Handbuch der Medien in Deutschland 1700–1800, München 1999, S. 248–265.

Uphaus-Wehmeier, Annette: Zum Nutzen und Vergnügen. Jugendzeitschriften des 18. Jahrhunderts. Ein Beitrag zur Kommunikationsgeschichte, München u. a. 1984.

Vollhardt, Friedrich: Die Bildung des Bürgers. Wissensvermittlung im Medium der Moralischen Wochenschrift. In: H.-E. Friedrich, F. Jannidis, M. Willems (Hrsg.): Bürgerlichkeit im 18. Jahrhundert, Tübingen 2006, S. 135–147.

Wehry, Matthias: Das Buch der Natur als Bibliothek der Naturwissenschaft. Methodik und Typologie der speziellen Physikotheologie des 18. Jahrhunderts. In: S. Förschler (Hrsg.): Methoden der Aufklärung. Ordnungen der Wissensvermittlung und Erkenntnisgenerierung im langen 18. Jahrhundert, München u. a. 2013, S. 179–192.

Wilke, Jürgen: Literarische Zeitschriften des 18. Jahrhunderts (1688–1789), Teil I: Grundlegung, Teil II: Repertorium, Stuttgart 1978.

Zelle, Carsten: Nicolais *Allgemeine deutsche Bibliothek* und ihre Bedeutung für das Kommunikationssystem der Spätaufklärung am Beispiel von Sulzers *Allgemeiner Theorie der schönen Künste*. In: S. Stockhorst, K. Kiesant, H.-G. Roloff (Hrsg.): Friedrich Nicolai (1733–1811), Berlin 2011, S. 29–51.

GUNHILD BERG

Dr. phil., Universitätsassistentin (Postdoc) am Institut für Germanistik der Universität Innsbruck; Forschungsschwerpunkte: Deutsche Literatur des 18. und 19. Jahrhunderts, Wissens-Literaturgeschichte des „Experiments", Mediengeschichte des Wissens; zuletzt erschienen: *Jakob Friedrich Dyckerhoff: Collegium über Naturlehre und Astronomie bei Georg Christoph Lichtenberg, Göttingen 1796/1797. Ein Skizzenbuch der Experimentalphysik* (hrsg. u. komm., 2011), *„Die Fortsetzung folgt künftig". Serielle Erzählstrategien in Moralischen Wochenschriften* (in: *Zeitungsliteratur / Fortsetzungsliteratur,* hrsg. v. N. Kaminski, N. Ramtke, C. Zelle, 2013), *Arno Holz's Formula of Art. Aesthetics as an Experimental, Mathematical Science* (in: *Variations* 21 [2013]).

MICHAEL BIES

Dr. sc., wissenschaftlicher Mitarbeiter am Deutschen Seminar der Leibniz Universität Hannover; Forschungsschwerpunkte: Literatur- und Wissensgeschichte seit dem 18. Jahrhundert, Darstellungsformen von Wissen, Literatur und Ethnologie, Reisen und Wissen, Poetiken des Einfallens, Herstellens und Erfindens; Habilitationsprojekt zum Thema „Literatur und Handwerk"; zuletzt erschienen: *Im Grunde ein Bild. Die Darstellung der Naturforschung bei Kant, Goethe und Alexander von Humboldt* (2012), *Literatur und Nicht-Wissen. Historische Konstellationen 1730–1930* (hrsg. m. M. Gamper, 2012), *Gattungs-Wissen. Wissenspoetologie und literarische Form* (hrsg. m. M. Gamper, I. Kleeberg, 2012).

GIULIA CANTARUTTI

Professorin für Neuere deutsche Literatur an der Universität Bologna; Forschungsschwerpunkte: Literarische Anthropologie, Europäische Moralistik, Aphorismus, Essay, kleine Prosa, Literaturbeziehungen und Kulturtransfer, Eruditio/Wissenschaften im deutsch-italienischen Kulturtransfer; zuletzt erschienen: *I dialoghi nelle „Betrachtungen" (1803–1805) di F. M. Klinger* (in: *Prosa saggistica di area tedesca,* hrsg. v. W. Adam, G. Cantarutti, 2012), *Gessner vs Kant im Italien des Neoclassicismo* (in: *Salomon Gessner als europäisches Phänomen,* hrsg. v. M. Pirro, 2012), *Zu Alfred Döblins kleineren populärwissenschaftlichen Beiträgen* (in: *Alfred Döblin saggista,* Sonderheft der *Cultura tedesca,* 2013).

ANDREAS CHRISTOPH

Dr. rer. nat., wissenschaftlicher Mitarbeiter am Ernst-Haeckel-Haus in Jena, dem Institut für Geschichte der Naturwissenschaften, Technik und Medizin an der Friedrich-Schiller-Universität Jena; Forschungsschwerpunkte: Geschichte der Geographie und Kartographie des 18. und 19. Jahrhunderts, Herstellungspraktiken und Standardbildung auf Karten, Atlanten und Globen; zuletzt erschienen: *Geographica und Cartographica aus dem Hause Bertuch. Zur Ökonomisierung des Naturwissens um 1800* (2012), *Weltansichten. Vom Globus zur Globalisierung. Katalog zur Ausstellung in der Nationalen Akademie der Wissenschaften Leopoldina. Halle (Saale) 8. Oktober – 21. November 2013* (hrsg. m. O. Breidbach, 2013).

MISIA SOPHIA DOMS
Juniorprofessorin für Neuere deutsche Literatur an der Heinrich-Heine-Universität Düsseldorf; Forschungsschwerpunkte: Literatur des 17., 18. und 20. Jahrhunderts, Theorie und Geschichte der Gattung „literarischer Dialog" (Habilitationsprojekt), Wissenschaften in der Literatur, Moralische Wochenschriften, Metaphorologie, Autor-Leser-Kommunikation; zuletzt erschienen: *Periodische Erziehung des Menschengeschlechts. Moralische Wochenschriften im deutschsprachigen Raum* (hrsg. mit B. Walcher, 2012), *Die Viel-Einheit des Seelenraums in der deutschsprachigen barocken Lyrik* (2010).

SUSANNE DÜWELL
Dr. phil., wissenschaftliche Mitarbeiterin am Institut für deutsche Sprache und Literatur der Universität zu Köln im Forschungsprojekt *Fall-Archive. Epistemische Funktion und textuelle Form von Fallgeschichtssammlungen in Fach- und Publikumszeitschriften des 18. und 19. Jahrhunderts;* Forschungsschwerpunkte: Deutsch-jüdische Literatur, Erinnerungskultur, Fallgeschichten, Zeitschriften/Spätaufklärung; zuletzt erschienen: *Erfahrungsseelenkunde als ‚innere Geschichte des Menschen'. Marcus Herz' Beschreibung seiner eigenen Krankheit und die Anfänge psychologischer Falldarstellungen* (in: *Gattungswissen*, hrsg. v. M. Bies, M. Gamper, I. Kleeberg, 2013), *Fall, Fallgeschichte, Fallstudie. Theorie und Geschichte einer Wissensform* (hrsg. m. Nicolas Pethes, 2014).

MARIE-THERES FEDERHOFER
Professorin für deutsche Literaturwissenschaft an der Universität Tromsø – Norwegens arktische Universität, Fakultät für Humaniora, Sozialwissenschaften und Lehrerausbildung; Forschungsschwerpunkte: Reiseliteratur im 18. und 19. Jahrhundert, Wissenschaftsgeschichte und Dilettantismus, Kosmopolitismus; zuletzt erschienen: *Travels in the North. A Multidisciplinary Approach to the Long History of Northern Travel Writing* (hrsg. m. Silje Gaupseth, Per Pippin Aspaas, 2013), *Chamisso und die Wale* (2013), *Transformationen und Korrespondenzen. Neue Perspektiven auf Adelbert von Chamisso* (hrsg. m. Jutta Weber, 2013).

MARTIN GIERL
PD Dr., Senior Fellow am Lichtenberg-Kolleg der Universität Göttingen; Forschungsschwerpunkte: Aufklärung, Pietismus, Wissens- und Mediengeschichte der Neuzeit; zuletzt erschienen: *Geschichte als präzisierte Wissenschaft. Johann Christoph Gatterer und die Geschichtsschreibung des 18. Jahrhunderts im ganzen Umfang* (2012), *Wissenschaft, Wissenschaftssprache, Wissenschaftsutopie, Wissensgesellschaft, Wissensorganisation* (in: *Enzyklopädie der Neuzeit* 15 [2012]), *Das Alphabet der Natur und das Alphabet der Kultur im 18. Jahrhundert. Botanik, Diplomatik, Linguistik und Ethnographie nach Carl von Linné, Johann Christoph Gatterer und Christian Wilhelm Büttner* (in: *NTM* 1 [2010]).

TANJA VAN HOORN

PD Dr., Akademische Rätin auf Zeit am Deutschen Seminar der Leibniz Universität Hannover; Forschungsschwerpunkte: Anthropologie der Aufklärung, Naturgeschichte in der ästhetischen Moderne (Max Ernst, Ernst Jünger, Ror Wolf, W. G. Sebald); zuletzt erschienen: *Entwurf einer Psychophysiologie des Menschen. Johann Gottlob Krügers „Grundriß eines neuen Lehrgebäudes der Artzneygelahrtheit"* (2006), *Lyrische Leichen-Sichtungen, poetische Schädel-Dichtungen* (in: ZfGerm NF XXIII [2013], H. 1), *Ein Fall macht noch keine Geschichte. Johann Peter Hebels Verbrechererzählungen* (in: *Kriminalfallgeschichten*, hrsg. v. A. Košenina, 2014).

PETER KLINGEL

Student der Germanistik und der Philosophie an der Heinrich-Heine-Universität Düsseldorf; Forschungsschwerpunkt: Thomas Mann.

ALEXANDER KOŠENINA

Professor für Deutsche Literatur des 17.–19. Jahrhunderts an der Leibniz Universität Hannover; Forschungsschwerpunkte: Literarische Anthropologie, Theater der Aufklärung, Frühgeschichte der Kriminalliteratur; zuletzt erschienen: *Blitzlichter der Aufklärung* (2010), *Johann Heinrich Ramberg als Buchillustrator der Goethezeit* (Hrsg., 2013), *Schiller: Der Verbrecher aus verlorener Ehre, Studienausgabe* (Hrsg., 2014), *Kriminalfallgeschichten* (Hrsg., 2014).

SIMONA NOREIK

M. A., Wissenschaftliche Mitarbeiterin der Leibniz-Stiftungsprofessur an der Leibniz Universität Hannover; Forschungsschwerpunkte: Literatur der Jahrhundertwende, Kultur der technisch-wissenschaftlichen Welt, Literatur und Naturwissen im 18. Jahrhundert, Wissensgeschichte.

UTE SCHNEIDER

Professorin für Buchwissenschaft an der Johannes Gutenberg-Universität Mainz; Forschungsschwerpunkte: Verlags- und Lesergeschichte der Frühen Neuzeit bis ins 20. Jahrhundert, Wechselwirkung zwischen Wissenschafts- und Buchhandelsgeschichte, medienhistorisch geprägte Wissensräume; zuletzt erschienen: *Verlagsgeschichtsschreibung. Modelle und Archivfunde* (hrsg. mit C. Norrick, 2012), *Karl Gutzkow. Schriften zum Buchhandel und zur literarischen Praxis (Gutzkows Werke und Briefe. Schriften zur Literatur und zum Theater, Bd. 7)* (hrsg. m. Ch. Haug, 2013), *Karl Gutzkow (1811–1878). Publizistik, Literatur und Buchmarkt zwischen Vormärz und Gründerzeit* (hrsg. m. W. Lukas, 2013).

STEFANIE STOCKHORST

Professorin für Neuere deutsche Literatur an der Universität Potsdam; Forschungsschwerpunkte: Literatur des 16.–21. Jahrhunderts, Berliner Aufklärung, Literatur und Medizin, Literaturbeziehungen und Kulturtransfer, Poetologie, Rhetorik und Ästhetik; zuletzt erschienen: *Friedrich Nicolai im Kontext der kritischen Kultur der Aufklärung* (Hrsg., 2013), *Epoche und Projekt. Perspektiven der Aufklärungsforschung* (Hrsg., 2013), *Rousseau und die Moderne. Eine kleine Enzyklopädie* (hrsg. m. I.-M. D'Aprile, 2013).

PERSONENREGISTER

In der Reihe *Publikationen zur Zeitschrift für Germanistik* sind bereits erschienen:

Band 1

WALTER DELABAR, HORST DENKLER, ERHARD SCHÜTZ (Hrsg.):
Banalität mit Stil. Zur Widersprüchlichkeit der Literaturproduktion im
Nationalsozialismus, Bern 1999, 289 S., ISBN 3–906762–18–1, br.

Band 2

ALEXANDER HONOLD, KLAUS R. SCHERPE (Hrsg.):
Das Fremde. Reiseerfahrungen, Schreibformen und kulturelles Wissen, unter Mitarbeit
von Stephan Besser, Markus Joch, Oliver Simons, Bern 1999, 341 S., zahlr. Abb.,
ISBN 3–906765–28–8, br., 2. überarb. Aufl. 2002.

Band 3

WERNER RÖCKE (Hrsg.):
Thomas Mann. Doktor Faustus. 1947–1997, Bern 2001, 378 S., zahlr. Abb.,
ISBN 3–906766–29–2, br., 2. Aufl. 2004.

Band 4

KAI KAUFFMANN (Hrsg.):
Dichterische Politik. Studien zu Rudolf Borchardt, Bern 2001, 214 S.,
ISBN 3–906768–85–6, br.

Band 5

ERNST OSTERKAMP (Hrsg.):
Wechselwirkungen. Kunst und Wissenschaft in Berlin und Weimar im Zeichen Goethes,
Bern 2002, 341 S., zahlr. Abb., ISBN 3–906770–13–3, br.

Band 6

ERHARD SCHÜTZ, GREGOR STREIM (Hrsg.):
Reflexe und Reflexionen von Modernisierung. 1933–1945, Bern 2002, 364 S., zahl. Abb.,
ISBN 3–906770–14–1, br.

Band 7

INGE STEPHAN, HANS-GERD WINTER (Hrsg.):
„Die Wunde Lenz". J. M. R. Lenz. Leben, Werk und Rezeption, Bern 2003, 507 S.,
zahl. Abb., ISBN 3–03910–050–5, br.

Band 8
CHRISTINA LECHTERMANN, CARSTEN MORSCH (Hrsg.):
Kunst der Bewegung. Kinästhetische Wahrnehmung und Probehandeln in virtuellen Welten,
Bern 2004, 364 S., zahlr. Abb., ISBN 3–03910–418–7, br.

Band 9
INSTITUT FÜR DEUTSCHE LITERATUR DER HUMBOLDT-UNIVERSITÄT ZU BERLIN (Hrsg.):
„lasst uns, da es uns vergönnt ist, vernünftig seyn! –" Ludwig Tieck (1773–1853), Bern 2004,
407 S., 5 Abb, 1 Tab., 2 Notenbeispiele, ISBN 3–03910–419–5, br.

Band 10
INGE STEPHAN, BARBARA BECKER-CANTARINO (Hrsg.):
„Von der Unzerstörbarkeit des Menschen". Ingeborg Drewitz im literarischen und politischen
Feld der 50er bis 80er Jahre, Bern 2004, 441 S., zahlr. Abb.,
ISBN 3–03910–429–2, br.

Band 11
STEFFEN MARTUS, STEFAN SCHERER, CLAUDIA STOCKINGER (Hrsg.):
Lyrik im 19. Jahrhundert. Gattungspoetik als Reflexionsmedium der Kultur, Bern 2005,
486 S., ISBN 3–03910–608–2, br.

Band 12
THOMAS WEGMANN (Hrsg.):
MARKT. Literarisch, Bern 2005, 258 S., zahlr. Abb., ISBN 3–03910–693–7, br.

Band 13
STEFFEN MARTUS, ANDREA POLASCHEGG (Hrsg.):
Das Buch der Bücher – gelesen. Lesarten der Bibel in den Wissenschaften und Künsten,
Bern 2006, 490 S., zahl. Abb., ISBN 3–03910–839–5, br.

Band 14
INGE STEPHAN, HANS-GERD WINTER (Hrsg.):
Jakob Michael Reinhold Lenz. Zwischen Kunst und Wissenschaft, Bern 2006, 307 S.,
zahlr. Abb., ISBN 3–03910–885–9, br.

Band 15
MANUEL KÖPPEN, ERHARD SCHÜTZ (Hrsg.):
Kunst der Propaganda. Der Film im Dritten Reich, Bern 2007, 300 S., zahlr. Abb.,
ISBN 978–03911–179–4, br., 2. überarb. Aufl. 2008.

Band 16
JOACHIM RICKES, VOLKER LADENTHIN, MICHAEL BAUM (Hrsg.):
1955–2005: Emil Staiger und *Die Kunst der Interpretation* heute, Bern 2007,
288 S., zahlr. Abb., ISBN 978–3–03911–171–8, br.

Band 17
CARSTEN WÜRMANN, ANSGAR WARNER (Hrsg.):
Im Pausenraum des Dritten Reiches. Zur Populärkultur im nationalsozialistischen
Deutschland, Bern 2008, 273 S., zahlr. Abb., ISBN 978–3–03911–443–6, br.

Band 18
CHRISTINA LECHTERMANN, HAIKO WANDHOFF (Hrsg.):
unter Mitarbeit von CHRISTOF L. DIEDRICHS, KATHRIN KIESELE, CARSTEN MORSCH,
JÖRN MÜNKNER, JULIA PLAPPERT, MORITZ WEDELL:
Licht, Glanz, Blendung. Beiträge zu einer Kulturgeschichte des Scheinens, Bern 2007,
253 S., zahlr. Abb., ISBN 978–3–03911–309–5, br.

Band 19
RALF KLAUSNITZER, CARLOS SPOERHASE (Hrsg.):
Kontroversen in der Literaturtheorie/ Literaturtheorie in der Kontroverse,
Bern 2007, 516 S., ISBN 978–3–03911–247–0, br.

Band 20
KATJA GVOZDEVA, WERNER RÖCKE (Hrsg.):
„*risus sacer – sacrum risibile*". Interaktionsfelder von Sakralität und Gelächter im kulturellen
und historischen Wandel, Bern 2009, 339 S., ISBN 978–3–03911–520–4, br.

Band 21
MARINA MÜNKLER (Hrsg.):
Aspekte einer Sprache der Liebe. Formen des Dialogischen im Minnesang, Bern 2010, 342 S.,
ISBN 978–3–03911–783–3, br.

Band 22
MARK-GEORG DEHRMANN, ALEXANDER NEBRIG (Hrsg.):
Poeta philologus. Eine Schwellenfigur im 19. Jahrhundert, Bern 2010, 288 S.,
ISBN 978–3–0343–0009–4, br.

Band 23
BRIGITTE PETERS, ERHARD SCHÜTZ (Hrsg.):
200 Jahre Berliner Universität. 200 Jahre Berliner Germanistik. 1810–2010 (Teil III),
Bern 2011, 391 S., ISBN 978–3–0343–0622–5, br.

Band 24
NORDVERBUND GERMANISTIK (Hrsg.):
Frühe Neuzeit – Späte Neuzeit. Phänomene der Wiederkehr in Literaturen und Künsten
ab 1970, Bern 2011, 239 S., zahlr. Abb., ISBN 978–3–03943–0469–6, br.

Band 25
ALEXANDER NEBRIG, CARLOS SPOERHASE (Hrsg.):
Die Poesie der Zeichensetzung. Studien zur Stilistik der Interpunktion, Bern 2012, 455 S. zahlr. Abb., ISBN 978–3-0343–1000–0, br.

Band 26
PETER UWE HOHENDAHL, ERHARD SCHÜTZ (Hrsg.):
Perspektiven konservativen Denkens. Deutschland und die Vereinigten Staaten nach 1945, Bern 2012, 362 S., ISBN 978–3–0343–1139–7, br.

Band 27
ELISABETH STROWICK, ULRIKE VEDDER (Hrsg.):
Wirklichkeit und Wahrnehmung. Neue Perspektiven auf Theodor Storm, Bern 2013, 236 S., ISBN 978-3-0343-1404-6 pb., eBook 978-3-0351-0644-2.

Band 28
TANJA VAN HOORN, ALEXANDER KOŠENINA (Hrsg.)
Naturkunde im Wochentakt. Zeitschriftenwissen der Aufklärung, Bern 2014, 278 S., zahlr. Abb., ISBN 978-3-0343-1513-5 pb., eBook 978-3-0351-0753-1.